로마인 이야기

로마인 이야기 6
팍스 로마나

시오노 나나미 지음 · 김석희 옮김

한길사

ROMA-JIN NO MONOGATARI VI

PAKUSU · ROMANA
by Nanami Shiono

Copyright ⓒ 1997 by Nanami Shiono

Original Japanese edition published by Shincho-sha Co., Ltd.
Korean translation rights arranged with Shincho-sha Co., Ltd.
through Japan Foreign-Rights Centre

Translated by Kim Seok-hee
Published by Hangilsa Publishing Co., Ltd., Korea, 1997

塩野七生, ローマ人の物語 VI(パクス・ロマーナ), 新潮社, 1997

로마의 초대 황제 아우구스투스.
"아우구스투스는 알렉산드로스 대왕이나 카이사르 같은
압도적인 두뇌를 갖고 있지는 않았다. 하지만 당시의 세계는
바로 그와 같은 인물을 필요로 했다."

옥타비아누스(아우구스투스 황제)의 아내 리비아.
옥타비아누스는 정략 결혼 상대였던 스크리보니아와 이혼하고,
이미 클라우디우스 네로와 결혼한 유부녀인데다, 티베리우스라는
세 살배기 아들을 둔 어머니였으며, 배 속에 둘째 아이까지 임신하고 있던
리비아와 재혼했다. 그녀가 이혼하면서 데려온 전남편의 자식
티베리우스는 훗날 아우구스투스에 이어 로마의 제2대 황제가 된다.

아우구스투스의 '평화의 제단.'
'팍스 로마나'를 상징하는 이 건축물에는 아우구스투스의 노력으로
평화가 도래한 것을 경축하고 그 평화가 오래 지속되기를 바라는
로마인의 마음이 담겨 있다.

마르켈루스 극장.
로마에서는 두 번째 석조 극장인 이 건물은 카이사르가 착공하고
아우구스투스가 완성한 공공 건축물이다. 조카이자 사위이며 가장 유력한
후계자 후보였던 마르켈루스가 느닷없이 병에 걸려 죽자 아우구스투스는
건물에 착공자 이름을 붙이는 로마의 전통을 어기면서까지
'마르켈루스 극장'으로 명명했다.

로마인 이야기 6
팍스 로마나

시오노 나나미 지음 · 김석희 옮김

한길사

로마인 이야기 6
팍스 로마나

독자들에게 15

제1장 통치 전기

젊은 최고 권력자 · 19
군비 삭감 · 23
국세조사 · 25
영묘 건설 · 27
정보 공개 · 30
원로원 '재편성' · 32
공화정 복귀 선언 · 35
'아우구스투스' · 41
이미지 작전 · 49
작가가 본 아우구스투스 · 51
'내각' 창설 · 55
속주 통치의 기본방침 · 57
'안전보장' · 63
서방 재편성 · 65
'국세청' 창설 · 77
'행운의 아라비아' · 83
'호민관 특권' · 86
화폐개혁 · 92
선거제도 개혁 · 102
로마 시대의 '노멘클라투라' · 107
핏줄에 대한 집착 · 111
'식량 안보' · 114
동방 재편성 · 117
유대 문제 · 140
파르티아 문제 · 143
이집트 · 153
수도 로마로 돌아오다 · 159

제2장 통치 중기

자식을 적게 낳으려는 풍조에 대한 대책 · 166
신앙심 · 178
알프스 · 184
도나우강 · 187
'평화의 제단' · 191
군대 재편성 · 208
종합 전략 · 227
근위대 창설 · 240
세제개혁 · 242
아그리파 · 252
마이케나스 · 266
게르만족 · 274
행정개혁 · 284
드루수스의 죽음 · 293
티베리우스의 은퇴 · 299

제3장 통치 후기

할아버지 아우구스투스 · 313
딸의 추문 · 317
'국가의 아버지' · 324
티베리우스의 복귀 · 333
반란 · 344
가족의 불상사 · 353
시인 오비디우스 · 356
'숲은 게르만의 어머니' · 360
죽음 · 380

연표 · 388
참고문헌 · 393

균형 감각이란 서로 모순되는
양극단의 중간점에 자리를 잡는 것은 아니다.
양극단 사이를 되풀이하여 오락가락하고,
때로는 한쪽 극단에 가까이 접근하기도 하면서,
문제 해결에 가장 적합한 한 점을 찾아내는
영원한 이동행위다.
• 시오노 나나미

독자들에게

　제6권의 주인공이 될 아우구스투스는 제3권에 등장한 인물들 중에서도 유난히 광채를 발휘한 술라처럼 통쾌하지도 않고, 제4권과 제5권에서 압도적 존재를 과시한 카이사르처럼 유쾌하지도 않다.
　전쟁을 지휘했다 하면 번번이 패배한 사실은 제5권 후반부에서 소개한 바와 같다. 그 후로는 이름뿐인 총사령관으로도 전쟁터에 머물러 있을 필요가 없어졌기 때문에, 전투는 계속 남에게 맡겨두었다. 그 때문에 이 제6권에는 손에 땀을 쥐게 하는 전투 장면도 없고, 멋진 역전승을 읽는 짜릿한 쾌감도 없다. 전쟁과 정치가 그것을 지휘하는 최고 책임자의 성격을 반영할 수밖에 없다면, 아우구스투스에게 카이사르 같은 산뜻함이 부족했다 해도 어쩔 수 없는 일이다.
　하지만 그런데도 나는 그의 생애와 업적을 추적하는 동안 한 번도 따분한 적이 없었다. 이 사나이는 서른세 살에 전쟁터에 나갈 필요가 없어진 뒤 일흔일곱 살에 죽음을 맞이할 때까지 오랫동안 또 다른 의미의 전쟁을 치렀다고 느꼈기 때문이다.
　율리우스 카이사르의 말 가운데 내가 가장 좋아하는 것은 다음 말이다.
　"누구나 모든 현실을 볼 수 있는 것은 아니다. 대부분의 사람은 자기가 보고 싶어 하는 현실밖에 보지 않는다."
　이렇게 생각하면서도 카이사르는 지도층 가운데 뛰어난 재능을 타고난 사람에게는 보고 싶지 않은 현실까지도 보여주려고 애쓰지 않았던

가. 『내전기』를 읽어보아도, 필자의 품위를 손상할 만한 원색적인 비난의 말은 사용되지 않았지만, 그렇기 때문에 오히려 독자들은 원로원의 통치력이 쇠퇴한 것을 인정하지 않을 수 없다.

그러나 카이사르가 후계자로 지명한 아우구스투스는, 카이사르와 목표는 같지만 거기에 도달하는 수단이 달랐다. 무엇 때문일까.

첫째, 그는 본디 매사에 신중한 성격을 타고났다.

둘째, 살해되기라도 하면 대사업도 중단할 수밖에 없다는 교훈을 카이사르 암살에서 얻었다.

셋째, 연설에서도 저술에서도 자신은 카이사르에 필적할 만한 설득력은 갖고 있지 않다는 점을 자각하고 있었다.

아우구스투스는 보고 싶은 현실밖에 보지 않는 사람들에게 보고 싶은 현실만 보여주는 방식을 선택했다. 하지만 그 자신만은 보고 싶지 않은 현실까지도 직시하도록 명심하면서 목표를 향해 나아간다.

이것이 아우구스투스가 평생 동안 치른 '전쟁'이 아니었을까 나는 생각한다.

천재의 뒤를 이은 천재가 아닌 인물이 천재가 이르지 못한 목표에 어떻게 도달할 수 있었을까. 그것을 지금부터 이야기하고자 한다.

제1장
통치 전기
기원전 29년~기원전 19년

(아우구스투스 34세~44세)

젊은 최고 권력자

기원전 31년 9월, 그리스 서해안 앞바다에서 치러진 '악티움 해전'에서 안토니우스와 클레오파트라의 연합군은 패배했다. 이듬해인 기원전 30년 8월, 이집트로 달아난 두 패배자 가운데 한 사람은 칼로 자결하고, 또 한 사람은 스스로 독사에 물려 자살했다. 그리고 기원전 29년 8월, 승리자 옥타비아누스를 맞이한 로마에서는 웅장하고 화려한 개선식이 사흘 동안 거행되었다. 개선식은 외적 이집트에 대한 승리를 신들에게 알리고 시민들과 함께 경축하기 위한 것이었다. 시민들은 한껏 열광했다. 로마인이라면 철부지 어린애까지도 그 의미를 알고 있었다. 이번의 개선식이야말로 오랜 내전의 종식을 알리는 행사였다. 전쟁의 신 야누스를 모시는 신전의 문도 닫히게 된다. 이 문이 열려 있는 한 로마는 전쟁 상태에 있는 것으로 되어 있었다. 베르길리우스나 호라티우스를 비롯하여, 시대의 흐름에 남보다 훨씬 민감한 시인들도 되찾은 평화의 기쁨을 소리 높여 노래했다. 그런 가운데 옥타비아누스는 34세를 맞이하고 있었다.

개선식도 끝난 9월, 옥타비아누스는 양아버지이기도 한 카이사르에게 바치는 신전을 포로 로마노 중심부에 짓겠다고 공표했다. 동시에 카이사르가 생전에 기획한 원로원 의사당(쿠리아)을 카이사르의 의도대로 포로 로마노의 연장 부분으로 세워진 '카이사르의 포룸'에 잇대어 짓겠다고 공표했다(지금 남아 있는 원로원 의사당은 후대에 개축한 것으로, 원래 위치에서 조금 벗어나 있다). 또한 팔라티노 언덕 위에 아폴로 신에게 바치는 신전도 세우기로 결정했다. 전쟁과 복수의 신 마르스에게 바치는 신전을 중심으로 하는 '아우구스투스의 포룸'은 한창 건설되고 있었다. 이 신전 건립의 목적은 기원전 42년에 브루투스와 대결한 필리피 회전을 앞두고 마르스 신에게 서약한 것을 지키기 위해서였다. 한편 아폴로 신전을 건립하는 것은 안토니우스와 대결한 악티움 해전을 앞두고 아폴로 신에게 승리를 기원했기 때문이다.

팔라티노 언덕은 고급 주택가라서 서민들이 발을 들여놓는 일은 거의 없었지만, 거기에 세워지는 아폴로 신전은 고립된 성역이 아니었다. 문예의 신 아폴로에 걸맞게 신전 가까이에 국립도서관이 세워졌기 때문이다. 그리스어 서적과 라틴어 서적을 소장한 국립도서관은 '카이사르의 포룸' 안에 있는 것과 아폴로 신전에 병설된 도서관을 합하여 두 개가 되었다.

로마인들이 공공사업으로 가장 중요하게 생각한 '인프라스트럭처' (사회간접자본)를 정비하는 것도 잊지 않았다. 말이 나온 김에 한마디 덧붙이면, '인프라스트럭처' 자체에 해당하는 라틴어 낱말은 없지만, '밑에'나 '안에'를 뜻하는 '인프라'는 그대로 라틴어이고, '스트럭처'는 구조를 의미하는 라틴어 '스트룩투라'에서 나왔다. 사회간접자본이라는 개념은 고대 로마에서 생겨난 것이다.

사회간접자본의 중요성을 아는 민족은 그것의 보수와 유지의 중요성도 알고 있다. 옥타비아누스가 최고 권력자가 된 직후에 시행한 사회간접자본 정비 중에서도 가장 중요한 공사는 로마에서 북상하는 두 간선도로 가운데 하나인 플라미니아 가도의 전면적인 보수공사였다. 이 대공사에 들어간 비용은 모두 옥타비아누스가 자기 돈으로 충당했다.

이것까지는 개선장군이 전통적으로 하는 일이었다. 승리를 거둘 수 있도록 도와준 신들에게 감사를 표하고 승리로 얻은 명예를 공동체에 환원하기 위해 공공사업을 벌이는 것은 개선식을 거행할 수 있을 만큼 훌륭한 업적을 이룩한 사람의 책무로 여겨졌기 때문이다.

그러나 기원전 29년 당시의 옥타비아누스는 단순한 개선장군이 아니었다. 기원전 82년의 술라, 기원전 46년의 카이사르와 마찬가지로 절대

카이사르의 포룸(왼쪽 뒤에 보이는 것은 카피톨리노 언덕의 유피테르 신전) : 복원도

율리우스 원로원 의사당 : 복원도

아우구스투스의 포룸 : 복원도

권력자의 자리에 올라 있었다. 그리고 술라는 패배한 마리우스파 사람들의 명단을 손에 넣었고, 카이사르는 폼페이우스파 잔당들의 편지를 비롯한 증거서류를 손에 넣었듯이, 옥타비아누스도 안토니우스파 가담자들에 대한 모든 정보를 손에 넣었다. 하지만 그런 증거서류를 활용한 방법은 세 사람이 제각기 달랐다.

 술라는 그것을 토대로 정적에 대한 철저한 숙청을 단행했다. 4,700명이나 되는 로마의 유력자들이 살해되고 재산을 몰수당했을 뿐 아니라, 그들의 자손까지도 공직에서 추방되었다.

 카이사르는 증거서류에는 눈길도 주지 않고 태워버렸다. 그러고는 폼페이우스파였다는 게 분명한 비밀 동조자들도 모두 용서했다. 카이사르의 '관용'(클레멘티아)은 공직 복귀까지도 허용하는 것이었다.

 카이사르의 이 같은 조치를 그의 후계자로 자타가 인정하는 옥타비아누스도 답습했다. 안토니우스를 끝까지 추종한 자들까지도 다시 원로원 의석에 앉게 되었다. 증거서류도 카이사르처럼 불태웠다는 소문이 퍼졌지만, 그 장면을 실제로 목격한 사람은 아무도 없었다. 34세의 절대 권력자는 안토니우스파였던 자들의 은밀한 두려움을 그대로 방치하는 쪽을 선택했다.

군비 삭감

로마 전체가 '화합'(콩코르디아)의 회복을 기뻐하는 가운데, 젊은 최고 권력자는 그 기쁨을 갑절로 늘리는 정책을 발표했다. 군비 삭감이 그것이다. 이 조치는 군대를 실제로 지휘하여 승리를 거둔 아그리파의 동의와 협력이 없었다면 이룰 수 없는 것이기도 했다.

기원전 29년 당시, 유일한 승자가 된 옥타비아누스에게는 막강한 군사력이 남아 있었다. 그 자신이 기록한 바에 따르면 50만 명이 넘는다. 이렇게까지 늘어난 것은 안토니우스 진영에 붙었던 장병들까지 가세했기 때문이다. 투항한 병사는 승장에게 충성을 맹세하면 포로가 되는 것을 면할 수 있다. 안토니우스와 클레오파트라는 육상전도 치르지 않고 패했기 때문에, 적병 대부분이 고스란히 투항하게 되었다.

젊은 권력자는 50만으로 늘어난 군사력의 대폭 삭감을 단행한다. 하지만 로마군 병사인 만큼 빈손으로 제대시킬 수는 없는 노릇이다. 일자리를 마련해주고, 직업을 바꾸는 데 필요한 밑천도 마련해줄 필요가 있었다. 일종의 퇴직금이다. 이를 게을리하면 사회 불안의 원인이 되기도 했다.

문제는 재원이다. 클레오파트라가 남긴 '프톨레마이오스 왕가의 보물'을 팔아서 그 돈을 모두 투입했지만, 그래도 부족했다. 결국 옥타비아누스 자신이 개인 재산을 내놓을 수밖에 없었다.

하지만 병역 지원자 대다수는 무산계급(프롤레타리)에 속하거나, 재산은 조금 있지만 차남이나 삼남인 사람들이다. 고향에 돌아가기로 작정한 사람이나 속주에 건설될 식민도시에 가기로 작정한 사람들을 위해 정착지를 선정해주고 땅을 사주는 것은 모두 옥타비아누스의 책임이었다. 어디에 어떤 규모로 이주민을 정착시키느냐 하는 것은 국가의 정략이기도 했기 때문이다.

이 두 가지 이유로 군사력 삭감은 하루아침에 이루어질 수 없는 대사업이다. 그런데도 옥타비아누스는 서두른 게 분명하다. 50만이나 되는 병력을 유지하는 비용만 생각해도 '군축'을 서두를 필요가 있었다. 이 대사업이 언제쯤 끝났는지는 분명치 않지만, 최종적으로는 28개 군단 16만 8천 명까지 군사력을 줄였다.

그러나 젊은 최고 권력자는 평화가 회복되었으니까 군비를 줄인다는 식의 단안적(單眼的)인 생각으로 군사력을 줄인 것은 아니었다. 병사 개개인의 생산성을 높인다는 말은 좀 이상할지 모르지만, 실제로는 그것을 목적으로 한 군제개혁도 실행했다. 하지만 내가 '리스트럭처'(restructure)라는 말에 어울린다고 감탄한 군사력 재편성에 관해서는 나중에 다시 설명하고자 한다.

옥타비아누스는 수단은 달랐지만 목적에서는 카이사르와 똑같은 생각을 하고 있었다. 로마 국가는 이제 영토 확장의 시대에서 영토 유지의 시대로 들어갔다는 인식이 바로 그것이다. 그러나 카이사르가 그 목적을 향해 걸어갈 수 있게 된 것은 50대 중반이 가까워서였다. 반면에 옥타비아누스는 카이사르보다 스무 살이나 젊은 나이에 그 길에 들어서는 행운을 얻는다. 위장이 약한 옥타비아누스는 건강에서는 카이사르를 따라가지 못했을 것이다. 하지만 50대와 30대는 사용할 수 있는 시간에 대한 사고방식이 다르다. 옥타비아누스가 천천히 느긋하게 해나갈 수 있다고 생각한 것은 당연한 일이었다.

국세조사

이듬해인 기원전 28년, 그해의 담당 집정관(콘술)이었던 옥타비아누스와 아그리파는 국세조사를 실시했다. 지난번 국세조사는 폼페이우스와 크라수스가 집정관이던 기원전 70년에 이루어졌으니까, 42년 만의 '켄수스'(census)다. 이것도 로마에 평화가 돌아온 증거라고 사람들은 기뻐했다. 하지만 이해에 실시된 '켄수스'는 지금까지의 것과는 달랐다.

현대에도 '켄수스'가 각국 언어로 국세조사를 의미하는 낱말의 어원이 되어 있는 것으로도 알 수 있듯이, '켄수스'는 국력의 종합적인 조사였다. 종래의 국세조사에서는 재산과 17세 이상 성년 남자의 수만 조사했는데, 그것은 조사 목적이 병역 해당자의 수를 아는 데 있었기 때문이다. 또한 조사 대상도 본국에 사는 로마 시민권 소유자로 한정되어 있었다.

그런데 옥타비아누스가 살아 있는 동안만 해도 세 차례—기원전 28년, 기원전 8년, 서기 14년—에 걸쳐 실시된 국세조사에서는 여자와 어린애, 노예까지도 조사 대상이 된 모양이다. 하지만 오늘날까지 역사적 사실로 남아 있는 것은 역시 가장 중요한 항목으로 여겨지던 17세 이상 성년 남자로서 로마 시민권 소유자의 수였다.

옥타비아누스가 직접 남긴 기록에 따르면 그 숫자는 다음과 같다.

- 기원전 28년—406만 3천 명
- 기원전 8년—423만 3천 명
- 서기 14년—493만 7천 명

이 유권자 수는 옥타비아누스에게 생전의 카이사르가 간파한 로마식 공화정 체제의 한계를 재인식시켰을 게 분명하다.

로마식 공화정 체제에서 최고의결기관은 시민권을 가진 유권자의 모임인 민회인데, 이처럼 유권자 수가 늘어나면 수도 로마에 와서 선거권을 행사할 수 있는 사람의 비율은 계속 줄어든다. 이래서는 시민의 의견을 반영한다고 해도 극히 일부의 의견밖에 반영할 수 없다. 또한 기원전 1세기의 로마 통치자들에게는 로마 시민권을 갖고 있는 본국인만이 아니라 그보다 열 배나 많은 속주민을 다스리는 일도 부과되어 있었다.

그거야 어쨌든, 42년 전의 조사에서는 유권자 수가 90만 명에 불과했다. 그 수가 이처럼 크게 늘어난 이유는 우선 카이사르가 주민 전체에 로마 시민권을 부여한 북이탈리아 속주가 이번 조사부터 본국 이탈리아에 추가되었기 때문일 것이다. 두 번째 이유는 속주까지도 조사 대상이 되었기 때문이다. 실제로 이 국세조사가 시행된 뒤에는 속주세도 그 결과를 토대로 부과되었다. 무슨 일이든 새로운 일을 시작할 때는 현재 상황부터 정확히 파악하는 것을 기본 자세로 삼는 게 당연하다.

국세조사 결과가 가장 빨리 나온 것은 본국 이탈리아와 로마 시민이 이주하여 정착한 식민도시(콜로니아)였다. 로마인들은 이런 종류의 조사에 익숙해져 있었고, 지방자치단체(무니키피아)를 중심으로 이런 조사에 필요한 조직이 만들어져 있었기 때문이다. 그렇지 못한 속주에서는 본국과 같은 효율성을 요구할 수 없고, 따라서 결과가 나올 때까지 몇 년이 걸린 것도 어쩔 수 없는 일이었다.

하지만 이 시기의 옥타비아누스는 1,500년 뒤인 르네상스 시대의 정치사상가 마키아벨리의 권고—"새로운 정책을 단행해야 할 경우에는 사람들에게 생각하고 비판할 시간을 주지 않도록 잇달아 해야 한다"—를 미리 받아들인 것 같았다. '군축'이 진행되는 동안 속주까지 대상을 넓힌 국세조사를 시작했을 뿐 아니라, 같은 해인 기원전 28년에 자신과 가족을 위한 무덤도 건설하기 시작했다.

영묘 건설

피라미드는 이집트 파라오들의 내세에 대한 집착을 보여주며 오리엔트의 전제군주들은 웅대한 영묘(靈廟)를 지어 권세를 과시하는 습관이 있었지만, 고대 로마의 지도자들에게는 이런 집착도 습관도 없었다. 그렇다고 해서 그들이 무덤에 무관심했던 것은 아니다. 오늘날에도 아피아 가도 양쪽에 늘어서 있는 무덤 유적이 그것을 증명한다. 이집트를 흉내내어, 본집에 비하면 개집 정도밖에 안 되는 축소판 피라미드를 세운 괴짜도 있었다. 하지만 그 수수한 규모로 보나 부장품이 일상용품으로 한정되어 있는 것으로 보아도, 고대 로마인은 내세에 별로 집착하지 않았다고 말할 수밖에 없다. 무덤도 죽은 뒤의 안식처를 넘어서지 않았다.

훗날 '황제묘'(皇帝廟, 마우솔레움 아우구스티)라고 불리게 된 그 영묘는 포로 로마노에서 북쪽으로 곧장 뻗어 있는 플라미니아 가도와 그 언저리에서 물줄기가 크게 휘돌아 남쪽으로 흐르는 테베레강 사이에 세워졌다. 오늘날에는 강기슭에 제방이 완비되었을 뿐 아니라 그 위로 자동차 도로까지 달리지만, 그 당시에는 테베레강에 상당히 근접해 있었을 것이다. 그곳은 구불구불 흐르는 테베레강에 둘러싸여 예부터 '마르스 광장'(캄푸스 마르티우스)이라고 불리는 지대의 북쪽 끝에 해당하는 곳이었다. 카이사르가 여기저기를 파괴했지만 그래도 아직 개념상으로는 온전하게 남아 있던 '세르비우스 성벽' 바깥쪽이니까, 도심부에는 무덤을 두지 않는다는 공화정 로마의 방식에 어긋나는 것은 아니다.

하지만 3단으로 우뚝 솟은 지름 90미터의 원형 영묘는 사람들의 눈길을 끌지 않을 수 없었을 것이다. 벽에는 온통 하얀 대리석을 발랐고,

무덤이 늘어서 있는 수도 근처의 아피아 가도 : 복원도

단마다 심어진 노송나무들이 1년 내내 무덤을 푸른 빛으로 장식한다. 원형 영묘의 바깥쪽도 역시 대리석으로 사방을 둘러싸고, 맨 윗단의 노송나무보다 더 높이 이 영묘 주인의 동상이 우뚝 솟아 있다. 입구는 남쪽, 그러니까 무슨 일이 있을 때마다 로마 시민들이 모이는 '마르스 광장' 쪽으로 열려 있었다.

이 '황제묘'는 우리 집에서 도보로 2분밖에 걸리지 않는 거리에 있다. 따라서 날마다 그 옆을 지나게 되는데, 그때마다 나는 이런저런 상념에 잠기곤 한다.

35세의 젊은 권력자가 벌써 무덤을 염두에 두다니, 왜 그랬을까. 허약한 체질이었다고는 하지만, 그때는 아직 큰병을 앓지도 않았다. 그리고 그가 이 영묘를 지을 때까지 로마에는 이만큼 규모가 큰 무덤을 지은 사람이 없었다. 200년 뒤에 하드리아누스 황제가 테베레강 맞은편에 오늘날 '카스텔 산탄젤로'라고 불리는 영묘를 지었지만, 그때까지는 이 '마우솔레움'이 로마에서 가장 크고 가장 사람들의 눈길을 끄는 묘

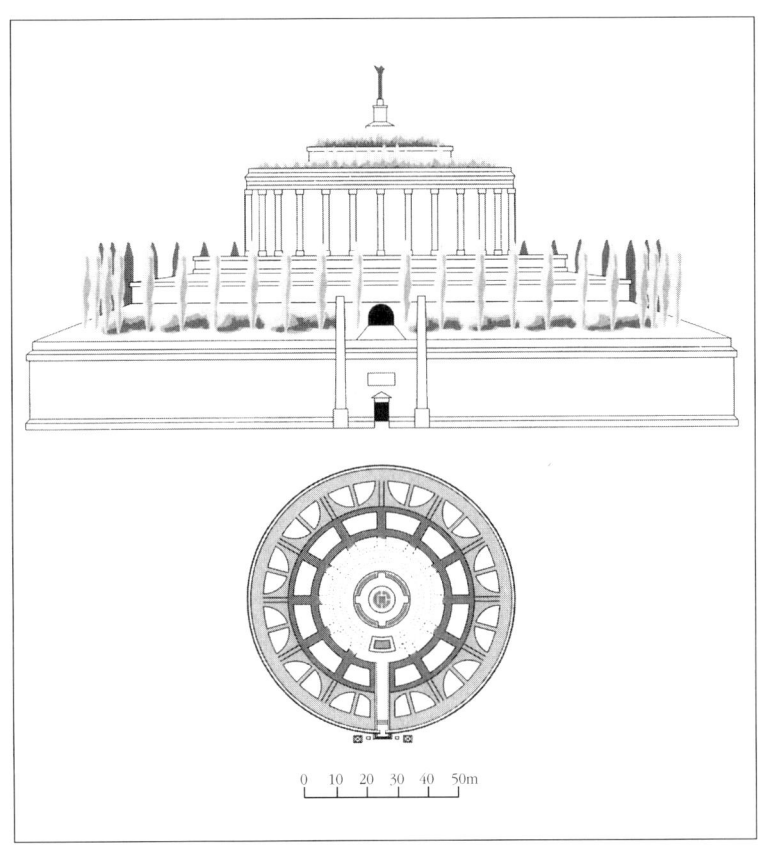

황제묘 : 복원도(위)와 평면도(아래)

소였다.

팔라티노 언덕 위의 저택이 그토록 소박한데, 무덤만은 왜 웅장하고 화려하게 지었을까. 평생 동안 내세보다 현세를 중시한 그의 생활방식으로 보아도, 내세에 더 강하게 집착하는 타입이라고는 생각되지 않는다. 무덤에 무관심했던 카이사르의 양자로서 무슨 일이 있을 때마다 카이사르의 후계자라는 지위를 과시한 옥타비아누스가 왜 무덤 짓는 일을 그렇게 서둘렀을까. 그리고 왕정복고에는 본능적인 거부반응을 보인 로마인들에게 영묘 건설이 의혹을 불러일으킬 거라고 걱정하지는 않았을까.

하지만 '마우솔레움'을 건설한 것은 순전히 정치적인 이유 때문이었다. 그리고 35세의 건축주는 이런 행위에 가장 알레르기 반응을 일으키기 쉬운 원로원을 회유하는 것도 잊지 않았다.

정보 공개

로마에서는 율리우스 카이사르가 집정관에 처음 취임한 기원전 59년에 제정한 법률이 기원전 28년까지 30년 동안 그대로 시행되고 있었다. '악타 디우르나' 또는 '악타 세나투스', 직역하면 '일보'(日報) 또는 '원로원 의사록'이라고 불리는 이 법률은 원로원에서 이루어지는 모든 토론이나 결의를 이튿날 포로 로마노의 벽면에 게시하도록 규정한 이른바 '정보 공개법'이다. 그때까지만 해도 원로원 회의는 말하자면 배타적인 회원제 클럽 같은 것이어서, 토의나 의결은 닫힌 문 안에서 이루어졌고, 일반 시민들은 회의장 밖으로 나온 의원들의 입을 통해서나, 또는 원로원 결의가 민회의 승인을 얻기 위해 제출되었을 때에야 비로소 그 내용을 알 수 있었다. 그런데 카이사르는 그것을 심의 단계에서 공개해버린 것이다. 시민—유권자—도 정보를 얻을 권리가 있다는 것이 그 이유였다. 속으로는 불만을 품었던 원로원 의원들도 찬성표를 던질 수밖에 없었다.

그들의 처지에서 보면, 불만을 품는 것도 충분히 이해할 수 있다. 비밀이란 그것을 소유하는 자의 권력을 강화하는 데 가장 효과적인 수단이기 때문이다. 카이사르의 정보 공개법은 정보 공개의 필요성을 공인시킨다는 목적을 갖고 있었지만, 또 한편으로는 원로원이 누리고 있던 기득권의 한 모퉁이를 무너뜨리려는 목적도 갖고 있었다.

이런 카이사르의 양자로서 자타가 그의 후계자로 인정하는 옥타비아누스는 이 법을 고치는 조치를 취한다. 원로원 의사록이 로마의 도심 중에서도 도심인 포로 로마노에 그 이튿날 나붙는 일은 없어졌다. 원로원 의원들이 기뻐한 것도 당연했다. 카이사르의 아들은 '원로원 체제'를 타파하는 데 전념한 카이사르와는 달리 원로원의 권위를 인정할 작정인 모양이라고 그들은 생각하기 시작했다.

그러나 옥타비아누스는 처음 실시되었을 때부터 평판이 좋아서 그 후 30년 동안이나 지속되어온 법률을 완전히 폐지해버리는 방식은 취하지 않았다. 그는 세간에서 쓰이는 호칭인 '악타 디우르나'와 '악타 세나투스'를 내용에 따라 분리했다.

'악타 세나투스'는 전과 마찬가지로 속기로 기록되어 모두 '공문서 보관소'(타불라리움)에 보관되고, 원하는 사람은 누구나 언제든지 읽을 수 있는 자유를 보장했다. 이것으로 정보 공개라는 이념은 지켜졌다. 하지만 서민들이 틈만 나면 모이는 포로 로마노에 나붙어 의식하지 않아도 저절로 눈에 들어오는 정보 공개가 아니라, 알고 싶은 사람이 일부러 찾아가서 읽어야만 비로소 실현되는 정보 공개다. 원로원 의원들로서는 자기 발언이 그 이튿날 당장 서민들의 입에 오르내리지 않게 된 것만으로도 환영할 만한 개혁이었다.

그러면 '악타 디우르나'는 어떻게 바뀌었을까. 옥타비아누스는 이것을 '일보'라기보다는 '관보'(官報)로 번역하는 편이 어울리는 것으로 바꾼다. 수도 로마에서 결정된 모든 공적 사항, 즉 원로원 의결 사항이나 공직 선거 결과를 자세히 기록하여, 본국의 지방자치단체나 속주의 식민도시에 거주하는 로마 시민들에게 알리는 '관보'가 된 것이다.

제2대 황제인 티베리우스 시대부터는 원로원에서 토의한 내용까지 요약하여 게재했고 내용도 더욱 충실해졌기 때문에, 이것을 근대 신문의 효시라고 말하는 학자도 있다. '악타 디우르나'라는 이름으로 독립하여 발행된 지 100여 년 뒤에 활동한 역사가 타키투스의 저술에도 다음과 같은 기술이 나온다.

"악타 디우르나는 로마 시민이 많이 사는 로마군 기지나 식민도시만이 아니라 속주민들 사이에도 널리 읽히고 있다."

'악타 세나투스'와 '악타 디우르나', 그리고 500년이 넘도록 계속 기록된 국가 로마의 공식 기록인 '아날레스 막시미'(최고 제사장 연대기)가 로마인에 관한 공식 정보원이다. 로마인은 정확한 정보의 중요성을 알고 있었던 만큼, 이 세 가지는 로마 제국이 존재하는 동안 계속 존속하게 된다.

원로원 '재편성'

'벽신문'을 폐지하여 원로원의 호감을 산 옥타비아누스는 뒤이어 원로원 재편성에 착수했다.

원로원 의원들로서는 기득권이 개혁의 파도에 노출되는 것이므로 환영할 리가 없지만, 35세의 최고 권력자는 그 의원들까지도 환영할 만한 방식으로 개혁을 추진했다. 또한 아무리 완고한 수구파라도 인정하지 않을 수 없을 만큼, 기원전 28년 당시의 원로원은 난맥 상태에 빠져 있었다.

　기원전 45년, 폼페이우스를 비롯한 원로원 체제 고수파를 물리치고 최고 권력자가 된 카이사르는 술라의 개혁 이후 600명이 정원이었던 원로원 의원수를 900명으로 늘려, 원로원 개혁을 단행했다. 이에 따라 새로 원로원 의석을 차지하게 된 사람들 중에는 속주에 거주하는 로마 시민권 소유자 이외에 얼마 전에 카이사르에게 정복된 중북부 갈리아의 부족장들도 적지 않았다. 패배자를 동화시키는 데에는 오랜 전통을 갖고 있는 로마인들조차도 놀랄 정도였다. 본국 태생의 지도층에 속한다는 사실에 자긍심을 가진 키케로나 브루투스 같은 의원들이 이런 카이사르의 개방노선을 불쾌하게 여긴 것은 당연했다.
　그런데 카이사르가 암살된 뒤 실권을 탈취하려던 안토니우스는 세력을 강화하기 위해 원로원 의원수를 더욱 늘렸다. 이때 의석을 얻은 자들을 서민들은 '저승에서 임명된 의원'이라고 부르며 비웃었다. 제 이름으로는 효과가 약하다고 생각한 안토니우스가 카이사르의 이름을 내세워, 카이사르가 생전에 결정해둔 인사라면서 강행했기 때문이다.
　게다가 안토니우스를 물리친 옥타비아누스는 안토니우스 편에 선 원로원 의원들도 모두 용서하고 공직 복귀를 허용했다. 그 덕택에 내전이 끝나 평화를 되찾은 로마의 원로원은 의사당에 다 들어가지도 못할 만큼 많은 의원을 떠안게 되었다. 당시 의원수는 1천 명이 넘었다고 한다. 옥타비아누스는 그것을 600명까지 줄일 생각이었다.
　젊은 최고 권력자는 먼저 일부 의원에 대해서는 자신이 직접 설득하여 의원직을 사퇴하게 하는 방법을 택했다. 이들이 뜻밖에 순순히 설득을 받아들인 것으로 미루어보아, 그가 직접 설득한 일부 의원은 카이사르가 등용한 갈리아인이 아니었나 싶다. 조상 대대로 로마인이었던 사람들에 비해, 그들의 처지는 역시 약했다. 그리고 이들을 원로원에 들여보낸 것이 카이사르가 암살된 진짜 원인이었다는 말이 나왔을 정도니까, 옥타비아누스에게는 그 원인을 제거할 이유가 있었다. 하지만 이로써 속주민의 등용은 클라우디우스 황제 시대까지 90년 동안 완전히 중단되었다. 이 사건은 후세 학자들이 카이사르에 비해 옥타비아누스가 보수적이라고 주장하는 하나의 원인이 되었다.

어쨌든 이 '권고 사퇴'로 원로원 의원을 70명 정도는 줄일 수 있었다. 하지만 형식적으로는 자진 사퇴니까, 젊은 권력자도 대가를 내놓는 것을 잊지 않았다. 그래서 국가가 주최하는 경기대회나 연극 공연에는 원로원 의원과 동등한 자리를 확보해주는 것을 조건으로 내세웠다.

옥타비아누스는 의원 140명에 대해서는 강경 수단에 호소했다. 원로원 의석을 강제로 박탈한 것이다. 카이사르가 암살된 직후의 혼란기에 권력자의 환심을 사서 의원이 된 노예까지 있었다니까, 의원에 어울리지 않는 자를 추방하는 것은 조상 대대로 원로원 계급에 속하는 사람들로서는 환영할망정 반대할 이유는 없었다. 당연한 일이지만, 이들 140명에 대해서는 보상도 해주지 않았다.

이렇게 하여 의원 210명을 줄이는 데에는 성공했지만, 아직도 200명 정도가 남아돈다. 그래서 옥타비아누스는 다음과 같은 수단으로 '감량'에 도전했다.

그해의 집정관인 옥타비아누스 자신과 아그리파가 우선 30명을 고른다. 이 30명이 다른 30명을 고른다. 선택된 30명이 또 30명을 고른다. 이 방식은 원로원 의원수가 정원인 600명에 이를 때까지 계속되었다.

이리하여 정원을 600명으로 되돌려놓은 것도 원로원의 호감을 사는 데 도움이 되었다. 건국 이래 줄곧 300명이었던 원로원 정원을 600명으로 늘린 것은 술라였다. 그것을 다시 900명으로 늘린 것이 카이사르였다. 하지만 술라가 정원을 늘린 이유는 원로원을 강화하기 위해서였던 반면, 카이사르가 증원한 이유는 원로원 체제를 타도하기 위해서라는 점이 달랐다. 정원을 600명으로 되돌린 옥타비아누스의 행위는 공화주의자들의 눈에도 젊은 권력자가 원로원을 존중하고 있다는 증거로 보였다. 그리고 이듬해에 젊은 권력자는 공화정 신봉자들을 그야말로 미칠 듯이 기쁘게 하는 일을 해냈다.

공화정 복귀 선언

기원전 27년 1월 13일, 원로원을 가득 메운 의원들 앞에서 35세의 절대 권력자는 공화정 체제로의 복귀를 선언했다.

옥타비아누스는 즉흥 연설에 자신이 없어했고, 특히 중요한 의안을 다룰 경우에는 미리 준비한 원고를 낭독했다고 한다. 그날의 선언도 원고를 낭독하는 형태로 이루어졌을 게 분명하다. 그가 죽은 뒤에 공표되었기 때문에 '신격(神格) 아우구스투스 업적록'이라고 불리는 『업적록』에서 그 자신도 여기에 대해 다음과 같이 기술하고 있다.

"내가 일곱 번째 집정관이 된 해(기원전 27년)에, 그때까지 시민 모두의 동의에 의해 절대권력을 부여받아 내전을 종식시켰으므로, 이제 나는 그동안 행사했던 권력들을 포기하고 원로원과 로마 시민의 손에 되돌려주었다."

다른 역사가들의 기술에 따르면, 브루투스를 비롯한 반대파를 쳐부수고 안토니우스라는 경쟁자도 물리치고 로마 세계의 유일한 절대 권력자가 된 35세의 옥타비아누스는, 마치 싸움을 끝낸 전사가 무기를 내려놓고 갑옷을 벗어던지기라도 하듯 의사당에 줄지어 앉은 원로원 의원들에게 다음과 같이 선언했다고 한다.

"내 한 몸에 집중되어 있는 모든 권력을 여러분 손에 돌려주겠소. 무기와 법률, 로마의 패권하에 있는 모든 속주를 원로원과 로마 시민의 손에 되돌려줄 것을 선언하는 바이오."

군사와 내정과 외치를 모두 원로원과 로마 시민에게 돌려주겠다고 선언한 것이다.

의사당은 순간 얼어붙은 듯이 조용해졌다. 하지만 곧 의사당은 환호의 소용돌이에 말려들었다. 평소에는 그저 엄숙하고 무게있게 행동하는 것밖에는 염두에 없는 원로원 의원들도 이 예상치 못한 사태에 저도 모르게 어린아이로 돌아간 것이다.

공화정 체제로의 복귀는 로마에서는 원로원이 정책을 세우고 민회가 승인하는 것으로 성립되는 과두정(올리가르키아), 즉 소수지도체제의 부활을 의미했다. 말하자면 '원로원 체제'라고 불러도 좋은 정치체제다. 원로원 체제는 율리우스 카이사르가 국법을 어기고 루비콘강을 건너면서까지 타도를 결심하고, 실제로 타도에 성공한 정치체제였다. 그런 카이사르의 후계자가 보여준 이 변모에 원로원 의원들이 환성을 지르며 기뻐한 것은 자기네가 다시 로마라는 큰 배의 조타수가 되었다고 생각했기 때문이다.

로마는 권력 집중을 막기 위해 국가의 최고위직인 집정관도 두 명을 두었을 정도지만, 그래도 전권을 장악한 사람이 그때까지 세 명 있었다. 술라와 카이사르, 그리고 기원전 30년 당시의 옥타비아누스였다.

술라는 반대파를 단호히 숙청하고 무기한 독재관(딕타토르)에 취임한 뒤, 원로원 강화를 골자로 하는 국정 개혁을 단행했고, 그것이 끝나자마자 스스로 독재관을 사임했다. 위기관리체제이기도 한 독재관을 사임함으로써 공화정 체제 고수를 분명히 한 것이다. 하지만 거기에 이르기까지의 숙청이 너무나 무자비했기 때문에, 원로원 체제 고수파조차도 이 권력 회복에서는 오랫동안 피비린내가 나는 듯한 인상을 받게 되었다.

카이사르는 전권을 장악한 뒤에도 반대파를 용서하고 공직 복귀도 인정했다. 숙청의 피바람은 불지 않았지만, '종신 독재관'(딕타토르 페르페투아)에 취임하여, 원로원 체제 부활을 기대하고 있던 키케로나 브루투스 같은 공화주의자들의 꿈을 산산이 깨뜨려버렸다.

옥타비아누스는 절대권력을 장악한 뒤에도 반대파를 숙청하지 않았다. 패배자들의 공직 복귀도 인정했다. 그리고 이제는 공화정 복귀까지 선언했다. 내전 시절에 누리던 모든 특권을 원로원과 로마 시민에게 되돌려주겠다고 선언한 것이다. 그 말을 곧이곧대로 받아들인 원로원 의원들이 뛸 듯이 기뻐한 것도 당연했다.

한 몸에 집중되어 있던 모든 특권을 포기한다고 선언한 것은 공화정 체제의 로마 시민으로서는 칭찬받아 마땅한 행위였지만, 실제로 옥타비아누스가 누린 특권은 무엇이었을까.

1. 삼두정치권(트리움비라투스)
2. 이탈리아 서약(코뉴라 디오 이탈리에)
3. 세계적 합의(콘센수스 우니베르소룸)

첫 번째 특권인 삼두정치권이란 기원전 43년 말에 당시 실력자인 안토니우스와 레피두스 및 옥타비아누스가 결성한 공동투쟁체제, 즉 '제2차 삼두정치' 체제의 수립으로 얻은 권리를 말한다. 폼페이우스와 크라수스 및 카이사르의 '제1차 삼두정치'가 개인적인 공동투쟁체제였던 반면, 제2차 삼두정치는 민회의 승인을 얻었으니까 합법적인 '위기관리체제'라고 말할 수 있었다.

하지만 기원전 30년에 안토니우스가 죽고, 레피두스는 그전에 이미 은퇴했기 때문에, 제2차 삼두정치는 유명무실해져 있었다. 게다가 제2차 '삼두정치'는 결성된 이듬해에 '살생부'까지 만들어 2,300명이나 되는 반대파를 숙청했기 때문에, 숙청 대상이 된 로마인들의 피와 원한이라는 부정적인 이미지가 줄곧 따라다녔다. 옥타비아누스는 악티움 해전에서 안토니우스를 이긴 뒤, 그 승전보를 원로원에서 발표하는 역할을 키케로의 아들에게 맡겼다. '살생부' 맨 윗자리에 오른 키케로는 희생자들 가운데 가장 유명하고 가장 존경받던 인물이었다. 처벌자 명단 작성에는 옥타비아누스도 참가했으니까 키케로를 숙청한 책임은 그도 똑같이 짊어져야 할 테지만, 안토니우스를 물리친 옥타비아누스는 그때의 숙청으로 생긴 부정적 이미지를 안토니우스에게 모조리 전가하려 했다. 어쨌든 '삼두정치권'은 이제 포기하는 편이 오히려 유리한 특권이었다.

두 번째 특권인 '이탈리아 서약'은 기원전 32년 안토니우스와 클레오파트라를 상대로 마침내 결전을 벌일 때가 왔음을 깨달은 옥타비아누스가 로마 국가의 본국인 이탈리아반도에 사는 모든 시민에게 요구한 서약이다. 여기에 응한 이탈리아의 모든 지방자치단체는 옥타비아누스를 '로마 국가를 지키기 위해 적 이집트를 공격하는 군대의 총사령관'으로 추대하고, 그에게 충성을 서약했다. 따라서 이것도 위기에 대처하기 위해 임시로 주어진 특권이다. 안토니우스와 클레오파트라가 죽은 뒤에도 계속 갖고 있으면, 공화국(레스 푸블리카)을 사유화한다고 오해받을 우려가 있었다.

세 번째 특권인 '콘센수스 우니베르소룸'은 '세계적 합의'라고 어설프게 직역할 수밖에 없었지만, 이것은 두 번째 특권인 '이탈리아 서약'을 본국인 이탈리아만이 아니라 속주에까지 확대하여 옥타비아누스에게 부여한 특권이다. 로마 세계의 동쪽 절반은 안토니우스 휘하에 있었으니까, '세계적'이라 해도 로마 세계의 서쪽 절반에 불과했지만, 속주민까지 일치단결하여 옥타비아누스를 지지했다는 의미가 있었다.

다만 '이탈리아 서약'이 단순한 언약에 그치지 않고 병사 모집권과 임시 특별세 부담까지 인정하겠다는 서약인 반면, '세계적 합의'를 요구받은 속주민에게는 그런 의무가 없었다. 속주세도 올리지 않았다. 옥타비아누스는 안토니우스와 클레오파트라를 상대로 결전을 벌이기 위해 동쪽으로 떠나면서 그들과의 싸움이 결판날 때까지 자신의 배후, 즉 로마 세계의 서부가 평온해주기만을 원했을 뿐이기 때문이다.

어쨌든 이 세 번째 특권도 위기에 대처하기 위한 임시 특권인 건 마찬가지다. 특히 두 번째 권리는 임시 과세권까지 인정했으니까, 계속 갖고 있으면 로마의 여론이 나빠질 우려가 있었다.

이처럼 옥타비아누스는 실제로는 내놓는 편이 오히려 유리한 특권을 포기한 데 불과했지만, 이 세 가지 특권이 로마식 공화정 체제와는 걸맞지 않는 권리인 것도 분명하다. 따라서 그것을 포기하고 공화정으로 돌아가겠다는 옥타비아누스의 선언은 거짓말이 아니었다.

그렇긴 하지만 35세의 최고 권력자가 모든 기득권을 포기하고 원로원의 일개 의원이 되겠다고 선언한 것은 아니었다. 그렇다면 그가 내놓지 않은 것은 무엇이었을까.

우선 집정관직을 사임하지 않았다. 옥타비아누스는 기원전 43년에 19세라는 이례적인 젊은 나이로 처음 집정관에 선출된 뒤, 기원전 31년부터는 연속하여 집정관에 취임했다. 기원전 27년에 공화정 복귀를 선언했을 당시, 그는 통틀어 일곱 번째로 집정관직을 맡고 있었다. 그리고 그 후에도 기원전 23년까지 해마다 집정관으로 선출된다. 공화정 체제에서 국가의 최고위직인 집정관에 연임되는 것은 위법일 수도 있다. 옥타비아누스는 법률을 위반하는 위험을 무릅쓰면서까지 그 지위를 계속 유지한다.

이것을 깨달으면, "무기와 법률과 로마의 패권하에 있는 모든 속주를 원로원과 로마 시민의 손에 되돌려주겠다"는 옥타비아누스의 선언은 공화정 복귀를 기뻐하는 이들에게 전혀 다른 인상을 주었을 것이다. 하지만 연임했다 해도 집정관은 정규 관직이고, 비정규적인 특권은 포기하겠다는 그의 말은 거짓이 아니었다.

옥타비아누스가 포기하지 않은 두 번째 권리는 '임페라토르'라는 칭호를 항시 사용할 수 있는 권리다. 로마에서 임페라토르는 개선장군을 부르는 경칭이었다. 이 칭호를 항시 사용할 수 있는 권리를 인정받은 것은 카이사르였지만, 카이사르라면 위와 같은 의미에서도 어울리는 칭호였을 것이다. 하지만 옥타비아누스가 전쟁에서 이길 수 있었던 것은 아그리파가 지휘를 맡았기 때문이고, 로마인이라면 누구나 이것을 알고 있었다. 그렇긴 해도 로마인들에게 '임페라토르'라는 칭호의 중요성은 카이사르와 마찬가지로 옥타비아누스도 충분히 이해하고 있었다. 그래서 그는 양아버지인 카이사르한테 물려받은 세습 권리로 '임페라토르'를 항시 사용할 수 있는 권리를 유지하기로 했다. 그 후 그가 세운 건축물에는 'IMPERATOR'의 약자인 'IMP'가 그의 이름 앞에 반드시 새겨지게 되었다. 하지만 옥타비아누스는 신중한 사람이다. 군사력을 연상시키는 '임페라토르'라는 칭호를 그 자신은 되도록 사용하지 않으려고 애썼다. 『업적록』에도 이 칭호는 쓰이지 않았다.

'임페라토르'라는 칭호를 세습 권리로 유지한 것은 사실 커다란 의미를 지니고 있었다. 그것은 종신 군통수권과 그것을 후계자들에게 물려줄 세습권을 보유하는 것과 마찬가지이기 때문이다. 이것만으로도 사실상의 제정이다. 옥타비아누스가 공화정 복귀를 선언한 기원전 27년 당시, 임페라토르가 언젠가는 '황제'를 의미하게 되리라는 것을 깨달은 로마인이 과연 몇 명이나 되었을까.

옥타비아누스가 포기하지 않은 세 번째 권리는 '프린켑스'(제일인자)라는 칭호였다.

'프린켑스'는 고대 로마에서는 공화국 시민들 가운데 으뜸이라는 의

미밖에 갖고 있지 않았다. 또한 이 의미가 연장되어 지도자라는 의미로도 쓰인다. 기원전 29년에 원로원은 안토니우스를 무찌르고 돌아온 34세의 옥타비아누스에게 이 칭호를 주었다. 오랜 내전 상태를 종식시킨 공로에 보답하는 의미였지만, 이것이 '임페라토르'라는 칭호를 되도록 사용하지 않으려 한 옥타비아누스에게 참으로 편리한 방패막이를 제공하게 되었다.

'임페라토르'는 공화주의자들에게 도발적으로 들렸지만, '프린켑스'는 그렇게 들릴 염려가 전혀 없었기 때문이다. '프린켑스'라는 칭호는 한니발을 무찌르고 제2차 포에니 전쟁을 승리로 이끈 스키피오 아프리카누스에게도 부여된 선례가 있었다.

이 방패막이는 보기 좋게 효과를 발휘하여, 로마 시대 역사가들은 곧 아우구스투스가 될 옥타비아누스를 언급할 때 '카이사르'(그는 카이사르의 양자였다)나 '프린켑스'라고 부르게 되었다. 옥타비아누스도 『업적록』에서 자신을 언급할 때 세 번이나 이 칭호를 사용했다. 그 때문인지, 현대 연구자들 중에도 앞으로 전개될 시대를 '제정'이라고 부르지 않고 '원수정'(元首政)이라고 부르는 사람이 있을 정도다.

35세의 옥타비아누스는 동시대 로마인들을 속였을 뿐 아니라, 후세의 고지식한 연구자들까지도 속였다고나 할까. 어쨌든 이것이 공화정 복귀가 선언된 기원전 27년에 젊은 권력자가 포기한 권리와 포기하지 않은 권리다. 문제는 공화정 복귀를 선언한 35세의 권력자가 그 대신 얻은 것은 무엇인가 하는 것이다.

'아우구스투스'

공화정 복귀가 선언된 날부터 사흘밖에 지나지 않은 1월 16일, 원로원은 옥타비아누스에게 '아우구스투스'라는 존칭을 부여할 것을 만장

일치로 결의했다.

옥타비아누스는 『업적록』에서 이 일을 다음과 같이 기술하고 있다.

"공화정 복귀를 선언한 공적에 대해, 원로원은 앞으로 나를 아우구스투스라고 부르기로 결의하고, 다음과 같은 명예도 주기로 결정했다.

우리 집 현관 양쪽에 서 있는 기둥은 월계수로 장식하고, 현관문 위에는 '시민관'(市民冠)을 놓는다. 그리고 이번에 내가 보여준 결단과 관용, 공정함과 자애에 감사하는 원로원과 로마 시민이 그 사실을 새긴 황금 방패를 원로원 의사당에 안치한다.

그 후 나는 권위(아우크토리타스)에서는 누구보다도 우위에 있었지만, 권력(포테스타스)에서는 내 동료 집정관들을 능가하지 못했다."

수사학적인 표현은 흔적도 보이지 않는 단순소박한 문장이다. 거짓말을 쓴 것은 아니다. 하지만 마지막 문장에는 진실이 담겨 있는 것도 아니었다. 그로서는 이렇게 쓸 수밖에 없었을 것이다. 이때 옥타비아누스는 상상력이 뛰어난 카이사르조차 칭찬했을 것으로 여겨지는 일대 정치 드라마를 연출하고 있었기 때문이다.

절묘하다고밖에 말할 수 없는 이유는 다음과 같다. 첫째, 공화정 복귀 선언과 아우구스투스라는 존칭 부여 사이의 간격을 사흘밖에 두지 않았다는 점이다. 둘째, 그에게 아우구스투스라는 존칭을 부여하자고 제안한 사람의 선정이다. 셋째, 다른 이름이 아니라 '아우구스투스'라는 존칭을 선택했다는 점이다.

사흘은 한 몸에 집중된 특권을 모두 포기하고 공화정 체제로 돌아가겠다는 최고 권력자의 선언을 기뻐하기에는 충분한 시간이었을 것이다. 하지만 예상치도 않았던 일이기 때문에, 그 참뜻까지 탐색하기에는 불충분한 시간이었다. 결국 사흘은 너무 이르지도 너무 늦지도 않은 적당한 시간이었다.

제안자의 선정이라고 말한 것은 이 드라마가 주도면밀하게 짜인 각본에 따라 전개되었다고 확신하기 때문이지만, 그 제안자도 결코 우연한 결과는 아니었을 것이다.

평소에는 아흐레 만에 소집되는 원로원 회의가 그때만은 무엇 때문인지 사흘 만에 소집되었고, 이 회의에서 옥타비아누스에게 '아우구스투스'라는 존칭을 부여하자고 제안한 것은 원로원 의원들 중에서도 동료들의 존경을 받고 있는 폴리오였다.

무인인 동시에 교양인으로도 알려진 아시니우스 폴리오라는 인물은 기원전 76년에 태어나 기원전 27년 1월에는 48세를 맞이하고 있었다. 지방 유력자의 아들에 불과한 폴리오가 '명예로운 경력'(쿠르수스 호노룸)이라고 불리는 고위 관직에 취임하여 출셋길에 들어설 수 있었던 것은 카이사르에게 발탁되었기 때문이다.

기원전 49년 1월, 당시 26세의 폴리오는 루비콘을 건넌 카이사르를 따랐다. 키케로의 표현을 빌리면 '로마의 젊은 과격파' 가운데 하나였던 셈이다. 카이사르가 『내전기』에서 전혀 언급하지 않았던 루비콘 도하 상황을 후세의 우리가 알 수 있는 것은 폴리오가 그 기록을 남겨주었기 때문이다.

같은 해 4월, 카이사르는 시칠리아를 장악하기 위해 35세의 쿠리오를 파견했고, 그때 폴리오도 쿠리오의 부관으로서 카이사르의 전략에 따라 시칠리아와 북아프리카를 제패하러 갔다.

8월에 참패의 책임을 지고 자결한 쿠리오 대신, 약간 남은 패잔병을 모아서 시칠리아까지 데리고 돌아온 것은 당시 27세인 폴리오였다.

이 폴리오를 카이사르는 휘하 군단장으로 승진시켰다. 그 후 폴리오는 총사령관 카이사르 밑에서 계속 일하면서 폼페이우스와 대결한 디라키움 공방전과 파르살루스 회전에 참가했고, 폼페이우스파를 쳐부순 북아프리카의 탑수스 전투와 폼페이우스의 아들을 무찌른 에스파냐의 문다 회전에도 참전했다.

기원전 44년, 카이사르는 동방에 있는 파르티아로 원정을 떠나기 직전에 폴리오를 서부 에스파냐 속주 총독으로 임명한다. 카이사르가 암살된 뒤에도 그가 결정한 인사는 그대로 존중되었기 때문에, 폴리오는 정세가 불온한 로마를 떠나 임지인 에스파냐로 갔다.

그러나 카이사르의 유언이 공개된 뒤, 안토니우스와 옥타비아누스가 서로 견제하는 미묘한 상황이 생겨나자, 폴리오는 분명히 안토니우스파에 가담하여 행동한다. 카이사르 휘하에서 함께 싸운 동지로서, 같은 체험을 공유한 사람들 사이에만 생겨나는 유대감 때문이었는지도 모른다. 안토니우스와 옥타비아누스의 연합군이 브루투스와 카시우스의 군대와 대결한 필리피 회전에도 폴리오는 안토니우스 휘하로 참전한다.

그 후 안토니우스에 대한 클레오파트라의 영향력이 점점 강해지고, 결국 옥타비아누스가 이끄는 로마군과 대결하기에 이르자, 폴리오도 안토니우스를 버릴 수밖에 없었다. 하지만 안토니우스에게 창끝을 들이댈 마음은 나지 않는다는 그의 심정을 옥타비아누스도 존중해주었다. 안토니우스가 악티움 해전에서 패배하고 이듬해 자결했다는 소식도 이탈리아에 있던 폴리오는 들어서 알고 있었다.

옥타비아누스는 마지막까지 안토니우스를 따른 로마인조차 용서하고 공직 복귀를 인정했다. 폴리오도 일단 떠났던 공직 생활을 다시 시작할 수 있을 터였다. 나이도 46세, 아직 훌륭한 현역이다. 그런데도 폴리오는 카이사르가 준 원로원 의석은 버리지 않았지만, 다른 공직은 모두 사퇴하고 교양인의 우아한 인생을 선택한다. 이로써 그는 대세에 아부하지 않는 결백한 사람이라는 평판을 얻게 되었다.

이런 인물을 주목한 옥타비아누스는 35세라고는 생각할 수 없을 정도다. 자파가 분명한 사람을 제안자로 선택했다면 원로원 의원들도 의심을 품었을 테고, 아직도 속으로 브루투스를 존경하고 있는 공화주의

자에게 부탁하면 제안의 행방 자체가 불안해졌을 것이다. 이런 일은 잽싸게 제안하고 잽싸게 결의하지 않으면 실패로 끝나기 쉽다.

그리고 무엇보다도 놀랄 만한 옥타비아누스의 정치 감각은 아우구스투스라는 존칭을 선택한 것이었다. 나는 이것도 존칭을 부여받는 그 자신이 치밀하게 생각하여 고른 명칭이라고 확신한다.

로마인들은 개인이라도 별명으로 부르기를 좋아하는 민족이었다. 키케로의 친구 가운데 아티쿠스라는 인물이 있는데, 아티카 사람이라는 의미의 아티쿠스는 본명이 아니라 그가 그리스의 아티카 지방을 유난히 사랑한 데서 나온 별명이다. 이런 경향이 중요인물에게 적용되면 존칭이 된다.

한니발을 무찌른 스키피오는 카르타고의 지배하에 있던 아프리카를 제패한 자라는 의미에서 아프리카누스라는 존칭으로 불렸다. 그가 속한 코르넬리우스 씨족은 명문이고, 그 가운데 스키피오 가문만 해도 많은 요인을 배출했기 때문에, 존칭을 붙여서 스키피오 아프리카누스라고 부르면 다른 스키피오들과 구별할 수 있다는 이점도 있었다.

코르넬리우스 씨족에 속하는 술라도 폰투스 왕 미트라다테스를 제압한 업적을 비롯하여 국가에 많은 공을 세운 인물이다. 그만하면 충분히 존칭을 부여받을 수 있을 정도지만, 마리우스파를 무찌르고 절대권력을 손아귀에 넣은 뒤 단행한 숙청이 너무 냉혹하고 처참했기 때문에, 아무도 존칭을 부여할 생각을 하지 않았다. 술라는 허영심에서는 자유로웠지만, 그래도 존칭이 전혀 없는 것은 불만이었는지, 행운아를 뜻하는 '펠릭스'라는 존칭을 스스로 자신에게 부여했다.

하지만 자기편이나 제삼자가 보기에는 통쾌해도 적에게는 공포의 대상이었던 그가 죽은 뒤에는 아무도 그를 술라 펠릭스라고 부르지 않게 되었다. 술라 자신은 '행운아'였을지 몰라도, 그의 숙청으로 목숨을 잃고 재산을 몰수당하고 후손까지 공직에서 추방된 이들에게는 조금도 '펠릭스'가 아니었기 때문이다.

폼페이우스도 존칭을 부여받은 사람이었다. 위대한 사람을 뜻하는 '마그누스'가 그의 존칭이었다. 확실히 술라 가문의 걸출한 인물로서 젊은 나이에 뛰어난 활약을 보여, 해적 소탕작전과 지중해 동부 제패를 달성했을 무렵의 폼페이우스는 무장으로서 눈부시게 빛나는 존재였다. 마그누스는 영어의 'The Great'와 마찬가지니까, 알렉산드로스 대왕과 동등한 대우를 받은 셈이다.

생전의 카이사르에게는 별명도 존칭도 없었다. '위대한 폼페이우스'(폼페이우스 마그누스)를 이긴 사람에게는 그것을 뛰어넘는 존칭을 붙여야겠지만, 그런 존칭이 생각나지 않았기 때문인지도 모른다. 그러나 카이사르는 죽은 뒤에 신격화되어 '신격(神格) 카이사르'(디부스 카이사르)가 그의 존칭이 되었다.

이 같은 로마인 특유의 관습으로 볼 때, 조국에 공을 세운 사람에게 존칭을 부여하는 것은 결코 특별한 대우가 아니었지만, 문제는 어떤 존칭을 주느냐 하는 것이다. 옥타비아누스에게는 내전을 끝냈다는 엄연한 공적이 있었지만, 실제로 전투를 지휘한 것은 아그리파였다. 따라서 용맹을 강조하는 우락부락한 존칭은 어울리지 않았다. 그리고 옥타비아누스 자신도 선배들이 얻은 단순한 존칭으로 만족할 생각은 전혀 없었다.

고대 로마에서 아우구스투스(Augustus)는 신성하고 경배를 받아 마땅한 인물이나 장소를 의미하는 말에 불과했고, 무력이나 권력을 연상시키는 의미는 전혀 없었다. 신성하다는 뜻이긴 하지만, 다신교 세계인 로마에서는 유일무이한 절대적 권위는 아니다. 길가에 서 있는 사당조차도 신성하고 경배를 받아 마땅한 존재였다.

35세의 옥타비아누스가 자신을 위해 고른 존칭이 이 '아우구스투스'였다. 권력에 아부하지 않는 결백한 인물로 평판이 높은 폴리오를 시켜 그것을 제안하게 했을 뿐 아니라, 공화정 부활을 선언한 뒤 아직 그 흥분이 채 가시지 않은 사흘 뒤에 그것을 결행함으로써 자기가 말을 꺼낸 게 아니라 원로원 의원들이 주었기 때문에 받는다는 형식을 취했다. 기원전 27년 1월 16일 회의에 참석한 의원들은 '아우구스투스'라는 존칭이라면 권력과는 결부되지 않는다고 믿어 흔쾌히 찬성표를 던졌을 게 분명하다.

그런 생각은 그들이 이 존칭과 함께 35세의 권력자에게 부여한 명예에도 나타나 있었다. 집의 현관 양쪽에 서 있는 기둥을 월계수 가지와 잎으로 장식하는 것. 현관문 위에 '시민관'을 놓는 것. 그리고 절대 권력자가 되었으면서도 공화정 복귀를 선언한 공로를 높이 평가하여 그 사실을 새긴 황금 방패를 원로원 의사당에 안치하는 것. 그중에서도 '시민관'과 '방패'가 깊은 의미를 갖고 있었다.

우선 '방패'는 공격보다 수비를 의미한다. 그리고 승리자를 의미하는 '월계관'은 월계수로 짜지만, 로마에서 '시민관'이라고 불린 것은 같은 상록수인 떡갈나무 잎으로 짠다. 이것은 로마 군단에서 아군 전우를 구조한 공로에 대해 수여되는 '훈장'이었다. 흥미롭게도 로마 군단에서는 적지에 가장 먼저 들어가 받는 훈장보다 이 '훈장'이 더 높은 포상으로 되어 있었다. 아우구스투스가 바란 것도 월계관보다는 시민관이었다. 그로서는 전투에 서투른 자신에게 어울리지 않는 월계관보다, 내전을 수습하여 로마 국가를 자멸에서 구한 공로를 나타내는 '시민관'으로 자신의 이미지를 더욱 강화하고 싶었을 것이다.

실제로 많이 남아 있는 아우구스투스 초상 가운데 월계관을 쓴 것은 극히 적다. 이 책 표지로 고른 초상도 '시민관'을 쓴 모습이다. 시민관을 쓴 초상이 압도적으로 많은 것은 그 자신이 월계관보다 시민관을 더 좋아했기 때문일 것이다.

하지만 원로원이 만장일치로 결의한 '아우구스투스'라는 존칭은 실제로는 그들이 생각한 것만큼 권력과 무관하지는 않았다.

아우구스투스라고 불리게 됨으로써 옥타비아누스가 얻은 것은 권력이 아니라 권위다. 그것은 단순한 위신이 아니라 14년에 걸친 권력투쟁에서 유일하게 승리한 최고 권력자의 위신이다. 말 한마디를 하더라도 무게가 달라지는 것은 당연하다. 게다가 지금까지 말했듯이 그가 포기한 권리는 포기하는 편이 오히려 유리한 것뿐이고, 군통수권은 전혀 포기하지 않았다.

그런 인물에게 권위까지 더해지면 어떻게 될까. 의사당에서의 발언이든 정책이든, 그의 입에서 나오는 모든 말은 다른 사람들과는 다른 무게를 갖게 될 것이다. 원로원 의원에서부터 일반 시민에 이르기까지 그 무게를 느낄 것이다. 아우구스투스 자신은 "그 후 나는 권위(아우크토리타스)에서는 누구보다도 우위에 있었지만, 권력(포테스타스)에서는 내 동료 집정관들을 능가하지 못했다"고 기록했지만, 이론상으로는 그럴지 몰라도 실제로는 달랐다. 그의 동료 집정관은 아그리파인 경우가 많았지만, 그의 충성스러운 오른팔이었던 아그리파는 옥타비아누스가 아우구스투스라는 존칭으로 얻은 권위를 갖고 있지 못했다. 권위를 뜻하는 영어 낱말 'authority'의 어원인 '아우크토리타스'를 나타내는 칭호를 갖지 못했기 때문이다. 따라서 '능가하지 못했다'는 것은 당치 않은 소리다.

나도 전적으로 동감이지만, 어느 연구자는 이 시기의 아우구스투스를 다음과 같이 평하고 있다.

"철저히 합법성을 획득하는 아우구스투스의 탁월한 수완."

왜 '탁월한 수완'인가 하면, 하나하나는 완전히 합법적이지만 그것을 서로 연결해가면 공화정 치하에서는 비합법이 될 수밖에 없는 제정으로 이어지기 때문이다.

기원전 27년은 당시의 많은 로마인이 공화정 복귀를 경축한 해였다. 하지만 그로부터 불과 반세기쯤 뒤에 살았던 후세인들에게 기원전 27년은 제정이 본격적으로 시작된 해가 된다.

그해부터 옥타비아누스의 정식 명칭은 다음과 같이 변한다.

'임페라토르 율리우스 카이사르 아우구스투스'(Imperator Julius Caesar Augustus)

이것이 공화정 복귀를 선언한 사람의 이름이 되었으니, 참으로 얄궂은 일이다.

상상하건대, 35세의 아우구스투스는 이 의미를 완벽하게 자각했을 것이다. 그가 스스로 확립하고자 한 신생 로마가 어떤 이미지로 소개되어야 하는지에도 배려를 아끼지 않았기 때문이다. 35세라는 나이를 생각하면, 무서울 만큼 깨어 있는 정신이다.

이미지 작전

아우구스투스는 보기 드문 미남이었다고 한다. 그래서 용모가 우락부락한 안토니우스는, 카이사르가 17세의 아우구스투스를 후계자로 지명한 것은 그가 미소년이었기 때문이라고 험담했을 정도다. 소년 시절의 미모는 30대에 들어선 뒤에도 시들지 않았다. 시들기는커녕, 30대 시절의 모습이 오히려 '남자다운 매력'을 더욱 느끼게 한다. 18세의 나이에 느닷없이 무대로 끌려나온 이후 14년 동안 처음에는 브루투스를, 다음에는 안토니우스를 이긴 자신감이 타고난 미모를 더욱 보강해준 게 아닌가 싶을 정도다.

하지만 그의 매력은 겉보기만의 아름다움은 아니었다. 그 얼굴은 이

아우구스투스 초상
오른쪽은 아우레우스 금화(기원전 2년~서기 1년경)에 새겨진 아우구스투스

야기를 할 때에도, 남의 이야기에 귀를 기울일 때에도 무한한 조용함과 밝음을 흐트러뜨리지 않았고, 그것이 그를 만나는 사람들에게 용모의 아름다움을 뛰어넘는 매력을 느끼게 해주었다.

고대 로마의 역사가인 수에토니우스는 아우구스투스가 보기 드문 미남이었지만 멋쟁이는 아니었다고 말했다. 타고난 미남이었기 때문에 멋부리기에 신경쓸 필요가 없었는지도 모른다. 하지만 그 자신은 30대 후반에 최고조에 도달한 매력의 효력을 잘 알고 있었다.

고대 로마의 조각상들 가운데 세월에 따른 풍화와 훼손, 기독교도의 파괴를 거치고도 가장 많이 남아 있는 것은 초대 황제인 아우구스투스의 초상이다. 로마 제국 전역에서 출토되는 것도 그만큼 많이 만들어져 제국 전역에 배포되었기 때문이고, 따라서 남아 있을 확률도 가장 크게 분명하다.

그런데 그 조각상들은 모두 30대의 아우구스투스를 본뜬 것이다. 훗날의 아우구스투스로 여겨지는 두상이 하나 있지만, 나머지는 40세 이전의 아우구스투스다. 아우구스투스는 77세까지 장수를 누린 사람이다. 노년 시절은 그렇다 쳐도, 로마인들이 남자의 한창 나이로 인정하는 장년기인 40대와 50대의 아우구스투스를 본뜬 조각상은 당연히 있어야 할 텐데, 하나도 남아 있지 않다. 그런데 아우구스투스의 장년기는 공적으로나 사적으로 가장 많은 열매를 거둔 시기였다. 자랑스럽게 자신의 원숙한 모습을 유형의 조각으로 남기는 게 오히려 자연스럽다. 미모에 뒷받침된 매력은 늙어도 시들지 않았다고 수에토니우스는 말하고 있다.

상상하건대 아우구스투스는 일부러 자신의 공적인 이미지를 로마인들이 청년기로 여기는 30대로 한정한 것 같다. 그의 책무는 카이사르가 남긴 청사진을 실천에 옮기는 것이었다. 카이사르는 공적 생활을 늦게 시작한 탓도 있어서, 50대 시절의 조각상밖에 남기지 않았다. 그런 카이사르에 대해 존재의 차별성을 주장하려면 젊음을 활용하는 것이 가장 효과적이 아닐까. 그리고 그가 확립하려 한 신생 로마의 이미지로도 30대가 어울린다. 30대는 조용하면서도 밝기 때문에 공격적인 느낌을 주지 않으며, 젊음에서 오는 활기도 충분하다. 안토니우스를 무찌르고 로마 세계의 최고 권력자가 된 아우구스투스가 그 권력을 이용하여 확립하려 한 새로운 질서의 성격은 얼핏 무관하게 여겨지는 조각상이나 화폐에도 나타나 있는 것 같다.

작가가 본 아우구스투스

로마 역사에서 아우구스투스의 중요성은 카이사르에 버금간다. 아니, 카이사르와 거의 맞먹는다. 오늘날 각자의 전문 분야에서 지배적 권위를 가진 학자들의 논고를 모은 로마통사에서도 아우구스투스는 카이사르와 맞먹는 비중을 차지하고 있다. 따라서 상세한 전기를 쓸 만한 가치는 충분하다. 또한 매력도 부족하지 않다.

그런데도 전기가 아주 적다. 카이사르의 10분의 1이나 될까. 학자가 쓴 전기가 그 정도다. 작가가 쓴 전기는 없다고 해도 좋지 않을까. 적어도 작가로서 이름이 알려진 사람은 아무도 그의 전기를 쓰지 않았다. 거기에는 그럴 만한 이유가 있을 게 분명하지만, 내 짐작으로는 다음 세 가지로 분류할 수 있을 것 같다.

첫째, 아우구스투스는 작가의 흥미를 강렬하게 촉발하는 타입의 인물이 아니었다. 다시 한번 말하지만, 매력이 없는 것은 아니다. 매력은 충분히 있다. 다만 그 매력은 작가의 가슴을 뜨겁게 해주는 매력이 아니라, 작가의 머리를 맑게 해주는 매력이다. 전자는 작가를 감동시키는 매력으로, 후자는 작가를 감탄시키는 매력으로 바꿔 말해도 좋다. 시대의 흐름을 바꾼 인물과 그 후에 나타나 변화를 확고하게 만든 인물의 차이일까.

문장을 표현 수단으로 선택한 사람이라면 가슴을 뜨겁게 해주는 매력이 작가에게 얼마나 중요한가를 잘 알고 있다. 강렬하게 촉발을 받아야만 그때까지 자신이 갖고 있던 자질을 뛰어넘는 작품도 쓸 수 있기 때문이다.

둘째, 카이사르에 비해 아우구스투스 전기를 쓰기가 어렵다는 이유도 빼놓을 수 없다. 아우구스투스는 훗날 지위가 안정되자 회고록을 쓰기 시작했지만, 도중에 붓을 던져버렸다. 카이사르의 문장력과 비교를 당하는 게 싫었기 때문이라고 주장하는 학자도 있지만, 내 생각으로는 그 자신이 자기 생애를 쓰기가 너무 어려운 데 질려서, 차라리 쓰레기통에 던져버리는 쪽을 택한 게 아닌가 싶다.

그러면 왜 쓰기가 어려운가.

그것은 아우구스투스가 차례로 과제를 처리해가는 타입이 아니었기 때문이다. 화가에 비유하면 다음과 같이 될 것이다.

카이사르는 넓은 벽면에 그만이 할 수 있는 '속공' 전술로 프레스코화를 그린다. 완성되면 당장 바로 옆의 벽면에 도전한다. 감탄하며 바라보는 사람들의 눈앞에서 이런 식으로 프레스코화가 착착 완성되어가고, 넓은 거실은 화려하고 훌륭한 프레스코화로 둘러싸인다.

아우구스투스에게는 유화를 완성할 만한 시간 여유가 있었다. 넓은 거실에는 크고 작은 수많은 이젤이 늘어서 있다. 하지만 아우구스투스는 하나를 완성하고 나서 다음 그림으로 옮겨가는 방식을 택하지 않았다. 처음에는 많은 캔버스에 가볍게 데생만 한다. 하지만 때로는 단번에 그림을 완성하는 경우도 있다. 유화로 완성하여 관중에게 보여주는 편이 좋다고, 다시 말해서 이번 기회에 기정 사실화하여 보여주는 편이 낫다고 판단한 경우다. 공화정 복귀를 선언하고 '아우구스투스'라는 존칭을 부여받았을 때의 연출은 여기에 해당한다. 다른 경우는 완성하는 데 시간이 걸린다. 바람직하다고 여겨지는 시기에 이젤 앞으로 돌아와서 잠깐 그림을 손질하는 듯한 느낌이다. 이런 일을 되풀이하니까 사람들의 관심을 지속시킬 수가 없다. 따라서 관중은 금방 염증을 낸다. 관중의 관심이 느슨해졌을 때가 아우구스투스에게는 오히려 좋은 기회다. 유화는 아무도 알아차리기 전에 어느새 전부 완성되어 있다.

그를 다룬 전기가 적은 세 번째 이유는 카이사르 시대에 비해 아우구스투스 시대에 대한 사료가 절대적으로 부족하다는 점이다.

먼저 시대의 주인공이 글을 남기지 않았다. 물론 아우구스투스도 『업적록』이라는 것을 남기기는 했지만, 그것은 일종의 목록에 불과하다. 그가 동시대인이나 후세인들에게 알려주고 싶은 것을 35개 항목에 걸쳐 나열했을 뿐이다. 거짓말은 쓰여 있지 않지만, 진실이 모두 쓰여 있는 것도 아니다.

게다가 이 『업적록』을 읽어보아도 무엇을 언제 했는지는 분명치 않다. 그것은 쓴 사람이 정치적 이유로 명확하게 밝힐 수가 없었기 때문이다. 이 시대를 제삼자의 눈으로 묘사한 리비우스의 『로마사』는 로마의 융성과 로마에 의한 평화에는 전혀 관심을 보이지 않았던 기독교가 지배한 중세를 거치는 동안 소실되어버렸다.

 게다가 카이사르 시대에는 히르티우스나 살루스티우스 같은 카이사르의 부하들이 증언을 남겼지만, 아우구스투스 시대에는 그런 증언도 없다. 정치를 좋아하고, 사방에 편지를 보내 열심히 정보를 수집한 키케로 같은 인물도 이 시대에는 존재하지 않았다. 이 시대에 접근하려면 후세의 역사서, 금석문, 파피루스 문헌, 화폐 등 모든 분야에 걸쳐 역사적 사실을 찾은 다음, 그것을 정성껏 모아서 모자이크처럼 하나씩 끼워 맞추는 작업이 필요하다. 그래도 아우구스투스가 한 가지씩 차례로 일을 처리해가는 타입이었다면 편년체 기술이 가능하지만, 전혀 그렇지 않았기 때문에 곤란하다.

 그렇다면 로마 역사상 가장 중요한 인물이기 때문에 다루지 않을 수도 없는 아우구스투스를 학자들은 어떻게 요리해왔을까.

 종합해서 말하면, 정책별로 분류하여 기술하는 방식을 택했다. 정치개혁, 행정개혁, 화폐개혁, 사회개혁, 군제개혁으로 나누어 기술했다는 뜻이다. 학자들도 난감했을 것이다. 군제개혁만 해도, 완전히 끝날 때까지 무려 28년의 세월이 걸렸다.

 하지만 이런 방식으로는 아우구스투스가 이룩한 몇 가지 업적에 대한 지식을 얻을 수는 있을망정, 그의 심모원려(深謀遠慮)까지는 헤아릴 수 없다. 그가 77세까지 장수했기 때문에 그처럼 먼 앞날을 내다보고 깊은 꾀를 쓸 수 있었던 것도 사실이지만, 어쨌든 심모원려는 그의 중요한 특징이다. 따라서 그것을 헤아리지 못하는 정책별 기술 방식은 아우구스투스라는 인간에게 접근하는 데에는 부적당한 방법이다. 학문은 그래도 좋을지 모르지만, 학자가 아닌 나는 그것으로 대충 때우고 넘어갈 수가 없다. 내 관심은 무엇이 이루어졌느냐가 아니라 어떤 인간이 무엇을 어떻게 이룩했느냐에 있기 때문이다.

 그렇긴 하지만 내가 새로운 사료를 발견한 것도 아니니까, 나도 학자들과 같은 난감함을 느낄 수밖에 없다. 그래서 어쩔 수 없이 되도록 편년체 서술법을 택하되, 업적도 적당하다고 여겨지는 시점에서 종합적으로 정리하여 서술하기로 했다. 따라서 데생만 그려진 시점에서 유화 전체를 서술하거나, 유화로 완성된 시점에서 다시 다루게 될지도 모른다.

이런 서술 방식을 채택하는 이상, 아무래도 이 시점에서 말해두어야 할 것이 있다. 그것은 기원전 27년에 이미 데생 정도는 그려져 있었을 게 분명하다고 여겨지기 때문이다. 첫째는 중앙 정부에 관한 행정개혁, 둘째는 속주 통치의 기본방침 확립, 그리고 셋째는 군제개혁이다. 이 세 가지는 『업적록』에 한마디도 언급되지 않았다. 그렇게 된 까닭은 아우구스투스 자신이 언급하지 않는 편이 좋다고 판단했기 때문이다. 세 가지가 모두 공화정 체제로 복귀하겠다는 선언과는 모순되는 행위였기 때문이다.

'내각' 창설

600명으로 정원을 줄여 원로원 재편성을 결행한 직후, 아우구스투스는 36세가 되자마자 '콘실리움 프린케피움'(제일인자 보좌위원회)을 창설하는 작업에 착수했다. 요즘말로 하면 내각인데, 그 구성은 프린켑스(제일인자)인 아우구스투스를 중심으로 집정관 두 명, 오늘날의 각부 장관에 해당하는 법무관(프라이토르), 회계감사관(콰이스토르), 재무관(켄소르), 안찰관(아이딜리스), 여기에 원로원 의원들 중에서 추첨으로 선발된 15명이 추가된다. 자문위원회를 뜻하는 영어 낱말 'council'의 어원이기도 한 이 '콘실리움'에서 이루어진 결정은 '원로원 권고'와 똑같은 가치를 갖게 되었다. '원로원 권고'는 원로원에서 결의하면 그대로 정책이 되기 때문에, '원로원 체제'의 강력한 무기가 되어 있었다.

내각 창설은 얼핏 보기에 대단히 민주적인 개혁으로 여겨진다. '제일인자'인 아우구스투스가 독단으로 결정하지 않고 15명의 원로원 의원까지 포함한 다수 구성원이 합의로 결정하는 것처럼 보이기 때문이다. 이 합의제라는 겉모습, 그리고 추첨이긴 하지만 15명이나 되는 원로원 의원이 행정의 최고의결기관에 참여한다는 사실이야말로 '내각'의 결의가 원로원 결의와 같은 가치를 갖는다는 데 원로원이 반발하지 않은 이유였다.

이것이 결정되었을 무렵, '제일인자'인 아우구스투스는 집정관을 겸하고 있었다. 또 다른 집정관은 아그리파다. 이 두 사람과 아우구스투스파로 생각해도 좋은 각부 장관을 합해도 고작 6표밖에 안 된다. 내각에 참가하는 원로원 의원은 추첨으로 선발되니까, '제일인자'도 원로원의 15표를 마음대로 좌지우지할 수는 없다. 원로원 쪽으로서는 잘하면 15표와 6표의 역학관계가 된다.

하지만 실제로는 그렇게 되지 않는다는 것이 곧 분명해졌을 것이다. 권위를 나타내는 데 불과한 '제일인자'나 '아우구스투스'라는 칭호에는 권력을 상징하는 거부권(베토)이 인정되어 있지 않지만, 집정관에게는 거부권이 인정되어 있었기 때문이다. 그리고 '내각'을 창설했을 당시의 아우구스투스는 집정관이기도 했다. 원로원에서 선발된 15명이 그의 생각과 다른 정책을 제출하려 해도, 거부권을 발동하면 눌러버릴 수 있다. 집정관 정원은 두 명이니까 거부권도 두 사람이 갖게 되지만, 아우구스투스의 동료 집정관은 아그리파다. 아우구스투스의 측근 중의 측근인 아그리파의 반대는 아예 걱정할 필요도 없었다. 따라서 '콘실리움'의 결의는 사실상 아우구스투스의 뜻대로였다.

하지만 '내각'의 결의는 원로원 결의와 동등한 가치를 가졌을 뿐, 그 이상의 가치는 갖지 않았다. 내각의 결의를 우위에 놓으면 원로원의 반발을 사기 때문이지만, 아우구스투스는 이 어려움도 다음과 같은 방식으로 돌파했다.

원로원 정례회의를 종래보다 줄여 매달 1일과 15일에 두 차례만 열고, 게다가 1년에 2개월의 휴회기간까지 두기로 결정한 것이다. 반면에 '내각'은 연중무휴다. 필요하면 소집되니까, 정책결정기관으로서의 중요성에 차이가 나는 것은 당연하다. 이리하여 결의의 가치는 사실상 동등하지 않게 되었다.

속주 통치의 기본방침

총독을 파견하여 행사하는 속주 통치권은 오랫동안 원로원이 독점해온 권리였다. 술라의 국정개혁에 따라 집정관이나 법무관을 지낸 사람만이 속주 총독이 될 수 있도록 규정되었고, 집정관과 법무관이 되기 위해서는 우선 원로원 의원이어야 한다는 전제조건을 충족시켜야 했기 때문에, 속주 총독은 원로원 의원에게만 허용된 공직이었다. 또한 공화정 치하의 로마에서는 군단 지휘권이 속주 총독에게만 주어져 있었기 때문에, 총독을 독점한다는 것은 곧 군사력을 독점한다는 뜻이었다.

이 체제를 파괴한 것이 바로 카이사르다. 카이사르도 총독의 자격이 원로원 의원이어야 한다는 전제조건은 존중했는데, 이것은 원로원이 국가 지도층의 집합소 역할도 맡고 있었기 때문이다. 하지만 원로원이 갖고 있던 총독 임명권은 카이사르에게 박탈당했다.

기원전 27년에 이루어진 옥타비아누스의 공화정 복귀 선언에는 당연히 속주 총독 임명권을 원로원에 반환하는 것까지 포함되어 있어야 했을 것이다. 로마식 공화정은 군주의 일인 통치가 아니라 원로원 의원 600명이 이끌어가는 소수지도체제였기 때문이다. 그런데 젊은 권력자의 공화정 복귀 선언에 감격한 원로원 의원들은 옥타비아누스에게 아우구스투스라는 존칭을 부여했을 뿐 아니라, 평화가 확립될 때까지 속주의 군사도 맡아달라고 의뢰하기까지 했다.

카이사르에게 집요하게 반대했던 키케로나 브루투스는 이제 존재하지 않는다. 원로원도 공화정이 어떤 것인가를 실제로 알고 있는 세대에서 이론적으로만 알고 있는 세대로 바뀌고 있었다. 야만족과 온종일 마주보며 지내는 불편한 병영 생활보다는 기후가 따뜻하고 쾌적한 본국이나 생활수준이 높은 속주에서의 생활이 훨씬 매력적이었을 것이다. 원로원 계급에 속하는 사람이라면 그것을 허용할 만한 경제력도 갖추고 있었다. 로마의 상류층이 벌써 타락했나 하는 지레짐작은 하지 말아달라. 편안한 생활을 좋아하는 사람은 어느 시대에나 있게 마련이다. 시인들의 작품에도 나타나 있듯이, 이 시기에 로마인들은 내전이 끝난 뒤의 평화를 만끽하고 있었다.

아우구스투스는 이런 분위기를 충분히 활용한다. 다만 원로원의 체면은 지켜주는 방식으로 활용했다.

로마 국가의 영토는 네 종류로 분류되었다.

첫째, 알프스에서 메시나해협에 이르는 본국 이탈리아.

둘째, 원로원이 임명한 총독이 통치하는 속주(프로빈키아). 역사에서는 '원로원 속주'라고 부른다.

셋째, 아우구스투스가 직접 통치하는 속주. 역사에서는 '황제 속주'라고 부른다.

넷째, 특수한 정세 때문에 정복자 아우구스투스의 개인 영지로 삼을 수밖에 없었던 이집트.

여기에 동맹국이라고 불리는 나라들, 즉 로마의 패권을 인정하고 외교와 군사에서 로마를 추종하는 나라들이 추가되어, 지중해를 둘러싼 로마 제국권이 구성된다.

그러면 두 번째와 세 번째는 무엇으로 구별했는가.

평범한 재능밖에 갖지 못한 권력자라면 경제적으로 유리하고 통치하기도 쉬운 지역을 맡는 쪽을 선택했을 것이다. 하지만 35세의 권력자는 정반대의 지역을 선택했다.

속주로 편입된 지 오래여서 로마화(로마인 자신은 문명화라고 불렀다)의 역사도 길거나, 로마 국가의 안전보장을 위한 전선이 아니라고 판단하여 군단을 주둔시킬 필요성도 인정하지 않은 지역을 '원로원 속주'로 분류한 것이다. 그 속주를 열거하면 다음과 같다.

1. 시칠리아섬
2. 사르데냐섬과 코르시카섬
3. 이베리아반도 남부에 있는 에스파냐의 베티카 지방
4. 남프랑스에서 스위스에 이르는 갈리아 나르보넨시스 속주
5. 그리스 북반부에 해당하는 마케도니아 속주
6. 그리스 남반부의 아카이아 속주
7. 소아시아 서부의 아시아 속주
8. 소아시아 북부의 비티니아 속주
9. 크레타섬
10. 키프로스섬
11. 이집트 서쪽의 키레나이카 지방
12. 옛 카르타고 영토였던 아프리카 속주
13. 옛 누미디아 영토인 누미디아 속주

문관 통치 지역이라고 바꿔 말해도 좋은 이들 속주는 종래와 마찬가지로 원로원이 임명한 전직 집정관이나 법무관이 역시 종래와 마찬가지로 1년 임기의 총독을 맡아서 통치한다. 원로원 의원은 법무관을 비롯한 정부 관직만이 아니라 속주 총독도 경험해야만 비로소 '명예로운 경력'이라고 불린 공직을 완수할 수 있다고 여겼기 때문에, 말썽거리가

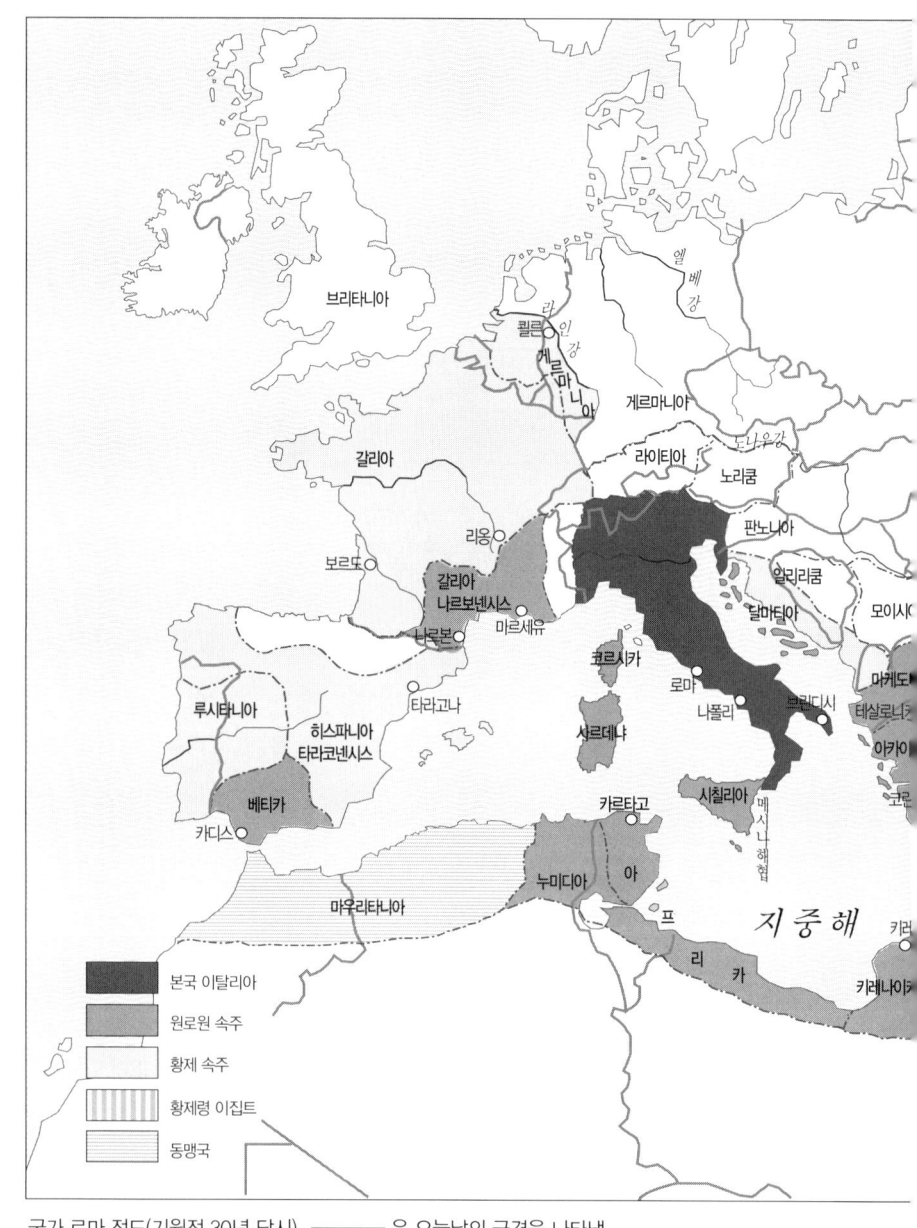

국가 로마 전도(기원전 30년 당시). ──── 은 오늘날의 국경을 나타냄.

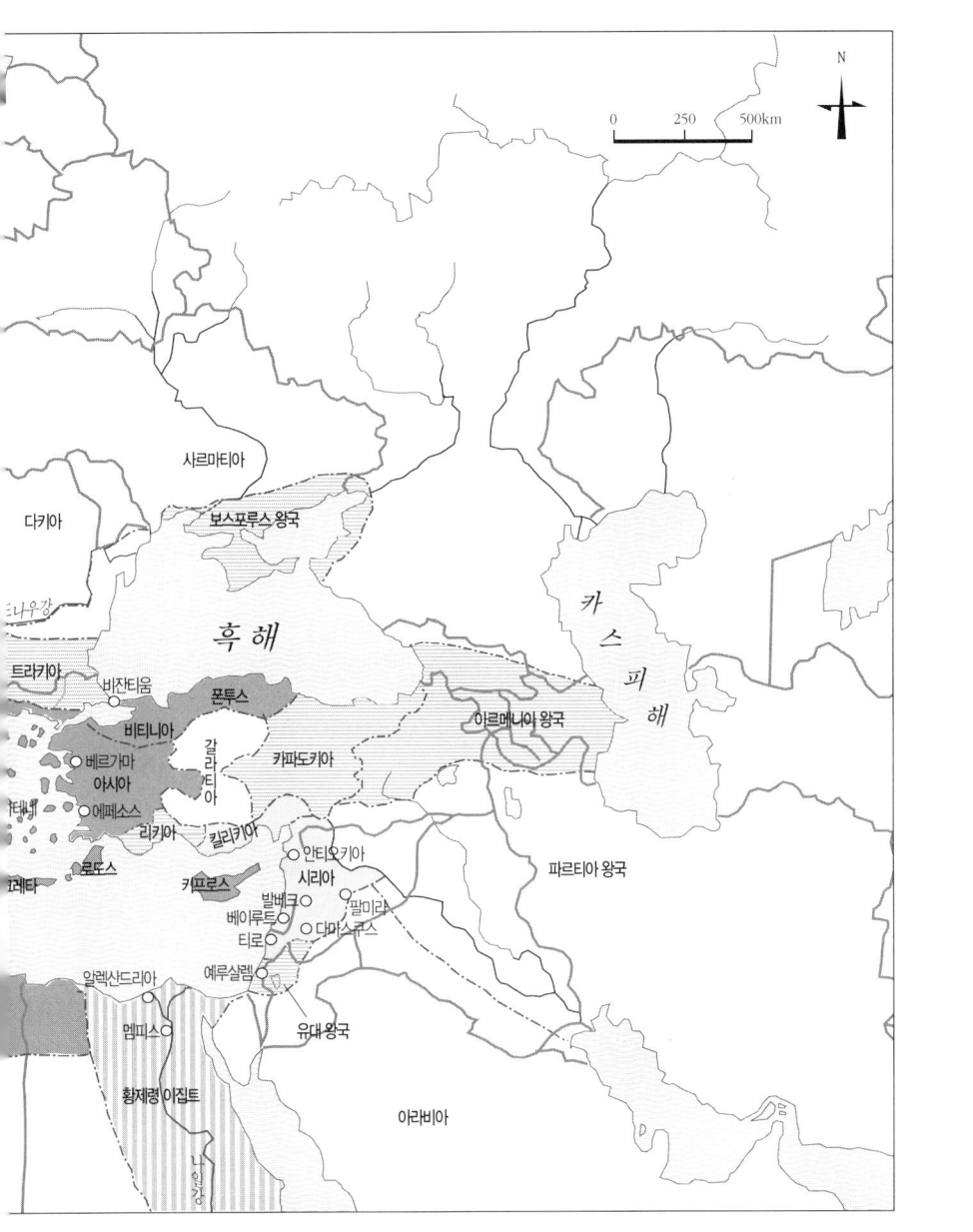

적은 속주에서 그것을 경험할 수 있게 된 것을 오히려 환영했다.

속주 총독은 명예로운 경력을 쌓는 사람의 책무이기 때문에, 종래와 마찬가지로 무보수다. 다만 담당 속주에서 징수하는 속주세 가운데 일부를 경비로 쓰는 것은 인정되었다.

아우구스투스가 직접 담당하는 지방—제정이 명확해진 뒤에 로마인들이 '황제 속주'라고 부르게 된 지방—은 다음과 같다.

1. 이베리아반도 서부의 루시타니아 속주
2. 이베리아반도 동부의 히스파니아 타라코넨시스 속주

이것은 이베리아반도 북부를 제패하는 사업이 끝나지 않았기 때문이다.

3. 남프랑스를 제외한 갈리아 전역(이 지방은 나중에 세 개의 속주로 나뉜다)

더 이상 설명할 필요도 없겠지만, 이 지역은 라인강 방어선인 동시에 배후지이기도 했다.

4. 일리리쿰, 달마티아 지방

도나우강 방어선을 확보하는 작업은 카이사르 암살로 말미암아 중단되어 있었다. 따라서 도나우강을 확보할 때까지는 이 지방이 최전방이었다.

5. 소아시아 남동부의 킬리키아 속주
6. 시리아 속주

킬리키아와 시리아는 가장 중요한 가상 적국인 파르티아 왕국과 인접해 있는 전방 지역이다.

이 '황제 속주'들은 아우구스투스가 임명하는 장군들이 통치한다. 변경이라 불러도 좋은 이 지방들을 방어하는 것이 총독의 주요 임무였기 때문에, 군단 지휘까지 맡고 있는 그들은 당연히 무관이었고, 따라서 급여가 보장되는 공직으로 인정되었으며, 임기도 상황에 따라 아우구스투스가 결정한다. 이 무관들을 통할하는 아우구스투스는 그들에게 군단 지휘권을 주어야 하는 이상, 법적으로 그들보다 높은 권한이 인정된 지위를 갖지 않으면 제국 전체의 방위체제도 기능을 발휘하지 못하게 된다. 그래서 아우구스투스에게는 '임페리움 프로콘술라레 마이우스'(전군 총사령관)라는 칭호가 공식으로 인정되었다.

이로써 원로원은 군통수권까지 아우구스투스에게 넘겨준 셈이다. 책무를 싫어하면 권리도 주장할 수 없게 되는 것은 당연한 귀결이지만, 아우구스투스가 군통수권을 장악하고 싶어서 속주를 이런 식으로 분류한 것은 아니었다. 시대가 그것을 요구하고 있었다.

'안전보장'

방위나 안전보장이라는 개념은 로마 시대부터 있었다. 라틴어로는 '세쿠리타스'(securitas)라고 하는데, 나중에 영어 'security'의 어원이 된다. 공화정 시대가 비확장주의이고 제정 시대가 확장주의라고 생각하는 것은 로마사에서는 터무니없는 잘못이다. 공화정 시대야말로 팽창의 시대였고, 제정은 반대로 방위의 시대였다. 더 이상 통치 지역을 확대하는 것은 로마에 비현실적이라고 판단한 것은 카이사르였지만, 그의 후계자인 아우구스투스도 여기에 대한 인식에서는 카이사르와 완전히 일치했다. 국가의 목표가 침공에서 방위로 바뀌면, 방어선 확보가 가장 중요한 과제가 된다. 카이사르의 갈리아 정복도 그것을 염두에 둔 군사행동이었다. 그리고 역시 안전보장의 필요성 때문에 아우구스투스는 로마 역사상 최초의 상비군을 창설하게 된다.

공화정 시대의 로마에는 최소한의 방위력인 4개 군단 규모를 넘는 상비군은 존재하지 않았다. 필요에 쫓길 때마다 징집한 병사들로 군단을 편성했기 때문이다. 국세조사가 로마에서 생겨난 것도 이런 필요성 때문이었다. 병력을 쉽게 징집할 수 있도록 17세 이상의 성년 남자 수를 조사하는 것이 국세조사의 주요 목적이었다. 병역이 지원제로 바뀐 뒤에도 필요에 따라 군대를 편성하는 방식은 바뀌지 않았다. 로마군이 적의 선제공격에 뒤늦게 대응하는 경우가 많았던 것도 상비군이 없었기 때문이다.

공화정 말기에는 카이사르 군단처럼 사실상의 상비군이 생겨났지만, 그것도 실제로는 전쟁이 끝날 때까지의 서약 관계였다. 이것은 국가와 병사의 서약 관계라기보다는 총사령관과 병사의 서약 관계라는 느낌이 강했다.

필요에 따라 군대를 편성하는 방식이 오랫동안 불편하지 않았던 것은 로마의 공화정 시대가 패권 확장 시대였기 때문이다. 적을 공격하는 것이므로, 목표가 정해지면 군단을 편성하고, 그 군단을 충분히 훈련시킨 뒤에 출정해도 늦지 않다. 아니, 군단을 편성하여 훈련시키는 동안 그 사실을 알아차린 적이 지레 겁먹고 체념해버리기 때문에, 군대를 출정시키기만 해도 적의 항복을 받아낼 수 있다는 이점이 있었다.

하지만 최대 목표가 방위로 바뀌면 종래의 방식은 불편해진다. 적은 언제 습격해올지 모른다. 따라서 거기에 대한 대응수단을 항시 갖추어두어야 한다. 아우구스투스는 오로지 방위를 목표로 하기 때문에 상설 군사력이 필수불가결하다는 점을 이해하고, 그것을 실천했다.

이 군제개혁이 군비축소와 병행하여 이루어진 점도 흥미롭다. 상비군이 되면, 되도록 적은 비용으로 최대의 효과를 올리는 조직으로 만들어야 한다. 그렇지 않으면 나라의 경제력이 감당할 수 없게 된다. 감당할 수 없으면 조만간 속주세를 올릴 수밖에 없다. 하지만 세금을 올리려고 하면 속주민의 불만이 폭발하여, 외적에 대한 방위는커녕 국내의 안전도 보장할 수 없게 된다.

이 정도가 기원전 27년 가을까지 35세의 아우구스투스가 착수한 정책인 것으로 여겨진다. 그에게는 카이사르가 남긴 청사진을 현실화하는 임무가 부여되어 있었다. 하지만 그 청사진에 따라 당장 건물을 짓기 시작하면 독재라는 의혹을 초래할지도 모른다. 그래서 그는 먼저 토대를 쌓는 일에만 충실하자고 생각한 게 아닐까. 그렇긴 하지만, 건축물의 수명은 토대에 달려 있다. 그런 의미에서 주춧돌은 옳은 위치에 놓였다고 말할 수 있을 것이다. 그러나 그는 주춧돌 위에 돌을 쌓기 전에 잠시 시간을 두기로 했다. 사람들의 눈에 명쾌해 보이고 평판도 높이는 일, 즉 『업적록』에 명기할 수 있는 사업을 먼저 처리하기로 한 것이다. 명분은 있었다. 그것은 바로 '이베리아반도의 완전 제패'였다.

서방 재편성

기원전 27년 가을, 36세를 맞이한 아우구스투스는 로마를 떠났다. 아우렐리아 가도를 지나 남프랑스로 들어간 아우구스투스와 동행한 사람은 '오른팔' 아그리파였다. 그밖에 두 소년의 얼굴도 보였다. 16세의 마르켈루스와 15세의 티베리우스다. 아우구스투스는 누나 옥타비아의 아들인 마르켈루스와 아내 리비아가 데려온 아들 티베리우스에게 전쟁터를 처음으로 체험시킬 작정이었다. 결혼한 지 10년이 지났는데, 이 결혼에서도 그는 아들을 얻지 못했다.

그해 겨울은 갈리아 나르보넨시스 속주의 수도인 나르본에서 보냈다. 그렇다고 해서 놀거나 휴양하면서 보낸 것은 아니다. 카이사르는 무슨 일을 하든 하나의 목적만으로 하지 않았지만, 이 점에서는 아우구스투스도 마찬가지였다. 이베리아반도의 완전 제패를 목표로 내걸긴 했으나, 이번 출정의 주된 목표는 로마 제국의 서반부를 재편성하는 것이었기 때문이다.

현재의 에스파냐 북부에 사는 산악민족을 제압하는 일은 군사행동이기 때문에 아그리파에게 맡겼다. 그래도 아우구스투스는 명색이 총사령관이니까, 남프랑스에 계속 눌러앉아 있을 수는 없다. 그는 이듬해 봄부터는 에스파냐의 타라고나로 이동했다. 타라고나는 바르셀로나에서 남쪽으로 50킬로미터쯤 떨어져 있는 지중해 연안의 항구도시다. 에스파냐 동부의 속주 이름을 히스파니아 타라코넨시스라고 지었을 정도니까, 라틴어로 타라코라고 부르는 이 도시의 중요성은 고대에는 바르셀로나와 비교가 되지 않았다. 타라고나는 이 속주의 수도이기도 했다.

타라고나로 이동해도 전쟁터에서는 400킬로미터 이상 떨어져 있다. 아무리 아그리파의 군사적 능력을 신뢰한다 해도, 힘든 전투라면 당연히 총사령관이 전쟁터 가까이에 있어야 할 것이다. 따라서 이베리아반도를 완전 제패하는 것은 총사령관이 구태여 가까이 있을 필요가 없을 정도의 군사행동이었다. 아그리파가 바다와 육지 양쪽에서의 공격에 전념하는 동안, 총사령관은 계속 타라고나에 머물러 있었다. 두 차례의 전투로 에스파냐 북부의 산악민족을 제압하는 데에는 2년도 걸리지 않았지만, 아우구스투스가 로마로 개선한 것은 기원전 23년이었다. 이 3년 동안 아우구스투스는 무엇을 했을까.

우선 기원전 27년 겨울에 그는 갈리아 문제를 처리하는 일에 착수했다.

로마가 내전에 시달리던 14년 동안은 남프랑스를 제외한 갈리아 전역이 로마의 패권을 뒤엎을 수 있는 절호의 기회였는데도 계속 로마의 속주로 남아 있었다. 그리스처럼 전쟁터가 되는 바람에 로마의 군사력이 집중해 있었던 것도 아니다. 다른 속주들처럼 오래전에 정복되어 로마의 패권하에 들어간 역사가 길었던 것도 아니다. 겨우 얼마 전에 카이사르에게 정복되었을 뿐이다.

카이사르가 암살된 뒤 14년 동안 갈리아에서는 로마군 병사의 모습을 전혀 찾아볼 수 없었다. 아니, 내전이 끝난 뒤에도 아우구스투스는 다른 일을 먼저 처리하느라 기원전 27년까지 갈리아를 방치해두었으니까, 그것까지 합하면 17년이 된다. 그런데 로마는 그렇게 오랫동안 갈리아를 방치해두고도 갈리아인의 반란을 걱정할 필요가 없었다. 카이사르의 전후처리가 그만큼 교묘했기 때문이다. 그러면 그것은 어떤 것이었는가.

카이사르는 정복당한 민족이 반기를 드는 것은 민중이 자주적으로 봉기하기 때문이 아니라 지배층이 민중을 선동하기 때문임을 알고 있었다. 그는 또한 지배층이 불만을 품는 것은 타민족에게 정복당하여 자신들의 권위와 권력을 잃어버렸기 때문이라는 사실도 알고 있었다.

카이사르는 갈리아 전역의 모든 부족을 온전히 보전했다. 뿌리째 없어진 민족은 하나도 없었다. 부족을 보전한다는 것은 부족의 근거지를 보전한다는 뜻이고, 부족의 지도층을 보전한다는 뜻이기도 하다. 종교도 언어도 생활 습관도 모두 정복당하기 전과 똑같은 상태로 남아 있었다.

하지만 그것만으로는 갈리아를 불안정하게 만드는 요인을 제거하지 못했다. 갈리아에서는 수십 개 부족 사이에 다툼이 끊이지 않았고, 열세에 몰린 부족은 라인강 동쪽에 사는 게르만족에게 도움을 청하곤 했다. 이것이 갈리아 전체를 불안정하게 만드는 요인이었다. 그래서 카이사르는 갈리아의 모든 부족 가운데 가장 유력한 4개 부족에게 지도적인 지위를 주었다. 하이두이족, 오베르뉴족, 세콰니족, 링고네스족이 그들이다. 이들 네 부족의 우두머리에게 각각 자기네 산하의 중소 부족을 통합하는 역할을 맡겼다. 한때 카이사르를 막다른 궁지로 몰아넣은 적이 있는 베르킨게토릭스가 속한 오베르뉴족도 똑같은 대우를 받았다. 이것이야말로 카이사르의 합리성과 뛰어난 정치 감각을 가장 극명하게 보여준다.

카이사르는 갈리아 전체 부족장 회의도 그대로 보전하고, 1년에 한 번씩 열리는 이 회의를 운영하는 책임도 네 부족의 우두머리에게 맡겼다. 네 부족이 멋대로 독립하여 서로 패권을 다투지 않도록 하기 위한 방책이었다.

이리하여 카이사르는 갈리아 지도층을 장악하는 데 성공했다. 부족장의 권력과 권위를 그대로 존속시키고, 로마 시민권을 부여하고, 유력한 부족장에게는 원로원 의석까지 주고, 율리우스라는 자신의 가문 이름도 하사하고, 자제들에게는 '풀브라이트 장학금'을 주어 로마 유학까지 시켰다. 카이사르가 암살된 뒤에도, 아니 제정이 확립된 뒤에도 율리우스 성(姓)을 가진 갈리아인이 사료에 자주 나오는 것을 보면 웃음이 나오지만, 가문 이름을 준다는 것은 고대 로마에서는 '클리엔테스' 관계를 맺었다는 뜻이다.

하지만 카이사르가 한 일은 이것만이 아니었다. 민중은 자주적으로 봉기하지는 않지만, 불만을 분출시키는 것은 자주적이다. 거기에 불을 붙이는 것은 무엇보다도 먼저 경제적인 이유였다.

공화정 시대의 로마에서는 속주민에게 '10분의 1세'라고 불리는 직접세를 부과하는 것이 관례였다. 수입의 10분의 1을 일종의 안전보장비로 로마에 내는 것이다. 속주민에게는 병역 의무가 없고, 군단병은 로마 시민권 소유자로 제한되어 있었기 때문이다.

속주세는 수입의 10분의 1이기 때문에, 해마다 액수가 달라진다. 카이사르는 이 속주세를 일정한 액수로 고정시켰다. 갈리아 전체가 1년에 통틀어 4천만 세스테르티우스를 로마에 바치도록 결정한 것이다. 이 액수가 당시 어느 정도 구매력이 있었는지는 제4권에서 이야기했지만, 별로 부담스럽지 않은 액수였다고 단언해도 좋을 것이다.

또한 공화정 시대의 로마에서 속주세 징수제도의 특징은 국가가 속주세를 징수하는 것이 아니라 '푸블리카누스'라고 불린 사설 징수업자에게 맡겼다는 점이다. 그런데 카이사르는 이 제도도 폐지한다. 푸블리카누스는 갈리아에서 속주세를 징수하는 일에 더 이상 관여하지 않는다.

그러면 누가 징수했는가. 사료가 없어서 추측할 수밖에 없지만, 카이사르의 방식으로 미루어보건대 이것도 역시 각 부족장에게 일임했던 게 아닌가 싶다. 중소 부족장들이 모은 세금을 네 부족장이 책임지고 관리하는 갈리아 전체 부족장 회의에서 통합하여, 그것을 카이사르에게 보낸 건 아닐까. 그런데 카이사르라는 인물은 사복을 채우는 데에는 무관심했지만, 자기 돈과 남의 돈을 구별하지 않았다. 공과 사를 엄격하게 구분해야 한다고 생각하는 사람의 눈에는 곤란한 사람이기도 했다. 갈리아에서 들어오는 속주세도 카이사르가 폼페이우스파와 싸우는 동안 전쟁 비용으로 사라져버렸을 가능성이 크다.

세금의 행방은 별문제로 하고, 갈리아인의 관점에서 보면 카이사르가 제패한 이후의 갈리아는 어떠했을까.

우선 각 부족들 사이의 다툼은 옛이야기가 되었다. 부족 간 다툼이 없어진데다 카이사르가 두 번이나 라인강을 건너 게르만족을 혼내준 덕에, 게르만족의 침략도 두려워할 필요가 없게 되었다. 그 증거로, 카이사르가 정복한 이후 갈리아 민족은 수렵민족에서 농경민족으로 바뀌었다고 아우구스투스 시대의 지리학자인 스트라보는 말하고 있다.

약탈당할 염려도 없이 농경에 전념할 수 있게 되었지만, 각 부족 내부의 구성은 전과 마찬가지였다. 지도층의 권위와 권력은 내정의 자치에서부터 세금 징수에 이르기까지 공인되어 있는 상태다. 그리고 무엇보다도 세금이 싸다. 본국 이탈리아에 대해서는 관세를 5퍼센트나 부과했지만, 갈리아에 대해서는 관세율을 2.5퍼센트로 억제하고 있었다. 당시 갈리아는 경제적으로 후진국이었기 때문이다.

카이사르가 암살된 뒤 로마가 내전에 휘말려 있던 시대에도 갈리아가 평온을 유지한 이유는 이것이다. 일부 연구자들은 카이사르 개인에 대한 심취를 이유로 들지만, 단지 그것만으로 17년 동안이나 평온이 지속될 리가 없다.

그런데 로마가 안정을 되찾은 기원전 30년부터는 갈리아에 불온한 기운이 감돌기 시작했다. 아우구스투스가 보낸 해방노예가 그 원인이었다.

아우구스투스의 심복이었던 그 해방노예는 융통성없이 갈리아에도 다른 속주들과 똑같이 '10분의 1세'를 부과하려고 했다. 갈리아 부족장들이 여기에 반발했다. 아우구스투스는 직접 나설 필요가 있다는 것을 알았다. 기원전 27년부터 기원전 26년까지 나르본에 머무는 동안 그는 이 문제를 해결하는 데 전념했다.

기원전 28년에 실시된 국세조사 결과를 보았다면, 갈리아 부족장들도 4천만 세스테르티우스의 속주세는 너무 싸다고 인정할 수밖에 없었는지도 모른다. 결국 갈리아도 다른 속주들과 같이 '10분의 1세'를 내기로 속주세 제도가 개정되었다.

하지만 세금을 늘리는 조치는 세금을 줄이는 조치와 짝을 이루어야만 실현하기 쉽다는 사실을 아우구스투스는 잘 알고 있었던 것 같다. 그는 갈리아에서 2.5퍼센트였던 관세율을 1.5퍼센트로 인하했다. 이것도 사료가 없어서 추측의 영역을 넘어서지는 못하지만, 징세권은 전과 마찬가지로 당분간 부족장들에게 위임된 게 아닌가 싶다. 공화정 시대의 푸블리카누스 제도가 부활되었다는 증거 자료는 없고, 지방 세무서 같은 조직이 설치된 것은 10여 년 뒤인 기원전 15년경이었기 때문이다. '신중함'이야말로 아우구스투스의 평생을 지배한 성격이었다.

세제 개정에 이어 아우구스투스는 갈리아 전역을 재편성하는 작업에도 착수했다.

북쪽은 도버해협과 북해, 서쪽은 대서양, 남쪽은 피레네산맥과 지중해, 동쪽은 라인강과 알프스산맥으로 둘러싸인 갈리아 전역은 크게 다섯 지방으로 나뉘었다.

1. 갈리아 나르보넨시스라고 불리는 남프랑스 속주

이 속주의 수도는 나르보(오늘날 프랑스의 나르본). 주요 도시로는 톨로사(오늘날의 툴루즈), 마실리아(오늘날의 마르세유), 카이사르가 군항으로 개발한 포룸율리(오늘날의 칸과 상트로페 사이에 있는 프레쥐스), 그리고 북쪽으로 올라가 쿨라로(오늘날의 그르노블), 론강 연안에 있는 발렌티아(오늘날의 발랑스)가 있다.

로마의 속주로서 역사가 이미 200년이나 된 이 지방은 로마화가 많이 진행되어, 갈리아에서도 이곳 남프랑스만은 '원로원 속주'가 되어 있었다. 속주세는 수입의 10퍼센트, 관세율도 본국과 같은 5퍼센트였다.

카이사르가 정복한 것은 남프랑스 이외의 갈리아인데, 그것을 아우구스투스는 다시 네 지역으로 나누었다.

2. 아퀴타니아 속주

카이사르는 피레네산맥에서 가론강까지를 아퀴타니아 지방이라고 했지만, 아우구스투스는 이 범위를 더욱 넓혀 피레네산맥에서 북쪽의 루아르강에 이르는 넓은 지방을 아퀴타니아(오늘날의 아키텐)라고 불렀다. 다음과 같은 이유 때문이었다.

안토니우스와의 싸움이 아직 마무리되지 않았을 때, 아퀴타니아 지방에서 작은 봉기가 일어났다. 아그리파가 간단히 제압하긴 했지만, 그런 일이 두 번 다시 일어나지 않도록 가론강 이북의 강력한 부족인 오베르뉴족이나 비투리지족과 혼합하는 방책을 채택한 것이다. 이 속주의 수도로 결정된 것은 부르디갈라(오늘날의 보르도)였다. 가론강 어귀

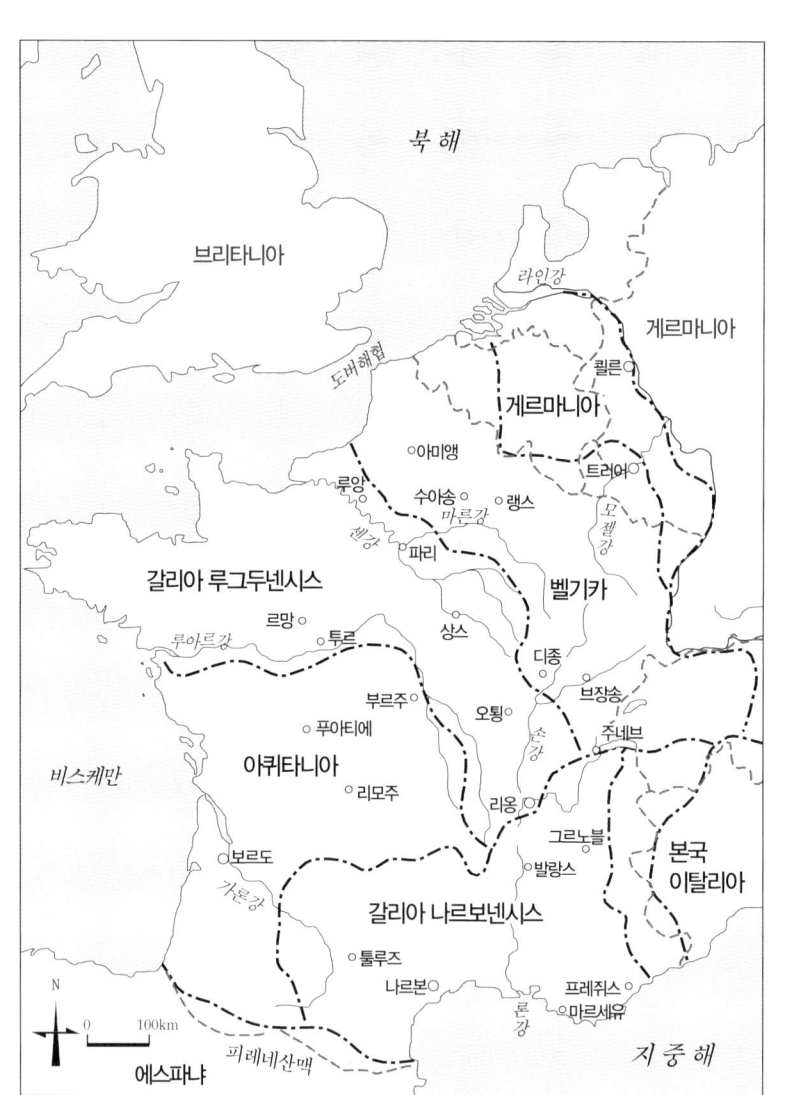

갈리아 전도(- - -은 오늘날의 국경을 나타냄)

에 자리 잡은 보르도는 대서양 쪽에서 갈리아를 통제하기에 알맞은 위치에 있었다.

이 속주의 주요 도시로는 수도 보르도에 이어 리모눔(오늘날의 푸아티에), 아바리쿰(오늘날의 부르주), 아우구스토리툼(오늘날의 리모주) 등이 있다.

3. 갈리아 루그두넨시스 속주

갈리아의 중심부를 차지하고 있는 이 속주에는 루아르강에서 센강 유역까지, 남쪽으로는 손 강과 론강의 합류점에 자리잡은 리옹까지 포함된다. 수도는 루그두눔(오늘날의 리옹). 갈리아 루그두넨시스는 '리옹 속주'라는 뜻이기도 하다. 주요 도시는 카이사로두눔(오늘날의 투르), 케노마눔(오늘날의 르망), 로토마구스(오늘날의 루앙), 루테티아(오늘날의 파리), 아겐디쿰(오늘날의 상스), 아우구스토두눔(오늘날의 오툉) 등이었다.

특히 로마인들이 그 지형의 유리함에 착안하여 개발한 리옹은 이 속주의 수도에 머물지 않고, 차츰 갈리아 전체에서 가장 중요한 지위를 차지하게 된다. 이 지방의 유력 부족인 하이두이족은 알레시아 공방전에서는 잠시 로마와 사이가 벌어졌지만, 그 이전에도 이후에도 전통적으로 친로마파였다.

4. 벨기카 속주

『갈리아 전쟁기』 첫 부분에서 카이사르가 라인강을 건너 갈리아로 이주하여 정착한 사람들, 즉 벨가이(벨기에)족이 사는 지방이라고 쓴 것은 센강과 마른강에서 북쪽으로 펼쳐져 있는 지역이었다. 아우구스투스는 이 지방과 링고네스족, 세콰니족, 트레베리족이 사는 지방을 합하여 '벨기카 속주'라는 이름으로 재편성했다.

수도는 모젤강 연안에 있는 아우구스타 트레베로룸(오늘날 독일의 트리어). 오늘날에는 독일의 서쪽 끝에 있고, 따라서 룩셈부르크 바로 동쪽에 자리 잡고 있다.

주요 도시로는 사마로브리바(오늘날의 아미앵), 노비오두눔(오늘날의 수아송), 두로코르토룸(오늘날의 랭스), 그리고 나중에 다시 편성이 바뀔 때까지는 디비오(오늘날의 디종), 베손티오(오늘날의 브장송), 게나바(오늘날의 주네브)도 이 속주에 포함되어 있었다. 이 지방의 유력 부족은 카이사르에게 항복한 뒤로는 일관되게 친로마파였던 레미족이다.

5. 게르마니아 속주

게르마니아라 해도, 라인강 서쪽 연안 일대를 가리킨다. 라인강 동쪽에 사는 게르만족한테서 갈리아를 지키는 최전방인 만큼, 이 속주의 수도도 라인강을 눈앞에 바라보고 있는 콜로니아 아그리피넨시스(오늘날의 쾰른)였다. 로마인들이 이주하여 정착한 도시를 의미하는 콜로니아를 앞에 내세운 것이 보여주듯이, 오늘날 독일의 주요 도시인 쾰른도 원래는 로마의 군사기지로 태어났다.

수도 쾰른의 위치와 역할만 보아도 분명하지만, 이 속주를 편성한 주요 목적은 군사에 있었다. 이 속주의 주요 도시는 거의 다 로마군 기지에서 유래했다. 게다가 거의 모든 도시가 라인강 연안, 즉 최전방에 자리잡고 있다.

라인강 방어선은 우선 카이사르가 선을 긋고 아우구스투스가 토대를 쌓기 시작한 뒤, 100여 년에 걸쳐 역대 황제들이 차츰 완성해갔는데, 그 방어선을 고수하는 것이 최대 목표였기 때문에 군단기지를 건설할 때에도 지정학적 측면을 배려했다. 따라서 2천 년이 지난 오늘날에도 제대로 기능을 발휘하는 도시들이 탄생하게 되었다.

아우구스투스가 갈리아 전역을 재편성한 것은 많은 점에서 우리의 호기심을 자극한다. 첫째, 각 속주의 경계선을 긋는 방식. 둘째, 각 속주 수도의 위치. 셋째, 주둔군의 배치.

아우구스투스는 분할하면 지배하기 쉽다는 단순한 생각으로 갈리아 전역(남프랑스 속주는 제외)을 기계적으로 사분한 것은 아니었다. 카이사르가 수십 개나 되는 갈리아 부족들을 4대 부족의 관할로 나누었듯이, 아우구스투스도 순수하게 군사적 속주인 게르마니아 속주를 제외한 3개 속주를 그 지방 유력 부족의 관할 아래에 두는 방식을 채택했을 것이다. 아퀴타니아 속주는 오베르뉴족, 갈리아 루그두넨시스 속주는 하이두이족, 벨기카 속주는 레미족이 관할하는 식이다.

물론 아우구스투스가 임명한 장관(레가투스)이 로마에서 파견되어 속주를 통치한다. 하지만 현지의 유력자를 '현지법인'의 관리직으로 기용하면 운영이 상당히 원활해지지 않을까. 그 증거로, 아우구스투스는 직할 속주로서 당연히 군단을 두어야 할 갈리아의 3개 속주에 1개 군단도 두지 않았다. 갈리아에 배치된 5개 군단은 모두 라인강 방어선에 달라붙는 듯한 느낌으로 게르마니아 속주에 집중되어 있었다. 갈리아의 다른 지방에서는 무장한 로마 병사의 모습조차 볼 수 없었다는 이야기가 된다.

또한 각 속주 수도의 위치도 흥미롭다. 보통은 패배자의 '안방'을 빼앗아 '총독부'로 삼을 것이다. 그게 더 간단하기 때문이다. 하지만 아우구스투스는 오직 지형만을 선택 기준으로 삼아 수도를 정했다. 보르도, 리옹, 트리어는 모두 교통의 요지에 자리잡고 있다. 아니, 교통망을 정비하는 것은 로마인이니까, 교통의 요지가 될 수 있는 지형이라고 바꿔 말해야 할 것이다.

유력 부족인 레미족의 근거지인 랭스, 하이두이족의 근거지인 오퇑은 로마의 갈리아 지배 기지가 되지 않았다. 하지만 교통망—즉 로마인의 '사회간접자본' 정비—은 이들 도시도 배제하지 않았다. 배제하기는커녕 갈리아 원주민들이 사는 이 도시들을 이어주는 네트워크가 차례로 만들어져간다. 절대적으로 우세한 군사력을 가지고 있으면서도 로마인들은 이런 배려를 잊지 않았다. 로마가 아직 이탈리아반도의 패권자에 불과했던 시대에 건설된 아피아 가도가 점차 로마의 패권하에 들어온 부족들의 근거지를 누비며 꿰뚫고 나아가듯이, 그리고 그 결과 승자와 패자의 관계가 공동운명체로 바뀌어갔듯이.

갈리아와 에스파냐의 공통점은 한 지방에 '황제 속주'와 '원로원 속주'가 동거하고 있다는 점이다. 아그리파가 에스파냐 북서부를 제압하는 데 전념하는 동안, 아우구스투스는 나르본과 타라고나에 눌러앉아 이 두 지방의 통치체제 구축에 전념했다. 두 종류의 속주가 동거했기 때문에, 이 시기에 이루어진 통치체제는 로마의 지배를 받는 모든 지방의 모델이 되었다.

아우구스투스는 통일과 분리, 중앙과 지방, 중앙집권과 지방분권이라는 모순된 개념의 병립이나, 동거에 적합한 체제를 구축하는 것이야말로 다른 인종과 다른 종교와 다른 문화가 뒤섞인 로마 제국 존속의 열쇠임을 인식하고 있었다. 얼핏 보기에 원로원에 일임한 느낌을 주는 '원로원 속주'도 공화정 시대의 방식을 그대로 답습하지는 않았다.

원로원이 선정한 집정관이나 법무관 경험자가 파견되어 1년 임기로 통치하는 것이 '원로원 속주'다. 이런 속주밖에 없었던 공화정 시대에는 모든 것을 총독이 도맡아 관할했다. 군사·사법·행정만이 아니라 푸블리카누스를 통한 속주세 징수권도 모두 총독이 장악하고 있었다.

아우구스투스는 입으로는 공화정 복귀를 외치면서도, 행동에서는 그와 정반대 방향으로 나아갔다. 그리고 그의 머릿속은 통일과 분리의 병립으로 가득 차 있었다. '원로원 속주'도 그 모든 것을 원로원에 맡겨두면 단순한 분권이 되어버린다.

로마화가 진행된 지방이기 때문에 군단을 주둔시킬 필요가 없다 하여, '원로원 속주'에 총독을 파견하는 원로원으로부터 군사권을 빼앗은 것은 앞에서 이미 이야기했다. 아우구스투스의 생각으로는 군사야말로 분권해서는 안 되는 가장 중요한 것이었다.

게다가 아우구스투스는 사법의 절반도 중앙집권화한다. 속주에 살아도 로마 시민권을 가진 자에게는 항소권이 인정되어 있었고, 속주민에게도 총독을 고소할 권리가 인정되어 있었지만, 거기에 최종 재가를 내리는 것은 로마의 '제일인자' 아우구스투스의 임무가 되었다. 속주 총독은 지방법원의 재판장, 아우구스투스는 대법원의 재판장이라고 생각해도 좋을 것이다.

게다가 속주세는 물론 관세 같은 간접세 징수권도 총독한테서 빼앗는다. 아우구스투스가 이것만은 '황제 속주'와 '원로원 속주'의 구별없이 이 부문만 전담하는 관리를 임명하여 각 속주에 배치했기 때문이다.

'국세청' 창설

'프로쿠라토르 임페리알레'라고 불리게 된 이 관직을 신설한 것이야말로 아우구스투스가 확립한 속주 통치체제의 요체라 해도 좋은 개혁이었다. 이 '황제 재무관'은 아우구스투스가 직접 임명한다. 출신 계급은 로마 사회에서는 원로원 계급 다음인 '기사 계급'(에퀴타스). 내가 줄곧 '경제인'으로 의역한 사람들이다. 바꿔 말하면, 지금까지의 경험으로 보아도 경제에 밝은 사람들이다. 이들은 공화정 시대에도 '푸블리카누스'라는 이름으로 사설 징세업에 종사했지만, 아우구스투스는 그것을 자기가 임명권을 갖는 국가공무원으로 만든 것이다. 급료는 지불되지만, 징세액의 10퍼센트였던 수수료는 절약된다. 그리고 무엇보다도 이것은 제국을 통치하는 데 유효했다.

'황제 재무관' 체제를 도입한 아우구스투스의 목적은 다음 세 가지였을 것으로 여겨진다.

첫째, 속주에서 징세의 공정성을 확보한다.

공화정 시대에는 원로원이 파견한 총독이 도급업자인 '푸블리카누스'를 통해 징세권을 장악했을 뿐 아니라, 예산편성권까지도 장악하고 있었다. 따라서 총독이 임기 중에 사복을 채우는 것은 공화정 시대 속주 통치의 암이기도 했다. 이 암을 제거하기 위해서라도 권력 분립은 필수불가결하다고 그는 생각했다.

'황제 재무관' 설치로 말미암아 속주에서의 징세사업은 아우구스투스에게 속하고, 총독은 세금을 쓰는 일에만 전념하도록 바뀌었다.

둘째, 제국 통치라는 웅대한 청사진에 따라 세금을 배분할 수 있다는 이점이 있다.

속주는 저마다 경제력이 다르다. 수입의 10분의 1이 속주세인 이상, 경제력에 차이가 있으면 각 속주의 세입에도 차이가 생긴다.

그런데 가장 많은 지출을 필요로 하는 것은 방위비인데, 방위비를 쏟아부어야 하는 지방은 경제력이 있는 시리아 속주를 빼고는 모두 저개발 지역이다. 저개발 지역이기 때문에, 필요한 방위비를 충당할 만한 세입은 기대할 수 없다. 이런 현실에서는 경제가 발달한 속주에서 거두어들인 세금도 저개발 속주로 돌리지 않으면 제국 전체를 방위하기가 불가능해진다.

아우구스투스는 '황제 재무관' 체제로 세제를 통일하여 이 과제를 해결할 생각이었다.

셋째, 통치의 연속성 확립이다. 황제 재무관의 임기도 아우구스투스가 결정하기 때문에, 10년 이상 근무하는 사람도 드물지 않았다. 1년밖에 안 되는 '원로원 속주' 총독의 임기가 통치의 연속성에 부정적인 영향을 미친 점도 차츰 개선되는 방향으로 나아가는 것을 의미했다.

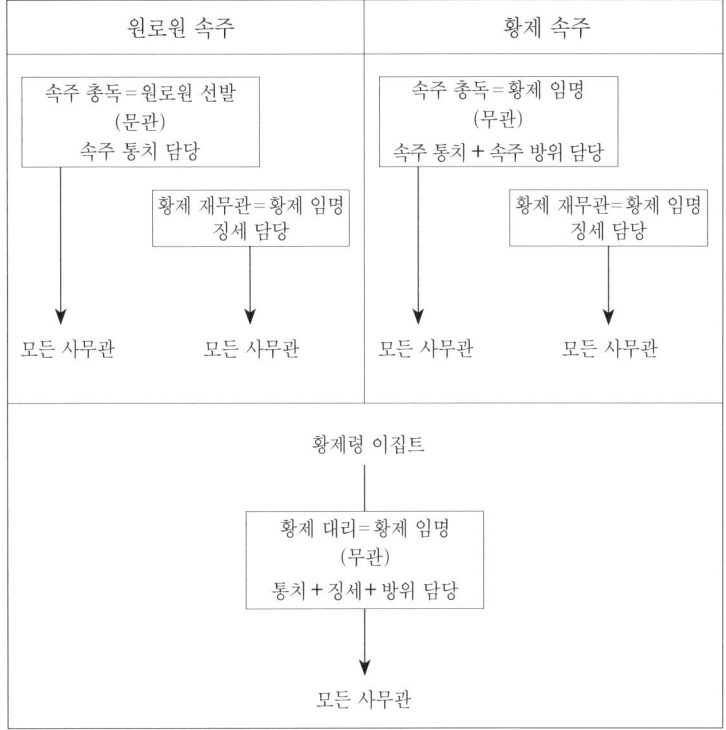

아우구스투스가 개편한 속주 통치체제

　'황제 재무관'들이 취합한 세금은 경비를 공제한 뒤 로마 국고로 들어간다. 하지만 나가는 돈도 많았다. 우선 안전보장비인 군사비. 그리고 속주를 포함한 제국 전체의 '사회간접자본' 정비에 드는 비용.

　아우구스투스 시대는 속주의 가도 건설이 비약적으로 진행된 시기이기도 하다. 이 사업은 아그리파가 주도하여, 리옹 같은 곳은 4개 가도의 출발점이 되기도 했다. 하나는 서쪽의 아퀴타니아로 이어지는 가도. 또 하나는 북서쪽의 대서양으로 향하는 가도. 세 번째는 북동쪽의 라인 강으로 달리는 가도. 네 번째는 론강을 따라 남쪽의 마르세유에 이르는 가도. 도로망 건설붐이 일어난 것은 에스파냐도 마찬가지였다.

가도 건설 공사는 군단병이 맡았기 때문에, 로마에서 군사비와 사회간접자본 건설비를 분리하기는 어렵다. 하지만 영어 낱말 'security'의 어원인 라틴어 '세쿠리타스'의 의미는 '안전보장'이니까, 군사비와 사회간접자본 건설비를 반드시 분리해야 할 필요는 없다.

하나의 목적을 위해 완벽하게 만들어진 것은 다른 목적에도 도움이 된다는 진리를 로마 가도만큼 뚜렷이 보여주는 예는 없다.

원래 군용도로로 건설된 가도망은 철저히 효율성을 추구했기 때문에, 민간 경제 진흥과도 연결된다. 한 가지만 예를 들어보자. 로마 가도는 무거운 공성기(攻城器)도 쉽게 운반할 수 있도록 지형이 허락하는 한 평탄하게, 그리고 가능한 한 직선으로 건설된다. 아니, 지형이 허락하지 않으면 터널을 뚫고 늪을 메우고 절벽을 깎아내어 지형을 바꾸기까지 한다. 이것은 전에 비해 더 많은 짐을 수레에 실을 수 있다는 것을 의미한다.

물자 교류가 왕성해지면 사람의 교류도 왕성해진다. 사람의 교류가 왕성해지면, 사람의 두뇌에 들어 있는 지식과 가슴에 들어 있는 생각도 교류되지 않을 수 없다. 이리하여 로마 문명을 기둥으로 하는 일대 문명권이 형성되기 시작한 것이다.

아우구스투스는 갈리아와 마찬가지로 에스파냐에서도 카이사르가 편성한 속주를 재편성했다. 이베리아반도는 동서로 양분되어, 동부는 '가까운 에스파냐' 속주, 서부는 '먼 에스파냐' 속주로 되어 있었다. 아우구스투스는 이베리아반도를 남부의 '베티카' 속주, 서부의 '루시타니아' 속주, 동부와 제패를 끝낸 북서부까지 포함하여 이베리아반도의 절반 이상을 차지하는 '타라코넨시스' 속주로 삼분했다. 앞에서도 말했듯이 베티카 속주는 '원로원 속주'다. 로마화의 역사가 길어서 군단을 주둔시킬 필요가 없다고 판단되었기 때문이다.

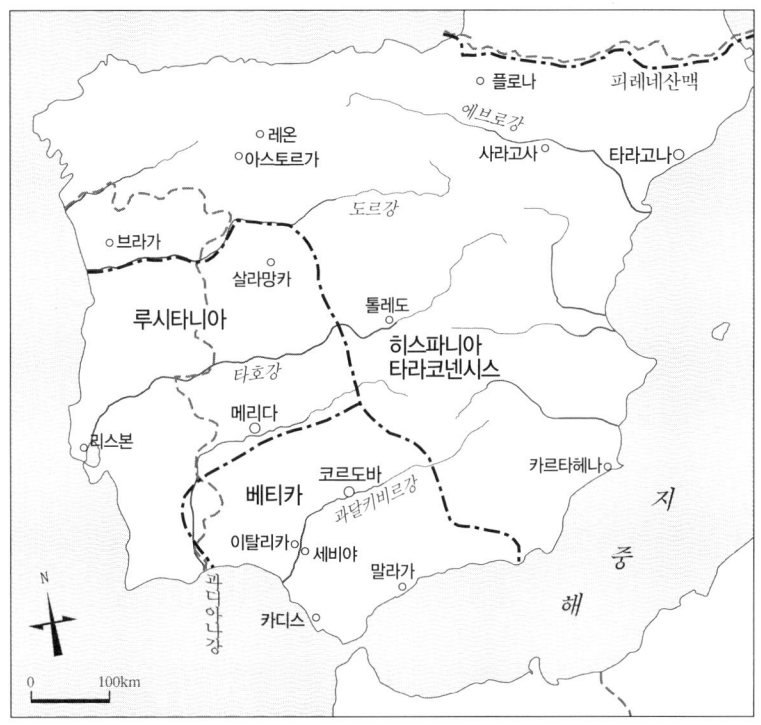

에스파냐 속주(---은 오늘날의 국경을 나타냄)

　타라코넨시스 속주도 로마화의 역사는 길다. 하지만 이 속주를 통치하는 데에는 이제 막 제압하는 데 성공한 북서부를 잠시도 방심하지 않고 두루 살펴볼 필요가 있다. 그래서 타라코넨시스 속주도 루시타니아 속주와 함께 아우구스투스가 직접 관할하는 '황제 속주'가 되었다. 실제로 에스파냐에 주둔시키기로 결정된 4개 군단은 얼마 전에야 제패한 북서부를 에워싸듯이 '황제 속주'인 타라코넨시스 속주와 루시타니아 속주에 배치되었다.

　아우구스투스가 설정한 3개 속주의 수도와 주요 도시는 다음과 같다.

　타라코넨시스 속주——수도는 타라코(오늘날의 타라고나). 주요 도시는 남쪽의 카르타고노바(오늘날의 카르타헤나), 북쪽의 톨레툼(오늘날의 톨레도), 카이사르가 건설한 카이사르 아우구스타(오늘날의 사라고사), 폼페이우스가 건설한 폼파엘로(오늘날의 팜플로나), 북서부의 아스투리카 아우구스타(오늘날의 아스토르가), 레기오(오늘날의 레온), 대서양 연안의 브라카라 아우구스타(오늘날 포르투갈의 브라가) 등.

루시타니아 속주―수도는 아우구스타 에메리타(오늘날의 메리다). 주요 도시는 북쪽의 살만티카(오늘날의 살라망카), 서쪽의 올리시포(오늘날 포르투갈의 리스본) 등.

베티카 속주―이 '원로원 속주'의 수도는 코르두바(오늘날의 코르도바). 주요 도시는 코르도바 남쪽의 말라카(오늘날의 말라가), 포에니 전쟁 시대부터 로마의 식민도시였던 이탈리카, 그 바로 남쪽에 있는 히스팔리스(오늘날의 세비야), 그리고 지브롤터해협 근처에 있는 가데스(오늘날의 카디스) 등.

아우구스투스는 특히 사라고사와 메리다에 많은 제대 군인을 이주시켜 식민도시(콜로니아)를 건설했다. 갈리아 원주민과는 달리 에스파냐 원주민에게는 지도자가 될 만한 유력한 부족이 존재하지 않았기 때문이다. 그때그때 경우에 따라 일을 처리하는 것은 로마인의 전통이기도 했다. 이주한 로마 시민들은 원주민과 동떨어진 존재가 되지는 않았다. 로마군에서 병역을 치르고 있는 현역 병사들은 독신 의무를 지켜야 한다. 만기 제대할 때에는 마흔 살 안팎이 된다. 이 나이의 독신 남자가 이주하여 현지 여자와 결혼하는 것이 로마의 식민 방식이다. 카이사르가 속주에서 시작한 민족 융합은 이렇게 제정 시대에 들어온 뒤에도 계속된다.

'행운의 아라비아'

갈리아 전역과 이베리아반도를 재편성하는 작업이 진행되던 기원전 26년부터 기원전 24년까지, 아우구스투스는 딱 한 번 전쟁을 한다. 국토 방위의 필요성에 쫓겨 어쩔 수 없이 싸운 것은 아니다. 그것은 전쟁이라기보다는 원정이었고, 그것도 멀리 떨어진 아라비아반도에서 이루어졌다.

그 전초전은 에티오피아 원정이었는데, 이 원정에는 속주로 편입된 이집트의 남쪽 방위선을 확립한다는 이유가 있었다. 이집트 주둔군은 나일강을 따라 남하하여, 오늘날 수단 영토가 되어 있는 나파타까지 진격했다. 그 결과 에티오피아인과 강화도 이루어졌고, 남쪽 방위선도 확립되었다.

그런데 아우구스투스는 이 무렵 '아라비아 펠릭스'(행운의 아라비아)라고 불린 현재의 예멘까지 진격하려고 시도했다. 시도했다고 말한 것은 그 원정에 파견된 병력이 2개 군단도 채 안 되는 소규모였기 때문이지만, 이 원정은 방위선 확립을 외치의 가장 중요한 목표로 삼은 그의 관점에서는 보기 드문 예외가 되었다.

'행운의 아라비아'는 거기에 사는 아랍인이 그렇게 자칭한 것이 아니라, 지중해 세계에 사는 그리스인이나 로마인이 붙인 이름인 것 같다. 향료와 몰약, 진주, 보석, 그리고 인도를 거쳐 오는 중국산 비단 같은 고급품을 거래하여 돈을 버는 행운을 타고난 아라비아라는 뜻이다.

왜 아우구스투스가 먼 아라비아반도 끝에 있는 '행운의 아라비아'까지 눈길을 돌렸을까. 그는 평생 동안 국민에게 무거운 세금을 부과하지 않고 재원을 확보하기 위해 노심초사한 통치자이기도 하다. 홍해 입구를 장악하면 동방에서 들어오는 물자 교역에 따른 이익을 독점할 수 있을 거라고 그는 생각했다. 그가 직접 쓴 『업적록』에는 나르본에 머물고 있는 그에게 먼 인도에서 국왕 사절이 찾아왔다고 적혀 있다.

다만 '행운의 아라비아' 원정은 『업적록』에 기록된 것처럼 "저항한 자는 죽이고, 전투에서는 승리하여 많은 도시를 점령한" 식으로는 끝나지 않았다. 홍해를 건너 아라비아반도에 상륙한 것까지는 좋았지만, 사베이족의 수도인 마리바까지 사막을 행군하는 것은 여간 어렵지 않았다.

어쨌든 300킬로미터를 행군하는 데 무려 6개월이나 걸렸다. 그 때문에 마리바 성벽 앞에 이르러서도 공격할 여력이 없어서 돌아올 수밖에 없었다. 정복하러 간 것이라면 실패다. 그러나 로마는 홍해의 북부 3분의 1을 장악하는 데 성공했다. 그리고 아라비아 쪽의 레우케코메와 이집트 쪽의 베레니스, 그리고 나일강 연안의 콥트에 세관을 설치했다. 로마의 관세는 본국 이탈리아에서는 5퍼센트, 저개발 지역인 갈리아에서는 1.5퍼센트였지만, 동방에서 들어온 고급품에 대해서는 무려 25퍼센트나 되는 관세가 부과되었다.

갈리아에 머물렀다면 해협 건너편의 브리타니아는 반드시 시야에 들어올 수밖에 없지만, 아우구스투스는 '아버지' 카이사르가 시작한 브리타니아 정복을 계승할 뜻을 밝히지 않는다. 그렇다고 해서 하지 않겠다고 분명히 말한 것도 아니다. 하지만 갈리아는 평온하다. 따라서 갈리아의 불평분자가 브리타니아로 도망친 뒤, 브리타니아 부족을 선동하여 갈리아를 위협하는 사태도 일어나지 않는다.

브리타니아인도 도발할 기미를 보이지 않는다. 도버해협과 가까운 켄트 지방에 사는 두 부족은 아우구스투스에게 사절을 보내 복종을 맹세하고 있다. 따라서 브리타니아 정복은 절박한 과제가 아니라고 아우구스투스는 판단했을 것이다. 급히 해결해야 할 필요성에 쫓기지 않으면 행동에 나서지 않는다―이것은 여론이 무르익기를 기다리는 타입의 정치가인 아우구스투스가 늘상 보여주는 방식이기도 했다.

또한 그는 군사력을 수중에 넣었으면서도, 굳이 속주로 만들 필요가 없으면 동맹관계를 지속하는 쪽을 선택하는 권력자였다. 고대에 '헤라클레스의 두 기둥'이라고 불린 지브롤터 해협을 사이에 두고 에스파냐와 마주보는 북서 아프리카의 마우리타니아 왕국에 대한 대책에도 그런 면모가 엿보인다. 그렇긴 하지만, 이런 외교 방침은 아우구스투스의 창안이 아니라 술라와 폼페이우스와 카이사르도 답습한 로마의 전통적인 대외 정책이었다.

마우리타니아 왕국의 왕조가 단절되자, 아우구스투스는 탑수스 회전에서 카이사르에게 패하고 자결한 누미디아 왕의 아들을 마우리타니아 왕위에 앉혔다. 왕위에 올라 유바 2세가 된 이 왕자는 다섯 살 때 로마에서 거행된 카이사르 개선식에 패배자의 대표로 참가한 뒤, 승리자인 카이사르의 개인 저택에 볼모로 잡혀 있었다. 카이사르가 암살된 뒤에는 아우구스투스가 옥타비아누스였던 시절에 살던 집으로 거처를 옮겼다. 아우구스투스는 로마의 상류층 자제와 똑같은 교육을 받은 이 왕자를 클레오파트라와 안토니우스 사이에 태어난 이집트 왕녀와 결혼시켰다. 이 클레오파트라 셀레네스도 부모가 자결한 뒤에는 아우구스투스의 누나이자 안토니우스의 전처인 옥타비아의 집에 맡겨져, 이복 형제자매들과 함께 자랐다.

이 결혼과 마우리타니아 왕가의 부흥은 성공했다. 젊은 왕과 왕비는 둘 다 교양을 갖추었고, 내정과 외교에서 로마의 충실한 동맹자가 되었다. 특히 어머니한테서 야심이 아니라 영리함을 물려받은 왕비의 주변에는 일종의 문화 살롱이 형성되어, 로마에서 찾아오는 사람들도 왕비에 대한 예방을 빼놓지 않는다는 말이 나올 정도가 되었다. 이리하여 북서 아프리카도 아우구스투스가 생각하는 '팍스 로마나'의 일익을 평화적으로 담당하게 되었다.

기원전 24년 말, 로마 세계의 서반부 재편성을 끝낸 아우구스투스는 수도 로마로 돌아왔다. 그는 이제 마흔 살이 되어 있었다.

3년 만에 '제일인자'를 맞이한 수도 시민들은 화려한 개선식이 열릴 거라고 믿었다. 군사행동을 벌인 곳은 한 군데뿐이었지만, 에스파냐를 완전 제패하는 위업을 달성했다. 전투에서 승리하는 것에만 관심을 갖는 일반 서민은 별문제로 하더라도, 원로원 의원 정도면 재편성의 중요성을 이해하고 있다. 그 중요한 작업을 끝내고 귀국한 아우구스투스에게 원로원은 재빨리 개선식을 거행할 권리를 인정하고, 그 사실을 통고했다.

그러나 아우구스투스는 그것을 받아들이지 않았다. 왜 사양했는지는 『업적록』에서도 밝히지 않았다. 전투는 아그리파가 도맡았고, 아우구스투스 자신은 전쟁터에서 400킬로미터나 떨어진 곳에서 '외치'에 전념했으니까, 백마 네 필을 거느린 화려한 개선식은 삼가고 싶었는지도 모른다. 그런데 개선식을 거행하지 않으면 서민층이 실망한다. 개선장군이 나누어주는 '선물'은 서민들의 낙이었기 때문이다.

아우구스투스는 개선식은 거행하지 않고 '선물'만 나누어주었다. 호주 1인당 400세스테르티우스가 선물로 주어졌다. 대장부답다는 평판이 자자했던 카이사르가 나누어준 '선물'과 같은 액수였다. 그리하여 통이 크면서도 겸손한 사람이라는 평판이 확립되었다. 이 '겸손한 사람'은 탁월한 책략가이기도 했다.

'호민관 특권'

기원전 23년, 40세의 아우구스투스는 또다시 사람들이 예상치도 않았던 선언을 하고, 당장 그것을 실행에 옮겼다.

그때까지 연속해서 취임해왔던 집정관직을 동료 아그리파와 함께 사임하고, 앞으로 집정관은 공화정 시대처럼 해마다 민회에서 투표로 자유롭게 선출된다고 선언한 것이다. 집정관에 연속 취임하는 것이 로마 역사에 선례가 없었던 것은 아니다. 마리우스를 비롯하여, 예를 들자면 끝이 없을 정도다.

1년 임기의 집정관이야말로 공화정 체제의 상징이었던 것도 사실이었다. 원로원 주도의 공화정을 최상의 정치체제로 믿고 있는 사람들은 또다시 감격의 눈물을 흘렸다. 감격한 의원들은 깊이 생각해보지도 않고 아우구스투스의 '겸손'한 제안에 찬성표를 던졌다.

그것은 아우구스투스에게 호민관 특권을 1년 기한으로 부여한다는 것이었다. 호민관 특권이란 호민관에게 주어지는 모든 권리를 말한다.

1. 신변 불가침권
2. 평민 대표로서 평민의 권리를 지키는 지위
3. 평민집회 소집권
4. 정책 입안권
5. 거부권(베토)

거부권은 위기관리체제로 여겨지던 독재관에 대해서는 발동할 수 없지만, 그밖의 공적 기관이나 공적 결정에 대해서는 모두 발동할 수 있다. 다시 말해서 호민관은 원로원 결의나 집정관 결정도 거부권을 발동하여 백지로 돌릴 수 있었다. 아우구스투스는 카이사르의 양자가 되어 귀족계급에 속하게 되었기 때문에, 평민계급 출신에게만 문호가 열려 있는 호민관에는 취임할 수 없다. 그래서 호민관이 되는 게 아니라, 호민관의 특권만 부여받겠다고 제의한 것이다.

연례적인 집정관 선거가 재개되자, 원로원 의원들은 이제 정말로 공화정 체제로 돌아가는구나 감격하고, 자기들한테도 집정관이 될 수 있는 기회가 돌아왔다고 기뻐했다. 그들은 집정관 임기를 종래와 마찬가지로 1년으로 하는 데 찬성했다. 하지만 이의가 없으면 임기가 연장된다는 단서가 붙었다. 도대체 어느 누가 최고 권력자의 임기 연장 요청에 이의를 제기할 수 있겠는가.

이것은 사실상의 종신제다. 그리고 호민관 특권은 종신 독재관이 된 카이사르의 법률 개정에 따라 전처럼 10명이 아니라 한 사람에게만 부여되도록 바뀌어 있었다. 카이사르로서는 호민관의 거부권 남발로 걸핏하면 국정이 마비 상태에 빠지는 종래의 폐해를 막기 위한 개혁이었고, 아우구스투스도 그 생각을 답습했다. 이리하여 기원전 23년부터 로마 국가에는 카이사르가 암살되기 전에 잠시 존재했던 체제, 즉 단 한 사람이 거부권을 독점하는 체제가 부활되었다.

아우구스투스는 카이사르처럼 로마의 정치체제에서는 이질분자라고 말할 수밖에 없는 '종신 독재관'에 취임하지 않고도 사실상의 종신 독재관이 된 셈이다. 이것은 그가 늘상 쓰는 수법이다. 계속 갖고 있어봤자 아무 의미도 효력도 없는 권한을 반납하여 사람들을 기쁘게 해놓고, 그 대신 얼핏 보기에는 의미도 효력도 별로 없어 보이지만 장래에 대한 포석으로는 대단히 중요한 권한을 획득하는 방식이다. 하나씩 따져보면 완벽하게 합법적이지만, 그것들을 연결시키면 소수지도체제인 로마식 공화정 체제에서는 비합법이 될 수밖에 없는 제정으로 서서히 바꾸어가는 수법이었다. 그것을 여기서 정리해두면 다음과 같다.

'카이사르'─이것은 17세에 불과한 옥타비아누스를 카이사르가 양자로 입적하여 후계자로 삼겠다고 유언했기 때문에 얻은 성이지만, 제정 시대가 진행됨에 따라 '황제'의 대명사가 된다. 2천 년 뒤의 카이저(독일)와 차르(러시아)는 이 의미를 계승한 것에 불과하다.

'제일인자'(프린켑스)─원로원이 그에게 이 칭호를 주었을 때는 로마 시민 가운데 으뜸이라는 의미에 불과했지만, 사실상의 제정이 시작된 것을 세상 사람들에게 숨기고 싶은 아우구스투스에게는 참으로 편리한 명칭이 되었다. 그가 자주 이 칭호를 사용한 것이 무엇보다도 좋은 증거일 것이다.

'아우구스투스'—권력 냄새가 전혀 나지 않는 존칭에 불과했지만, 바로 그렇기 때문에 권력투쟁을 초월한 지위를 의미한다. 생전의 카이사르는 체제(테제)를 무너뜨렸지만, 그는 체제에 반대해야만 비로소 힘을 얻을 수 있다는 특성을 가진 반체제(안티테제)의 불모성을 알고 있었기 때문에, 새로운 질서(진테제)를 건설하고자 했다. 이 정치를 계승한 아우구스투스에게 체제와 반체제에서의 초월을 의미하는 '아우구스투스'가 참으로 편리하고 유용한 존칭이 된 것은 당연했다.

'임페라토르'—이것도 원로원 의원들이 보기에는 개선장군에 대한 존칭에 불과했다. 그래서 세상을 떠난 아버지 카이사르가 인정받고 있던 이 칭호 사용권을 자기한테도 인정해달라는 아우구스투스의 요청을 허락했다. 이 칭호 사용권이 아우구스투스가 이미 인정받고 있던 군통수권을 의미하는 '임페리움 프로콘술라레 마이우스'와 연결되면, '임페라토르'는 전군 총사령관이 된다.

게다가 아우구스투스는 전통적으로 군사력을 두지 않는 수도 로마에까지 이 '통수권'이 미치도록 법률을 개정했다. 따라서 그는 법적으로는 수도 안에서도 군사력을 행사할 권한을 갖게 된 셈이다. 그러나 아우구스투스의 자제력은 만점을 주어도 좋을 정도다. 그가 살아 있는 동안 병사들이 수도 안을 누비고 다닌 것은 휘하 장군들의 개선식 때뿐이었다.

'호민관 특권'(트리부니키아 포테스타스)—호민관은 공화정 시대의 공직 중에서도 가장 민주적이고 자유주의적인 공직이었다. 귀족 출신이 아니라는 이유만으로 핸디캡을 짊어진 평민의 사회적 권리를 보호하는 것이 호민관의 역할이었기 때문이다. 귀족들의 반감에서 몸을 지키기 위해 신변불가침권을 인정받았고, 호민관을 죽이거나 상처를 입혀서 이 특권을 침해한 사람은 반국가범죄자로 재판을 받도록 되어 있었다. 따라서 호민관 특권을 인정받고 있던 카이사르를 죽인 브루투스를 비롯한 암살자들은 로마의 국법을 어긴 셈이 된다.

아우구스투스가 원로원에 출석할 때는 반드시 건장한 아우구스투스파 의원들이 신변 경호를 위해 그의 주위를 에워쌌다고 한다. 그렇다면 '호민관 특권'을 원한 그의 참뜻은 신변 안전보다는 평민집회 소집권과 정책 입안권, 그리고 무엇보다도 거부권에 있었던 게 분명하다.

평민집회를 소집하여 그가 입안한 정책을 가결시키면, 원로원이 반대하더라도 평민 입법의 형태로 정책화할 수 있다는 것은 기원전 287년에 성립된 '호르텐시우스법'이 인정하고 있다. 다시 말해서 평민집회의 결의는 집정관이 소집권을 갖는 민회에서의 결의와 같은 가치를 갖는다. 게다가 거부권은 원로원 결의나 집정관이 입안한 정책도 백지로 돌릴 수 있는 막강한 권한이다.

이런 대권을 왜 아우구스투스 한 사람에게 호락호락 넘겨주었을까. 그 이유는 두 가지로 나누어 생각할 수 있다.

첫째, 집정관 연임에 마침표를 찍은 것은 아우구스투스가 던진 미끼인데, 원로원 의원들은 그 미끼에 덥석 덤벼들었다.

둘째, 호민관 제도는 기원전 494년부터 500년 가까이 존속한 제도였기 때문에, 로마 시민들에게는 익숙한 제도였다. 너무나 익숙한 나머지, 이 대권에 어떤 새로운 활용법이 있는지는 아무도 생각지 못했다. 새로운 활용법을 처음으로 깨달은 사람은 카이사르지만, 그는 활용할 시간을 얻기 전에 살해당했다. 말할 필요도 없겠지만, '호민관 특권' 획득처럼 중요한 사항은 『업적록』에는 한마디도 언급되어 있지 않다. '호민관 특권' 가운데 거부권 행사의 특권이야말로 제정으로 옮아가는 데 가장 중요한 요체였기 때문이다.

그 증거로, 아우구스투스가 획득한 '호민관 특권'의 유효성은 그가 창설한 '내각'의 기능 향상에 반영되지 않을 수 없었다.

직역하면 '제일인자 보좌위원회'(콘실리움 프린케피움)라고 할 수밖에 없는 로마 시대의 내각은 '제일인자' 아우구스투스와 두 명의 집정관, 주요 '관청'의 대표, 그리고 추첨으로 뽑힌 원로원 의원 15명으로 구성된다. '제일인자' 이외의 임기는 모두 1년이다.

이것을 결정했을 당시, 아우구스투스는 '제일인자'인 동시에 아그리파와 함께 집정관도 겸하고 있었다. 따라서 아우구스투스의 정책이 법에 보장되어 있는 집정관의 거부권 행사로 좌절당할 염려는 전혀 없었다.

하지만 집정관 연임을 그만두겠다고 선언한 기원전 23년부터는 '각의'에서 내려진 결정이 집정관의 거부권 행사로 좌절될 염려가 있었다. 여기서 거부권을 포함한 '호민관 특권'이 효력을 발휘하게 된다.

그렇긴 하지만, 로마법에서는 집정관의 거부권과 호민관의 거부권이 동등한 가치를 갖는다. 그러나 아우구스투스는 공화정 시대의 10명이나 되었던 단순한 호민관이 아니다. '호민관 특권'을 가진 유일한 자인 데다 로마 시민 가운데 '제일인자'이고, 게다가 만인 위에 초연하게 서 있다는 의미를 가진 '아우구스투스'다.

이렇게 되면, 그의 『업적록』에 나오는 "그 후 나는 권위에서는 누구보다도 우위에 있었지만, 권력에서는 내 동료 집정관들을 능가하지 못했다"는 문장도 쓴웃음을 짓지 않고는 읽을 수 없을 것이다. 실제로는 각의도 그의 뜻대로 진행되었기 때문이다. 원로원 대표 15명은 이 무렵에는 20명으로 늘어나 있었지만, 수가 많은 것과 국정에 원로원의 뜻이 반영되는 것은 완전히 별개 문제였다. 그래도 원로원은 추첨으로 뽑힌 대표 20명을 내각에 보내는 것으로 만족했다.

'호민관 특권'을 획득함에 따라 아우구스투스는 지도자로서, 아니 황제로서 공적 지위를 확립했다. 그 증거로, 그 후 황제들의 공식 명칭은 아우구스투스의 명칭을 계승하게 된다.

'임페라토르 카이사르 아우구스투스 트리부니키아 포테스타스'
(Imperator Caesar Augustus Tribunicia Potestas)

여기까지는 모든 황제가 똑같고, 그다음에 비로소 각자의 이름이 나온다.

평범한 황제라면 이제 비로소 날개를 펼 수 있게 됐다고 생각하여, 호화로운 궁전 건설에 착수했을 것이다. 그러나 40세의 아우구스투스는 이 점에서도 개인 재산을 모으는 일 따위에는 무관심했던 카이사르의 진정한 후계자였다. 로마의 고급 주택가라고는 하지만 지극히 소박한 집에 살면서, 아우구스투스는 우선 제국 전체의 경제를 충실하게 하기 위해 화폐제도를 근본적으로 개혁하는 작업에 착수했다. 경제 정책으로밖에 보이지 않는 이 화폐개혁도 로마 제국에서는 '안전보장'의 한 부문이었기 때문이다.

화폐개혁

로마에는 오랫동안 화폐라고는 은화와 동전밖에 없었다. 금화는 개선식이나 그밖의 기회에 기념으로 만들어져 배포되었기 때문에, 일반적으로 널리 쓰이는 것을 목적으로 한 통화는 아니었다. 물론 금화는 금의 함유량이 100퍼센트인 순금이니까, 갖고 있어도 나쁠 것은 없다. 하지만 이른바 '통화'는 아니었다.

이 금화를 통화에 편입시킨 것은 카이사르였다. 그는 금과 은의 상대적 가치를 1 대 12로 정하고, 동전 주조는 원로원의 권한으로 남겨두었지만, 금화와 은화 주조권은 종신 독재관인 자신의 권한으로 만든 단계에서 암살당하고 말았다. 화폐제도를 확립하려던 그의 시도도 암살로 중단되었다.

아우구스투스가 이 시도를 되살린 것이다. 아우구스투스는 그것을 추진할 권한과 개혁을 끝내는 데 필요한 시간을 갖고 있었던 만큼, 그의 개혁이 철저했던 것은 말할 나위도 없다. 그 덕분에 제국의 경제력 변화에 따라 금속 함유량은 달라져도, 제도 자체는 서기 4세기까지 300년 동안이나 계속 유지되었다. 기원전 말기, 즉 제정 초기에 화폐제도 개혁을 단행한 아우구스투스의 목적은 단 하나, 강력하고 신뢰할 수 있는 기축통화 확립과 그에 따른 제국 전체의 경제 활성화였다.

아우구스투스의 화폐제도 확립에는 경제에 문외한인 내가 보아도 몇 가지 흥미로운 점이 있다.

첫째, 금화와 은화와 동화의 관계가 참으로 단순명쾌하다는 점이다. 1아우레우스(금화)는 25데나리우스(은화) 및 100세스테르티우스(동화)와 가치가 같다. 세월이 흐르면 복잡해지는 것이 제도의 숙명이므로, 기본은 항상 단순한 편이 좋다.

둘째, 카이사르가 착수하고 아우구스투스가 완성한 화폐개혁을 조사하면서, 내 사견이긴 하지만 오래전부터 품고 있었던 생각을 확인한 듯한 기분이 들었다. 그것은 경제인이라면 정치를 이해하지 못해도 성공할 수 있지만, 정치인은 경제를 몰라서는 안 된다는 것이다.

아우구스투스의 화폐개혁을 떠받쳐준 기둥은 액면 가격과 실제 가치의 일치였을 거라고 나는 생각한다. 이것이 확립되고 유지되지 않으면, 로마의 통화가 계속 기축통화의 지위를 유지할 수는 없기 때문이다.

아우구스투스는 알고 있었다. 통화는 황제한테도 군단에도 영향을 받지 않고, 오직 경제원칙에만 충실하게 움직이는 생물이라는 것을. 지폐가 존재하지 않았던 시대에 이 '생물'이 멋대로 행동하지 못하게 하려면 액면 가격과 실제 가치를 일치시킬 수밖에 없었다.

셋째, 아우구스투스가 정한 뒤 300년 동안이나 존속한 이 통화는 어

아우구스투스의 화폐제도 개혁(기원전 23년부터)

금속	명칭	교환가치	무게 (그램)	무게 (리브라)	함유율
금	아우레우스(금화)	25데나리우스	7.80	1/42	금 100%
	퀴리날리우스(금화)	1/2아우레우스	3.89		금 100%
은	데나리우스(은화)	1/25아우레우스	3.90	1/84	은 100%
	퀴리날리우스(은화)	1/2데나리우스	1.95		은 100%
동	세스테르티우스(동전)	1/4데나리우스	27	1	놋쇠 (구리와 아연)
	디폰디우스(동전)	2아시스	13.65	1/2	
	아시스(동전)	1/4세스테르티우스	10.90	1/4	구리 100%
	콰드란스(동전)	1/4아시스	3.24	1/16	구리 100%

* 리브라는 로마의 무게 단위. 1리브라는 327.456그램.

주
1) 1아우레우스(금화) = 25데나리우스(은화) = 100세스테르티우스(동전)
2) 아우구스투스는 화폐개혁 이전에는 은화의 명칭이었던 세스테르티우스를
   가장 사용도가 높은 동전 이름으로 바꾸었다.
3) 구리와 아연의 합금인 놋쇠는 광택이 있는 노란색을 띠고 있는데,
   세공하기가 쉽고 녹이 잘 슬지 않는 성질을 갖고 있기 때문에,
   가장 많이 쓰이는 화폐에 적절한 금속이다. 다만 놋쇠는 순수한 구리보다 값이 비싸다.
   그래서 아우구스투스는 실질 가치와 액면 가치를 일치시켜야 할 필요성 때문에,
   순수한 구리로 만든 두 가지 화폐의 중량을 늘렸다.
   이에 따라 전에는 7그램이었던 아시스 동전은 10.9그램이 되었고,
   1.7그램이었던 콰드란스 동전은 3.24그램이 되었다.

왼쪽부터 아우레우스 금화, 데나리우스 은화, 세르테르티우스 동전, 아시스 동전(모두 실물크기)

디까지나 로마 제국의 기축통화였고, 제국 전체의 공통 화폐는 아니었다는 것이다. 그보다 100년 뒤의 사람인 플루타르코스의 저서에서도 볼 수 있듯이, 로마 제국 시대에 그리스인이 쓴 저술에 나오는 화폐 단위는 그전과 마찬가지로 항상 그리스 통화인 드라크마나 탈렌트였다. 저술에 기록되었다는 것은 곧 존재하고 통용되었다는 뜻이다.

그것은 로마가 자기네 패권하에 있는 다른 민족들에게 자기네 통화를 공통 화폐로 강요할 수 있는 힘을 갖고 있으면서도 강요하지 않았다는 뜻이다. 로마는 자치도시나 자유도시로 인정한 지방에는 그 지방의 독자적인 통화 주조권도 인정하고 있었다. 국내 자치와 함께 통화도 그 나라 사람들에게는 경제적 의미를 뛰어넘는 독자적인 '문화'이기 때문일 것이다. 일본에서 엔화가 사라지고 일본 전역이 미국 달러에 파묻힌 경우를 생각해보라. 외국과의 경제활동은 편리해질 것이다. 하지만 경제를 활성화한다 해도, 단지 경제만 생각해서는 일부의 활성화로 끝나지 않을까.

현재(1997년 봄) 유럽 각국은 체면 따위는 개의치 않고 많은 희생을 치르면서까지 유럽 공통 화폐인 '유로'의 실현을 향해 달려가고 있다. 나는 통화까지 공통으로 해야 하는 이유를 납득할 수 없지만, 이것은 실제로는 경제 대책이라기보다 미국 달러에 대한 대항을 내면에 숨긴 정치 대책이 아닐까 하는 생각이 든다.

다시 2천 년 전으로 돌아가서 내가 흥미롭게 느낀 네 번째 점을 살펴보자.

아우구스투스는 기념 화폐만이 아니라 실제로 통용되는 화폐에도 자기 옆얼굴이나 자기와 관련된 일을 새긴 카이사르의 방식을 답습했다. 게다가 그의 경우는 자신이 주조권을 가진 금화와 은화만이 아니라 원로원이 주조권을 가진 동전에까지 자기 얼굴을 새겼으니까, 기축통화는 아우구스투스의 옆얼굴로 메워졌다고 해도 좋다. 그것이 현대의 영국 지폐와 다른 점은 금속과 종이라는 소재의 차이이기도 했을 것이다. 화폐가 닳아서 다시 주조해야 할 필요가 있을 때까지가 그 화폐의 통용 기간이었기 때문이다. 실제로 제정 시대 로마에서 반역자로 낙인찍힌 브루투스가 주조한 함유량 100퍼센트의 은화도 그대로 사용되었다. 로마 황제들은 선대 황제들의 옆얼굴이 새겨진 화폐도 모두 거두어들여 다시 주조하지는 않았다.

지폐가 존재하지 않았던 시대, 로마 통화의 액면 가격과 실제 가치의 변화는 그대로 로마 제국의 경제력 변화를 반영한다. 이 관점에서 보면, 경제적으로도 '팍스 로마나'는 확실히 존재했다. 그리고 그것은 아우구스투스 시대부터 시작된다.

아우구스투스는 정치가로서는 카이사르보다 완벽하고 적절한 자질을 갖춘 인물이었다고 주장하는 연구자가 많다. 나중에 역사가 타키투스가 평했듯이, 아우구스투스는 유일한 승자가 된 뒤에도 "남들이 눈치채지 못하도록 오랜 시간을 들여 한 가지씩 권력을 수중에 넣어 결국 모든 권력을 장악한" 반면, 카이사르는 유일한 승자가 되자마자 당장 종신 독재관에 취임하고 억지로 혁명을 추진한 점이 다르다는 것이다.

나는 이 차이를 첫째는 두 사람의 성격 차이, 둘째는 카이사르가 54세에야 비로소 '혁명'을 시작할 수 있었던 반면에 아우구스투스는 33세부터 시작할 수 있었다는 연령 차이, 셋째는 카이사르 암살에서 교훈을 얻은 아우구스투스가 절대로 죽음을 당해서는 안 된다는 의지를 갖게 된 점에 있다고 말했다. 하지만 여기서 또 한 가지 차이점도 생각해보고 싶다.

결론부터 말하면, 이른바 '귀골'로 태어난 사람과 그렇지 못한 사람의 차이다.

카이사르는 왕정 시대 이래 700년의 역사를 자랑하는 명문 중의 명문 자제로 수도 로마에서 태어났다. 한편 아우구스투스는 로마에서 태어나긴 했지만, 할아버지 대에는 무슨 직업에 종사했는지도 분명치 않고, 지방 소도시 벨레트리의 유지로서 경제적으로는 카이사르 집안보다 유복했지만, 아버지 대에 비로소 원로원에 들어온 집안 출신이다. 그 아버지도 원로원 의원이 되긴 했지만, 젊은 나이에 세상을 떠났기 때문인지 요직은 전혀 경험하지 못하고 일개 의원으로 끝났다. 그래도 어머니 아티아의 친정이 명문이라면 조금은 관록이 붙겠지만, 아티우스 집안도 로마사에서는 이름없는 집안이다.

카이사르가 '귀족계급'(노빌리스) 출신인 반면, 아우구스투스는 로마 사회에서는 제2계급인 '기사계급'(에퀴타스) 출신이다. 카이사르와 혈연관계가 있다 해도, 카이사르의 누이동생 율리아의 딸 아티아의 아들이 아우구스투스니까 그리 가까운 관계는 아니다. 그런 관계를 전면에 내세우거나 하면 오히려 웃음을 사게 된다. 왕정 시대에는 300개나 되었던 명문도 공화정 말기에는 14개 씨족(겐스)으로 줄어들었다지만, 그래도 원로원에는 발레리우스, 클라우디우스, 코르넬리우스 같은 명문 출신들이 우글거렸다. 아우구스투스의 주변을 살펴보아도 아내 리비아가 데려온 두 아이는 클라우디우스 씨족의 자손이다.

이런 사정이 있었기 때문에, 카이사르는 옥타비아누스 시절의 아우구스투스를 후계자로 지명한 것만으로는 불충분하다고 생각하여, 그를 양자로 삼아 카이사르 집안에 맞아들였다. 하지만 14개뿐이라 해도 '귀골'이 건재한 로마 지도층에서는 친자와 양자의 차이가 엄연히 존재했다. 특히 일반 대중을 상대할 때는 역시 '귀골'이 좋다. 카이사르라면 무슨 짓을 어떻게 하든 민중도 납득했겠지만, 아우구스투스는 신중하게 일을 추진해야 했다.

이 점에 대한 아우구스투스의 배려는 그 개인의 허영심을 만족시키기 위해서가 아니라 로마 국가의 안정과 번영을 확립하기 위한 것이었기 때문에, 나에게는 눈물겹게 보이기까지 한다.

무덤에는 무관심했던 카이사르와는 달리, 아우구스투스가 자신과 가족을 위해 마르스 광장 북쪽 끝에 지금까지 아무도 세운 적이 없을 만큼 웅장하고 화려한 '영묘'(마우솔레움)를 지은 것도 그런 배려에서 나온 행위로 보아도 좋을 것이다. 또한 포로 로마노 확장 계획의 첫 번째 사업인 '카이사르의 포룸'과 카이사르 암살자들을 무찌른 기념비이기도 한 '아우구스투스의 포룸'의 건설 계획에 나타난 차이에서도 이것을 찾아볼 수 있다.

'카이사르의 포룸'에 서 있는 조각상 가운데 중요한 것은 두 개뿐이다. 하나는 신전 안에 놓여 있는 비너스 여신상, 즉 카이사르 가문이 속한 율리우스 씨족의 수호신인 '위대한 어머니 베누스'(베누스 게니트릭스)의 대리석상이고, 또 하나는 신전 앞에 펼쳐진 광장 한복판에 서 있는 카이사르의 청동 기마상이다.

한편 '아우구스투스의 포룸'은 그 전체를 장식하는 조각상 중에서 주요한 것만 열거해도 엄청난 수에 이른다.

우선 광장 한복판에는 말 네 필이 끄는 전차에 올라탄 아우구스투스의 청동상이 서 있다. '아우구스투스의 포룸'은 전쟁과 복수의 신 마르스에게 바쳐졌기 때문에, 이것은 납득이 간다. 또한 신전 안에는 마르스 신상, 그 왼쪽에는 베누스 여신상, 오른쪽에는 신격 카이사르 석상이 나란히 서 있는데, 이것도 이 '포룸'을 바친 이유를 생각하면 이해할 수 있다.

그런데 주요한 조각상은 이것으로 끝나는 게 아니다. 베누스 여신의 아들이자 율리우스 씨족의 시조로 되어 있는 아이네이아스, 그 손자인 실비우스, 그 친척들, 율리우스 씨족이 처음에 살았던 알바롱가의 왕들,

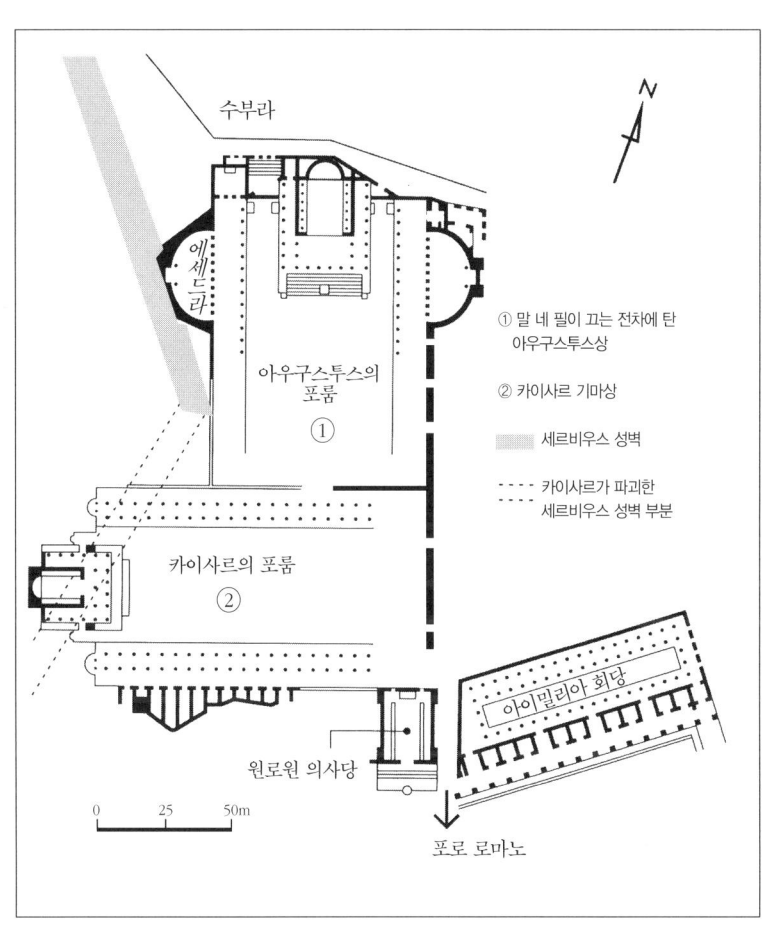

로마가 공화정이 된 이후의 인물들에 이르기까지, 각 시대의 위인들이 퍼레이드를 벌이는 듯한 느낌이다.

아우구스투스는 이만한 '역사'를 등에 업을 필요성을 느끼고 있었던 것이리라. 아우구스투스의 요망에 따라, 알려진 것만 해도 16개에 이르는 이 조각상들의 배치 문제를 포룸 양쪽에 '에세드라'라고 불리는 반원을 덧붙이는 방법으로 해결한 건축가의 재능에는 감탄할 수밖에 없다.

이처럼 '카이사르의 포룸'과는 달리 '아우구스투스의 포룸'은 상당히 위엄있는 공간이 되었지만, 바로 그 때문에 로마 시대의 연인들한테 경원당하는 유쾌한 부산물도 낳게 되었다.

에세드라 부분은 넓은 광장에서는 아늑하고 차분한 공간이 된다. 그런데 거기에는 로마 건국 이래의 위인들이 늘어서 있다. 그중에서도 특히 아피우스 클라우디우스가 문제였다. 로마식 도로망의 창시자로서 아피아 가도를 건설한 것까지는 좋았지만, 이 인물은 시력이 떨어진 노년에도 기력만은 떨어지지 않았다. 마음이 약해진 원로원 의원들이 적과 강화를 맺으려 하자, 늙은 아피우스는 그들에게 호통을 쳤다.

"로마는 전쟁에 이기고 강화를 맺는 일은 있을지언정, 전쟁에 지고 강화를 맺은 적은 없다!"

그가 내려다보는 곳에서 사랑의 속삭임을 나누면, 머리 위에서 불벼락이 떨어질 것 같다. 로마의 연인들은 자연 밀회 장소를 바로 옆 '카이사르의 포룸'으로 옮겼다.

거기라면 사랑의 여신이기도 한 베누스와 역시 사랑의 달인이었던 카이사르가 지켜보고 있을 뿐이다. 제정 시대 시인인 마르티알리스나 유베날리스가 쓴 시를 보면, 포로 로마노의 바실리카(회당)에서 열리는 재판에서는 청산유수 같은 변론 솜씨를 보이는 젊은 변호사가 사랑하는 여인을 '카이사르의 포룸'으로 꾀어들인 것까지는 좋았지만 카이사르의 기마상 밑에서는 사랑의 속삭임을 한마디도 못하고 쩔쩔매는 모습을 익살스럽게 묘사하고 있다. 말에 탄 카이사르도 이 꼴을 보고 웃으면서 "힘내라!"고 격려했을지 모른다.

연인들에게는 경원당했지만, '아우구스투스의 포룸'이 비인간적인 공간이 된 것은 아니었다. 로마에서 번창했던 학원 형식의 초중등학교 교실로 활용되었기 때문이다. 교실이라면 위인들이 지켜보고 있어도 야단맞을 일은 없을 테고, 교재가 바로 옆에 있으니까 불편하기는커녕 오히려 편리했을 것이다.

카이사르 아우구스투스가 되기 전, 카이사르 옥타비아누스였던 시절에 아우구스투스는 안토니우스와 클레오파트라의 연합군과 악티움에서 대결하기 전날 밤 아폴로 신에게 승리를 기원했다. 그래서 개선하자마자 팔라티노 언덕 위에 아폴로에게 바치는 신전을 세웠다. 그때까지 아폴로는 로마 사회에서 중시한 신들 중에는 끼어 있지 않았다. 신들이 사는 성역으로 되어 있던 카피톨리노 언덕 위에 신전을 가진 것은 유피테르(그리스에서는 제우스), 그의 아내인 유노(헤라), 지혜의 여신인 미네르바(아테나)였다.

이들은 그리스에서 왔지만, 일찍부터 로마 본래의 신들과 융합하여 로마 종교의 주요 신을 이루고 있었다. 그밖에 전쟁의 신 마르스(그리스어로는 아레스)도 주요 신에 추가된다. 그런데 그리스에서는 주요 신이었던 빛과 시의 신 아폴로(아폴론)만은 로마인에게는 지나치게 추상적인 역할 탓인지 별로 중요한 지위를 부여받지 못했다. 그래서 오랫동안 아폴로 신전은 도심에서 멀리 떨어진 곳에 세워졌다.

그런데 아우구스투스는 자기 집 바로 가까이에, 도심 중에서도 도심인 팔라티노 언덕 위에 아폴로 신전을 세운 것이다. 로마 최고 권력자의 수호신이 된 덕분에 로마의 신들 사이에서 아폴로의 지위가 높아졌지만, 카이사르처럼 조상 대대로 내려오는 수호신을 갖지 못한 아우구스투스의 고심 어린 선택으로 생각할 수도 있다.

설령 결점이 있다 해도 그것을 오히려 장점으로 바꿀 수 있는 재능은 창조자가 반드시 갖춘 재능이기도 하다. 아폴로는 언제나 아름답고 깨끗한 젊은이의 모습으로 표현되어왔다. 아우구스투스는 제 초상의 연령을 40대 이전으로 묶어놓은 사람이다. 그런 자신의 수호신으로도 젊은 아폴로는 잘 어울리는 신이라고 생각했던 게 아닐까.

선거제도 개혁

이미지가 선행하는 것 자체는 나쁘지 않다. 나쁜 것은 구체성은 전혀 동반하지 않은 채 이미지만 혼자 걸어가는 경우다. 집정관 선거가 재개되어 시민(유권자)의 정치의식도 다시 활기를 띠게 된 기원전 23년이 아우구스투스에게는 선거제도를 개혁할 좋은 기회로 여겨졌다.

아우구스투스는 오랜 시간을 들여 남의 눈길을 끌지 않는 방식으로 여러 가지 대권을 하나씩 손아귀에 넣었다. 대대적으로 벌어지는 선거가 위선이라는 것쯤은 너무도 잘 알고 있었을 게 분명하다.

하지만 그에 비하면 억지로 대권을 손에 넣은 카이사르도 자유롭게 선거권을 행사할 수 있다는 것이 얼마나 사람들을 만족시키는가를 알고 있었다. 만족한 사람들이 기꺼이 따라와주기 때문에 큰 사업도 성공한다. 라틴어의 콘센수스, 현대 영어의 콘센서스는 목적에 대한 동의보다 수단에 대한 동의인 경우가 많다. 카이사르가 건설하기 시작한 '사이프타 율리아'(의역하면 율리우스 투표소)는 아우구스투스가 완성했다.

판테온 동쪽에 인접해 있던 이 투표소는 세로 120미터, 가로 300미터의 넓은 회랑으로, 주위에는 원기둥이 늘어서 있다. 선거는 이 회랑

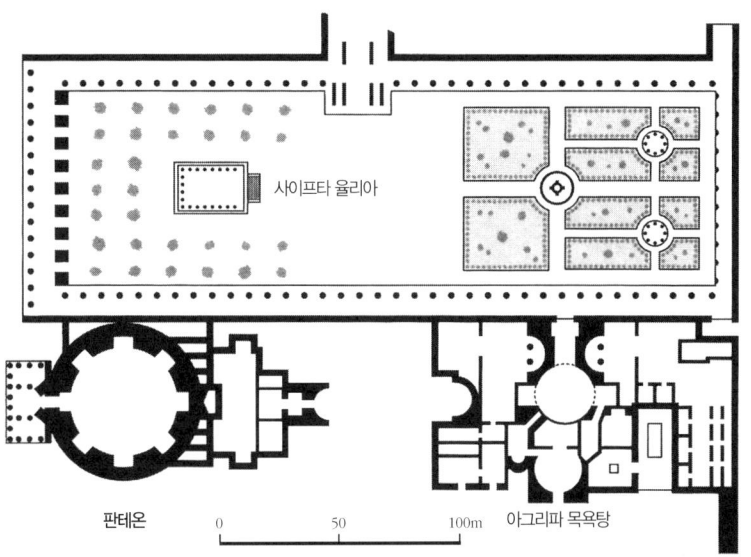

사이프타 율리아와 아그리파 목욕탕의 평면도(상상도)
판테온은 나중에 하드리아누스 황제가 개축한 그림

을 선거구별로 칸막이하여 이루어진다. 선거 방식은 공화정 시대와 같았다. 즉 당락은 유효표 전체의 집계로 결정되는 것이 아니라, 각 선거구의 결과가 그 선거구의 '표'가 되고, 그 '표'를 집계하여 당락을 결정하는 방식이다. 이것은 로마가 공화정으로 바뀐 기원전 509년부터 계속된 로마의 독특한 선거 방식이었다.

아우구스투스의 선거제도 개혁이 '개혁'이었던 이유는 로마 역사상, 아니 세계 역사상 처음으로 수도 이외의 지역에서 투표하는 것을 인정했기 때문이다. 현대인이라면 각 지방자치단체에 사는 유권자가 거주 지역에서 투표하고, 그 집계 결과가 수도로 전달되는 방식을 당연하게 생각한다. 하지만 고대인들은 도시국가의 역사 때문에 선거는 수도에서 하는 것이 당연하다고 생각했다. 아우구스투스의 개혁은 부재자 투표를 인정한 것과 같은 의미를 갖고 있었다.

유권자가 400만 명을 넘은 이 시대, 종전처럼 수도 로마에 올 수 있는 시민만 선거권을 행사할 수 있는 제도를 계속 유지하면, 원칙적으로는 국가의 최고위직인 집정관 선거도 단순한 위선으로 끝나버린다. 이 시대부터 속주에 사는 로마 시민권 소유자한테까지 부재자 투표를 인정했다는 증거 자료는 없지만 유권자 대다수가 살고 있는 이탈리아 본국에서는 부재자 투표로 선거권 행사가 평등해졌다. 말이 나온 김에 한마디 덧붙이면, 기술 발달이 눈부신 2천 년 뒤의 현대에도 해외에 거주하는 유권자의 부재자 투표는 아직 실현되지 않았다. 이것은 일본도 이탈리아도 마찬가지다.

선거는 활기찬 행사인 만큼, 그대로 방치해두면 선거법 위반 행위도 활기를 띠기 쉽다. 아우구스투스는 선거법 위반에 대한 벌칙도 법제화했다.

후보자는 의무적으로 일정액의 공탁금을 내야 했다. 선거법을 위반하면 공탁금은 몰수되어 국고로 들어간다. 다만 후보자에게 선거자금을 지원해주는 것은 인정되었다. 사실 이것은 로마의 관례이기도 했다. 아우구스투스 자신도 자파 후보자들을 항상 원조했다. 그 액수는 일인당 1천 세스테르티우스. 병졸의 1년치 봉급이 900세스테르티우스였던 시대. 최고 권력자가 이 정도 액수밖에 지원하지 않았다면, 다른 사람도 그 이상을 지원하는 것은 삼갈 수밖에 없었을 것이다. 또한 '명예로운 경력'이라고 불린 무보수 요직에 입후보하려면, 최소한 백만 세스테르티우스의 재산을 갖고 있어야 했다. 말하자면 이것이 입후보 자격의 하한선이었다. 원로원 의원 자격을 얻을 수 있는 최소한의 재산과 같은 액수다. 이보다 모자라면 입후보도 할 수 없고 원로원 의원도 될 수 없지만, 경제력 외에는 모든 자격을 갖춘 사람이 있으면 아우구스투스는 자비를 들여서 지원했다.

이 정도 개혁으로 선거법 위반이 사라졌는지 의심스럽지만, 실제로는 거의 사라졌다. 표를 사고파는 일이 횡행했던 카이사르 등장 시대에 비하면, 로마의 선거 풍토는 몰라보게 깨끗해졌다.

이 40년 동안, 로마 유권자의 윤리가 향상된 것은 아니다. 위반하면 몰수되는 공탁금이 아까운 것도 아니었다. 표를 사면서까지 얻은 공직의 경제적 이익, 즉 이권이 사라졌기 때문이다. 회계감사관(콰이스토르)에 당선되어 임기가 끝난 뒤에는 원로원 의석을 얻고, 원로원 의원이 되면 법무관(프라이토르) 선거에 도전하고 다음에는 집정관(콘술) 선거에 도전하는 것은 그다음 단계인 속주 총독을 겨냥한 것이었다. 그런데 아우구스투스는 '황제 재무관'이라는 세무 전담 관료를 속주에 보내, 그때까지 총독이 관할했던 징세권을 박탈해버렸다. 이래서는 공화정 시대의 총독처럼 속주에서 근무하는 동안 한몫 챙기기는 불가능해진다. '이권'을 잃은 것이 로마의 공직 선거가 깨끗해진 주요 원인이었다.

'명예로운 경력'의 이념은 아직 건재했다. 한 재산 모으는 것보다 국가를 위해 봉사하기를 원하는 인물은 많다. 인간에게 항상 내재한 허영심도 있었다. 그리고 대중은 선거를 축제로 생각하고 있다. 1년에 한 번 선거가 실시되는 며칠 동안은 광대한 '사이프타 율리아'가 사람들로 붐비는 성황을 이루었다.

아우구스투스의 선거개혁에서는 카이사르가 개정한 집정관과 법무관의 정원은 바뀌지 않았다. 집정관은 여전히 2명이고, 법무관은 16명이었다. 하지만 카이사르가 40명으로 늘린 회계감사관의 정원은 그 이전에 술라가 개정한 상태로 돌아가 20명으로 줄였다. 이것도 사실은 아우구스투스의 원로원 회유책 가운데 하나다.

술라는 여러 가지 평판이 있는 인물이었지만, 원로원 체제를 강화하기 위해 애쓴 사람으로서 원로원은 그를 은인으로 생각하고 있었다. 다만 아우구스투스는 정원을 반으로 줄이는 대신, '명예로운 경력'의 출발점이기도 한 회계감사관의 자격 연령을 종래의 30세에서 25세로 낮추었다. 요직에 앉는 사람을 전보다 더 젊은 층으로 바꾸기 위해서 그런 것은 아니었다. 회계감사관의 자격 연령이 30세면, 역시 30세가 자격 연령인 원로원에 들어갈 때까지 시차가 없어진다. 다시 말해서 임기를 마친 회계감사관은 자동적으로 원로원에 들어가게 된다. 그런데 25세로 연령을 낮추면 원로원에 들어갈 때까지 4년의 시차가 생긴다. 아우구스투스는 그 기간을 대상자가 과연 원로원 의원에 어울리는 인물인지 아닌지를 검토하는 데 사용할 수 있었다.

공화정 시대에도 일정한 공직을 거치면 자동적으로 원로원에 들어갈 수 있었던 것은 아니었다. 재무관이 대상자를 검토하여 원로원 의석을 줄 것인가 말 것인가를 결정했다. 자동적으로 원로원에 들어갈 수 있었던 것은 호민관 역임자뿐이었다. 이것은 평민계급을 회유하려는 의미도 있었다.

원로원에 의석을 가질 수 있느냐 없느냐를 결정하는 사람이 재무관이었기 때문에, 공화정 시대에 재무관의 권력은 막강했지만, 재무관은 집정관만이 아니라 속주 총독까지 경험한 원로원 유력자가 차지하는 관직으로 되어 있었다. 말하자면 로마의 요직 예비군인 젊은이가 원로원에 들어갈 수 있느냐 없느냐를 원로원이 결정하는 체제였다. '원로원체제' 타도를 목표로 삼았던 카이사르가 이 체제를 눈감아줄 리가 없다. 카이사르는 재무관이 가부를 결정하는 제도를 폐지한다. 누구를 원로원에 들어보낼 것인가를 결정하는 것은 종신 독재관인 카이사르 자신의 권한이 되었다.

아우구스투스도 카이사르의 방식을 답습한다. 다만 그 추진 방법은 달랐다. 카이사르는 임기가 끝났을 때 최소한 31세가 되어 있는 원로원 의원 후보자에게 그 시점에서 합격이나 불합격을 통고할 필요가 있었지만, 아우구스투스의 경우에는 4년의 유예 기간이 있다. 그 4년이 지나는 동안, 나중의 경력에 영향을 미칠 수밖에 없는 원로원 의석을 주느냐 안 주느냐를 결정하는 막강한 대권도 세상 사람들의 눈에는 상당히 약한 것처럼 보이게 된다. 아우구스투스는 먼 앞날을 내다보는 심모원려를 할 수 있는 사람이기도 했다.

그렇긴 하지만 집정관 2명과 법무관 16명과 회계감사관 20명, 모두 합해서 38명의 중요한 국가 공직자를 뽑는 선거다. 그보다 몇 배나 많은 사람이 겨루는 선거전이 활기를 띤 것도 당연했을 것이다.

로마 시대의 '노멘클라투라'

로마의 유력자들은 옛날부터 외출할 때는 '노멘클라토르'라고 부르는 노예를 동반하는 것이 관례였다. 유력자니까 포로 로마노를 걷고 있으면 다가와서 인사하는 사람이 끊이지 않는다. 그 많은 사람의 이름을 전부 다 기억하는 것은 불가능하다. 그래서 저쪽에서 사람이 다가오는 게 보이면, '노멘'(이름)을 '클라토르'(일러주는 자)의 역할을 맡은 노예가 얼른 주인에게 상대의 이름을 속삭인다. 그래서 유력자도 이런 대화를 할 수 있다.

"푸블리우스 바티니우스 아닌가? 참 오랜만일세."

선거운동 중에는 '노멘클라토르'가 기억해야 할 자료는 이름만이 아니었다. 또한 먼저 인사를 하는 사람만 상대하면 당선을 바랄 수 없다. 어쨌든 로마 유권자들 중에는 재산이 없기 때문에 날품팔이로 근근이 살아가는 '무산자'(프롤레타리)도 있고, 원래는 노예였지만 자유를 얻어 해방노예라고 불리는 사람도 있다. 해방노예도 어느 정도의 재산이 있고 자식이 있으면 로마 시민권을 받을 수 있었기 때문이다. 아버지가 아무리 원로원 의원이라도, 25세의 젊은이가 상대를 골라서 인사해서는 호감을 살 수 없다. '노멘클라토르'의 머릿속은 컴퓨터처럼 되지 않으면 안 되었다.

"가이우스 수에토니우스 씨, 오리엔트에서 장사를 하신다고 들었는데, 잘되고 있습니까? 그래요? 그거 참 잘됐군요. 후보자 명단을 보고 벌써 아시겠지만, 이번에 제가 회계감사관에 입후보했으니까 잘 부탁드립니다."

"퀸투스 타키투스, 여기서 당신을 만나게 될 줄은 생각지도 못했습니다. 내가 남프랑스 속주에서 근무할 때는 당신 친척한테 큰 신세를 져서 얼마나 고맙게 생각하고 있는지 모릅니다. 이번에 내가 법무관에 입후보했으니, 잘 부탁합니다."

집정관 후보쯤 되면, 선거운동을 할 때에도 품격을 유지할 필요가 있다.

"티투스 플루타르코스, 자네 아들이 아테네로 유학을 갔다고 들었는데, 언제까지 거기서 공부시킬 작정인가? 오호, 그렇게 오래? 나도 집정관을 지낼 수 있다면, 그다음에는 아카이아 속주 총독(아테네도 그 관할이다)을 희망할 작정이라네. 그때는 자네 아들한테도 여러 가지로 도움을 줄 수 있을 걸세."

'노멘클라토르'는 로마의 지도층에 속하는 사람에게 필수적인 존재였지만, 이 역할을 맡은 노예는 정보통인 만큼 또 하나의 임무가 있었다. 로마에서는 침대 같은 받침대 위에 옆으로 누워서 식사하는 것이 관습이었는데, 연회가 열릴 때는 손님들의 자리를 결정하는 것도 그들의 임무였다. 유력자와 친해지고 싶은 사람은 이 노예에게 팁을 건네주고 유리한 자리를 주선받는 경우도 드물지 않았다. 이 '노멘클라토르'라는 말은 오늘날에도 어미만 조금 달라진 채 그대로 쓰이고 있다. 공산국가의 특권층을 '노멘클라투라'라고 부르기 때문이다.

로마의 선거에서는 후보자들의 선거운동만이 아니라, '추천'이라는 형식으로 최고 권력자의 선거운동도 이루어졌다. 이것을 활용한 사람이 비민주적으로 여겨지는 정치체제인 제정을 추진한 카이사르와 아우구스투스였다는 점도 흥미롭다. 하지만 여기서도 두 사람의 방식은 서로 달랐다.

카이사르는 으레 다음과 같은 글을 보내곤 했다.

"독재관 카이사르가 A선거구의 유권자 여러분에게. 여러분이 던지는 표로써 후보자 B와 후보자 C가 그들이 바라는 관직에 당선될 수 있기를 희망한다."

이 추천서는 선거구 이름과 후보자 이름만 바꾸면 모든 선거구에 통용된다. 과연 합리주의자인 카이사르가 생각해낼 만한 일이다.

아우구스투스는 추천서를 보내지 않았다. 선거 때가 되면 넓은 '사이프타 율리아'에 장막 따위를 쳐서 선거구별로 구획을 만들었는데, 아우구스투스는 자파 후보자를 거느리고 그 모든 구획을 일일이 돌아다니며 자기가 추천한 후보자에게 표를 던져달라고 부탁했다. 하지만 서기 8년 이후로는 이 방식도 그만두어버린다. 그때는 71세의 노인이 되어 체력이 떨어졌기 때문인지, 아니면 그 무렵에는 이미 '겸손한 사람'을 연기할 필요가 없다고 생각했기 때문인지는 알 수 없다. 서기 8년부터 그의 선거운동은 카이사르 방식으로 바뀌었다. 그렇긴 하지만 투표장에 직접 나가서 한 표를 던지는 것은 카이사르와 아우구스투스의 공통된 습관이었다. 로마의 제정은 선거제도가 있는 제정이었다.

제정으로 가는 길은 아우구스투스의 이 같은 탁월한 수완으로 차츰 다져지고 있었다. 그러나 그의 방식이 잠행하는 방식이었기 때문에 표면적으로는 공화정이 실시되고 있는 듯한 인상을 주었다. 또한 카이사르의 말대로 "많은 사람은 자기가 보고 싶은 현실밖에 보지 않는" 법이다. 그 덕분에 원로원 의사당에서 아우구스투스는 의원들의 거리낌없는 언동을 꾹 참아야 할 때가 많았다.

만약 술라가 원로원 회의에 참석했다면, 의사당은 물을 끼얹은 듯이 조용해지고, 감히 술라를 비난하거나 반론을 제기할 용기는 아무도 내지 못했을 것이다. 술라가 차가운 시선으로 노려보기만 해도, 그것은 그 사람의 이름이 '살생부'에 오르는 것을 의미했고, 정치 생명이 문제가 아니라 육체적인 생명까지 끊기는 것을 의미했기 때문이다.

만약 카이사르가 원로원 회의에 참석했다면, 유명한 '카이사르의 관용' 덕분에 무슨 말을 해도 '제거될' 염려는 없었으니까 의사당은 활기에 넘쳤겠지만, 감히 카이사르를 비난하거나 반론을 제기했다가는 재치있고 짤막하면서도 날카로운 카이사르의 경구를 뒤집어쓰고, 동료의원들이 터뜨린 폭소 속에서 어쩔 줄 모르고 서 있는 꼴을 각오해야 했다. 소(小)카토 같은 사람은 몇 번이나 그런 꼴을 당하고 입술을 깨물었는지 모른다.

아우구스투스는 이 두 사람과 같은 카리스마는 갖고 있지 않았다. 카리스마를 갖는 데에는 육체적 조건도 중요한 요소가 된다. 아우구스투스의 키는 170센티미터 정도였다니까, 로마 남자로서는 큰 편은 아니지만 작은 편도 아니다. 하지만 많은 사료를 보면 술라와 카이사르는 180센티미터가 훨씬 넘는 장신에 체구가 당당했다고 한다. 아우구스투스는 술라와 카이사르가 지극히 자연스럽게 주변 사람들에게 미치던 위압감은 주지 못했을 게 분명하다.

원로원 의사당에서 아우구스투스가 법안을 설명할 때의 일이다. 의원 하나가 거리낌없이 야유를 퍼부었다.

"무슨 소린지 전혀 모르겠군!"

말로 설득하는 데에는 자신이 없었던 아우구스투스에게는 뼈아픈 타격이었을 것이다. 그런데 무례한 짓은 그것으로 끝나지 않았다. 다른 의원들도 큰 소리로 빈정거렸다.

"발언만 허락해주면 당신에 대한 반론을 하나하나 전개해 보이겠소."

아우구스투스도 도저히 참을 수 없었다. 의사당 밖으로 뛰쳐나온 그의 뒤에서 누군가가 외쳤다.

"국정은 원로원 의원들끼리 토의해서 결정해야 해!"

밖에서 기분을 가라앉히기 전에, 아우구스투스도 돌멩이 하나쯤은 걷어찼을지 모른다.

그래도 처벌받은 사람은 물론, 좌천당한 사람도 없었다. 따라서 원로원 의사당에서 벌어진 자유로운 토론과 활발한 반론이 '제일인자'에 대한 예의를 뛰어넘는 일도 종종 있었다.

아내 리비아가 데려온 자식으로 어릴 적부터 아우구스투스의 집에서 자란 티베리우스는 나이가 젊은 탓도 있어서 이런 현실에 분개했을 것이다. 그 티베리우스에게 아우구스투스가 쓴 편지가 남아 있다.

"나의 티베리우스여, 젊은 너로서는 무리도 아니라고 생각하지만, 나를 나쁘게 말하는 사람이 있더라도 분개해서는 안 된다. 그들이 우리에게 칼을 들이대지 않는다는 것만으로도 만족해야 하지 않겠느냐."

자제력에서는 남달리 뛰어난 사람이었다고 말할 수밖에 없다.

핏줄에 대한 집착

이 아우구스투스가 기원전 23년 말에 처음으로 집안의 비극을 겪는다. 누나 옥타비아의 아들인 마르켈루스가 느닷없이 병에 걸려 죽은 것이다.

40세의 아우구스투스는 조카이자 사위이며 가장 유력한 후계자 후보였던 인물을 잃게 되었다. 그가 외동딸 율리아를 시집보내고 지도자로 성장하기를 기대했던 젊은이는 20세의 젊은 나이에 자식도 남기지 않고 세상을 떠나버렸다. 장례식에서 조사는 아우구스투스가 직접 읽었다. 이 마르켈루스가 영묘에 매장된 최초의 인물이 되었다.

그 영묘에서 발굴된 대리석판이 하나 있는데, 거기에는 마르켈루스의 이름과 함께 어머니인 옥타비아의 이름도 새겨져 있다. 석판 한 장에 모자의 이름이 나란히 새겨진 것은 아들을 잃은 어머니가 상심한 나머지 자신의 무덤도 함께 만들게 했기 때문일 것이다. 스무 살의 아들이 먼저 떠났다면, 어떤 어머니라도 죽고 싶은 심정일 것이다.

외삼촌이자 장인인 아우구스투스의 심정도 참담했음을 보여주는 증거는 10년 뒤에 완공된 극장 이름을 '마르켈루스 극장'(테아트룸 마르켈리)이라고 지은 것에도 나타나 있다. '폼페이우스 극장'에 이어 로마에서는 두 번째 석조 극장인 이 건물은 카이사르가 착공하고 아우구스투스가 완성한 공공 건축물 가운데 하나이므로, '사이프타 율리아'(투표소)나 '쿠리아 율리아'(원로원 의사당)나 '아콰 율리아'(상수도)와 마찬가지로 당연히 '테아트룸 율리아'(율리우스 극장)로 명명되어야 할 건물이었다. 그런데 건물에 착공자의 이름을 붙이는 로마의 전통을 어기면서까지 '마르켈루스 극장'으로 명명한 것이다.

아우구스투스가 카이사르와 달랐던 점은 핏줄을 이어가는 데 끝까지 집착했다는 것이다.

16세에 미망인이 된 율리아는 남편의 상을 벗자마자 재혼했다. 새 남편은 17세 때 카이사르의 배려로 아우구스투스와 짝을 이룬 뒤 줄곧 협력관계를 유지해온 아그리파였다. 아그리파는 아우구스투스와 동갑이니까, 마흔 살에 신랑이 된 셈이다. 아그리파는 이미 옥타비아의 딸

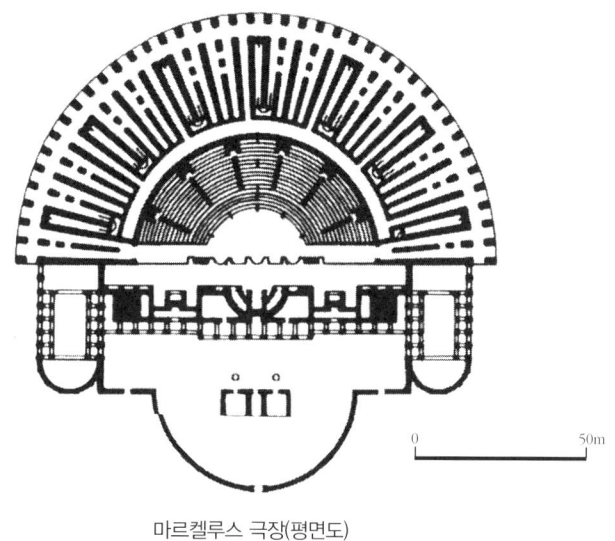
마르켈루스 극장(평면도)

인 마르켈라와 결혼하여 딸 하나를 낳았지만, 아우구스투스의 요구에 따라 마르켈라와 이혼하고 율리아와 재혼했다. 이혼당한 마르켈라를 위해서는 이집트에서 죽은 안토니우스의 아들을 새 남편감으로 준비했다.

아그리파와 율리아의 결혼은 핏줄을 잇는다는 면에서도 성공이었다. 2년 뒤에 맏아들이 태어났고, 다시 3년 뒤에는 둘째 아들이 태어났다. 아우구스투스는 마흔세 살에 할아버지가 되었다.

그러나 아우구스투스는 핏줄을 잇는 데 집착하면서도, 국익은 한순간도 잊지 않았다. 카이사르가 17세 때의 아우구스투스를 주목한 이유 중의 하나는 그의 확고한 책임감 때문이 아니었을까. 그것이 국정을 책임지게 된 이후 쉬지 않고 계속된 아우구스투스의 정치 생활을 지탱해준 활력의 원천이 아닐까. 수도를 덮친 식량 위기에 대해서도 아우구스투스는 신속하고 과감하게 대처했을 뿐 아니라, 장래까지 내다본 장기 대책을 수립하는 것도 잊지 않았다. 가정의 불행에 녹초가 된 사람은 사위의 시신을 태우는 불길과 함께 사라진 것 같았다.

'식량 안보'

국가로서 로마는 제1차 포에니 전쟁이 끝난 뒤부터 이미 200년 동안 식량의 자급자족 정책을 포기했다. 그 전쟁에서 로마는 시칠리아섬의 영유권을 카르타고한테서 양도받았는데, 시칠리아에서 재배되는 밀의 높은 생산성 앞에서 본국 이탈리아의 밀은 가격 경쟁력을 잃어버렸다. 그 후 이탈리아의 농업은 밀에서 올리브유나 포도주로 방향을 전환한다. 그 덕분에 포도주와 올리브유는 수출할 수 있을 정도의 질과 양을 획득했지만, 주식인 밀은 수입에 의존할 수밖에 없었다. 밀 확보는 총인구가 100만 명에 이르게 된 수도 로마만이 아니라 이탈리아 본국에서도 항상 중요한 과제가 되었다.

식량 확보는 공화정 시대에는 안찰관(아이딜리스)의 임무로 되어 있었다. 하지만 식량 부족 사태가 심각해지면, 젊은이가 맡는 관직인 '아이딜리스'로는 문제를 해결할 수 없게 된다. 그래서 권위와 신망이 있는 정계 거물이 임시로 임명되어 문제를 해결하는 것이 통례로 되어 있었다. 기원전 57년 당시 이 임무를 맡은 폼페이우스가 그 좋은 예다.

카이사르는 이 중요한 임무를 전담하는 자리를 두기로 규정을 바꾸었다. 종래에는 정원이 4명이던 안찰관을 6명으로 증원하고, 그 가운데 두 명에게 '식량 담당 안찰관'(아이딜리스 케레알리스)이라는 직함을 주어 식량 확보를 전담하게 했다. 이 두 사람의 임무는 밀 수입처를 확보하고 빈민에게 밀을 무상으로 배급하는 것이었다. 다만 '식량 담당 안찰관'도 다른 관직과 마찬가지로 임기가 1년이었기 때문에, 항구적인 대책을 수립하고 실행하는 데에는 문제가 있었다.

아우구스투스는 이 제도의 영구화를 생각한다. 하지만 무슨 일이든 단계적으로 시행하는 것이 그의 특징이다. 그래서 기원전 22년 당시에는 근본적인 해결에는 착수하지 않았다. 처음 얼마 동안은 공화정 시대처럼 해마다 두 명씩 선출되는 집정관의 활약을 조용히 지켜보고만 있었던 것 같다. 하지만 집정관은 공화정 시대의 집정관들이 누리던 권한에 충실하려면 국고에서 임시 비용을 지출해도 좋다는 결정을 내려달라고 원로원에 요구해야 한다. 그런 요구를 받은 원로원에서는 600명이나 되는 의원들 사이에 갑론을박이 벌어진다. 그러는 동안 공황 상태에 빠진 시민들 사이에서는 아우구스투스가 독재관에 취임하여 사태를 단번에 해결하도록 애써달라고 요구하는 목소리가 일어났다. 독재관은 위기관리체제이고, 따라서 원로원과 상의할 필요도 없이 독단으로 결정하고 실행에 옮길 수 있기 때문이다. 하지만 아우구스투스는 사양했다. 사실은 종신 독재관과도 어깨를 나란히 할 수 있는 대권을 이미 수중에 넣었기 때문이지만, 위장이 너무 교묘해서 대다수 사람은 그것을 알아차리지 못하고 있었다. 아우구스투스의 이 같은 사양은 공화주의자들을 안심시켰다.

그렇다고 해서 아우구스투스가 공황 상태를 방치한 것은 아니었다. 그는 자기 지갑을 털었다. 그는 자파 사람들을 해외까지 급파하여 밀을 대량으로 사들였다. 그가 『업적록』에 기록한 바에 따르면, "불과 며칠 사이에 수도 주민을 위기와 공포에서 구해주었다."

시민들이 감격한 것은 당연하지만, 감격하면서도 그들은 많은 사람이 토론을 거듭한 뒤에야 결단을 내리는 공화정 체제의 한계도 깨닫기 시작했다.

아우구스투스는 이런 분위기를 활용하지 않았다. 위기에서 벗어난 뒤에는 1년 임기인 '식량 담당 안찰관'에게 그 임무를 되돌려주었다. 여기에는 공화주의자들까지도 감탄했다. 어쨌든 '식량' 관리를 수중에 넣는 것은 군대를 수중에 넣는 것 못지않게 막강한 권력을 장악한 것을 의미했기 때문이다.

28년 뒤에 다시 닥쳐온 식량 위기 때는 아우구스투스도 더 이상 기다리지 않았다. 그는 식량청 장관으로 의역할 수 있는 관직을 신설한다. '식량청 장관'(프라이펙투스 안노나이)은 정치적 직위가 아니라 행정직이라는 것을 분명히 하기 위해, 원로원 계급이 아니라 '기사 계급'을 여기에 임명했다. 이 관직도 황제가 임명하는 행정 관료의 한 예가 된다. 따라서 임기도 길었는데, 이를 통해 드디어 로마도 식량안보체제를 확립할 수 있게 되었다.

이로써 '식량'조차도 황제의 권한이 되었다. 이리하여 원로원은 소유하고 있던 권한 하나를 또다시 내놓고 말았다.

'식량' 안보에 관해 이야기한 김에, 그것과 동시에 진행되지는 않았지만 수도 주민에게 공급하는 '물' 안보에 대해서도 언급해두고자 한다. 가도와 더불어 '사회간접자본'의 양대 지주인 상하수도에 관해서는 나중에 상세히 이야기할 작정이니까, 여기서는 문자 그대로 언급하는 정도에 그치고 싶다.

아우구스투스는 가도 건설과 마찬가지로 상하수도 건설도 아그리파에게 맡겨두었다. 최초의 판테온 건설자인 아그리파는 건축이나 가도나 수도 공사를 위해 기술자 조직을 만들어놓고 있었다. 그들은 모두 노예였다.

기원전 12년에 죽은 아그리파는 전 재산을 아우구스투스에게 남긴다. 노예도 재산에 포함된다. 그렇긴 하지만, 모두 '사회간접자본' 공사의 전문가들이다. 아우구스투스는 그들에게 자유를 주었을 뿐 아니라, 원로원 계급·기사 계급·평민·해방노예·노예로 나뉘어 있는 로마 사회에서 한 단계를 건너뛰어 기사 계급에 포함시켰다. 그러고는 그들을 중심으로 '공공사업청'을 신설했다.

그중에서도 중요한 것이 '수도국'이다. 제정 중기에는 수도 로마에 물을 공급하는 수도가 십여 개에 이르렀는데, 그 가운데 두 개를 아그리파가 완공했다. '물'을 확보하는 것이 그만큼 중요했기 때문이기도 하지만, 그가 만든 기술자 조직 중에서도 수도 공사 전문가가 특히 뛰어났는지도 모른다.

아우구스투스는 원로원 의원 중에서도 집정관 경험자가 이 '수도국장'(쿠라토레스 아콰룸) 자리에 취임하도록 요구했다. '식량'은 자신과 후계자가 관할하게 했지만, '물'은 원로원에 맡긴 셈이다. 사회간접자본 정비는 로마에서는 전통적으로 사회 고위층이 생각하고 실시해야 하는 일로 되어 있었다.

기원전 22년, 41세가 된 아우구스투스의 국정개혁은 여기서 4년쯤 중단된다. 아우구스투스가 더 이상의 개혁을 추진하기 전에 다른 문제부터 해결하려고 했기 때문이다. 그것은 로마 제국의 동반부 재편성과 그동안 미루어둔 파르티아 문제 해결이었다. 그리고 일반 대중은 수수한 국정 정비보다는 화려한 전과를 더 좋아한다. 또한 제국 동반부 재편성에 그가 직접 나설 만한 분위기도 무르익어 있었다.

동방 재편성

오늘날 터키의 수도인 앙카라를 중심으로 하는 소아시아 중앙부는 고대에는 갈라티아 지방이라고 불렸다. 로마가 공화정이었던 시대에는 동맹국, 로마인의 표현으로는 '로마 시민과 원로원의 친구'였다. 그런데 기원전 24년에 갈라티아 왕가의 혈통을 잇는 마지막 왕이 죽었다. 갈라티아 바로 동쪽에는 역시 로마의 동맹국인 카파도키아가 있다. 그리고 카파도키아 동쪽은 카스피해에 이르는 광대한 아르메니아 왕국이다. 아르메니아도 역시 로마의 동맹국이었다.

국가 로마는 시리아 속주와 이들 동맹국으로 가상 적국 제1호인 파르티아를 서쪽에서 반원형으로 둘러싸는 전략을 채택하고 있었다. 따라서 갈라티아가 파르티아와 국경을 맞대고 있지는 않았지만, 갈라티아의 행방은 로마의 방위 전략상 대단히 중요한 문제가 된다. 갈라티아가 로마의 통제를 벗어나면, 이 지역에서의 방위 전략은 붕괴되어버리기 때문이다.

갈라티아 왕이 죽었다는 소식이 전해졌을 당시, 아우구스투스는 에스파냐의 타라고나에 머물면서 서방을 재편성하는 작업에 한창 몰두하고 있었다. 그는 에스파냐를 제패하는 사업이 끝나자마자 아그리파를 재빨리 동방으로 보냈다. 그것도 실제로는 황제인 자신의 대리인이라는 지위를 주어서 파견했다. 말하자면 권위와 권력을 모두 갖춘 특명전권대사다. 아우구스투스의 참뜻은 이번 기회에 갈라티아를 로마의 직할 속주로 만드는 것이었다. 다만, 군사력은 사용하지 않고.

동방에 파견된 아그리파는 군단을 거느리고 있지 않았다. 또한 문제의 땅 갈라티아에는 직접 들어가지 않고, 소아시아 서해안 근처에 있는 레스보스섬에 머물면서 갈라티아를 평화적으로 속주화하려는 교섭을 시작했다.

아그리파가 전투에 서투른 아우구스투스를 대신하여 항상 전선에서 싸운 사람이라는 것은 로마에서는 어린애도 알고 있었다. 그런 아그리파가 군단을 거느리지 않았다. 게다가 행선지는 여류시인 사포의 시로 잘 알려져 있고 풍광이 아름답기로 이름난 에게해의 레스보스섬이다.

아우구스투스가 사위인 마르켈루스를 지나치게 중용하자, 오랜 동지인 아그리파도 화가 나서 결국 레스보스섬으로 은퇴해버렸다는 소문이

돌았다. 나도 전에는 그렇게 생각한 적이 있었지만, 지금은 자신있게 아니라고 말할 수 있다. 이 시기의 아그리파는 레스보스섬에만 틀어박혀 있지 않았다. 동방의 속주를 순행하는 것은 물론, 유대까지 출장을 다녔다. 아우구스투스가 직접 동방으로 갈 수 있게 될 때까지 동방 재편성의 기반을 마련한 것이 바로 아그리파였다. 동방 세계에 그의 이름으로 이루어진 사회간접자본의 수가 많은 것만 보아도, 그가 심술이 나서 레스보스섬에 틀어박힌 게 아니라는 사실을 알 수 있다.

그는 최고 권력자의 '대리인'이었기 때문에, '주인공'이 등장하기를 기다리며 대사업의 기반을 마련할 수도 있었을 것이다. 그 덕분에 아우구스투스는 그동안 서방 재편성을 끝내고 수도로 돌아가 '호민관 특권'을 인정받고, 황제에 이르는 길을 완벽하게 다질 수 있었다. 카이사르의 배려로 17세 때부터 그와 고락을 함께 해온 아그리파는 아우구스투스에게는 참으로 둘도 없는 친구이자 동지이며 협력자였다.

기대를 걸고 있던 마르켈루스가 죽었을 때, 아우구스투스가 외동딸 율리아의 재혼 상대로 점찍은 사람은 아그리파였다. 여기에는 자신의 피와 친구의 피가 섞이기를 바라는 따뜻한 마음도 작용했을지 모른다. 그리고 아우구스투스는 사위가 된 아그리파를 공동 통치자로 삼기까지 한다.

아그리파는 자리를 비운 아우구스투스를 대신하여 '내각'을 책임지고 관리하게 되었다. 아우구스투스가 '제일인자'와 집정관 두 명, 각 부서의 대표 한 명, 추첨으로 선발된 원로원 의원 20명으로 이루어진 내각에 '제일인자'의 공동 통치자도 추가시켰기 때문이다. 아우구스투스의 심중에는 자기한테 만약의 사태가 일어날 경우에는 제국을 아그리파에게 맡기려는 생각도 있었을 것이다. 두 사람은 동갑이지만, 체격이 건장하고 병을 모르는 아그리파의 건강이 훨씬 믿을 만했다.

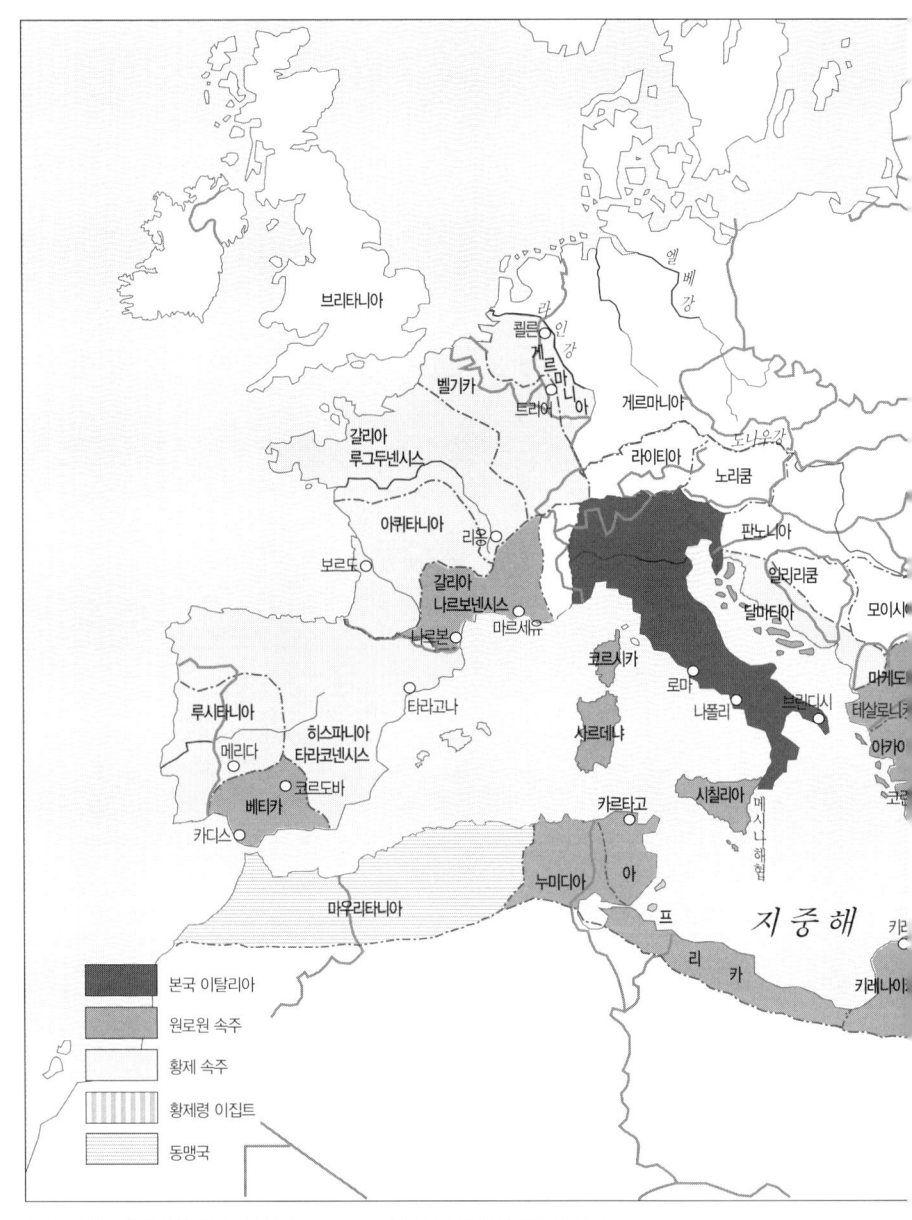

국가 로마 전도(기원전 24년 당시). ——은 오늘날의 국경을 나타냄.

이 아그리파가 기반을 마련해주었기 때문에, 기원전 22년에 동방을 재편성하기 위해 수도를 떠난 아우구스투스는 길을 서두를 필요가 없었다. 여행은 느긋하게 시작되었다. 최초의 행선지는 시칠리아섬이다. 시칠리아에 사는 그리스계 주민들은 '제일인자'이자 카이사르의 아들인 아우구스투스의 방문에 큰 기대를 걸고 환영했다.

루비콘강 이북의 북이탈리아 속주에 사는 모든 주민에게 '로마 시민권'을 준 것으로 유명한 카이사르는 시칠리아에 사는 모든 자유민에게는 '라틴 시민권'을 주었다. 라틴 시민권은 국정참여권, 즉 투표권만은 인정되지 않지만, 그밖의 모든 권리에서는 로마 시민권과 동격이다. 따라서 라틴 시민권은 로마 시민권 취득의 예비과정으로 여겨지고 있었다. 카이사르는 남프랑스 속주 주민한테도 이 라틴 시민권을 주었다.

그런데 북이탈리아 속주민에게 주어진 '로마 시민권'은 기원전 49년에 이미 정책화되어 있었다. 반면에 시칠리아와 남프랑스 속주에 '라틴 시민권'을 주기로 카이사르가 결정한 시기는 기원전 44년이었다. 이 결정이 내려진 지 불과 석 달 뒤에 카이사르가 암살되었다. 그리고 암살 직후부터 시작된 내전이 수습된 것은 기원전 30년에 이르러서였다.

시칠리아와 남프랑스 속주에 라틴 시민권을 주는 문제는 그동안 줄곧 방치된 상태였다. 아우구스투스는 정식으로 정책화되지 않았으니까 백지로 돌아간 거라고 주장했다. 그는 남프랑스와 마찬가지로 시칠리아에도 라틴 시민권조차 주지 않을 작정이었다.

시칠리아 사람들도 남프랑스에 머물러 있던 아우구스투스가 그곳 주민들에게 '라틴 시민권'조차 인정하지 않고 계속 속주로 남겨둔 것을 알고 있었다. 하지만 '갈리아 나르보넨시스'와 '시칠리아'는 로마의 속주로 편입된 역사가 달랐다. 그 역사는 시칠리아가 훨씬 길다. 게다가 시칠리아는 최단거리가 3킬로미터인 메시나해협을 사이에 두고 본국 이탈리아와 인접해 있다. 지정학적으로도 본국과 동등한 대우를 받아도 이상하지 않았다. 또한 시칠리아는 로마의 곡창이기도 했다.

하지만 아우구스투스의 관점에서 보면, 시칠리아는 타국이었다. 통용되는 언어도 그리스어다. 완성된 언어가 없는 갈리아인이나 에스파냐인 사이에서는 라틴어가 쉽게 침투했지만, 완성된 언어인 그리스어를 사용하는 사람들은 로마의 속주가 된 뒤에도 로마의 이중 언어 정책에 따라 그 언어를 계속 사용하고 있었다. 라틴어의 직계인 이탈리아어로 통일된 오늘날에도 그리스어가 많이 섞인 시칠리아 사투리를 들을 때마다 쓴웃음이 나온다. 고대 시칠리아에서 국어는 그리스어였고, 제1외국어가 라틴어였다.

시민권에 대한 아우구스투스의 사고방식도 시칠리아인에게는 불리했다.

로마 시민권에 대한 카이사르와 아우구스투스의 사고방식을 정리해 보면 다음과 같다.

• 카이사르

(1) 타민족 출신이라도 합당한 공적을 세운 사람에게는 로마 시민권을 부여한다. 카이사르는 충성을 다한 병사에게는 갈리아인이든 게르만인이든 상관하지 않고 로마 시민권을 주었다.

(2) 로마 제국의 장래를 위해 로마 시민권을 주는 편이 상책이라고 여겨지는 사람에게는 로마 시민권을 준다. 피지배민족이라도 부족의 유력자나 발보처럼 재능있는 속주민에게 시민권을 부여하는 데 카이사르는 대단히 개방적이고 적극적이었다.

• 아우구스투스

(1)의 경우에는 아우구스투스도 카이사르의 방식을 답습했다. 군제 개혁에 관해서는 나중에 이야기하겠지만, 거기서 그는 속주민 지원병이라도 만기에 제대하는 자에게는 로마 시민권을 주었기 때문이다.

하지만 (2)의 경우에는 신중하다기보다 소극적인 태도로 일관했다.

그 이유 가운데 하나는 원로원의 반발을 사지 않으려는 데 있었을 것이다. 하지만 두 번째 이유는 로마 본국인의 충실과 진흥을 우선해야 한다는 것이 아우구스투스 자신의 신념이었기 때문이다.

　이 점에서도 '아버지'와 '아들'은 달랐다. 학자들은 카이사르가 혁신적이고 아우구스투스는 보수적이었다고 평가한다. 그래도 이 시민권 문제에서는 아우구스투스의 방침을 더 높이 평가하는 학자가 많다. 하지만 로마사 연구가 전통적으로 활발한 곳은 일찍이 제국주의의 역사를 가진 오늘날의 선진국들이다. 개발도상국 출신 연구자라면 어떤 평가를 내릴까. 어쨌든 이 과거의 제국주의 국가들은 '타민족 출신이라도 합당한 공적을 세운 사람'한테 자기 나라 국적을 주지는 않았기 때문이다.

　아무튼 시칠리아는 계속 속주 상태로 남아 있었다. 그러나 아우구스투스는 로마의 곡창이기도 한 시칠리아의 생산성을 향상시키기 위해 그때까지 아무도 보여주지 않았던 열의를 보인다. 그대로 남겨두는 편이 상책인 것은 남겨두는 사고방식을 보수주의라고 한다면, 그의 방식은 보수적이고 따라서 로마인의 전통적인 방식이었다.

　로마와 마찬가지로 역사가 700년이나 된 그리스 이민의 정착지 시칠리아에는 이미 시라쿠사·카타니아·메시나·팔레르모·트라파니·마르살라·아그리젠토 등 7개 주요 도시가 존재하고 있었다. 이 도시들이 모두 항구도시인 까닭은 해운과 통상의 민족인 그리스인이나 카르타고인이 건설했기 때문이다. 아우구스투스는 우선 이 7개 도시를 충실하게 하려고 애쓴다. 7개 도시를 잇는 도로망은 섬을 일주하는 해안도로와 내륙을 횡단하고 종단하는 도로로 이루어져 있었다. 내륙 도로를 건설한 것은 그리스인이 거의 관심을 갖지 않은 내륙지방을 진흥시키기 위해서였다.

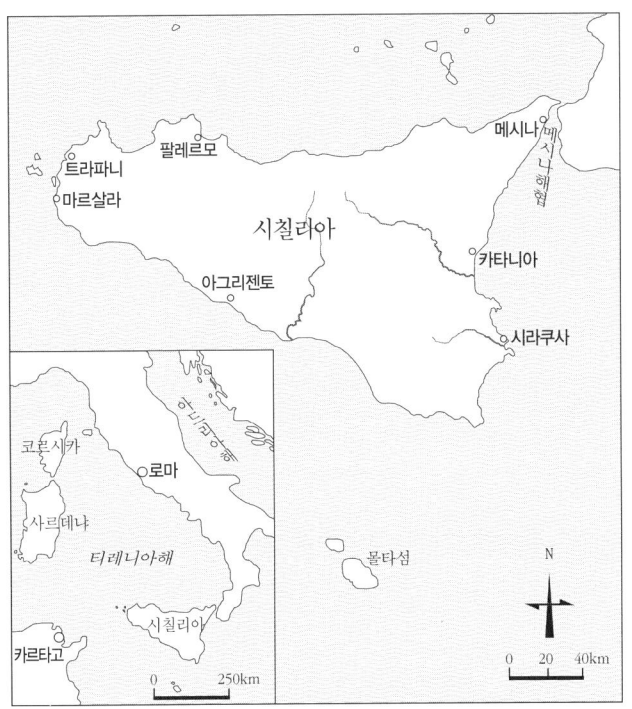

시칠리아 속주

　또한 카이사르가 생전에 이미 계획해둔 것을 이어받았을 뿐이긴 하지만, 이 7개 주요 도시 이외에 전략 요충마다 제대 군인을 이주시킨 식민도시를 7개 건설했다. 식민도시는 어디에 건설하든 그 지방의 방위와 경제진흥의 '핵'이 될 것을 생각하고 건설한다. 물론 이런 '핵'들도 도로망에 편입되었다.

　이리하여 내륙지방에서 산출되는 농산물도 항구까지 효율적으로 운송할 수 있는 체제가 확립되었다. 식량 위기는 생산량이 줄어들었기 때문이라기보다, 산지에는 식량이 있는데 운송이 순조롭지 않아서 일어나는 경우가 많다. 유통체제가 효율적으로 기능을 발휘하게 되면, 농업 종사자의 수익은 많아지고, 주식을 수입에 의존하고 있는 본국 이탈리아의 주민들도 안심할 수 있다. 시칠리아에 머무는 동안 아우구스투스는 사르데냐 섬과 코르시카 섬의 도로망도 계획했고, 이 두 섬에서도 시칠리아와 마찬가지로 당장에 공사가 시작되었다.

다만 시칠리아는 사르데냐 섬이나 코르시카 섬보다 아우구스투스의 속주 통치 정책의 혜택을 많이 받게 된다. 어쨌든 시칠리아는 아프리카와 가깝다. 그리고 카이사르가 재건 계획을 세우고 아우구스투스가 완성한 카르타고가 뱃길로 불과 하루 거리에 있다. 재건된 카르타고에는 다시 북아프리카의 물산이 집중되기 시작했다.

시칠리아인도 그리스계다. 그리스 민족의 상재(商才)는 유명하다. 시칠리아는 농업지대인 동시에 물산의 중계기지로도 부흥하게 되었다.

포에니 전쟁 당시의 로마인들은 신선함을 잃지 않고 뱃길로 사흘 만에 로마에 도착하는 카르타고의 무화과에 위협을 느꼈다. 하지만 그 시대부터 150년이 지난 이 무렵, 아우구스투스가 확립한 '팍스 로마나'는 과거의 위협을 생활의 충실함으로 바꾸어놓았다. 시칠리아는 지중해 한복판에 자리 잡았기 때문에 강대국 사이의 싸움판이 되기 쉽다는 단점이 있었지만, 이 같은 단점이 '팍스 로마나'의 확립으로 오히려 장점으로 바뀌었다.

아우구스투스의 속주 통치체제 확립은 시칠리아 사회를 안정시키는 데에도 도움이 되었다.

'원로원 속주'가 된 시칠리아를 통치하는 것은 총독으로 부임한 원로원 의원이다. 하지만 아우구스투스가 개혁한 속주 통치체제는 총독에게 징세권을 인정하지 않는다. 가장 공정해야 하는 징세업무는 아우구스투스가 직접 임명하는 '재무관'(프로쿠라토르)이 맡는다. 아무리 속주 총독이라 해도, 통치권을 휘둘러 세금을 마구 거두어들일 수는 없게 되었다. 공화정 시대에 키케로의 고발을 받아 재판에 회부된 시칠리아 총독 베레스 같은 존재는 모습을 감추었다(이 고발 사건 덕분에 키케로는 일약 유명인사가 되었다).

속주로 남은 시칠리아 주민들은 수입의 10분의 1인 속주세를 내야 했다. 하지만 수입이 많아지면 세금을 내고도 남는 액수가 많아진다. 이 시칠리아 속주만이 아니라 사르데냐와 코르시카에도 군대는 1개 군단도 주둔하지 않았다. 주둔시킬 필요도 없을 만큼 사회가 안정되어 있었기 때문이다.

이듬해인 기원전 21년, 아우구스투스의 순행지는 그리스로 옮겨가 있었다.

그리스는 카이사르와 폼페이우스의 대결, 안토니우스와 옥타비아누스의 연합군과 브루투스 및 카시우스의 대결, 그리고 클레오파트라와 안토니우스의 연합군과 옥타비아누스의 대결 등 로마의 내전 중에 일어난 모든 주요 전투의 무대가 되는 불행한 20년을 경험했다.

쇠퇴기에 접어든 지 오래인 그리스에는 이것이 마지막 일격이 된 것 같았다. 경작지는 황폐해지고, 유사시에는 양떼를 몰고 쉽게 피난할 수 있는 목축업만 살아남을 거라고 그리스인들조차도 체념하고 있었다. 당연한 결과지만, 인구 유출이 늘어나 인구가 줄어들었다. 그것도 인구 유출이라기보다는 두뇌 유출이라고 말하는 편이 적절했다. 그리스인이 어디서나 살아갈 수 있는 능력을 갖춘 것도 하나의 원인이었다.

우선 그리스어 자체가 지중해 세계의 국제어가 되어 있었다. 게다가 로마인들이 교양과목으로 생각한 철학·논리학·수사학·역사·수학·지리·천문학은 원래 그리스의 '학문'이다. 카이사르가 이런 학문을 가르치는 교사에게는 민족에 관계없이 로마 시민권을 주기로 결정했기 때문에, 그 특전을 활용하는 사람이 늘어났다. 직장을 얻고 로마 시민이 될 수 있다면, 속주세라는 이름의 직접세를 내지 않아도 되기 때문이다. 로마까지 가지 않아도 가까운 로도스섬에서 강좌를 열면, 로마에서 유학생들이 몰려드는 형편이었다.

건축과 조형미술은 그리스인의 독무대라고 해도 좋았다. 수요는 로마인, 공급은 그리스인이라는 분업 형태가 가장 훌륭한 결실을 맺은 것은 바로 이 분야였다.

의학도 고대에는 그리스인의 전문직이라고 해도 좋은 분야에 속한다. 로마에서 병원을 개업하거나 로마 시민으로 이루어진 식민도시나 로마군 기지의 병원에 근무하면, 역시 카이사르 덕분에 로마 시민권을 취득하여 속주세를 면제받을 수 있었다.

장사하는 재능이 뛰어날 경우, 지중해 세계의 항구도시들은 모두 그들이 활약할 무대를 제공한다. 그리스인은 선원으로도 우수했기 때문에, 지중해만이 아니라 홍해와 인도양까지 진출해 있었다. 이 무렵 몬순 현상을 발견한 것도 그리스 선원이었다. 오늘날의 영국인과 마찬가지로, 고대 그리스인은 고국을 떠나도 생계수단이 없어서 어려움을 겪을 염려는 없는 사람들이었다.

하지만 이런 상황을 방치해두면 그리스 본국이 텅 비어버리는 사태를 피할 수 없다. 그렇게 되는 것은 그리스 문화를 존중하는 로마의 지도층에게는 참을 수 없는 일이었을 것이다. 그리고 로마의 방위 전략으로 보아도, 그리스가 풍요로워지고 인구도 늘어나고 우수한 인재가 활약할 수 있는 곳으로 돌아가는 편이 바람직했다. 북부 그리스야말로 도나우강을 방어선으로 만들고 싶은 로마가 신뢰할 수 있는 후방기지였기 때문이다.

카이사르는 그리스를 마케도니아 속주와 아카이아 속주로 나누었다. 아우구스투스는 이 두 속주를 '원로원 속주'로 분류했기 때문에, 그리스에 대한 통치권은 본래 원로원이 갖고 있다. 따라서 법적으로는 아우구스투스가 나설 자리가 아니겠지만, 권력을 장악하는 그의 방식이 워낙

그리스 속주

교묘했기 때문에, 속주 통치권은 원로원이 갖고 있더라도 통치의 기본 방침을 정하는 속주 재편성은 당연히 아우구스투스가 할 일이라는 느낌을 주었다.

그런데 아우구스투스는 그리스에 있으면서도 총독이 주재하는 아카이아 속주의 수도 코린트나 마케도니아 속주의 수도 테살로니키에는 발을 들여놓지 않았다. 그가 그리스에 있는 동안 머문 곳은 처음부터 끝까지 아테네였던 모양이다. 카이사르와 달리 아우구스투스는 선뜻 말을 몰고 자기 눈으로 직접 확인하러 가는 타입이 아니었다. 코린트를 방문했다면 코린트 지협을 뚫어 이오니아해와 에게해를 연결할 필요성을 틀림없이 인정했을 텐데, 자기 눈으로 직접 확인하지 않았기 때문인지 그 계획에는 전혀 흥미를 보이지 않았다. 코린트 운하도 원래 계획은 카이사르가 세웠지만 19세기 말에야 실현된 토목공사의 한 예다.

아테네에 머물고 있던 아우구스투스가 학자들을 초빙하여 교양을 높일 기회를 가졌다는 증거 자료는 없다. 18세에 벌써 정치투쟁의 소용돌이에 말려들었으니 교양을 쌓을 시간 여유도 없었겠지만, 42세가 되었어도 그에게는 해야 할 일이 산더미처럼 쌓여 있었을 것이다. 아우구스투스의 그리스 재건 구상은 자치도시와 식민도시, 그리고 그 도시들을 잇는 도로망 건설로 이루어져 있었다.

자치도시란 도시국가로서 완전한 자치를 인정받고, 독자적인 화폐 주조권도 가지며, 당연한 일이지만 속주세도 면제되는 도시를 가리킨다. 그리스에서는 아테네와 스파르타, 그리고 아우구스투스가 건설한 니코폴리스를 포함하여 열 개가 채 안 되는 자치도시가 특별지구로 존재했다. 아테네와 스파르타에 이런 특전이 인정된 것은 이 두 도시국가의 역사를 로마의 역대 통치자들이 존중했기 때문이다.

식민도시란 로마 군단에서 만기 제대한 퇴역병들이 이주하여 정착한 곳으로, 주민은 로마 시민이니까 속주세를 낼 의무도 없다.

그리고 오늘날의 고속도로로 생각할 수 있는 로마식 가도는 그때까지는 이그나티아 가도 하나뿐이었지만, 이것이 이들 자치도시와 식민도시를 잇는 도로망으로 차츰 발전해간다.

아우구스투스가 경제 부흥이야말로 그리스 재건의 열쇠라고 믿었다는 증거는 아테네 북부에 기둥으로 둘러싸인 넓은 시장을 지어서 아테네 시민에게 기증한 것에도 나타나 있다. 이에 대해 아테네시는 로마와 아우구스투스에게 바치는 신전을 아크로폴리스에 세우고, 아우구스투스와 아그리파의 조각상을 만들어 그 신전 안에 세우는 것으로 보답했다.

'무역 센터'를 기증하는 로마인과 그 답례로 신전과 조각상을 바치는 그리스인. 지중해 문명의 주인공인 이 두 민족의 성향 차이가 여기에 뚜렷이 드러나 있는 것 같아서 흥미롭다.

　두 사람의 조각상이 나란히 안치된 것으로 미루어보아, 아우구스투스와 아그리파는 기원전 21년에 아테네에서 합류하여 오리엔트 대책의 인수인계를 끝낸 게 아닌가 싶다. 아그리파는 그리스에서 동쪽으로 가는 아우구스투스와 동행하는 대신, 인수인계를 끝내자마자 수도 로마로 돌아갔다. 그 후 아우구스투스의 동방 순행에는 그리스까지 동행한 젊은 티베리우스가 따라가게 된다. 건강에 자신이 없는 아우구스투스의 유일한 건강법은 무리를 하지 않는 것, 즉 남에게 맡길 수 있을 때는 맡기는 것이었기 때문이다.

　아테네는 여름에는 덥고 겨울에는 춥다. 아우구스투스는 그해 겨울을 기후가 온난한 사모스섬에서 보낸다. 사모스섬은 소아시아 서해안 가까이에 있는 섬이라서, 기원전 20년 초부터 오리엔트 대책에 착수하기에도 그리스 본토에 있는 것보다 편리했다.

　고대에 '아시아'라고 불렸던 오늘날의 소아시아는 비행기에서 내려다보면 황량한 산지만 줄곧 이어져 있어서, 이 지방이 뺏고 빼앗기는 역사를 가졌다는 것 자체가 이상하게 여겨진다. 하지만 자동차로 여행해보면, 넓은 평야는 없지만 경작지가 산재했고, 물도 풍부하고, 산악지대 이외에는 기후도 온난하여 꽤 생산력이 풍부한 지방이었다는 것을 납득할 수 있다. 특히 그리스인들이 개발한 해안지역인 흑해 연안과 에게해에 면한 이오니아 지방, 그리고 시리아와 이집트를 향해 펼쳐진 소아시아 남부의 경제력은 시리아나 이집트에 못지않은 수준이었다.

　기원전 5세기의 페르시아 전쟁부터 시작하여 200년 뒤에 알렉산드

소아시아(굵은 글씨는 로마의 속주)

로스 대왕의 원정으로 결말이 난 역사가 반영하듯, 민족 구성부터 복잡하기 이를 데 없다. 농업에 종사하는 원주민인 아시아계, 오래전에 이주하여 상공업에만 전념하는 그리스인, 역시 이주 민족인 페르시아계도 건재한데다, 용병으로 왔다가 그대로 눌러앉은 켈트계 주민도 있고, 소아시아 동부 일대에는 아르메니아와 파르티아계 주민들까지 자리 잡고 사는 형편이다. 다인종·다민족·다종교·다문화로 이루어진 로마 제국의 축소판 같은 지방이었다. 이 복잡하고 잠재력이 풍부한 지방을 어떻게 통치하느냐는 로마인들에게 항상 중요한 문제였다. 더구나 소아시아는 전략적인 중요성도 갖고 있었다. 스키피오 아프리카누스, 술라, 루쿨루스, 폼페이우스, 카이사르 등 로마가 낳은 뛰어난 장수들이 모두 이 소아시아로 군대를 출동시킨 사실이 그것을 실증하고 있다.

그런데도 공화정 시대 로마의 소아시아 정책은 동맹관계를 축으로 삼고 있었다. 기원전 2세기에 페르가몬 왕이 죽으면서 나라를 로마에 맡기자 그것을 속주화했을 뿐, 소아시아의 각 왕국과 동맹관계를 맺는 것으로 일관했다. 다시 말해서 로마는 군사력이 우세하면서도 그것을 이용하여 소아시아 전역을 속주화하는 것을 되도록 피해왔다.

로마의 동맹국인 각 왕국은 군주제를 시행하고 있다. 군주정이 오리엔트인의 기질과 결부되면, 왕위 계승을 둘러싼 내분으로 이어지기 쉽다. 로마인의 내분은 로마인들 사이에서 결말이 나는데, 오리엔트 국가에서는 각 왕국의 왕가들이 혼인으로 긴밀하게 연결되어 있기 때문인지, 다른 나라의 개입을 불러일으켜 싸움이 확대되는 경우가 많았다. 이래서는 로마의 패권 밑에서 소아시아를 안정시키는 것이 목표였던 로마의 소아시아 정책도 바뀌지 않을 수 없다. 폼페이우스가 앞장섰고 카이사르가 확립한 소아시아의 로마 직할 속주는 3개—아시아·비티니아·킬리키아—로 늘어나 있었다.

이런 상태를 물려받은 아우구스투스는 3개 속주와 국경을 맞대고 있는 갈라티아 왕국의 왕이 죽었다는 소식을 받았다. 왕위 후계자도 남기지 않고 죽었다. 내버려두면 가까이에 있는 강대국 아르메니아나 파르티아의 개입을 초래할 것이다.

아우구스투스는 갈라티아를 직할 속주로 만들기로 결정했지만, 이웃 나라들을 자극하지 않기 위해서라도 군단을 이용하지 않고 그 일을 끝내고 싶었다.

특명 전권대사에다 아우구스투스의 '대리인' 자격까지 얻어 실제 교섭에 나선 아그리파는 다음 네 가지 조건을 약속하여 갈라티아 유력자들과의 교섭을 성사시켰다.

(1) 부채 상환 기간의 연기. 채무자는 갈라티아인, 채권자는 로마인인 경우가 대부분이었으니까, 이것은 아우구스투스의 권한으로 로마의 금융업자를 압박했기 때문에 가능한 일이었을 것이다.

(2) 속주세의 공정 과세. 속주세는 수입의 10분의 1이었지만, 그때까지 왕에게 내던 세금보다 적었으니까, 공정한 과세란 세율이 10분의 1을 넘지 않게 한다는 의미인 게 분명하다.

(3) 속주 총독의 통치 지역을 명확하게 한다.

로마의 속주가 된 지방에는 통상을 주로 하는 그리스계 도시가 많다. 로마인들은 공화정 시대부터 이런 도시를 '자유도시'라고 부르며 자치를 인정했다. 아우구스투스도 이것을 답습한다. 자유를 존중했다기보다 그 지방 일대에서 이루어지는 경제활동의 '핵'으로 인정한 것이다. 주민이 로마에 대해 반란을 일으키지 않는 한 이들 '자유도시'에는 로마군이 들어가지 않고, 총독의 통치권도 미치지 않는다. 자치를 인정받았기 때문에 세율도 자유롭게 결정할 권리가 있겠지만, 실제로는 10퍼센트의 속주세율을 넘어서는 일이 없었기 때문에 세제의 통일성은 유지할 수 있었다. 주변 지역에 부과되는 세율보다 높은 세금을 부과하면, 자유도시라 해도 주민의 유출을 막을 수 없었기 때문이다.

(4) 군단을 상주시키지 않는 대신, 제대 군인을 이주시켜 식민도시를 건설한다.

소아시아의 나머지 두 속주—아시아·비티니아—는 '원로원 속주'라서 군단이 주둔하지 않는다. 하지만 이제 막 속주가 된 갈라티아는 아우구스투스의 직할인 '황제 속주'가 된다. 군단을 상주시키는 것이 당연하지만, 아우구스투스는 시리아에 정규 군단을 두는 것으로 충분하다고 생각했다. 라인강 연안에 군단을 상주시키기 때문에 다른 지역에는 군대를 두지 않는 '황제 속주' 갈리아의 경우와 마찬가지다.

게다가 로마 시민이 이주할 '식민도시'도 그리스계 원주민과 이해관계가 충돌하지 않는 지방을 골라서 건설되었다. 모두 갈라티아 내륙지방에 건설된 식민도시는 6개. 퇴역병들이 정착할 토지도 몰수한 것이 아니라 아우구스투스가 자기 돈으로 사들였다. 식민도시가 내륙지방에 집중되어 있는 것은 그리스인이 통상에 재능이 있는 반면 농업과 목축업을 잘하는 로마인의 자질까지 고려한 선택이었다.

경제 부흥도 균형이 이루어져야만 영속화를 기대할 수 있다. 그리스인과 달리 로마인은 내륙지방을 부흥시키는 데에도 열심이었다. 갈라티아 속주의 수도도 앙카라로 결정했다. 이제 더 이상 말할 필요도 없는 일이지만, 이런 '핵'을 연결하는 가도와 다리로 이루어진 로마식 '사회간접자본'의 네트워크가 형성되어갔다. 이리하여 소아시아 중앙부의 갈라티아는 평화적으로 로마의 속주에 편입되었다.

레스보스섬을 근거지로 삼은 아그리파의 활동 범위도 넓었지만, 사모스섬을 근거지로 한 아우구스투스도 광범위하게 순행을 다녔다. 사모스섬에는 겨울에만 돌아와서 지냈던 것 같다. 둘 다 40대 초반의 한창 나이다. 게다가 제국의 기반을 굳히는 과제는 이 두 사람의 어깨에 달려 있었다.

오늘날로 치면 터키 남동부의 일부에다 시리아와 레바논을 합해야만 겨우 로마 시대의 시리아 속주가 된다. 이렇게 땅이 넓은 만큼 민족 구성도 복잡해서, 그리스계와 페니키아계와 셈족으로 나뉘어 있다. 알렉산드로스 대왕의 부하 가운데 하나가 창건한 셀레우코스 왕조는 내분으로 자멸했고, 폼페이우스가 이 시리아를 로마의 속주로 삼았다.

이 속주는 대국 파르티아와 국경을 맞대고 있었다. 따라서 군단을 상주시킬 필요성 때문에 아우구스투스는 시리아를 '황제 속주'로 삼고, 평시에도 4개 군단을 주둔시키기로 했다.

시리아 속주의 수도는 셀레우코스 왕조 시대부터 수도였던 안티오키아였다. 이곳을 방문한 아우구스투스는 이미 이곳의 중요성을 알고 있던 카이사르가 정비해둔 극장과 수도, 목욕탕, 회당 등으로 가득 메워진 도시를 보고, 자기가 할 일은 그런 건축물들이 온전한 상태로 유지

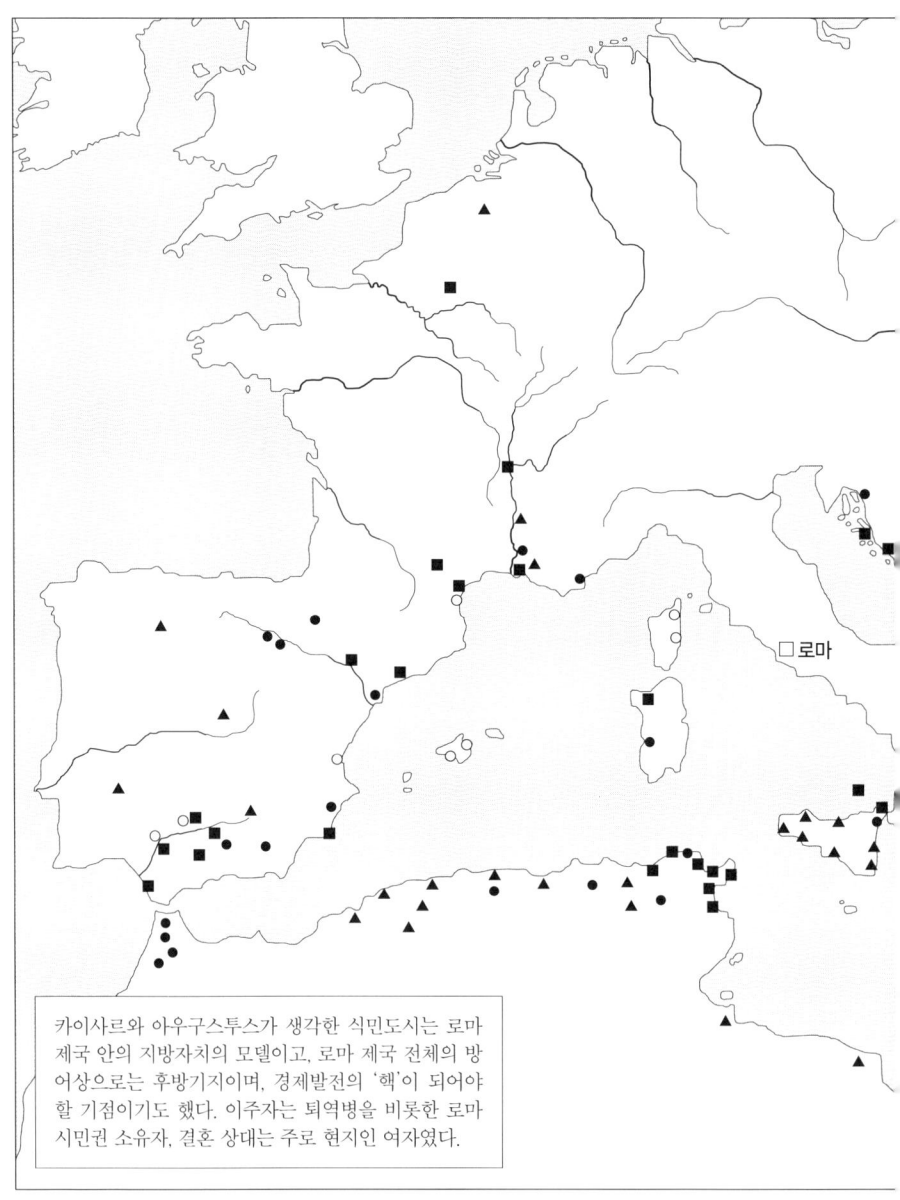

카이사르와 아우구스투스가 생각한 식민도시는 로마 제국 안의 지방자치의 모델이고, 로마 제국 전체의 방어상으로는 후방기지이며, 경제발전의 '핵'이 되어야 할 기점이기도 했다. 이주자는 퇴역병을 비롯한 로마 시민권 소유자, 결혼 상대는 주로 현지인 여자였다.

카이사르와 그 뒤를 이은 아우구스투스의 식민정책

되도록 도와주는 것뿐이라고 생각했다. 그 대신, 아우구스투스에게는 카이사르가 미처 손을 대지 못한 다른 요지를 정비하는 일이 기다리고 있었다.

시리아 속주의 진정한 특징은, 국경을 맞대고 있는 파르티아 왕국이 강력한 적인 동시에 중요한 교역 상대국이기도 하다는 점이었다. 따라서 적이라 해도 국경에 방벽을 쌓아 관계를 끊어버릴 수는 없다. 그런 짓을 하면 시리아 속주의 경제가 숨통이 막혀버린다. 그렇기 때문에 군단 주둔지를 정비하고 사막의 오아시스에서 비롯된 각 도시를 진흥하는 문제까지도 고려할 필요가 있었다. 이 도시들의 안전이 보장되지 않으면 대상(隊商)들은 다른 길로 가버릴 것이기 때문이다.

아우구스투스는 헬리오폴리스(오늘날 레바논의 발베크)에 군단기지를 건설하고, 병사들이 변경에서도 쾌적한 일상생활을 할 수 있도록 많은 공공시설을 갖추도록 명령했다. 이리하여 레바논의 산악지방에도 로마의 문명이 침투하게 되지만, 로마인은 주민들의 마음속까지 간섭하지는 않았다. 주민들은 전과 마찬가지로 바알 신을 믿는다. 그리스식 이름인 헬리오폴리스가 나중에 발베크로 바뀌는 것도 바알 신앙이 계속 이어지고 있었다는 증거다.

대상로를 고려하여 그 연변에 있는 도시들을 진흥시키는 정책이 추진되었는데, 아우구스투스 시대에는 먼저 다마스쿠스와 팔미라에 진흥책이 집중되었다. 이 부근의 사막지대에는 다섯 개나 되는 작은 왕국이 산재해서 로마는 이 왕국들과 동맹관계를 맺고 있었다. 로마는 시리아 속주와 파르티아 왕국 사이에 끼어 있는 이 작은 동맹국들을 파르티아와 시리아 속주의 완충지대로 생각하고 있었다. 그 '완충지대'를 다잡고 있는 '핵'으로서, 또한 교역로가 충분히 기능을 발휘할 수 있도록 하기 위해서도 다마스쿠스와 팔미라는 가장 적합한 위치에 자리 잡고 있

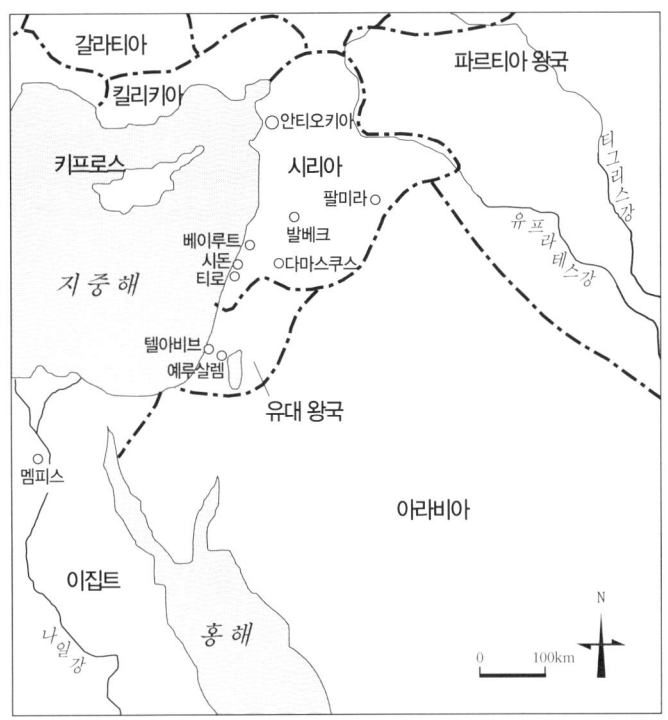

시리아 및 그 주변도

었다.

 안티오키아와 팔미라 사이, 팔미라와 다마스쿠스 사이, 다마스쿠스와 베리투스(오늘날 레바논의 수도 베이루트) 사이, 베이루트와 안티오키아 사이, 발베크와 다마스쿠스 사이를 잇는 도로망이 정비된 것은 말할 나위도 없다.

 그러나 아우구스투스의 정책은 그때까지의 로마 정책을 답습하고 그것을 바탕으로 경제를 더욱 진흥시키는 것만은 아니었다. 베이루트에서 남쪽으로 50킬로미터 떨어진 지중해 연안에 페니키아 시대부터 존재한 고대 도시 시돈과 티로가 있다. 시리아와 팔레스타인 일대를 로마의 패권 밑으로 흡수한 최초의 인물인 폼페이우스도, 그 후 패권을 확

제1장 통치 전기 139

립한 카이사르도 이 두 도시를 '자유도시'로 지정하고, 자치를 인정해왔다. 하지만 카이사르가 암살된 뒤의 혼란기에 이 두 도시에는 로마에 반대하는 기운이 일어나, 거기에 머물고 있던 로마 상인들을 죽이는 사건이 일어났다. 아우구스투스는 이 두 도시에서 '자유도시'의 자격을 박탈하고, 시리아 속주에 속하는 일개 도시로 격을 낮추었다. 아우구스투스와 그 후의 로마 제국은 로마에 반대하지만 않으면 모든 점에서 자유를 인정한다는 것을 통치의 기본방침으로 삼았다.

유대 문제

시리아 속주 남쪽에는 유대 왕국이 자리 잡고 있다. 오늘날에는 국경을 간단히 통과하는 게 꿈이 되었지만, 고대의 베리투스(오늘날의 베이루트)와 고대의 요파(오늘날의 텔아비브)는 200킬로미터밖에 떨어져 있지 않다. 베이루트 시내에 '텔아비브, 200킬로미터'라는 도로표지판이 있는 편이 자연스럽다. 하지만 고대에도 눈에 보이지 않는 경계선은 존재했다.

시리아 속주는 헬레니즘 세계에 속하지만, 유대 왕국은 유대 세계다. 다신교 사회와 일신교 사회의 차이다. 바꿔 말하면, 수도 로마에도 유대인을 위한 예배당이 있으니까 유대 지방에도 다신교 민족을 위한 신전이 있어도 좋지 않으냐고 생각하는 로마인과, 로마에 유대인을 위한 예배당이 있든 없든 관계없이 유대 왕국에 다른 신들을 모시는 신전이 있어서는 안 된다고 주장하는 유대인의 차이다. 이런 지방을 통치하는 것이 로마에 가장 어려운 일이 된 것도 당연했다.

이 유대 왕국에 대한 대책을 살펴보면, 기원전 63년에 예루살렘을 정복한 폼페이우스도, 기원전 48년에 이곳에다 로마의 패권을 확립하기 위해 애쓴 카이사르도 유대를 속주화할 생각은 하지 않았다. 로마의 패권을 인정하는 동맹관계, 즉 로마의 우방이 되는 것만으로 충분하다고 생각했다. 특히 카이사르는 헬레니즘 세계이기 때문에 그리스계 상인이 특권을 누려온 이 세계에서 그동안 줄곧 제2위를 감수해온 유대 상인에게도 그리스계 상인과 동등한 권리를 부여하여, 유대인의 열광적인 지지를 받았다.

실제로 유대인의 생활 환경은 그리스인이 지배한 시대보다 로마인이 지배한 시대에 훨씬 개선되었다. 하지만 이것은 사리를 아는 사람들한테만 통하는 사고방식이다. 그리고 경제 활성화는 필연적으로 빈부 격차를 낳을 수밖에 없다. 또한 모든 유대인이 교역에 종사한 것도 아니다.

그래도 아우구스투스는 나중에 대왕이라고 불리게 된 헤롯 왕(라틴어식 이름은 헤로데스)을 유대 쪽에 가질 수 있었다.

헤롯 왕은 기원전 73년에 태어났으니까, 아우구스투스보다 열 살 위다. 내분이 일상다반사인 오리엔트의 전형적인 군주로서, 친족끼리 죽고 죽이는 가운데 반생을 보낸 인물이다. 기원전 40년, 유대를 침공한 파르티아군은 당시의 왕을 생포하고 친파르티아파인 왕의 동생을 왕위에 앉힌다. 퇴위당한 왕의 고관이었던 헤롯은 로마로 망명했다. 당시 로마는 안토니우스와 옥타비아누스의 공동 통치 시대였다. 둘 다 파르티아와 친한 현재의 왕을 인정할 수는 없었다.

33세의 헤롯은 명석한 두뇌와 현실적인 사고방식과 강한 의지로 로마 지도층의 호의와 신뢰를 얻고 있었다. 그보다 더욱 중요한 것은 지적 능력과 신체적 활력이 충분한 30대의 헤롯이 로마의 힘을 정확히 간파했다는 점이다.

헤롯은 곧 안토니우스와 옥타비아누스한테서 받은 '로마 시민과 원로원의 친구이자 동맹자'라는 칭호를 갖고 조국으로 돌아간다. 반격은 성공하여, 그는 유대 왕위에 올랐다.

유대 왕 헤롯을 로마가 얼마나 높이 평가했는지는 클레오파트라가 그토록 간절히 원했는데도 안토니우스가 유대 왕국만은 클레오파트라에게 넘겨주지 않은 사실로도 입증될 것이다. 안토니우스가 죽은 뒤에도 헤롯의 유대와 아우구스투스의 로마는 아주 좋은 관계를 유지했다.

거기에 이바지한 사람 가운데 다마스쿠스의 니콜라스라는 인물이 있었다. 그는 다마스쿠스 태생의 그리스인으로, 안토니우스와 클레오파트라 사이에서 태어난 아이들의 가정교사였다. 교양인으로도 뛰어나고, 저서도 많다. 이 사람이 헤롯 왕의 고문이 되었다.

이 두 사람은 유대인과 그리스인으로 민족은 달랐지만, 유대 왕국은 로마의 '클리엔테스'로 존속함으로써 독립을 유지하는 것이 최선책이라는 데에는 의견이 일치했다.

로마 시대의 클리엔테스는 단순한 피보호자에 머물지 않고 보호자를 후원하는 입장이기도 했다는 것은 이미 이야기했다. 좀더 구체적으로 말하면, 유대의 안전은 보호자(파트로네스)인 로마가 책임지지만, 피보호자(클리엔테스)인 유대도 제국의 안전보장에 일익을 담당한다. 로마로서는 동쪽의 파르티아와 남쪽의 아라비아에 대한 방어선의 일부를 유대가 맡아주는 셈이다. 로마가 유대의 독립을 존중해준 것은 거기에 대한 당연한 교환조건이었다.

물론 유대인은 완전한 신앙의 자유를 누렸다. 예루살렘 신전을 재건하는 것도 전혀 문제가 되지 않았다.

헤롯 왕의 친로마 정책도 철저했다. 유대 국내에도 그리스·로마의 신들을 모신 신전이 세워졌다. 아우구스투스에 대한 감사 표시로 사마리아를 세바스티아로 이름을 바꾸기까지 했다. 카이사레아라는 항구도시도 건설되었다. 카이사레아가 '카이사르의 도시'라는 뜻인 것은 말할 나위도 없다. 이 카이사레아에는 로마와 아우구스투스에게 바쳐진 신전도 세워졌다. 예루살렘에는 아우구스투스의 아내 리비아와 사위 아그리파가 기증한 공공 건축물이 건설되고 있었다.

그러나 유대 민족은 선민의식을 가진 민족이다. 자기들이야말로 신의 선택을 받은 민족이라고 생각하는 사람들의 관점에서 보면, 다른 민족은 신의 선택을 받지 못한 열등한 민족이라는 이야기가 된다. 그런데 아무리 공공을 위한 건축물이라 해도 열등 민족인 로마인과 관련된 건축물이 나라 안에 세워지고, 왕의 통치가 친로마 노선으로 기우는 것은 그들에게는 견디기 어려운 현상이었다. 더구나 헤롯 왕이 오리엔트 군주답게 국내에서 강경책을 쓰자, 그들은 더욱 견디기가 어려워졌다.

일신교와 선민의식이 결부되면 폭발이 일어난다. 하지만 그것이 언제 어떻게 불을 뿜을 것인지는 일신교나 선민의식과는 정반대의 극에 있었던 로마인이 쉽게 예상하고 대책을 세울 수 있는 문제가 아니었다.

50대에 접어든 헤롯의 왕위는 아직 확고했다. 그리고 헤롯보다 열 살 아래인 아우구스투스는 잠재적인 문제를 자진해서 파내는 타입이 아니었다. 아우구스투스의 이런 성향은 그의 동방 순행의 가장 큰 과제인 파르티아 문제 해결에도 나타나게 된다.

파르티아 문제

지중해 세계의 패권자가 된 뒤에도, 로마가 훨씬 동쪽에 있는 티그리스강과 유프라테스강을 거점으로 하는 파르티아 왕국에 신경을 써야 했던 것은 파르티아 문제를 해결하지 않고는 로마의 동쪽 방어선이 확립될 수 없기 때문이었다. 기원전 1세기 당시, 로마의 적은 대부분 작은 군주국이나 야만족이었고, 왕국으로서 대규모 정규군을 출병시킬 수 있는 나라는 클레오파트라의 이집트를 무찌른 뒤로는 파르티아 하나밖에 남아 있지 않았다.

그런데 그 파르티아를 로마는 한 번도 이기지 못했다. 루쿨루스도 폼페이우스도 유프라테스강까지는 진격했지만, 파르티아와 정면 대결은 하지 않았다. 기원전 53년에 당시 '삼두정치'의 일원인 크라수스가 처음으로 파르티아와의 정면 대결에 도전했지만, 그가 거느린 4만 병력 가운데 도망칠 수 있었던 것은 1만 명도 채 안 되고, 포로가 된 사람이 1만 명 남짓, 나머지 2만 명은 전사하는 참담한 패배를 맛보았다. 총사령관 크라수스를 비롯한 지휘관급에서 살아남은 것은 나중에 카이사르 암살 주모자가 된 카시우스 한 사람뿐이었다. 로마군의 가장 큰 굴욕은 군단기를 적에게 빼앗기는 것인데, 은독수리 깃발이라고 부르는 군단기도 모조리 적의 손에 넘겨주었으니, 그야말로 완전한 참패였다.

기원전 44년 3월 15일에 살해된 카이사르는 파르티아 원정을 떠나기 직전이었던 것으로 알려져 있다. 파르티아 문제를 해결하지 않고는 제국의 동쪽 방어선이 확립될 수 없을 뿐 아니라, 로마인은 패배를 설욕하지 않은 채 그대로 방치해두지 않기 때문이다.

하지만 카이사르 암살과 그 후에 이어진 내전 상태에서 설욕은 계속 뒤로 미루어졌다. 기원전 36년에 안토니우스가 파르티아 원정에 도전하긴 했지만, 그때 거느린 병력은 동맹국에서 참가한 군대를 합하여 11만 명. 그런데 이때도 8개월에 걸친 원정에서 2만 명이나 되는 병사를 잃고, 궤멸적인 참패는 아니었지만 어쨌든 실패로 끝났다. 카이사르의 후계자 자리를 노리고 있던 안토니우스의 야심도 이 실패로 큰 타격을 받았다.

이 안토니우스를 최종적으로 무찌른 아우구스투스가 로마 세계의 유일한 최고 권력자가 된 것은 기원전 30년이다. 로마인들은 내전이 끝난 것을 기뻐하면서, 이번에야말로 아우구스투스가 파르티아에 설욕해주리라고 기대했다. 악티움 해전에서 이긴 뒤 아우구스투스는 실제로 안토니우스를 뒤쫓아 오리엔트까지 갔다. 그는 병력을 거느린 상태였고, 거기서 파르티아까지는 한 달이면 충분히 갈 수 있는 거리였다. 영국의 한 연구자는 이렇게 말하고 있다.

"만약 악티움에서 승리한 사람이 카이사르였다면, 그때 이미 파르티아 원정을 실행에 옮겼을 것이다. 파르티아 문제가 명쾌하게 해결되지 않았기 때문에 생기는 오리엔트 일대의 불안정한 상태는 방치하면 할수록 로마에 불리한 방향으로 나아갈 것이 뻔했기 때문이다. 따라서 카이사르였다면 되도록 빨리 문제를 해결하려 했을 테고, 아르메니아를 비롯한 동맹국들에 대해 로마의 위신을 회복하는 일도 더 이상 미루지 않았을 것이다. 하지만 아우구스투스는 카이사르와는 다른 성격의 소유자였다."

아우구스투스도 파르티아 문제를 해결하는 것이 오리엔트의 평화를 유지하는 열쇠라는 것은 알고 있었다. 그러나 로마는 파르티아에는 단 한 번도 이기지 못했을뿐더러, 크라수스와 안토니우스가 두 번이나 패배를 맛보았다. 세 번째 패배는 절대로 허용할 수 없었다. 이번에도 패배하면 제국의 동방은 완전히 무너진다. 오리엔트 군주와 주민들은 반드시 강자에게 달라붙는다.

아우구스투스에게는 총사령관의 품격은 있지만 전투를 지휘하는 재능은 없었다. 아그리파는 용장이지만 천재적인 사령관은 아니었다. 아그리파에게 맡겨도 반드시 이긴다는 보장은 없었다. 카이사르와의 성격 차이 외에도 아우구스투스가 신중해지지 않을 수 없는 요인은 많았던 셈이다. 또한 기원전 30년 당시 파르티아는 로마의 속주를 위협하는 움직임은 보이지 않았다. 결국 아우구스투스가 파르티아 문제를 해결하기 위해 움직이기 시작한 것은 그로부터 10년이 지난 뒤였다.

이렇게 늦어지긴 했지만, 문제 해결을 위한 움직임은 아우구스투스다운 치밀한 준비로 시작되었다.

　파르티아에서도 왕족들 사이의 내분은 일상다반사라 해도 좋다. 프라테스 4세가 노령에 이른 것이 내분에 불을 붙였다. 왕의 동생인 티리다테스는 왕세자를 붙잡아 로마로 보냈다. 파르티아를 적대시하는 로마니까 틀림없이 죽일 거라고 생각했다. 그러나 아우구스투스는 파르티아 왕세자를 죽이기는커녕 후하게 대우했다.
　그런데 늙은 왕의 측근들이 곧 반격에 성공하여, 패배한 티리다테스는 시리아 속주 총독한테로 도망쳤다. 로마는 이 사람도 죽이지 않고 살려둔다. 로마가 쓸 수 있는 카드는 두 장이 되었다.
　파르티아는 왕의 이름으로 로마에 강화를 제의했다. 두 인질을 돌려달라는 것이 강화 조건이었다. 인질을 돌려주면 한 사람은 왕위에 오르고, 또 한 사람은 망나니의 손에 넘겨질 게 뻔했다.
　아우구스투스는 강화 제의를 받아들였다. 로마가 내건 조건은 두 번 패했을 때 빼앗긴 은독수리 깃발을 돌려주고, 크라수스가 완패했을 당시 포로가 된 로마 병사 1만 명을 돌려달라는 것이었다. 파르티아는 이 조건을 수락했다.
　아우구스투스는 조건을 수락한다는 뜻을 전하기 위해 로마를 방문한 파르티아 사절에게 왕자를 넘겨주었다. 하지만 티리다테스는 넘겨주지 않았다. 로마인을 믿고 몸을 의탁해온 사람을 그의 뜻과는 달리 파르티아에 넘겨주는 것은 신의를 중시하는 로마인의 정신에 어긋나기 때문이라는 것이 아우구스투스가 거부한 이유였다.
　조국에 돌아가자마자 왕자는 왕위에 올랐지만, 무엇 때문인지 그것을 계기로 파르티아는 로마와의 강화에 응하지 않게 되었다. 보통은 아우구스투스의 체면이 구겨지겠지만, 이 시기에 제국의 동방을 재편성하러 떠난 그는 파르티아 문제 해결에 아르메니아 카드를 쓰려는 생각을 가슴에 품고 있었다.

당시 아르메니아 왕은 아르탁세스였다. 안토니우스가 퇴위시킨 선왕의 아들이다. 퇴위시킨 이유는 왕이 파르티아에 접근했다는 것이었다. 로마가 두 번이나 파르티아에 패한 영향은 이런 형태로 나타나고 있었다. 따라서 아버지 대신 아들을 왕위에 앉혀도, 아르메니아의 친파르티아 정책은 바뀌지 않았다. 친파르티아는 곧 반로마라는 뜻이다. 아르메니아로 가는 로마 상인들은 냉대를 받고, 심지어 살해당하는 경우까지 나오는 형편이었다. 아우구스투스는 아르메니아 대책과 파르티아 대책을 연관시켜, 두 가지 문제를 단번에 해결하려고 했다.

기원전 21년, 아테네에서 사모스섬으로 이동한 아우구스투스는 동행한 티베리우스에게 시리아 속주에 주둔하고 있는 4개 군단을 이끌고 아르메니아로 진격할 것을 명령했다. 얕보고 있던 로마의 생각지도 못한 행동에 깜짝 놀란 아르메니아 궁정은 아르탁세스 왕을 죽이고, 사절을 급파하여 로마에 복종할 것을 맹세했다.
아우구스투스의 명을 받은 티베리우스는 살해된 왕의 동생인 티그라네스를 왕위에 앉히고, 로마와의 동맹관계를 경신하게 한 다음, 군대를 이끌고 철수했다. 새 왕은 로마에서 오랫동안 볼모 생활을 한 사람이기도 했다. 물론 볼모라 해도 '풀브라이트 유학생' 같은 처지였지만.
아우구스투스가 친히 동방에 진입했을 때부터 파르티아에는 경계경보가 울려퍼지고 있었다. 그런데 이제 북쪽 국경을 맞대고 있는 우방 아르메니아가 로마 쪽으로 돌아섰다. 아르메니아에서 철수한 로마군이 남쪽으로 진로를 바꾸기만 하면, 그곳은 이미 파르티아 영토였다. 파르티아 왕 프라테스 5세는 로마가 제시한 조건을 모두 수락하고, 그동안 방치해둔 강화조약을 맺기로 결정했다.

기원전 21년 5월 12일, 로마와 파르티아 사이에 맺어진 강화조약 조인식은 유프라테스강에 떠 있는 작은 섬에서 열렸다. 무대장치도 만점이었던 셈이다. 로마 측 조인자는 21세의 티베리우스. 파르티아 측 조인자가 누구였는지는 분명치 않지만, 왕족 중에서도 지위가 높은 사람이었을 것이다. 조인식이 끝난 뒤, 티베리우스와 수행원들은 유프라테스강 동쪽 연안에서 열린 잔치에 초대를 받았고, 이튿날은 파르티아 측 대표와 수행원들이 유프라테스강 서쪽 연안에서 열린 로마 측 연회에 초대받는 화기애애한 분위기 속에서 두 강대국의 적대관계는 일단 막을 내렸다.

33년 전의 크라수스 군대와 15년 전의 안토니우스 군대가 빼앗긴 은독수리 깃발은 모두 반환되었다. 하지만 33년 전에 포로가 된 로마 병사들의 귀환은 실현되지 않았다. 파르티아 측의 의도 때문이 아니라, 생존자가 한 명도 없었기 때문이다. 그 대신 파르티아군이 전사자한테서 빼앗아 전리품으로 보관하고 있던 로마 장병들의 갑옷과 무기는 반환되었다.

기원전 54년 당시 크라수스의 파르티아 원정에 참가한 병사들의 평균 연령이 32세나 33세 정도였다면, 33년 뒤에는 60세가 넘었을 것이다. 포로가 된 이들의 운명은 노예로 팔리는 것이 아니라, 파르티아 변경 요새인 메르프에서 평생 동안 병역에 종사하는 것이었다. 메르프는 오늘날의 투르크멘 공화국에 있는 마리다. 혹독한 기후와 척박한 토지로 유배당한 거나 마찬가지였다.

기원전 216년에 칸나이 회전에서 압승한 한니발은 포로로 잡은 로마 병사 8천 명을 그리스에 노예로 팔았다. 20년 뒤인 기원전 196년, 그리스인들은 그리스에서 철수하는 플라미니누스에 대한 감사의 표시로 그의 부탁을 받아들여, 그리스 전역에서 찾아낸 로마인 포로 1,200명을 고국으로 돌려보냈다.

　이 경우에는 각지에 흩어져 있던 사람을 찾아내야 하는 불리한 상황이었지만, 그래도 20년의 노예 생활을 견디고 살아남을 수 있었던 사람이 8천 명 가운데 1,200명이나 되었다. 파르티아에 포로로 잡혀간 사람들의 경우는 한 군데 모여서 유배 생활을 했는데도, 33년 뒤에는 한 사람도 살아남지 못했다. 한 사람이라도 로마로 데리고 돌아갈 수 있었다면, 파르티아 문제 해결을 그토록 열망했던 아우구스투스인 만큼『업적록』에도 반드시 기록했을 것이다. 그런데 한마디도 언급되지 않은 것을 보면, 생존자를 조국으로 데리고 돌아가는 것은 실현되지 않았던 게 분명하다.

　카이사르가 암살되지 않고, 그래서 파르티아 문제가 기원전 44년에 해결되었다면 어땠을까. 혹한의 땅 메르프에서의 유배 생활은 10년으로 끝났을 것이다. 10년 뒤라면 1만 명 대부분을 조국으로 데리고 돌아갈 수 있었을지도 모른다.

　아르메니아와 파르티아 문제 해결에 대해 아우구스투스는『업적록』에서 다음과 같이 말하고 있다.

　"아르메니아는 아르탁세스 왕이 살해되었을 때 속주로 삼을 수도 있었지만, 나는 조상이 쌓은 전통에 따라 내 의붓아들인 티베리우스를 통해 티그라네스를 왕위에 앉히는 쪽을 선택했다."

　"나는 파르티아가 지난 세 차례의 전쟁(크라수스의 패배와 안토니우스의 패배 사이에 또 한 차례 가벼운 패배가 있었다)에서 빼앗은 전리품과 군기를 반환할 수밖에 없는 상태로 몰아넣었을 뿐 아니라, 파르티아 쪽에서 로마 시민과의 우호관계 수립을 요구해오도록 만들었다."

　아우구스투스는 병사를 한 명도 잃지 않고 파르티아 문제를 해결한 공적을 여러 가지 방법으로 선전했다. 유프라테스강에서 강화조약을

무장한 아우구스투스의 모습
(흉갑에 무공을 돋을새김)

맺은 날인 5월 12일은 해마다 축제를 여는 국경일이 되었다. 그 장면이 새겨진 흉갑을 입은 자신의 전신상도 만들게 했다. 원로원도 그의 뜻을 받아들여, 포로 로마노 한복판에 서 있는 카이사르 신전 옆에 파르티아 문제 해결을 기념한 개선문을 세우기로 결의했다.

　은독수리 깃발이 적의 수중에 있는 한 로마의 굴욕은 계속된다. 그 은독수리 깃발이 돌아온 것이 원로원 의원에서부터 서민에 이르기까지 모든 로마인에게 얼마나 커다란 기쁨이었는지는 쉽게 상상할 수 있다. 현대 연구자도 대부분 이 일을 '아우구스투스 외교의 걸작'이라고 칭찬한다.

모든 문제가 외교 교섭으로 해결되었다면, 인류의 이성을 얼마나 신뢰할 수 있으랴.

하지만 "전리품과 군기를 반환할 수밖에 없는 상태로 몰아넣었을 뿐 아니라, 파르티아 쪽에서 로마 시민과의 우호관계 수립을 요구해오도록 만들었다"는 아우구스투스의 말은 로마인에게 한 말이다. 이것은 아우구스투스라면 틀림없이 설욕해줄 거라고 기대하는 로마의 여론을 의식하여, 사실상의 설욕은 이루어냈다고 로마인에게 전하는 교묘하고 고심 어린 표현이었다. 그렇게라도 말하지 않으면 로마인은 결코 승복하지 않았을 것이기 때문이다.

그 일이 파르티아인의 붓으로 전달되었다면 어떤 식으로 표현되었을까. 사료가 없기 때문에 인용할 수는 없지만, 만약 사료가 남아 있다면 정반대 표현이 되지 않았을까. 예를 들면 "군사 행동에 호소하기를 체념한 로마는 외교 교섭으로 관계를 개선하는 쪽을 선택했고, 유프라테스강에서 강화조약이 조인되었다. 파르티아는 로마의 요구에 따라 로마 군기와 전사자들의 무기와 갑옷 따위를 돌려주었다"는 식으로 말했을지도 모른다.

파르티아가 이렇게 생각했다면, 아르메니아를 비롯한 오리엔트 국가들도 모두 똑같이 생각했을 것이다.

아우구스투스는 차츰 서방의 지배자가 되어가고 있는 로마인의 가치관에 따라 행동했다. 그러나 가치관은 유감스럽게도 만인 공통이 아니다. 서방에 서방의 가치관이 있으면, 동방에는 동방의 가치관이 있다. 유대인에게도 나름대로 가치관이 있다. 서방의 가치관이 현실에 대한 통찰에 바탕을 두는 경우가 많은 반면, 동방의 가치관은 힘에 좌우된다는 점이 다르다. 이것은 우열의 문제가 아니라, 그냥 다를 뿐이다.

오리엔트 사람들이 알렉산드로스 대왕 앞에 무릎을 꿇었던 것은 인종을 초월하여 민족이나 언어나 풍속의 벽을 뛰어넘은 국가의 창설이라는 이상에 공감했기 때문이 아니다. 그것은 알렉산드로스가 파르티아의 전신인 페르시아의 왕 다리우스를 완벽하게 격파했기 때문이다. 그것도 한 번이 아니라 세 번씩이나.

카이사르는 파르티아 원정을 떠나기 직전에 암살당했지만, 그 원정 목적은 파르티아 정복이 아니라 파르티아를 격파한 뒤 유프라테스강 방어선을 확립하는 것이었다.

파르티아 문제를 외교 교섭으로 해결한 것 자체는 참으로 이성적인 방책이었다. 아우구스투스가 사용할 수 있었던 '장기말'을 고려하면, 현실적이고 실패할 위험이 가장 적은 방식이었다고 말할 수밖에 없다. 그리고 그 방책을 추진하는 방식도 상당히 교묘했던 것은 솔직히 인정하겠다.

하지만 파르티아 문제는 이것으로 끝난 게 아니었다. 아니, 파르티아만이 아니라 아르메니아와도 항구적인 관계 수립에 성공한 것이 아니었다. 결국 로마의 통치가 성공한 것은 같은 동방이라도 그리스계 주민이 지도층을 형성하고 있는 지방에만 국한되었다. 그리스인과 로마인은 가치관을 공유할 수 있었기 때문이다.

가치관만 공유하면 언제든 타협할 수 있다. 타협할 필요성만 분명하면 물리적 거리는 장벽이 되지 않는다. 흑해의 북쪽 끝, 돈강이 흘러드는 아조프해를 끼고 있는 보스포루스 왕국과 동맹국이 될 수 있었던 것도 그리스계 주민이 지도층을 이루었기 때문이다. 물론 이 왕국의 왕족은 페르시아계였지만, 지도층은 700년 전부터 이 나라에 정착한 그리스계 주민이었다.

로마가 북쪽의 이 작은 왕국과 동맹관계를 맺고 싶어 한 것은 순전히 군사적인 이유 때문이었다. 흑해를 로마의 패권 밑에 두지 않는 한,

그 남쪽에 가로놓인 소아시아의 안전보장을 확립할 수 없기 때문이다. 소아시아 북쪽 끝의 시노프(시노페)나 트레비존드(트라브존) 같은 주요 도시는 흑해의 파도에 노출되어 있는 것과 마찬가지다. 그리고 흑해의 출구에 해당하는 보스포루스 해협을 수중에 넣지 않는 한, 그리스 속주와 아시아 속주 사이는 단절되어버린다.

오리엔트 군주국들이 모두 그렇듯이, 광대한 흑해를 사이에 두고 보스포루스 해협과 마주보고 있는 이 작은 왕국도 왕위를 둘러싼 분쟁이 끊이지 않는 나라였지만, 소규모 부대를 파견하여 분쟁 조정에 나선 아그리파 덕분에 여왕을 정점으로 하는 안정된 정권이 성립되었다. 로마는 보스포루스 왕국과 동맹관계를 맺음으로써 흑해 쪽에서도 아르메니아 왕국을 견제할 수 있게 되었다.

이집트

로마에 정복된 피점령국이면서도 통치가 순조롭게 이루어진 나라는 프톨레마이오스 왕조가 멸망한 뒤의 이집트였다. 제5권에서 클레오파트라가 이집트를 통치하던 시절의 특수한 사정에 대해 이야기했듯이, 이 나라만은 아우구스투스 개인 영지의 형태를 취하고 있었다. 이것은 이집트인들을 납득시키기 위한 형식에 불과했고, 아우구스투스 자신은 물론 당시의 로마인들도 이집트를 국가 로마의 소유지로 생각하고 있었다.

그러나 표면상의 형식이라 해도, 공적인 형식이다. 로마인들은 그때그때 경우에 따라 생각하고 행동하는 것을 전통으로 삼는 민족이기도 하다. 이집트를 실제로 통치하는 사람이 아우구스투스가 임명한 기사계급 출신의 '총독'(프라이펙투스)인데도, 공화정에 동조하는 원로원 의원들조차 이의를 제기하지 않았다. 아우구스투스의 허가가 없이는 원로원 의원이 이집트에 발을 들여놓을 수도 없었지만, 이것도 이집트의 특수한 사정을 배려했기 때문이다.

가치관 가운데 공유할 수 없는 것이 있다 해도, 그것을 인정하는 편이 통치에 유리하다면 인정하는 것이 로마인의 사고방식이었다. 신격화한 파라오의 지배를 받은 역사가 긴 이집트에서는 시민 공동체인 국가 로마의 지배를 받는 것보다 아우구스투스―그는 카이사르가 신격화되었기 때문에 자동적으로 '신의 아들'이 되었다―가 다스리는 편이 마찰도 적다. 그렇긴 하지만 '신의 아들'인 아우구스투스의 통치 자체는 지극히 인간적이었다.

알렉산드로스 대왕에게 정복된 뒤 300년 동안 이집트 지도층을 형성한 것은 정복자와 함께 들어온 그리스인이었다. 로마는 그리스계 주민을 피정복민으로 억압하지 않고, 그들이 로마인과 공유하고 있는 가치관에 착안하여 그것을 활용하는 방식을 채택했다. 즉 이집트 경제를 활성화한 것이다.

이집트 경제도 총체적으로는 농업과 공업과 상업으로 이루어져 있다. '상업'은 원래 이 방면의 전문가인 그리스계 주민에게 맡겼다. 동양에서 들어오는 값비싼 물품에 관세를 25퍼센트 부과한 것 정도가 로마의 새로운 정책이었지만, 이것도 통상을 쇠퇴시키지는 않았다. 로마 제국이라는 큰 시장과 직결되어 교역량 자체가 늘어났기 때문이다.

'공업'도 로마에서 일어난 공공건축 건설붐을 타고 더욱 활발해졌다. 이집트에 모이는 아프리카산 유색 대리석이 이탈리아산 하얀 대리석과 경쟁하면서 대량으로 사용되기 시작한 것도 제정 시대에 들어온 뒤였다.

그러나 이집트 경제의 토대는 나일강의 혜택을 받을 수 있는 '농업'에 있다. 파라오 시대부터 이집트의 풍요로움이 유명했던 것은 농업 생산성이 그만큼 높았기 때문이다. 프톨레마이오스 왕조의 역대 왕들도 농업을 진흥하는 데에는 열심이었다.

그러나 왕실이 음모에 휘둘리는 시대에 접어들면, 아무도 그런 수수한 정책에는 관심을 가질 수 없게 된다. 농업 정책은 지속적으로 이루어지지 않으면 효과가 없다. 나일강물을 활용하기 위한 관개시설도 프톨레마이오스 왕조 말기에는 황폐해진 상태로 방치되어 있었다.

아우구스투스는 안토니우스를 뒤쫓아 이집트에 들어왔을 때부터 관개시설을 근본적으로 개혁해야 할 필요성을 깨닫고 있었다. 그로부터 10년 가까이 지난 지금, 이 개혁에 착수할 수 있는 체제가 마련되었다. 아우구스투스의 명으로, 나일강물을 효율적으로 활용하기 위한 수로망 정비 공사가 시작되었다.

처음에는 이집트에 주둔하고 있는 3개 군단의 병사 1만 8천 명을 동원했지만, 공사가 로마식으로 워낙 철저하게 이루어졌기 때문에 이 정도 인원으로는 도저히 공사 계획을 따라갈 수 없었다. 정규 군단의 보조 병력인 이집트 병사 9천 명을 추가로 투입해도 모자라서, 이집트 민간인을 대량 징용하여 공사를 진행했다. 이리하여 관개 공사는 파라오 시대의 피라미드 공사와 마찬가지로 이집트인들에게 일자리를 제공하게 되었다.

관개 공사가 피라미드 공사와 다른 점은 첫째 한 사람의 내세를 위해서가 아니라 많은 사람의 현세를 위한 공사라는 점, 둘째는 완성된 뒤에도 유지와 보수를 게을리할 수 없기 때문에 항상 고용 인력을 필요로 한다는 점이었다.

아우구스투스의 명에 따라 건설된 이집트 관개시설이 얼마나 효율성이 뛰어났는지는 완성된 직후에 그것을 직접 본 지리학의 창시자 스트라보의 기술에도 나타나 있다.

"프톨레마이오스 왕조 말기에는 나일강의 수면이 14쿠비토(약 6미터

30센티미터) 올라가지 않으면 작황이 좋지 않았고, 3미터 60센티미터면 흉작이 되었지만, 로마 시대에는 5미터 40센티미터면 풍작이고 3미터 60센티미터만 올라가도 흉작이 되지는 않았다."

나일강이 불어나면, 불어난 물은 수로망으로 흘러들어가 경작지를 적시고, 풍부한 일조량의 도움을 받아 작물이 자란다. 따라서 수로망은 만들어놓는 것만으로는 충분치 않고, 끊임없이 손질을 해줄 필요가 있다. 로마인들은 가도나 그밖의 '사회간접자본'을 중시하는 전통이 있었기 때문에, 유지와 보수의 중요성을 잘 알고 있었다. 이리하여 이집트 농업의 부흥은 제정 초기에 이미 그 기반이 마련되었다.

그러나 농업 활성화는 '사회간접자본' 정비만으로는 충분치 않다. 아우구스투스는 이집트에 토지 사유제를 도입하기로 했다.

토지는 파라오나 왕의 소유라는 것을 당연하게 생각한 이집트인들은 토지가 사유재산이라는 개념을 갖고 있지 않았다. 농부는 지주인 왕한테 땅을 빌려서 작물을 재배한다. 지주가 신전인 경우도 많았다. 따라서 농민은 모두 소작농이었고, 자작농은 하나도 없었다.

클레오파트라를 무찌르고 이집트 '왕'이 된 아우구스투스는 신전 소유지를 제외한 이집트 전역의 경작지를 소유하게 된 셈이다. 그런데도 그는 자신의 소유지를 불하하여 자작농을 장려하는 정책을 실시했다. 국영기업의 민영화를 연상시키는 정책이다.

그런데 기대와는 달리 이 정책은 순조롭게 추진되지 않았다. 돈을 가진 그리스계 주민들은 '상업'과 '공업'의 융성을 눈앞에 두었기 때문에 '농업'에는 관심을 보이지 않았다. 그리고 수천 년 동안 사유지라는 개념을 갖지 않고 살아온 이집트인들에게는 느닷없이 그런 말을 해도 먹혀들 리가 없었다. 로마인이라면 빚을 내서라도 경작지를 구입하러 달려갔을 것이다. 사유재산 개념이 확립되어 있고 사유재산 보호를 법의 기본이념으로 삼는 나라의 주민과 그렇지 않은 나라의 주민은 그렇게 달랐다.

그래도 아우구스투스에게 방법이 없었던 것은 아니다. 농업 민영화라는 관점에서 로마의 원로원 의원들에게 땅을 팔 수도 있었다. 그들은 재산의 기반을 토지에 두고 있을 뿐 아니라, 땅을 살 자금도 부족하지 않았다.

아우구스투스는 이 방법을 쓰지 않았다. 원로원 의원이라도 그의 허가가 없이는 이집트에 들어오지 못하게 한 것은 로마 영토가 된 지 얼마 안 된 이집트 땅에서 로마인의 존재가 주는 인상을 엷게 하기 위해서였다. 국제도시화한 알렉산드리아에서는 로마인이 눈에 띄지 않지만, 나일강 유역의 농경지에서는 눈에 띈다. 아우구스투스는 당분간은 이집트에 있는 로마인을 정규 군단병과 징세업무 따위를 담당하는 관료로 제한하고 싶었다.

그렇긴 하지만, 경작지를 사유화하지 않고는 농업이 효율적으로 운영되기를 바랄 수 없다. 경작지 사유화가 순조롭게 진행되려면 누군가가 모범을 보여줄 필요가 있었다. 그래서 그는 아그리파와 마이케나스를 비롯한 측근들과 원로원 계급에 속하지 않는 친구들에게 땅을 사게 했다. 그 덕분에 아그리파와 마이케나스는 이집트의 대지주가 되었지만, 아우구스투스는 자기 집 노예로 있다가 자유인이 된 해방노예들한테까지 땅을 사게 했다니까 처음에는 그도 몹시 난감했던 모양이다.

관개 공사와 가도망 정비, 그리고 속도가 느리긴 했지만 농경지 사유제의 도입은 이집트의 농업 생산성을 비약적으로 향상시켰다. 경작지에 부과되는 토지세는 돈이 아니라 밀을 물납하기로 결정되었는데, 기름진 땅이냐 척박한 땅이냐에 따라 차이는 있지만 2천 제곱미터의 밭에 대해 30리터 내지 60리터의 밀을 세금으로 부과했다고 한다. 수확

량이 어느 정도였는지 분명치 않기 때문에 이 세율이 높은지 낮은지도 알 수 없다. 하지만 사유화가 성공하는 것은 자본과 노력을 투자한 만큼의 이윤을 기대할 수 있기 때문이다. 어쨌든 토지세로 물납되어 알렉산드리아로 운송되어오는 곡물만으로도 수도 로마에서 필요로 하는 양의 3분의 1을 충당할 수 있게 되었다.

'사회간접자본' 정비와 경작지 사유화 다음으로 아우구스투스가 이집트에 도입한 마지막 개념은 정교분리였다.

독립된 성직자 계급이 없는 로마와 달리, 이집트 신관들은 독립된 사제 계급을 이루고 있었으며, 신전 소유지에 명의를 빌려준 대지주이기도 했다. 그들이 정신적인 지도자일 뿐이라면, 갈리아의 사제 계급과 마찬가지로 독립된 계급으로 계속 두어도 별문제가 없다. 그러나 이집트의 성직자들은 사람들의 마음을 지배할 뿐 아니라 실생활까지 지배해왔다. 다시 말해서 권위만이 아니라 권력까지도 갖고 있었다. 토지세도 신전 소유지마다 제멋대로 결정했다. 또한 권위와 권력을 함께 갖는 사제 계급이 국정에까지 참견하는 일이 많았고, 이것이 이집트 국정을 불안정하게 만드는 요인이기도 했다.

아우구스투스도 다신교 민족인 로마인이다. 이집트의 전통 종교를 폐지하는 것은 꿈에도 생각지 않았다. 이집트 국내 정세의 안정 여부를 결정하는 중대 요소인 종교를 자신의 통제 아래 두는 것만 생각했을 뿐이다.

프톨레마이오스 왕조의 파라오들이 앞다투어 땅을 기증했기 때문에, 각 신전의 영지는 광대해져 있었다. 아우구스투스는 그 영지들을 몰수했다. 그 덕분에 토지 사유화 장려책으로는 그 많은 땅을 도저히 처리할 수 없어서, 한동안은 소작인들이 나라에서 땅을 빌려 농사를 짓는 임차 형식이 일반화되었다.

　로마의 성직자들은 시민의 명예직이기 때문에 생계 수단까지 배려해줄 필요는 없다. 그러나 이집트의 신관들은 독립된 계급이어서, 신전 소유지를 몰수하면 다른 생계 수단을 마련해주어야 한다. 아우구스투스는 이집트를 통치하는 정부가 신관들에게 봉급을 주도록 했다. 그렇게 하면 통제의 실효성이 더욱 높아진다.

　또한 각 신전의 독자적인 운영을 인정하지 않고, 알렉산드리아에 거주하는 최고 신관이 모든 신전을 감독하도록 결정했다. 즉 신관들은 누구나 최고 신관에게 복종해야 했다. 로마 측으로서는 여러 사람보다 한 사람만 통제하는 편이 훨씬 쉽기 때문이다.

　각 신전은 매년 한 번씩 최고 신관에게 신전의 재정 상태에서부터 신관의 수에 이르기까지 모든 것을 의무적으로 보고해야 했다. 그리고 신전에서 봉직하는 신관의 수도 정해졌다. 신관의 수가 규정보다 많아도 처벌을 받지는 않았지만, 규정 이상의 잉여 신관들은 신관에게 인정된 면세 혜택을 받지 못하게 되었다.

　아우구스투스가 시작했고 그의 후계자들이 이어받은 이집트의 정교 분리 정책은 정치와 종교를 분리했을 뿐, 종교를 배제한 것은 아니다. 배제하기는커녕 이집트 신전 수리와 신축 공사는 차츰 로마 황제들의 일거리가 되었다. 구태여 예수 그리스도가 "카이사르의 것은 카이사르에게, 신의 것은 신에게"라고 말하지 않더라도, 로마인들은 그것을 실천하고 있었다.

수도 로마로 돌아오다

　이 모든 것이 기원전 22년부터 기원전 19년까지 동방을 순행하는 동안 아우구스투스가 이룩한 업적이다. 그리스를 거쳐 귀국길에 오른 아우구스투스는 잠시 들른 아테네에서 베르길리우스를 만난다. 그보다 일곱 살 위인 이 시인은 아우구스투스의 심복이자 오늘날 '메세나 운동'의 시조인 마이케나스의 후원을 받고 있는 문인이었기 때문에, 아우구스투스와는 전부터 아는 사이였다. 황제는 병에 걸린 시인을 데리고 그리스에서 배를 타고 이탈리아로 갔다.

이탈리아 남부의 항구도시인 브린디시에 상륙했을 때는 시인의 병세가 악화되어, 로마까지 동행하는 것은 무리였다. 기원전 19년 9월 21일, 로마의 국민시인으로 추앙받게 된 베르길리우스는 브린디시에서 세상을 떠났다. 서사시 『아이네이아스』는 아직 퇴고가 끝나지 않은 상태였다. 시인은 그게 마음에 걸렸는지 원고를 태워버리라는 유언을 하고 죽었지만, 황제는 그것을 허락하지 않았다. 아우구스투스가 수도 로마에 돌아온 것은 그해 10월 21일이었다. 그는 아피아 가도를 지나 수도로 가는 길에 마흔네 번째 생일을 맞았다.

3년 만의 귀환은 아우구스투스 자신의 기술에 따르면 다음과 같이 이루어졌다.

"원로원의 결의로, 집정관 퀸투스 루크레티우스를 비롯한 원로원 의원들과 법무관, 호민관을 포함한 일행이 캄파냐(나폴리를 중심으로 하는 지방)까지 마중 나와 나를 영접했다. 이런 명예는 나 말고는 이제껏 아무도 받은 적이 없다."

"카페나 문(아피아 가도에서 수도 로마로 들어가는 관문) 근처에는 명예와 용기를 찬양하는 신전이 있다. 원로원은 내 귀환에 경의를 표하여, 그 신전 앞에 귀환한 자와 귀환을 도운 운명의 여신에게 바치는 제단을 세웠다. 그리고 그 제단에서는 그 후 해마다 사제와 여사제(베스타)들이 퀸투스 루크레티우스와 마르쿠스 비니키우스가 집정관이었던 해(기원전 19년)에 이루어진 내 귀환을 기념하여 산 제물을 바치는 의식을 올리게 되었다. 이 의식은 내 이름을 따서 '아우구스탈리아'라고 불렀다."

 정작 중요한 일은 아무것도 쓰지 않는 아우구스투스도 이런 일은『업적록』에 자세히 남기는 것이 미소를 자아낸다. 전투도 하지 않고 정복한 땅도 넓히지 않은 채 돌아온 황제를 이렇게 열렬히 환영하는 로마인이 많았던 것은 아우구스투스의 행운이기도 했다. 로마는 불과 반세기 전까지만 해도 전투에서 죽인 적병의 수에 따라 개선식을 거행할 것인가를 결정했다. 그걸 생각하면 참으로 금석지감이 든다. 카이사르가 착상하고 아우구스투스가 착착 실현하고 있는 안정성장 노선이 여론의 지지까지 받기 시작한 것이리라.

 원로원의 완고한 공화주의자들조차 환영할 수밖에 없는 성과를 거두고 돌아온 아우구스투스는 이번 기회에 국가의 지도층인 원로원 계급의 반발을 살 게 뻔한 법률을 제정하려고 한다. 그것은 수도 로마에서 태어났지만 정신은 지방 출신자나 마찬가지였던 아우구스투스라는 남자가 제국 통치에 대해 어떤 사고방식을 가지고 있었는가를 보여주는 좋은 예가 되었다.

제2장
통치 중기
기원전 18년~기원전 6년
(아우구스투스 45세~57세)

"생선은 머리부터 썩는다"고 누가 말했을까.

기원전 80년, 독재관 술라는 원로원 계급에 대한 강화 조치를 단행했다. 로마 건국 이래의 명문인 코르넬리우스 씨족에 속해 있던 술라는 명문 출신이라도 반대파는 죽이거나 공직에서 추방하는 방법으로 배제하고, 그가 생각하기에 공화정 로마의 건전분자만으로 이루어진 지도층을 강화하려고 했다. 카이사르는 명문 출신임에도 반대파에 속했기 때문에 '불'건전분자였고, 아우구스투스도 30년만 일찍 태어났다면 지방 '기사 계급'이라는 출신 성분 때문에 술라가 생각하는 지도층에 끼는 것조차 어려웠을 것이다.

기원전 45년, 종신 독재관 카이사르도 국가 지도층을 강화하는 문제를 생각한다. 술라처럼 명문 출신인 그가 생각한 강화책은 간단히 말하면 출신지가 수도든 본국이든 속주든 상관하지 않고, 출신 성분이나 민족도 따지지 않고 로마 제국 전역에서 널리 인재를 등용하는 방식이었다. 지방의 중산층 출신인 17세의 옥타비아누스를 후계자로 지명한 것 자체가 그 점을 뚜렷이 보여준다. 또한 카이사르에게 발탁된 발부스는 에스파냐 출신으로는 처음으로 집정관에 취임했다.

그로부터 4반세기가 지난 기원전 18년, 공식적으로는 로마 시민 가운데 '제일인자'에 불과하지만, 초월적 존재이기 때문에 만인의 경배를 받을 가치가 있는 사람을 의미하는 '아우구스투스'를 제 이름으로 삼고, 역사가 타키투스가 평했듯이 반대파를 자극하지 않도록 야금야금 권력을 손에 넣은 아우구스투스는, 서방에 이어 동방에 대한 재편성을 끝낸 이제, '머리'를 강화하는 작업에 착수했다. 통치자로서는 피하려 해도 피할 수 없는 과제였다.

아우구스투스는 술라나 카이사르보다 늦게 태어났다는 이점이 있었다. 두 사람의 선례를 참고할 수 있었기 때문이다.

먼저 그는 반대파라 할지라도 죽이지 않았고, 공직에서 추방하지도 않았다. 그렇다고 해서 제국 전역에서 널리 인재를 등용하는 방식을 취하지도 않았다. 또한 북이탈리아를 빼고는 속주를 본국에 편입시키는 것도 중단해버렸다. 아우구스투스가 착수한 일은 한마디로 말하면 '로마 시민권 소유자 전체의 강화'였다.

속주의 유력자에게 원로원 의석을 준 것이 기존 원로원 계급의 반발을 샀고, 그것이 카이사르 암살의 도화선이 된 것을 아우구스투스는 잊지 않았다. 하지만 살해당할까봐 겁이 나서 카이사르의 개방노선을 포기했다고 말하는 것은 너무 가혹한 비난일 것이다. 그는 속주를 포함한 제국 전역에서 인재를 등용하는 데 반대했던 것은 아니다. 다만 그렇게 하기 전에 먼저 본국 주민, 즉 로마 시민권 소유자 계층을 강화하는 것이 선결 문제라고 생각했을 뿐이다. 로마 시민이 제국의 핵심이 되어야 하고, 그들의 질과 양을 확보하는 것이 제국을 통치하는 데에도 효과적이라고 확신했기 때문이다.

자식을 적게 낳으려는 풍조에 대한 대책

실제로 기원전 1세기 말에 본국 이탈리아반도의 주민 구성을 분석해보면, 인종이나 민족의 상대적 비율이 뚜렷한 변화를 보였다. 본국 주민의 수가 줄어든 것은 아니다. 주민 구성이 달라진 것이다. 노예가 자유로운 신분이 될 수 있는 수단도 많아서, 이렇게 자유를 얻어 해방노예가 된 사람은 자식을 낳고 3만 세스테르티우스라는 최소한의 재산만 가지면 로마 시민권을 취득할 수 있었다. 카이사르의 해방노예 등용책에 따라, 지방자치단체에서는 해방노예가 공직에 취임하는 길도 열려 있었다.

지도층에 속하는 사람의 수도 늘어났다면 문제는 없었을 것이다. 그런데 기원전 1세기 말의 로마에서는 자식을 적게 낳는 풍조가 뚜렷해졌다. 기원전 2세기까지만 해도 로마의 지도층 집안에서는 그라쿠스 형제의 어머니 코르넬리아처럼 자녀를 10명이나 낳아서 키우는 일도 드물지 않았다. 그런데 카이사르 시대에는 자녀를 두세 명 낳는 게 보통이 되었다. 아우구스투스 시대에는 아예 결혼조차 하지 않는 사람이 늘어났다.

기원전 1세기 말의 로마가 가난하고 장래에 희망을 가질 수 없었던 것은 아니다. 아니, 그와는 정반대였다. 다만 자녀를 낳아서 키우는 일 외에도 쾌적한 인생을 보내는 방법이 늘어났을 뿐이다.

독신으로 지낸다 해도 불편한 점은 전혀 없었다. 집안일은 노예들이 맡아서 해주고, 게다가 '아트리엔시스'(집사로 번역할 수 있는 수석 노예)가 잠시도 주의를 게을리하지 않고 모든 일을 꼼꼼히 챙겨준다. 내전 시대라면 결혼으로 인척관계를 강화하여 보신책을 마련할 필요도 있었지만, 내전이 끝나자 그 필요성마저 사라졌다. 또한 장인의 후원으로 출세하여 속주 총독이 되어도, 아우구스투스의 개혁 덕분에 총독이 누리던 이권은 대부분 사라져버렸다. 임기도 정확히 1년밖에 안 된다. 속주에 근무하는 동안 한 재산을 모으는 것도 이젠 옛날이야기가 되어버렸다.

여자는 결혼하지 않으면 사회적 발판을 마련할 수 없기 때문에 결혼하긴 했지만, 남편과 사별하거나 이혼하여 독신으로 돌아가도 불편한 점은 거의 없었다. 가부장적 로마 사회에서는 기혼 여성을 규제할 권리는 남편보다 아버지한테 있는 경우가 많다. 그리고 아버지는 딸한테 약하다. 아테네와 달리 로마에서는 기혼 여성이라면 잔치석상에서 남자와 동석하는 것도 허용되었다.

당연한 일이지만, 이런 독신 풍조와 자식을 적게 낳는 경향은 좀더 혜택받은 계층에서 더욱 뚜렷이 나타난다. 아우구스투스가 착수한 '윤리 대책'(쿠라 모룸)도 바로 이 계층을 겨냥하게 되었다.

기원전 18년, 아우구스투스는 두 가지 법안을 제출한다. 원로원에서는 상당한 반대를 받았지만, 45세의 최고 권력자는 한 걸음도 물러서지 않고 누구보다 강력한 권위를 내세워 그 법안을 정책화하는 데 성공했다.
- '간통 및 혼외정사에 관한 율리우스법'
- '정식 혼인에 관한 율리우스법'

로마에서는 법률도 가도나 그밖의 사회간접자본 시설과 마찬가지로 제안자의 가문 이름을 앞에 붙여서 부른다. 수많은 법률을 서로 구별하기 위해서이기도 하지만, 제안자의 책임을 밝히는 의미도 있었다. 위의 두 가지 법률이 '율리우스법'으로 되어 있는 것은 카이사르의 양자가 된 뒤 아우구스투스가 속한 가문이 율리우스 가문이었기 때문이다.

먼저 '간통죄'를 살펴보면, 그때까지 로마에서는 간통 같은 일은 어디까지나 사적인 문제이고 국가가 관여할 일은 아닌 것으로 여겨졌다. 아내가 외간 남자와 정을 통하면, 남편은 이혼하면 그만이다. 노여움을 참을 수 없으면 죽이는 것으로 해결할 수도 있었다. 또는 결혼한 딸에게 가부장권을 행사할 수 있는 아버지가 딸을 이혼시키거나 가문을 더럽혔다는 이유로 죽일 수도 있었다. 하지만 실제로는 이혼으로 끝나는 것이 보통이고, 아내의 친정이 막강한 힘을 가진 경우에는 이혼도 하지 않고 현상을 유지하는 경우도 적지 않았다.

그런데 '간통 처벌법'의 성립으로 간통은 공적인 범죄가 되었다. 공적인 범죄가 되었기 때문에, 남편이나 아버지만이 아니라 모든 시민이 간통한 여자를 고발할 수 있게 되었다.

이 법률은 간통한 남녀가 재판에 회부되어 처벌받는 것에 그치지 않고, 간통 사실을 알면서도 그 사실을 숨기거나 사실을 안 뒤에도 아무 조치도 취하지 않은 남편이나 친정아버지를 '간통 방조죄'로 처벌하도록 규정하고 있다.

이 '혼외정사법'은 여자 노예나 창녀를 제외한 다른 여자와 정식 혼인관계 이외의 성적 관계를 맺는 것도 공적인 범죄로 간주한다고 규정했다.

아우구스투스의 방식은 적이 농성하고 있는 성을 공격할 때 우선 물 공급부터 끊고, 이어서 성을 공격하는 병법을 연상시킨다. 두 번째 법인 '정식 혼인법'은 성에 대한 직접 공격이라고 말할 수 있다.

'정식 혼인법'은 로마 사회의 상류층과 중류층에 해당하는 원로원 계급과 기사 계급, 즉 정치·경제·행정을 담당하는 계층만을 대상으로 삼고 있다. 이 두 계급에 속하는 시민들에게 채찍과 당근을 함께 사용하여 정식 결혼 생활을 장려하는 것이 목적이었기 때문이다.

이 법률의 성립으로 국가 로마의 '두뇌'와 '심장'과 '신경'이 되어야 할 25세부터 60세까지의 남자와 20세부터 50세까지의 여자는 결혼하지 않으면 독신의 불이익을 감수해야 했다. 과부인 경우에도 자녀가 없으면 1년 안에 재혼해야 하고, 재혼하지 않으면 독신과 똑같이 취급된다.

이 법률은 장려되지 않는 혼인으로 다음 두 가지 예를 명시하고 있었다.

첫째, 규정 연령을 벗어난 사람들 사이의 결혼.

노인과 소녀의 결혼이 '장려되지 않는 혼인'이 된 것은 이 법률이 자식을 적게 낳는 풍조에 대한 대책이기도 했기 때문일 것이다.

둘째, 천한 직업을 가진 자와의 결혼.

장차 로마를 짊어지고 나아갈 사람의 어머니가 시리아 출신의 무희나 아프리카 출신의 하녀라면 곤란하다고 생각한 게 분명하다.

하지만 이런 혼인이라 해도 법률로 금지된 것은 아니다. 단지 정식 혼인으로 인정하지 않고, 법적으로는 독신으로 간주했을 뿐이다.

또한 규정 연령을 벗어난 사람들끼리의 혼인도 어디까지나 '장려되지 않는 혼인'일 뿐, 법적으로 금지된 것은 아니다. 다만 재산상의 불이익은 명시되어 있었다.

남편과 아내가 둘 다 규정 연령을 벗어난 경우, 또는 남편이나 아내 가운데 한쪽이 규정 연령을 벗어난 경우에는 남편이 사망한 뒤에도 아내가 유산 상속권을 인정받지 못하고, 몰수된 유산은 국고로 들어간다고 규정되었다. 게다가 여자는 '독신세'라고 해도 좋은 재산상의 불이익까지 감수해야 했다.

자식이 없는 독신 여성은 50세가 넘으면 어떤 상속권도 인정받지 못하게 되었다. 그뿐만 아니라 그 독신 여성이 5만 세스테르티우스 이상의 재산을 갖고 있으면, 50세가 넘자마자 이것을 유지할 권리마저 잃게 된다. 몰수되어 국고로 들어가는 것은 아니지만, 다른 사람에게 양도해야 한다. 자녀를 낳아 키움으로써 국가에 봉사하지 않았으니까, 즉 국가에 대한 의무를 다하지 않았으니까, 사유재산 보호를 이념으로 삼고 있는 로마법의 기본권도 누릴 자격이 없다는 것일까.

그러나 독신 여성의 불리함은 이것으로 그치지 않았다. 로마 시민권을 가진 남자는 직접세 면제의 혜택을 계속 누리는 반면, 2만 세스테르티우스 이상의 재산을 가진 여자는 50세 이전이라도 남편감을 찾아 결혼할 때까지는 해마다 재산에서 들어오는 수입의 1퍼센트를 국가에 바치도록 규정되었다.

독신 여성에게만 부과되는 이 직접세는 결혼만 하면 면제되는 것이 아니다. 첫아이와 둘째아이를 낳을 때까지는 여전히 부과되다가, 세 번째 아이를 낳아야만 비로소 그 의무가 사라진다.

로마 시민권을 가진 남자라도 자녀가 없으면, 여자처럼 직접세를 내지는 않더라도 경제적인 불이익을 면할 수 없었다. 가진 재산에 관계없이 첫아이가 태어나야만 비로소 법정 상속인이 아닌 다른 사람에게도 유산을 상속할 권리를 가질 수 있고, 법정 상속인이 아니라도 유산을 상속받을 권리를 가질 수 있다.

근친자로 이루어진 법정 상속인에게 유산을 상속하는 것이 보통인 오늘날에는 이것이 그리 대단한 불이익이 아닌 것처럼 여겨질지도 모른다. 하지만 친구나 친지에게도 유산을 상속하는 것이 일반적이었던 고대 로마에서는 이 법률이 큰 영향을 미쳤다. 변호는 무보수로 하도록 정해져 있던 로마에서 키케로가 부자가 될 수 있었던 것은 변호해준 사람들의 유산을 상속받았기 때문이다.

'정식 혼인법'의 성립으로 독신자나 자식 없는 사람은 지금까지 말한 사회적·경제적 불이익 이외에 경력에서도 불이익을 감수해야 했다. 이 법률은 공직생활에서도 자식을 가진 사람을 우대하도록 명시해놓았기 때문이다.

1. 민회에서 선거를 통해 뽑는 공직자는 획득한 표 수가 같은 경우에 독신자보다 기혼자, 기혼자 중에서도 자녀를 가진 사람, 자녀를 가진 사람 중에서도 더 많은 자녀를 가진 사람이 우선권을 갖게 되었다.

2. 원로원 의석 취득도 자격과 능력이 비슷한 경우에는 위와 같은 순서로 우선권을 갖는다.

3. 원로원이 선임하는 '원로원 속주' 총독도 결혼 여부와 자녀수가 선발의 규준이 되었다.

4. '명예로운 경력', 즉 공직 경력을 거치는 동안, 한 번 임기를 마치면 다음 공직에 취임할 때까지 휴직 기간이 설정되어 있었는데, 이것도 자녀 1인당 1년씩 휴직 기간이 단축되었다. 따라서 자식이 많은 사람은 도중에 휴직 기간이 전혀 없이 국가 요직을 차례로 역임할 수 있게 되었다.

자식이 많은 아버지에게 특전을 베푼 아우구스투스는 자식을 많이 낳아서 키운 어머니에게 특전을 주는 것도 잊지 않았다.

자식을 셋 낳은 여자는 친정아버지가 행사할 수 있는 '가부장권'(파트리아 포테스타스)에서 해방되어, 자기 재산을 물려줄 사람도 마음대로 고를 수 있고, 남에게 받은 유산도 마음대로 사용할 수 있었다. 경제적으로는 완전한 남녀평등이다. 남성 중심 사회였던 그리스·로마에서 이것은 획기적인 개혁이었다.

또한 아우구스투스는 해방노예에게도 다산 장려책을 사용했다. 정식으로 결혼하여 자식을 많이 낳은 해방노예는 옛 주인과의 고용관계를 끊는 것까지 허용되었다. 주인의 온정으로 자유를 얻었든, 자기가 번 돈으로 자유를 샀든 간에, 노예 신분에서 해방된 사람이 계속 옛 주인을 위해 일해주는 것은 로마에서는 보통이었다. 주종관계가 아니라 고용관계가 되었지만, 나름대로 속박도 있었다. 그런데 아우구스투스의 법률에 따라, 자식을 많이 낳은 아버지라면 일찍이 노예였던 사람도 독립된 소키에타스(회사)를 세워, 그 방면의 재능을 마음껏 발휘할 수 있게 되었다.

결혼을 시키고 자식을 많이 낳게 하려고 이렇게까지 고심한 이상, 이혼을 방치하는 것은 공평하지 못하다. 다만 독신을 금지한 게 아니라 독신자에게 불리한 규정을 만든 것과 마찬가지로, 이혼 자체는 금지하지 않고 이혼하기가 어렵도록 규정을 바꾸었다.

이전에는 이혼할 때 공표할 필요가 없었지만, 이제는 공표 의무가 부과되었다. 또한 로마 시민 7명이 증인을 서지 않으면 이혼을 공표할 수도 없었다. 이 의무를 게을리한 사람에게는 벌금이 부과되었다.

이전에는 두 당사자와 아내쪽 아버지의 의향만으로 이혼이 성립되었지만, 이제는 원로원 의원을 위원장으로 하는 가정법원 같은 위원회에서 이혼 허가 여부를 논의하여 이혼을 인정한다는 결정을 내려야만 비로소 이혼이 성립되었다. 가정 문제가 공적인 문제로 바뀌면 주춤하게 되는 인간의 심리를 찌른 묘수였다고 말할 수밖에 없다.

건전한 '국가'(레스 푸블리카)는 건전한 '가족'(파밀리아)의 보호와 육성이 없이는 성립되지 않는다고 생각한 아우구스투스는 불륜을 엄벌에 처했다. '간통 및 혼외정사에 관한 율리우스법'에서는 유부녀가 불륜관계를 맺을 경우 재산의 3분의 1을 몰수하고 외딴섬으로 종신 추방하도록 규정했다. 자유민으로 태어난 로마 시민과 재혼하는 것도 불가능하다.

그러면 남편이 불륜관계를 맺은 경우에는 어떻게 될까. 실제로는 불문에 부친 모양이다. 그렇긴 하지만, 상대가 유부녀라면 애인을 불륜죄로 몰아넣었다는 수치심과 죄의식에서 좀처럼 해방되지 못했을 것이다. 또한 인간성의 현실에서 보아도, 남편의 외도보다는 아내의 외도가 가정의 붕괴로 이어지기 쉬운 것도 사실이었다.

남편의 불륜도 그냥 내버려둔 것은 아니었다. 로마의 창녀들은 관청에 등록해야 할 의무가 있었다. 안찰관은 모든 창녀의 명단을 갖고 있으며, 그 명단은 해마다 새롭게 작성되었다. 불륜 상대가 이 명단에 실려 있지 않은 경우, 즉 창녀가 아닌 여자인 경우에는 놀랍게도 '스투프룸'(강간죄)으로 처벌받게 되었다. 이래서는 바람도 목숨을 걸고 피워야 한다. 불륜의 명수이기도 했던 카이사르가 하늘에서 큰 소리로 웃었을 게 분명하다.

그러나 이렇게까지 '윤리 대책'에 열성을 보인 아우구스투스 자신은 제 발등에 불똥이 떨어질 염려는 하지 않았을까. 아우구스투스가 아직 서른 살 안팎이었을 때의 이야기지만, 안토니우스한테서 이런 편지를 받은 일도 있다.

"그대는 왜 나를 그토록 비난하는가. 내가 여왕(클레오파트라)과 같이 자기 때문에? 하지만 여왕은 내 아내니까, 나는 아내와 같이 자는 것이다. 그것도 어제 오늘 시작된 일이 아니라, 벌써 9년 전부터다. 그리고 그대도 리비아 한 사람하고만 잠자리를 같이하는 건 아니잖은가. 그대가 이 편지를 읽고 있을 때 잠자리 상대는 누구인가? 테르툴라? 테렌티아? 루필라? 아니면 살비아 티티세니아? 하지만 여자들 이름을 열거해봤자 부질없는 일이다. 여자라면 누구나 그대를 뜨겁게 달구어놓을 수 있을 테니까."

45세의 아우구스투스가 방종한 사생활을 고쳤는지 어떤지는 제쳐놓고, '간통 및 혼외정사에 관한 율리우스법'과 '정식 혼인에 관한 율리우스법'의 시행 시기는 이 법률이 성립된 시점부터 3년 뒤로 결정되었다. 세간의 평이 나빴기 때문이라기보다, 이 법률의 성질상 3년의 유예 기간을 줄 테니 그동안 문제를 잘 처리하라는 의미였을 것이다. 하지만 실시 시기가 3년 더 늦추어졌다니까, 평이 나빴던 것도 사실이었을 것이다.

실제로 아이는 낳고 싶다고 해서 마음대로 낳을 수 있는 것은 아니다. 아우구스투스 자신도 그토록 자식을 원했건만, 아내 리비아한테서는 끝내 자식을 얻지 못했다. 그래서 27년 뒤인 서기 9년에 이 두 가지 법률의 수정안이 성립되었다. '파피우스 포페우스법'의 제안자인 그해의 집정관이 둘 다 독신이었다니 웃을 수밖에 없다. 호민관 특권으로 거부권을 가지고 있는 아우구스투스가 그 권리를 행사했다면, 수정안은 성립되지 않았을 것이다. 그런데 성립된 것은 아우구스투스도 수정의 필요성을 인정했다는 뜻이다.

'파피우스 포페우스법'은 어디까지나 수정법이다. 두 개의 '율리우스법' 가운데 어느 부분이 수정되었는가를 보면 아우구스투스의 생각 가운데 어느 부분이 악평을 얻었는지도 알 수 있다. 수정된 조항은 다음 세 항목이었다.

1. '율리우스법'에서는 결혼하고도 자식을 낳지 않으면 남편과 아내가 근친자가 아닌 한 남편이나 아내의 재산에 대한 상속권이 인정되지 않았지만, '파피우스 포페우스법'에서는 후천적 혈연자라는 이유로 상속권이 인정되었다. 다만 자녀가 있을 경우에 상속받을 수 있었던 액수의 절반밖에는 상속받을 수 없다.

2. 독신 여성에게는 남에게 유산을 물려줄 권리도 남의 유산을 받을 권리도 없었지만, 재혼하면 그 권리를 당장 회복할 수 있도록 바뀌었다.

3. '율리우스법'에서는 자녀가 없는 과부가 1년 안에 재혼하지 않으면 그때부터는 독신 여성과 동등하게 간주되어 그로 인한 불이익을 감수해야 했다. 또한 그 후에 재혼하여 자식을 낳았다 해도, 재산에서 들어오는 수입의 1퍼센트인 직접세를 당장 면제받는 것은 아니다. 면세권을 완전히 인정받는 것은 셋째 아이가 태어난 뒤부터였다. 그런데 '파피우스 포페우스법'에서는 재혼만 하면 상속권을 회복할 수 있고, 1퍼센트의 직접세도 첫아이가 태어나면 당장 면제되도록 바뀌었다.

'율리우스법'에 앞장서서 반대한 사람들이 여성 군단이었던 기미가 엿보여서 흥미롭지만, 제안자인 아우구스투스는 이 두 가지 법률을 정착시키려는 굳은 의지를 갖고 있었다. 그러기 위해 그는 캠페인까지 벌이면서 사람들을 계몽하는 데 힘썼다.

'간통 및 혼외정사에 관한 율리우스법'과 '정식 혼인에 관한 율리우스법'이 성립된 직후의 일이라고 한다. 노인 하나가 아우구스투스의 초대를 받고 수도 로마를 방문했다. 초대를 받은 것은 노인 한 사람만이 아니었다. 자식 8명과 손자 35명, 증손자 18명도 함께 초대를 받았다. 황제는 이 이름없는 일개 시민을 마치 개선장군이라도 되는 것처럼 열렬히 환영했다. 자식과 손자와 증손자들을 거느린 노인은 아우구스투스의 안내를 받아 카피톨리노 언덕에 서 있는 유피테르 신전을 참배한다. 황제는 이 노인이야말로 로마 시민이 귀감으로 삼아야 할 사람이라고 칭찬했다.

로마 제국이 인종과 민족과 계급을 따지지 않고 인재를 활용하는 카이사르의 노선을 포기한 것은 아니다. 카이사르의 개방 노선과 로마 시민권 소유자 계층을 충실화하려는 아우구스투스의 노선은 서로 단점을 보완하면서, 그 후 제국 인재 활용의 기본 개념이 되었다.

아우구스투스 이후의 황제인 티베리우스와 클라우디우스와 네로도, 에스파냐 출신 황제인 트라야누스와 하드리아누스도, 북아프리카 출신인 세베루스 왕조의 황제들까지도 기원전 18년에 성립된 두 개의 '율리우스법'을 제국 운영의 기본 정책으로 중시하는 태도를 보였다. 이런 상황은 기독교의 승리로 말미암아 독신의 가치가 최고로 높아질 때까지 계속된다.

아우구스투스가 만든 두 법률은 개인의 인권을 존중하는 계몽주의 사상을 거친 오늘날의 역사가들한테는 악평을 받아야 당연할 텐데, 실제로는 그 반대이니 재미있다. 자식을 적게 낳으려는 풍조와 그에 대한 대책이 선진국 출신인 그들에게는 남의 일이 아닌지도 모른다. 세금을 공제해주거나 가족 수당을 늘려주는 정도의 대책으로는 이 문제를 해결할 수 없다는 게 내 생각이다.

자식이 없으면 세금면에서 불리하거나 출세에 지장이 있다는 이유로 자녀를 낳았다 해도, 아이는 낳고 보면 귀여운 법이다. 결혼을 하지 않은 독신자가 여러 가지 불이익을 감수해야 한다면, 상대를 마음대로 골라잡아 즐긴다는 인간성에 대한 불손한 태도를 고쳐볼 마음이 들지도 모른다. 기독교는 신에게 맹세했다는 이유로 이혼을 금하고 있지만, 이것도 진보주의자들이 주장하는 것만큼 악법이라고는 생각되지 않는다. 이혼 금지를 해제하면 쉽게 이혼 결정을 내릴 수도 있지만, 이혼이 신의 뜻을 거스르는 것이라면 이혼을 결행하기 전에 열 배는 더 심사숙고하지 않을까. 곰곰 생각해보면 그냥 참고 넘어가도 좋은 일이라는 것을 깨달을지도 모른다.

그렇긴 하지만, 이혼 하나만 놓고 보아도 기독교와 로마인의 사고방식이 전혀 다른 것은 흥미롭다. 기독교는 금지한 것을 위반했기 때문에 내려지는 벌로 생각하는 반면, 로마인은 이혼을 금지하지는 않지만 이혼하면 불이익을 감수해야 한다고 생각한다. '법의 정신'이란 바로 이런 '균형 감각'을 가리키는 게 아닐까. 아우구스투스가 그다음에 착수하는 일도 그의 균형 감각이 얼마나 뛰어난가를 보여주게 되었다.

균형 감각이란 서로 모순되는 양극단의 중간점에 자리를 잡는 것은 아니다. 양극단 사이를 되풀이하여 오락가락하고, 때로는 한쪽 극단에 가까이 접근하기도 하면서, 문제 해결에 가장 적합한 한 점을 찾아내는 영원한 이동 행위가 아닐까.

자유와 질서는 서로 모순되는 개념이다. 자유를 지나치게 존중하면 질서가 파괴되고, 질서를 지키는 데 지나치게 전념하면 자유가 사라진다. 하지만 이 두 가지가 양립하지 않으면 곤란하다. 자유가 없는 곳에는 진보가 없고, 질서가 지켜지지 않으면 진보는커녕 오늘의 목숨조차 위태로워지기 때문이다.

이런 사고방식은 광신과는 전혀 관계가 없지만, 철학을 낳은 그리스인이나 법률의 아버지인 로마인에게는 지극히 자연스럽게 피부에 와닿는 사고방식이다. 로마인은 법의 창시자이면서도, 다음과 같은 금언을 남겼다.

"공정하게 만들어지는 것이 법률이지만, 그 법률을 지나치게 엄정히 실시하는 것은 불공정으로 이어진다."

혁신적이었던 카이사르에 비해 아우구스투스는 보수적이었다고 말하는 연구자가 적지 않다. 이것은 두 사람의 업적에 나타난 것만 문제 삼아서, 그것을 현대인의 사고방식으로 분석한 결과일 뿐이다. 마키아벨리는 16세기에 이미 이렇게 말하고 있다.

"카이사르가 죽지 않고 천수를 누렸다면, 그의 정책이 그대로 추진되지는 않았을 것이다."

앞으로 이야기할 내용은 로마에 예부터 전해 내려오는 종교로 돌아가려는 아우구스투스의 복고 노선인데, 이것은 그의 보수성을 보여주는 좋은 예로 여겨질지도 모른다. 하지만 혁신적인 인물로 평가받고 있는 카이사르는 아직 본격적으로 정계에 진출하지 않은 37세 때, 권력과는 직접적인 관계가 없는 종교계의 우두머리인 '최고 제사장'(폰티펙스 막시무스) 자리에 집착했다.

신앙심

기원전 17년, 로마의 전통 종교 부활에 착수했을 당시, 아우구스투스는 아직 최고 제사장이 아니었다. 카이사르가 사망한 뒤 그 자리에 취임한 레피두스가 생존해 있었기 때문이다. 최고 제사장은 로마에서는 유일한 종신 공직이었다. 제2차 삼두정치의 일원인 레피두스는 또 다른 일원인 안토니우스만큼 극적인 패배를 맛보지는 않았지만, 안토니우스와 마찬가지로 아우구스투스와의 권력 투쟁에서 패배했다. 자진해서 은퇴한 뒤로는 수도에 나오는 일도 드물어졌다. 이 레피두스가 죽은 것은 기원전 12년이었다. 그해에 비로소 아우구스투스는 최고 제사장에 취임한다. 공석이 된 이 자리에 입후보하여 당선된 것이다.

그러나 기원전 17년 당시에 아우구스투스는 최고 제사장이 되지는 않았지만, 로마의 종교계를 재편성할 수 있는 권한을 부여받고 있었다. 우선 그 자신이 제사장(폰티펙스)의 한 사람이었다. 그리고 무엇보다도 '윤리 개혁'의 책임자였다. 그는 『업적록』에 이렇게 기록했다.

"마르쿠스 비니키우스와 퀸투스 루크레티우스가 집정관이었던 해(기원전 19년), 푸블리우스 렌툴루스와 그나이우스 렌툴루스가 집정관이었던 해(기원전 18년), 그리고 파울루스 막시무스와 퀸투스 투베로가 집정관이었던 해(기원전 11년), 원로원과 민회는 나를 단독으로 최고 권한을 갖는 윤리 개혁 책임자로 선출했다."

로마에서는 예부터 '세기제'(世紀祭, 루디 사이쿨라레스)가 열리고 있었다. 이는 비정기적이었고, 의미도 확실치 않았다. 아우구스투스는 이 축제를 정기적인 행사로 바꾸고, 의미도 부여했다. 또한 어떤 식으로 진행할 것인가에 대한 교범을 만들고, 그것을 대리석판에 새겨서 포로 로마노의 건물벽에 박아넣었다. 이 축제에는 누구나 제한없이 참가할 수 있었고, 로마인이 아니라도 원하면 참가가 허용되었다.

5월 31일부터 사흘 밤 사흘 낮이 '세기제'를 여는 시기로 결정되었다.

이를 위해 며칠 전부터 제사에 쓸 밀과 보리, 누에콩을 일반인한테 기부받기 시작한다. 동시에 국가는 각 가정에 제사 참가자를 정화하기 위한 유황과 타르를 배급했다. 이것을 불에 태워 피어오르는 연기로 부정을 없애는 것이다. 무척 고약한 냄새가 나는 정화였을 것이다.

5월 31일 날이 저물면, 마르스 광장에서도 테베레강변 쪽의 '타렌툼'이라는 곳을 무대로 축제 첫날 밤이 시작된다.

주최자인 아우구스투스와 아그리파가 사제 15명을 거느리고 입장한다. 둘 다 제사를 올릴 때의 옷차림을 하고 있다. 제사 때의 옷차림이라 해도, 평상시에 입는 토가 자락으로 머리를 덮는 것뿐이니까 간단하다. 불교의 가사나 장삼, 기독교에서 신부나 주교가 미사를 드릴 때 입는 예복이 화려하고 독특한 것은 불교와 기독교가 독자적인 사제 계급을 갖는 종교인 까닭에 그들의 존재를 과시할 필요도 있었기 때문일 것이다. 로마의 제사장은 선거로 뽑는 공직이니까, 법적으로는 시민이라면 누구나 제사장이 될 수 있다. 따라서 토가 자락으로 머리를 덮는 정도로도 충분하다.

머리만 감춘 하얀 토가 차림의 아우구스투스와 아그리파는 횃불빛을 받으며 양과 산양을 각각 아홉 마리씩 운명의 여신에게 산 제물로 바치는 의식을 거행한다. 제단 위에서 양과 산양들이 도살되어 불태워지는 동안 사제들은 기도를 읊조린다. 기도 내용은 로마인이 건강과 지혜를 얻고, 로마의 승리와 독립과 평화가 유지되게 해달라는 것이다.

이 의식이 끝나면, 그리스와 로마의 축제에 늘 따라다니는 운동경기가 시작된다. 경기의 목적은 경쟁보다는 신들에게 즐거움을 드리는 데 있기 때문에, 한 단 높게 마련된 무대 위에서 경기가 벌어진다. 아우구스투스를 비롯한 모든 사람이 전통적인 방식에 따라 선 채로 경기를 구경한다.

남자들만의 제사와 운동경기가 끝나면, 이번에는 여자들이 나설 차례다. 기혼 여성 110명이 그날 요리해둔 공물을 유노 여신과 디아나 여신에게 바친다. 이 의식은 '성스러운 만찬'이라고 불렸는데, 그 까닭은 여신들에게 바친 공물이 나중에 모든 참가자에게 분배되기 때문이었다.

이튿날인 6월 1일 오전에는 무대가 카피톨리노 언덕으로 옮겨진다. 수많은 참가자가 모인 가운데 사제를 15명 거느린 아우구스투스와 아그리파가 하얀 토가 자락으로 머리를 덮고 등장한다. 두 사람은 제각기 황소를 한 마리씩 끌고 있다. 산 제물로 바치는 동물이 황소인 것은 그

날이 최고신 유피테르에게 기원하는 날이기 때문이다.

황소가 도살되어 제단 위에서 불태워지는 동안, 사제들은 유피테르 신에게 기도를 드린다. 내용은 전날 밤과 같다. 그동안 마르스 광장의 타렌툼에서는 전날 밤과 마찬가지로 운동경기가 벌어진다.

6월 1일 날이 저물면, 무대는 다시 마르스 광장으로 돌아간다. 그러나 이날 밤 아우구스투스와 아그리파는 산 제물을 바치는 의식을 거행하지 않는다. 이날 밤에 기원할 상대는 다산을 관장하는 여신이기 때문이다. 여신에게 바칠 공물로는 밀과 보리와 누에콩 가루로 만든 세 종류의 빵이 27개 마련된다. 빵이라고는 해도 오늘날 이탈리아에서 포카차라고 부르는 피자 비슷한 것이다. 공물을 바치면서 읊조리는 기도 내용은 전과 마찬가지다.

이튿날인 6월 2일 아침, 무대는 다시 카피톨리노 언덕으로 돌아간다. 이날 아우구스투스와 아그리파는 제각기 암소를 한 마리씩 끌고 등장한다. 기원할 상대가 최고신 유피테르의 아내인 유노이기 때문이다. 여신에게 기원하는 날이기 때문에, 산 제물을 바치는 의식을 거행하는 동안 드리는 기도에는 기혼 여성 110명도 참가한다. 그녀들은 주최자인 두 사람의 등 뒤에 무릎을 꿇고 기도를 드린다. 기도 내용은 늘 마찬가지다. 그동안 마르스 광장에서는 운동경기가 계속된다.

날이 저문 뒤에는 테베레강변의 타렌툼으로 무대가 다시 옮겨진다. 제사를 드리는 것은 여전히 아우구스투스와 아그리파. 복장도 여전히 머리를 덮은 하얀 토가 차림이다. 다만 이날 밤 기원할 상대는 임신을 관장하는 대지의 여신이다. 따라서 산 제물로 바쳐지는 동물도 암퇘지로 바뀐다. 여신에게 바치는 제사이기 때문에 두 남자는 기혼 여성 110명을 거느린다. 기도 내용은 늘 마찬가지다. 제물로 바쳐진 동물을 불에 구워, 그 고기를 참석자들에게 나누어주는 것도 마찬가지다.

이튿날인 6월 3일 아침, 아우구스투스와 아그리파가 제사를 드리는 무대는 팔라티노 언덕의 아폴로 신전으로 옮겨진다. 세 종류의 빵 27개를 아폴로 신과 디아나 여신에게 바친다. 기도 내용은 늘 마찬가지다.

축제는 아침에 끝나지 않는다. 처음에는 팔라티노 언덕, 다음에는 카피톨리노 언덕으로 무대를 옮겨 '세기제'의 마지막 장면이 펼쳐진다.

하얀 토가 차림으로 등장한 로마 제국의 통치 책임자 두 사람은 소년 27명과 소녀 27명을 거느리고 있다. 모두 새하얀 투니카(짧은 겉옷) 차림이고, 머리에는 화관을 쓰고 있다. 이날은 산 제물도 없고 공물도 없다. 군중이 지켜보는 가운데 소년 소녀들은 아우구스투스의 의뢰를 받아 시인 호라티우스가 지은 '세기제 찬가'(카르멘 사이쿨라레)를 합창한다. 이 시는 지금까지 남아 있어서 전체를 번역하고 싶지만, 길이가 3쪽이나 되기 때문에 생략하겠다. 한마디로 요약하면, '아름답고 건전한 로마여, 영원하라'는 내용이다. 비둘기떼라도 공중에 풀어주었다면, 올림픽 개회식 같았을 거라는 생각이 든다.

농담은 그만두고, 테베레강을 건너오는 상쾌한 바람을 맞으며 밤에도 맑은 감청색을 띠는 로마의 하늘 아래서 타오르는 횃불이 주위를 환히 비추는 가운데 진행되는 밤의 의식은 신비에 가득 차, 참가한 사람들을 매혹시켰을 것이다.

초여름의 맑은 아침 햇살 아래, 하얀 대리석 신전 앞에서 벌어지는 의식. 하얀 토가 차림으로 신들에게 드리는 엄숙한 기도. 새하얀 투니카 차림에 화관을 머리에 쓴 소년 소녀들의 합창. 이런 것들을 보고 듣는 로마인의 가슴속에서는 자신들의 힘에 대한 확신과 미래에 대한 희망이 활활 타올랐을 게 분명하다. 소박하고 건전하면서도 화려한 것은 로마인의 이상적인 자세였다.

이 '세기제'를 전형으로 하는 제사는 어디까지나 국가의 제사다. 아우구스투스는 민간 신앙을 재편성하는 것도 필요하다고 생각했다.

로마인의 가정에는 반드시 그 집안의 수호신과 조상들의 '영혼'을 모시는 구역이 있다. 그렇긴 하지만 누구나 이런 '가정 신앙'을 가질 수 있는 것은 아니다. 특히 국제도시가 되어가고 있는 수도 로마에는 제단을 둘 만한 공간도 없는 고층 주택에 살거나 셋방살이를 하는 타관 사람이 적지 않았다. 이들도 정신적으로 의지할 만한 곳을 가까운 데 둘 수 있게 해야 한다는 것이 민간 신앙을 재편성할 필요가 있다는 발상의 출발점이었다.

도시 내부에 그물처럼 얽혀 있는 것이 도로인 이상, 네거리나 교차로는 많이 있다. 그 네거리마다 그 규모에 걸맞은 크기의 사당이나 제단이 만들어졌다. '그 일대의 수호신'이나 '아우구스투스의 영혼'을 모시는 장소다. 사당이나 제단은 그 구역의 행정 담당자(요즘 말로 하면 구청 공무원)가 책임지고 관리한다. 이로써 토박이 로마인이 아닌 타관 사람이나 노예들도 신앙의 대상을 가질 수 있게 되었지만, '그 일대의 수호신'은 그렇다 쳐도, 아직 살아 있는 아우구스투스의 '영혼'을 모신다는 것은 일신교만 종교로 생각하는 현대인에게는 납득이 가지 않을지도 모른다. 유대교 외에는 모두 다신교였던 고대에는 이것도 충분히 용납될 수 있는 생각이었다.

'영혼'(게니우스)이라 해도 반드시 사자(死者)의 영혼만을 의미하지는 않는다. 우선 수호신이라는 의미가 있다. 그밖에 능력, 자질, 천분, 정신, 진수라는 의미도 있었다. 아우구스투스의 영혼을 모시는 행위는 아우구스투스의 뛰어난 천분을 닮고 싶다는 소망의 표현이기도 했다. 그렇기 때문에 그 사람이 아직 살아 있어도 전혀 지장이 없다. 대상의 생사와는 관계없는 감정이기 때문이다. 라틴어에 기원을 두고 있는 이탈리아어에서는 영화배우를 지칭할 때 남자는 디보(divo), 여자는 디바(diva)라고 하는데, 이것은 '신과 같은 사람'이라는 의미다. '별'(스타)과도 무관하지 않다. 신과 같을 만큼 뛰어난 천분을 타고난 사람은 죽은 뒤에 별이 된다고 고대 로마인들은 믿었기 때문이다.

학자들이 지적해주기를 기다릴 필요도 없이, 아우구스투스는 자기가 살아 있는 동안 신격화되는 것을 몹시 싫어했지만, 이 '아우구스투스의 영혼' 신앙이야말로 훗날의 황제 숭배로 이어지게 된다.

로마인의 신앙을 일신교의 사고방식으로 다루는 한 그들의 생각은 절대로 이해할 수 없다. 로마의 다신교를 대신하여 들어선 일신교인 기독교도 로마 시절에 네거리마다 서 있던 사당 형식을 계승했다. 물론 기독교 신은 하나니까 네거리마다 아무거나 모실 수는 없었지만, 그리스도나 성모 마리아나 그 지역의 수호성인으로 되어 있는 사람의 초상을 곳곳에 세워놓았다. 그 앞을 지나가는 사람들은 잠깐이나마 멈춰서서 성호를 긋는다. 일신교든 다신교든, 이런 신앙심의 표현이야말로 인간적이기 때문이다.

'천분'을 찬양받는 것도 쉬운 일은 아니다. 또한 '아름답고 건전한 로마'도 신들에게 기원하고 소년 소녀들이 합창하는 것만으로는 영원하기는커녕 내일이라도 당장 무너질지 모른다. 47세를 맞이한 아우구스투스의 '자질' 중에서도 가장 좋은 요소는 바로 뛰어난 현실 감각이었다.

알프스

이탈리아에서 알프스산맥을 넘어 갈리아로 가는 데에는 주요 루트만 해도 네 개가 있었다.

첫 번째 루트는 아오스타에서 북상하여 알프스에 이른 다음, 이탈리아어로 그란 산베르나르도라고 부르는 큰 고개를 넘어 오늘날 스위스의 레만호에 이르는 길.

두 번째 루트는 아오스타에서 서쪽으로 나아가 피콜로 산베르나르도

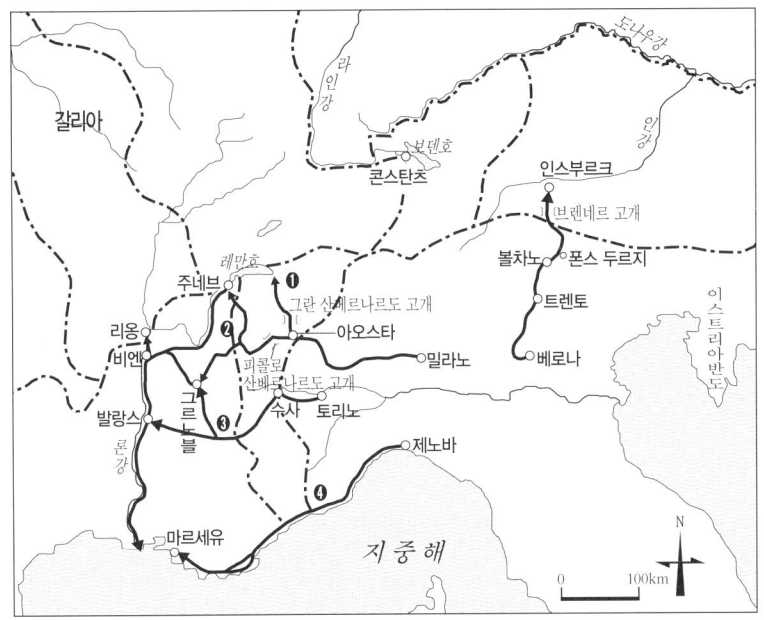

알프스를 넘는 주요 루트 4개와 기원전 16년~기원전 15년에 드루수스가 택한 행군로

고개를 통해 알프스를 넘은 다음, 주네브나 그르노블을 지나 오늘날 프랑스의 리옹에 이르는 길.

세 번째 루트는 토리노에서 서쪽으로 나아가 수사 골짜기를 오르는 방법으로 알프스를 넘는 길이다. 오늘날의 프랑스로 들어간 뒤에는 북쪽으로 방향을 잡으면 비엔을 지나 리옹에 이르고, 남쪽으로 방향을 돌리면 발랑스를 거쳐 론강을 따라 내려가 지중해로 나가게 된다. 로마인들은 이 루트를 거기에 사는 부족의 이름을 따서 '알페스 코티아이'라고 불렀다.

네 번째 루트는 제노바에서 마르세유까지 지중해를 따라 뻗어 있는 길인데, 로마인들은 이를 '바다쪽 알프스'(알페스 마리티메)라고 불렀다. 이 길이 다른 곳보다 앞서 정비된 것은 남프랑스 속주와 에스파냐 속주로 가는 통로였기 때문이다. 이 루트에는 로마식 가도가 150년 전부터 이미 깔려 있었다.

　기원전 16년 당시, 로마는 이 네 루트를 모두 사용하고 있었으니까 굳이 아우구스투스가 몸소 나설 필요도 없었다. 다만 세 번째 루트인 '알페스 코티아이'만은 독립 부족의 지배를 받고 있었다. 카이사르는 갈리아 민족인 이 산악부족의 부족장에게 로마 시민권을 주고, 자신의 성(姓)인 율리우스까지 주어 동맹관계를 맺었다. 그래서 왕을 자칭하던 이 부족장의 이름은 순전히 로마식으로 마르쿠스 율리우스 코티우스였다. 로마의 동맹자라는 사실은 알프스 산악부족들 사이에서 코티우스의 지위를 강화해주었다. 직접 지배하지는 않더라도, 코티우스의 권위는 이탈리아와 갈리아를 잇는 네 개 루트 주변의 모든 주민에게 미쳤다. 아우구스투스는 율리우스 코티우스를 알프스 담당 '장관'에 임명하여 로마 제국의 통치체제 속으로 끌어들인다. 카이사르가 씨를 뿌려놓은 방법이 좋았는지, 이 합병은 평화적으로 끝났다. 알프스를 넘는 루트는 이리하여 모두 로마의 것이 되었다. 로마의 것이 되자마자 아우구스투스가 한 일은 말할 나위도 없이 이 루트를 로마 가도화하는 것, 즉 고속도로화하는 것이었다. 이탈리아와 갈리아 사이의 알프스를 넘을 때 이 세 번째 루트를 이용한다면, 토리노에서 발랑스까지의 거리는 365킬로미터, 도보로는 열흘이 걸렸다.

　알프스를 넘는 루트를 모두 정비한 것은, 본국을 중시한다고 생각하기 쉬운 아우구스투스가 사실은 국경을 넘는 넓은 시야의 소유자였음을 보여주는 예다. 그런데 '서쪽'을 정비한다면 '동쪽'을 정비하는 일도 빼놓을 수 없다. 그리고 그것을 위한 기회는 언제나 그렇지만 적이 가져다주었다.
　이 무렵 일리리쿰에 주둔하고 있는 군단이 동맹자였던 북방 부족의 습격을 받았다. 로마에서는 이 군단을 지원하기 위해 아그리파를 북쪽으로 파견했다.

도나우강

카이사르에게 로마 시민권을 받아서 본국과 동등해진 루비콘 이북의 북이탈리아를 방어하는 것은 서쪽에서 동쪽으로 빙 둘러 있는 알프스산맥이다. 오늘날의 지명으로는 프랑스 알프스, 스위스 알프스, 오스트리아 알프스가 이어지고, 현재의 슬로베니아와 접경한 지역에서 산맥이 끊긴다.

우뚝 솟은 산들을 방어선으로 삼는 것은 참으로 합리적인 전략처럼 여겨진다. 그런데 사실은 반대다. 첫째, 인간은 뒤에서 습격당하는 데에는 실제 이상의 위협을 느끼는 법이다. 둘째, 방어를 위한 기지는 높이 솟은 산들 앞에 쌓을 수밖에 없고, 따라서 아무리 높고 아무리 견고하게 쌓아도 효과를 기대할 수 없다. 또한 높은 곳에서 공격해 내려오는 것은 낮은 곳에서 방어하는 것보다 훨씬 유리하다. 그렇다면 산꼭대기에 요새를 쌓으면 되지 않느냐고 생각할지 모르나, 이것도 감시가 목적이라면 모를까, 방어에는 별로 도움이 되지 않는다. 기후를 비롯하여 모든 것이 악조건인 산속에 적의 공격을 막아내기에 충분한 병력을 주둔시킬 수는 없기 때문이다.

산맥을 방어선으로 할 때의 불리함을 처음 깨달은 로마인은 카이사르였다. 그의 갈리아 정복은 국가 로마의 방어선을 알프스산맥에서 라인강으로 옮기는 방위전략의 일환이었다. 산이 아니라 강을 방어선으로 삼는다는 생각이 카이사르 이후 로마의 전략이 된다. 강이라면 건너편을 바라볼 수 있어서, 적을 관찰하기가 훨씬 쉬워지기 때문이다. 병사들한테는 반드시 적을 보여주어야 한다. 보이지 않는 적만큼 병사들을 불안에 빠뜨리는 것은 없다. 강변이라면 또한 많은 병력을 주둔시킬 수도 있었다.

라인강 방어선은 카이사르가 확립해주었다. 유프라테스강은 아우구스투스가 외교 교섭으로 해결했다. 흑해도 남쪽은 속주, 동쪽은 동맹국으로 이루어져 있고, 북쪽의 보스포루스 왕국과도 동맹을 맺어 '팍스 로마나'는 절반쯤 완성되어 있었다. 남은 것은 도나우강이다. 카이사르가 파르티아 원정에서 돌아오는 길에 제패할 작정이었던 도나우강의 남쪽 연안 일대가 아직 남아 있었다. 오늘날로 치면 서쪽에서 동쪽으로 독일·오스트리아·헝가리를 지나 옛 유고슬라비아의 세르비아와 불가리아에 이르는 광범위한 지역이니까, 그렇게 간단히 해결할 수 있는 문제는 아니다. 이것을 끝내야만 비로소 흑해 서안까지 포함하는 로마 제국의 북동부 방어선이 확립된다.

무슨 일이든, 일을 추진할 때 가장 중요한 전제조건은 정확한 정보를 얻는 것이다. 로마 제국의 본국인 이탈리아반도에 대해서는 이미 카이사르가 가도와 다리까지 표시한 지도를 만들어두었다. 당시 로마인의 시야에 들어와 있던 세계─영국에서 아프리카를 거쳐 인도에 이르는 세계─의 지형도는 아그리파가 처음으로 만들었다고 한다.

아그리파가 그 커다란 지도를 그가 지은 공공건물 벽에 각양각색의 대리석판을 끼워넣는 방식으로 전시했기 때문에 누구나 볼 수 있었다. 물론 아우구스투스도 개인용 지도를 갖고 있었다. 그것은 지방에 따라 색깔이 다른 대리석 조각을 끼워넣은 것과 파피루스에 그려넣은 지도 등 두 종류였다고 한다.

이 지도는 남아 있지 않아서 얼마나 정확했는지는 알 수 없다. 아마도 기원전 2세기에 이집트에서 살았던 그리스인 프톨레마이오스가 만든 세계 지도만큼은 정확했을 것이다. 카이사르의 의뢰를 받아 이탈리아 지도를 만든 것도 그리스인이었다. 어느 경우든 정확성을 기하는 것

프톨레마이오스의 세계지도(도나우강 이남)

은 마찬가지지만, 지도를 그리스인은 순수한 지식욕으로 만들고 로마인은 현실적인 필요성 때문에 만든다. 아우구스투스의 시선이 도나우강에 쏠리는 것도 시간문제였을 것이다.

아우구스투스는 『업적록』에도 "적에게 공격당하지 않는 한 나는 한 번도 전투에 호소한 적이 없다"고 썼다. 북동 알프스의 한 산악부족이 이스트리아반도를 습격한 것은 도나우강 문제를 해결하는 데 다시 없이 좋은 기회로 보였을 것이다. 습격은 간단히 물리칠 수 있었는데, 이를 계기로 로마군이 북쪽으로 진격하면서 대대적인 원정을 시작했기 때문이다.

기원전 16년, 북진해 올라가는 대규모 군사행동은 아그리파의 총지휘로 시작되었다. 26세의 티베리우스와 그의 동생인 22세의 드루수스가 진두지휘를 맡았다. 아우구스투스가 리비아와 결혼했을 당시 티베리우스는 겨우 세 살이었고 드루수스는 아직 배 속에 있었지만, 이제는 둘 다 늠름한 젊은 장수로 성장해 있었다. 산악부족과의 전투는 둘 다

에스파냐에서 이미 경험했다. 당면한 적은 오늘날의 티롤 주변에 살고 있던 라이티아족이었다.

아그리파가 짠 작전은 베로나에서 북상한 드루수스 군대와 갈리아에서 라인강을 건너 남동쪽으로 진격한 티베리우스 군대가 현재의 보덴호반에 있는 콘스탄츠에서 합류하여 남쪽으로 쳐들어간다는 것이었다. 이렇게 하면, 마치 큰 그물로 고기떼를 가두듯 오늘날의 스위스 전역에서 남쪽의 오스트리아 알프스까지를 제패할 수 있다.

전선기지인 베로나를 떠난 드루수스 군대는 그해 가을에는 벌써 트렌토 일대를 정복하고, 거기에 기지를 세웠다. 그 후에도 북진을 계속하여 볼차노에서 겨울을 맞는다. 그 일대는 오스트리아 알프스의 산속이었다.

20대의 젊은 장수가 이끄는 병사들은 엄동설한에도 따뜻한 베로나까지 후퇴하여 겨울을 나지 않았다. 로마 군단의 진정한 강점은 무기를 맞대고 싸우는 실전보다는 계획을 바탕으로 한 사전 준비의 완벽함에 있다. 기원전 16년에서 기원전 15년으로 넘어가는 겨울의 비전투기에는 공병으로 탈바꿈한 병사들이 전략 요충마다 참호를 둘러친 견고한 요새를 쌓고, 그 요새들을 연결하는 도로망을 정비하고, 다리를 놓는 등, 눈이 내리는 속에서도 이듬해 봄의 북진에 대비한 공사를 계속했다. 베로나까지 뚫려 있던 로마식 고속도로는 바로 이 시기에 트렌토까지 연장되었다.

이듬해인 기원전 15년 봄을 기다려 로마군은 다시 북방 원정을 재개했다. 드루수스 군대는 '드루수스 다리' 공사를 계속하면서 북쪽으로 진격하여, 브렌네르 고개를 넘어서 인스부르크에 이른다. 그 후에도 인강을 따라 행군을 계속하여 알프스를 벗어난 다음, 거기서부터는 콘스탄츠로 가기 위해 서쪽으로 방향을 바꾸었다.

갈리아에서 라인강을 건너 남동쪽으로 진격하던 티베리우스 군대도 순조롭게 행군을 계속하고 있었다. 여름을 맞기 전에 형제는 보덴호반에서 합류할 수 있었다. 콘스탄츠는 도나우강에서 50킬로미터쯤 떨어진 곳에 있다. 거기서 남쪽으로 향하는 로마군의 앞길을 가로막는 부족은 하나도 없었다. 기원전 16년과 기원전 15년의 2년 사이에 이탈리아 본국의 북쪽은 안전이 보장되었다.

수도 로마의 주민들도 이것의 의미를 완전히 이해했다. 아그리파의 대형 지도가 로마 주민들의 지리 감각을 높이는 데 이바지했는지도 모른다. 시인 호라티우스도 열광한 사람 가운데 하나였다. 그는 27세와 23세의 젊은 장수가 거둔 쾌거를 찬양하면서, 이는 두 사람이 영광스러운 명문 클라우디우스 씨족의 피를 이어받았기 때문이라고 노래한 시를 지었다.

'평화의 제단'

그리스인은 속세에서 떨어진 곳에 성소를 짓기를 좋아했지만, 로마인은 사람들이 분주히 오가는 곳이야말로 성소를 짓기에 어울리는 곳이라고 생각했다. 기원전 13년, 귀국한 아우구스투스를 맞이하여 원로원이 건설하기로 결의한 제단도 로마에서 북쪽으로 가는 플라미니아 가도가 테베레강을 향해 직선으로 뻗어 있는 구간에 세워졌다. 정식 명칭은 '아우구스투스의 평화의 제단'(알타스 파키스 아우구스타에), 통칭 '평화의 제단'인데, 아우구스투스의 노력으로 평화가 도래한 것을 경축하고, 그 평화가 오래 지속되기를 바라는 로마인의 마음을 상징하는 것이기도 했다.

'평화의 제단'을 건립하자는 구상이 원로원 의원들의 자발적인 발상인지, 아니면 2년이 넘도록 갈리아와 에스파냐에 머물면서 제국 통치 기반 확립에 전념하던 아우구스투스의 '사전 교섭'에 따른 결과인지는 알 수 없다.

그러나 그것은 그리 중요한 문제가 아니다. 평화를 경축하고 평화의 영속을 바라는 마음이라면 원로원 의원에서부터 서민에 이르기까지 모두 갖고 있었을 것이기 때문이다. 현대식으로 말하면 콘센서스, 라틴어로는 콘센수스가 완벽하게 이루어져 있었을 것이다. 하지만 원로원이 건립을 결의했다 해도, 그것을 어떤 식으로 만들 것인가에 대해서는 아우구스투스의 의향이 강한 영향을 미쳤을 게 분명하다.

기원전 13년에 착공하여 기원전 9년 1월에 완공된 '평화의 제단'은 그 명칭이나 하얀 대리석을 사용한 소박한 꾸밈새, 거기에 새겨진 돋을새김에 부여된 의미 등이 건전하고 검소한 아우구스투스의 인품을 그가 세운 어느 공공 건축물보다 잘 나타내고 있기 때문이다.

제단 정면은 오벨리스크를 이용한 해시계를 향해 열려 있었다. 아우구스투스가 세운 이 오벨리스크는 요즘으로 치면 국회의사당 앞 광장에 서 있다. 제단 규모는 가로 12미터, 세로 11미터의 정사각형에 가까운 직사각형. 고대 로마의 건축물로는 작은 편에 속한다. 플라미니아 가도 쪽을 향하고 있는 뒤쪽에도 입구가 또 하나 열려 있고, 제단 자체는 지붕이 없는 구조다. 또한 높은 곳에서 주위를 내려다보는 위압적인 구조도 아니다.

돌계단을 올라가면 우선 제단의 사방을 둘러싼 기둥 회랑에 이르고, 그 내부에 5미터가 채 못 되는 높이의 네모난 제단이 놓여 있는 개방적인 구조로 되어 있다. 오벨리스크가 바늘 역할을 맡는 해시계로 시간을 확인하러 온 사람들이나 플라미니아 가도를 지나온 사람들이 잠시 쉬어가는 곳으로도 안성맞춤이었을 것이다. 제단 곁을 지나는 사람들은

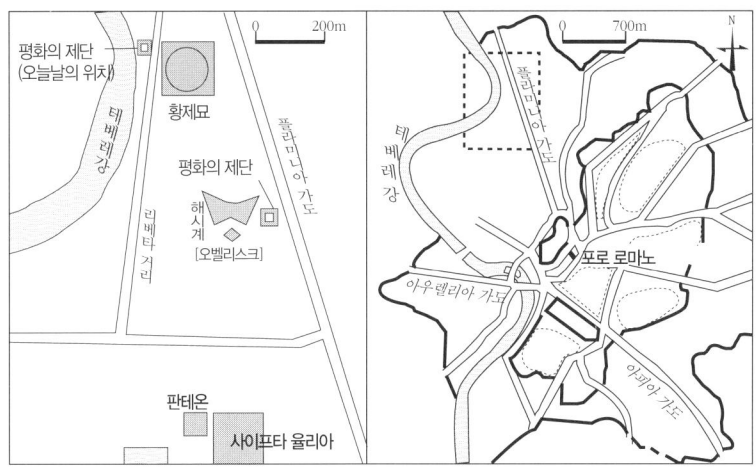

평화의 제단 위치도

기둥 너머로, 기둥 회랑에 앉은 사람들은 눈앞에서, 로마 제국의 평화를 기원하는 아우구스투스와 그의 가족, 그리고 원로원 의원들의 모습을 새긴 돋을새김을 볼 수 있다.

이런 돋을새김이 획일적이고 시시한 것이었다면, 그쪽으로 눈길을 돌린 사람도 금세 다른 곳으로 눈을 돌렸겠지만, 등장인물을 묘사한 방식이 지극히 다양해서 저절로 미소가 나온다. 거기에는 아이들까지 포함한 군상이 새겨져 있다. 평화를 기원하는 제사를 묘사한, 엄숙하면서도 인간미가 풍부한 돋을새김이다.

'평화의 제단'은 중앙에 있는 입구와 그 반대편에 있는 출구를 제외하면 사방이 모두 돋을새김으로 메워져 있다. 그것도 상하로 나누어, 상단에는 새와 곤충이 여기저기에 흩어져 있는 아칸서스 잎사귀 모양을 돋을새김으로 표현했다.

농업과 목축에 종사하는 민족인 로마인은 도시에도 자연을 배치하기를 좋아했다. 새들 중에서도 백조가 특히 눈에 띄는 것은 백조가 아폴로 신과 관계가 깊은 새이고, 아폴로 신은 아우구스투스가 자신의 수호

제2장 통치 중기 193

신으로 삼은 신이었기 때문일 것이다.

하단에 묘사되어 있는 신과 인간들의 모습을 살펴보면, 입구로 들어가서 바로 오른쪽에 보이는 벽면에는 불타오르는 트로이에서 도망쳐 힘겨운 여행을 거듭한 끝에 이탈리아에 상륙한 아이네이아스가 마치 그곳이야말로 죽음을 맞이할 땅이라는 듯 예부터 로마의 가정을 지키는 페나테스 신 앞에 산 제물을 바치는 모습이 묘사되어 있다. 트로이인과 미의 여신 비너스 사이에서 태어난 자식으로 되어 있는 아이네이아스는 그리스인이기 때문에, 그리스식으로 턱수염을 기른 모습이다. 반대로 수염을 깎는 습관이 있는 로마 남자를 나타내어 두 명의 젊은 남자 신으로 표현된 페나테스 신에게는 수염이 없다.

돋을새김에서는 파손되어버렸지만, 원래 아이네이아스와 페나테스 신 사이에는 아이네이아스의 아들도 새겨져 있었다고 한다. 이 사람이야말로 율리우스 씨족의 시조로 되어 있는 인물이다. 율리우스 카이사르의 양자가 된 아우구스투스가 고귀하고 유서 깊은 가문 출신임을 호소하는 것이 이 돋을새김의 목적이었을 게 분명하다.

제단 왼쪽에 보이는 벽면의 돋을새김은 아주 작은 부분을 제외하고는 완전히 소실되어버렸다. 남은 부분을 토대로 복원해보니, 이 벽면의 돋을새김은 늑대젖을 먹고 있는 갓난 로물루스와 레무스, 그리고 이들 쌍둥이 형제를 발견하여 키운 양치기, 양치기가 발견한 것을 보고 안심하는 두 아이의 아버지 마르스 신을 묘사한 것이었다고 한다.

아이네이아스 이야기나 로물루스와 레무스와 늑대 이야기는 로마의 건국에 얽힌 전설로서는 가장 유명한 에피소드다. 제단 정면의 좌우를 장식할 자격이 충분하다고 말할 수 있다.

인간들에 대해 이야기하기 전에 신들을 먼저 처리하면, 정면과는 반대편인 뒤쪽은 출구 양쪽이 모두 신들에게 바쳐져 있다. 하지만 이쪽은 양쪽 다 여신이다.

(위) 평화의 제단 : 복원도 (아래) 평면도

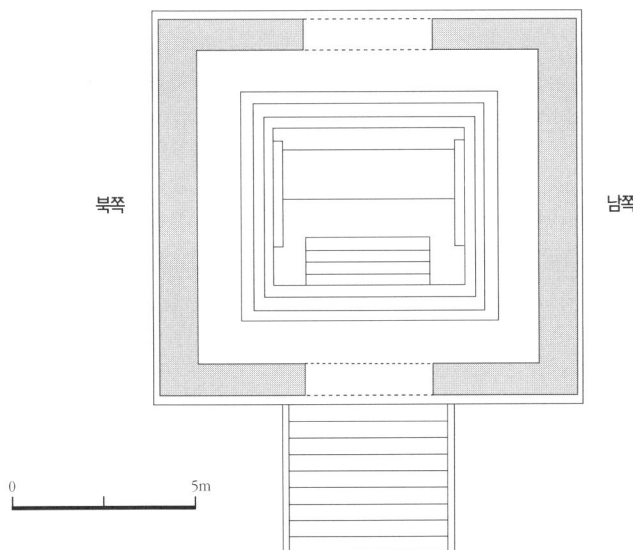

북쪽   남쪽

평화의 제단에 새겨진 돋을새김

(위)와 (가운데)는 새와 곤충이 새겨진
아칸서스 잎 무늬와 그 확대 그림
(아래) 페나테스 신 앞에 산 제물을
바치는 아이네이아스(오른쪽)

평화의 제단에 새겨진 돋을새김

(위) 어린 두 아이를 두 팔에 안은 텔루스 여신
(가운데) 그리스 신화에 나오는 아마조네스를 본뜬 로마 여신
(아래) 로마 건국 신화에 나오는 로물루스와 레무스

평화의 제단 남쪽 벽면
돋을새김 전도
(아래 및 다음 쪽은
확대 그림)

아우구스투스

제사장

아그리파 · 길라잡이 · 제사장 · 가이우스 카이살

평화의 제단 남쪽 벽면
돋을새김 확대 그림
(앞쪽에 이어짐)

평화의 제단 북쪽 벽면 돋을새김 전도(왼쪽 부분 : 위, 오른쪽 부분 : 아래)

뒤쪽으로 돌아가서 왼쪽에는 두 갓난아기를 두 팔에 안은 대지의 여신 텔루스가 중앙에 앉아 있고, 그 양옆에는 바람과 물의 여신이 앉아 있는 구도로 되어 있다. 두 아이를 품에 안은 여신은 다산을 상징하고, 세 여신의 발치에 그려진 보리밭과 소와 양은 대지가 인간에게 베푸는 혜택을 나타내고 있는 게 분명하다.

안에서 밖으로 나가는 출구를 가운데 두고 오른쪽 벽면에 있던 돋을새김은 거의 다 소실되어버렸지만, 조금 남은 돌조각을 토대로 고고학자들이 연구한 바에 따르면, 그리스 신화에 나오는 아마조네스를 본뜬 늠름한 갑옷 차림의 로마 여신이 새겨져 있었다고 한다. 공화정 시대에는 화폐에서 로마 자체를 신의 형상으로 나타내는 경향을 볼 수 있었다.

로마 여신과 아우구스투스에게 바쳐진 신전은 제정 시대에 들어온 뒤에 시작된 현상이고, 이 시대에도 속주에 건립된 예는 거의 없다. 국토의 상징이 여성인 것은 거기서 태어나 자라서 나라를 떠났다가 죽어서 돌아오는 남자들에게 국토는 어머니나 마찬가지이기 때문이다.

인간들을 묘사한 돋을새김은 좌우 모두 측면에 배치되어 있는데, 이 구조는 신과 인간이 너무 멀리 떨어져 있지도 않고 너무 가까이 붙어 있지도 않은 다신교의 상태를 절묘하게 나타냈다고 말할 수밖에 없다. 로마인의 사실주의는 2천 년 뒤의 우리에게 훌륭한 '가족 초상'까지 남겨주었다.

정면을 향해 오른쪽, 즉 제단의 남쪽 벽면을 가득 메운 것은 평화를 기원하는 제사 행렬이다. 돋을새김의 처음 4분의 1은 심하게 파손되어 있지만, 길라잡이(렉토르)를 앞세운 아우구스투스의 모습이 얼굴과 왼쪽 반신의 일부만 남아 있다. '평화의 제단'을 짓는 동안 그가 최고 제사장에 취임했기 때문에, 51세 이후의 아우구스투스는 명실공히 국가의 제사를 주관할 자격을 갖고 있었다.

심하게 마멸된 현재 상태로 상상해보아도, 토가 자락으로 머리를 덮고 다시 그 위에 월계관을 쓴 모습은 아니었던 것 같다. 뺨의 윤곽이나 이마에 늘어진 앞머리의 모습은 쉰 살이 넘은 남자라고는 도저히 생각되지 않는다. 아우구스투스를 뒤따르는 제사장들 뒤에 아그리파가 새겨져 있는데, 그의 얼굴은 확실히 쉰 살이 넘은 남자의 얼굴이다. 특히 젊은 시절의 아그리파 초상과 비교해보면 세월을 느끼지 않을 수 없는 얼굴이다. 반면에 아그리파와 동갑인 아우구스투스의 얼굴은 여기서도 30대 중반에 머물러 있다. '평화의 제단'이 완전한 형태로 남아 있었다면, 영원한 젊음을 호소하고 싶어 한 것이 아우구스투스의 이미지 전략이었다는 내 가설에 해답을 주었을 텐데.

가는 끈으로 묶은 도끼는 고대 로마에서는 공권력의 상징이었다. 이것을 어깨에 멘 길라잡이 바로 뒤에는 아그리파의 모습이 보인다. 17세 때 카이사르에게 발탁되어, 실전에 서투른 아우구스투스의 오른팔이 된 인물이다. 아그리파가 없었다면 오늘날의 아우구스투스도 없었을 것이다.

'평화의 제단'에 새겨진 아그리파는 젊은 시절의 늠름한 체격이나 얼굴과는 딴판으로 부쩍 늙어버렸다. 딴사람이 아닌가 싶을 정도다. 그는 제단 건립이 결정된 해에는 살아 있었지만, 3년 뒤에 제단이 완공되었을 때에는 이미 이 세상 사람이 아니었다. 그런데도 생존해 있는 사람처럼 돋을새김에 포함된 것은 평생 친구에 대한 아우구스투스의 깊은 애정의 표현이었을까.

아그리파 바로 옆에는 그와 율리아 사이에 태어난 가이우스 카이사르가 아버지의 토가 자락을 붙잡고 있는 귀여운 모습으로 새겨져 있다. 핏줄에 집착한 아우구스투스는 첫손자인 이 아이가 첫돌을 맞자, 바로 그날 자신의 양자로 삼았다. '평화의 제단'이 착공되었을 당시 일곱 살이었던 가이우스가 제사 행렬의 상석에 자리 잡고 있는 것도 아우구스투스가 이 아이를 자신의 후계자로 생각하고 있었기 때문이다.

소년 바로 뒤에는 아름다운 부인이 새겨져 있다. 순서로 보아도 아우구스투스의 아내인 리비아가 분명하다. 리비아 바로 다음에는 토가 차림의 젊은이가 보인다. 리비아가 첫남편과의 사이에서 낳은 두 아들 가운데 형으로, 제단을 착공했을 당시 29세였던 티베리우스다. 토가 자락으로 머리를 덮지 않은 것은 아직 제사장이 되지 않았기 때문이다. 제사에 참석한 사람이라도 일반 시민은 머리를 덮을 필요가 없었다.

한 사람 건너서 그다음에 새겨져 있는 부인은 아우구스투스의 외동딸로 당시에는 아그리파의 아내였던 율리아인 것으로 추정된다. 따라서 이 부인이 손을 잡고 있는 어린아이는 아그리파와 율리아 사이에 태어난 둘째 아들 루키우스 카이사르일 것이다. 아우구스투스는 제단을 착공했을 당시 네 살이었던 이 손자도 태어나자마자 양자로 삼아버렸다.

이 네 살바기 아이 다음에는 참석자들 가운데 유일하게 군복 차림을 한 젊은이가 새겨져 있다. 이 사람은 리비아가 데려온 두 아들 가운데 동생인 드루수스인 것으로 추정된다. 군복 차림인 것은 제단 건립과 동시에 진행된 게르마니아 원정에서 그가 총사령관을 맡았기 때문일 것이다. 리비아가 데려온 두 아들은 쉰 살이 넘은 아그리파를 대신하여 아우구스투스의 오른팔이 되어가고 있었다.

젊은 장군 드루수스의 망토 자락을 잡고 있는 귀여운 소년과 그 뒤에 이어지는 사람들이 누구인지에 대해서는 연구자들 사이에도 의견이 엇갈린다. 그렇긴 하지만 여자와 어린아이도 새겨져 있는 것을 보면 아우구스투스의 '가족 초상'인 것은 확실하다. 당시 '가족'이었던 사람들로는 티베리우스의 아내인 빕사니아, 드루수스의 아내인 소(小)안토니아, 도미티우스 아헤노바르부스와 결혼한 대(大)안토니아, 그리고 그녀들이 낳은 아이들이 있었다.

　이름이 같기 때문에 언니는 대(大)안토니아, 동생은 소(小)안토니아라고 불린 두 자매는 아우구스투스의 누나인 옥타비아가 안토니우스와 결혼하여 낳은 딸들이다. 아우구스투스는 경쟁자인 안토니우스를 죽음으로 몰아넣었지만, 그 딸들한테는 조카에 어울리는 결혼을 시키고 가족의 일원으로 대우하고 있었다. 게다가 결과적으로는, 패배자였던 마르쿠스 안토니우스의 혈통에서 제3대 황제 칼리굴라와 제4대 황제 클라우디우스, 그리고 제5대 황제 네로가 나온다.

　초대 황제 아우구스투스의 '가족 초상'이기도 한 남쪽 벽면의 돋을새김에 비해 북쪽 벽면 전체를 메우고 있는 돋을새김에는 제사에 참석한 원로원 유력자와 정부 고관들이 묘사되어 있다. 모두 다 토가 차림이고, 개중에는 아이를 데려온 사람까지 있다. 로마 정계의 유력자들이 제사에 참석한 모습인데도, 반대쪽에 새겨진 황제 일가의 초상과 마찬가지로 획일적인 딱딱함은 찾아볼 수 없다. 옆을 돌아보는 사람이 있는가 하면, 이야기에 여념이 없는 사람도 있다.

　아우구스투스 일가의 아이들도 제사는 뒷전이고, 또래의 아이들끼리 이야기에 열중해 있다. 신들과는 달리, 거기에는 너무나도 인간적인 '로마인'이 존재한다. 그리고 그것이야말로 이런 제단을 건립하기로 결정한 아우구스투스의 뜻이었을 게 분명하다. 신들에게 평화를 기원하긴 하지만, 평화를 달성하는 것은 어디까지나 인간이 해야 할 일이기 때문이다.

　신과 인간을 모두 인간적으로 묘사한 돋을새김에 둘러싸인 본당도 역시 돋을새김으로 메워지긴 했지만, 소박한 구조로 되어 있다. 계단을 올라간 곳에 대리석 제단이 있을 뿐이다. 제단 위에서 산 제물인 동물

평화의 제단 본당에 돋을새김된 제사 광경

을 태울 필요가 있기 때문에, 연기가 빠져나갈 곳을 확보하기 위해서라도 지붕을 씌우지 않았을 것이다.

아우구스투스도 『업적록』에서 말했듯이, 원로원은 '아우구스투스의 평화의 제단'을 건립하기로 결의했을 뿐 아니라 "이 제단에서 해마다 산 제물을 바치는 의식을 거행한다는 결정"도 내렸다. 해마다 의식을 거행한다는 것은 해마다 신들에게 평화를 기원한다는 뜻의 로마식 표현이다. '평화의 제단'은 '팍스 로마나'를 상징하는 건축물로 세워졌고, 실제로도 그 목적을 위해 사용되었다.

로마 시대의 '평화의 제단'은 포로 로마노까지 걸어가도 15분밖에 걸리지 않는 플라미니아 가도 연변에 서 있었다. 로마를 찾는 속주민들 가운데 플라미니아 가도나 카시아 가도를 따라 북쪽에서 온 사람이라면 지나는 길에 이 제단을 보았을 테고, 아우렐리아 가도를 지나온 사람이라면 잠깐 길을 우회하여, 그리고 아피아 가도를 따라 남쪽에서 올라온 사람이라도 포로 로마노에서 조금만 더 걸어가면 '평화의 제단'을 볼 수 있었다. 그리고 본 뒤에는 그들도 로마인과 마찬가지로 로마 제국이 지향하는 것은 '평화'라는 아우구스투스의 생각을 느꼈을 것이다.

통치를 받는 사람들도 납득할 수 있는 '무언가'를 주지 않는 한, 군사력으로 억눌러도 반대자를 말살해도 통치를 영속시키는 것은 불가능한 일이다.

'평화의 제단'은 오늘날에도 볼 수 있다. 다만 위치는 원래의 장소와 다르다. 중세부터 현대에 이르기까지의 도시 로마는 고대 로마의 유적 위에 세워져 있기 때문에, 발굴하여 지하에 묻혀 있던 돌조각을 파낸다 해도, 그 자리에 현재 사용되고 있는 건물이 서 있다면 그것을 허물어 버릴 수는 없다. 그런 경우 같은 장소에 복원하는 것은 불가능해진다.

1936년에 당시 독재자인 무솔리니의 생각으로 아우구스투스의 '황제묘' 주변을 재개발할 때, 발굴한 '평화의 제단'을 '황제묘'와 테베레강 사이에 복원했다. '황제묘'와 '평화의 제단'을 중심으로 한 광장은 그 후로는 이탈리아어로 '아우구스투스 황제 광장'(피아차 아우구스토 임페라토레)이라고 불린다. 제2차 세계대전 이후 이탈리아 정부는 반파시즘을 가장 중요한 정견으로 내세워왔기 때문에, 파시스트들이 고안하여 조성한 이 일대를 좋아하지 않는다.

파시즘 시대의 건축물은 비록 미적 감각은 전혀 없었지만 아주 튼튼해서, 아우구스투스 황제 광장을 둘러싸고 있는 건물들을 허물려면 비용이 너무 많이 든다. 그래서 이 일대는 파시즘 시대와 똑같은 상태로 남아 있다. 다만 로마시 행정도 중앙 정부와 마찬가지로 계속 좌익 정권이 맡았기 때문에, 손질도 거의 되지 않았고 활성화하려는 노력조차도 하지 않았다. 그 덕분에 시끄러운 로마인들은 전혀 가까이 오지 않는 한적한 장소가 되어, 나 같은 사람한테는 여간 다행한 일이 아니다.

오늘날의 박물관이나 미술관 관계자들 중에는 역사보다 미술사에 관심을 가진 사람이 많아서, 진품이라면 깨진 항아리 조각도 어마어마하게 전시하지만, 복원 작업에는 별로 관심을 보이지 않는다. 그래서 '평화의 제단'을 보러 가는 관광객도 드물다. 그렇기는 하지만, 어떻게 하면 평화를 실현할 수 있는가를 곰곰 생각하기에는 더없이 좋은 장소다. 이 '평화의 제단'이 착공된 것과 같은 시기에 아우구스투스는 로마의 전통으로 보면 혁명적인 군제개혁을 진행하고 있었기 때문이다.

군대 재편성

고대 그리스인이나 로마인이 생각하는 '시민'은 국가든 지방자치단체든, 그들이 속해 있는 '공동체'의 자치에 참가할 '권리'를 갖는 동시에 그 '공동체'를 방어할 '의무'를 갖는 사람이었다. 그들의 군대가 오리엔트의 전제군주국들에 비해 규모는 작지만 질적으로는 우수하여 승리를 자주 거둘 수 있었던 것은 오리엔트의 군대가 외국에서 긁어모은 용병들인 반면, 그리스나 로마의 군대는 조국 수호의 확고한 이념을 가진 시민이었기 때문이다.

시민의 이 같은 사회적·경제적 지위 향상은 군사제도의 변혁까지 낳게 되었다. 사회의 상층부 사람들로 이루어진 기병대 대신, 중견 시민들로 구성된 중무장 보병대가 군대의 주력으로 등장한 것이다. 말이 나온 김에 덧붙이면, 고대 다음에 오는 중세에는 군대의 주력이 다시 기병대로 돌아갔고, 근대에는 다시 보병으로 바뀌었다. 마키아벨리의 『전략론』은 자국 국민으로 구성된 보병 전력의 복권을 주장한 책이다.

고대 로마도 역시 '시민'에 대한 이런 사고방식을 답습한 국가였다. 자기들이 속해 있는 도시국가의 경계 안에서만 이 사고방식을 적용했던 그리스인에 비하면, 영역의 크기에서는 비교할 수도 없을 만큼 광대한 로마 제국에까지 확대 적용했으니까, 근대에 부활한 '시민'이라는 개념을 확립한 것은 로마인이었다고 해도 좋다.

공동체를 방어하는 의무는 곧 공동체를 유지하는 의무이기도 하다. 따라서 병역 의무와 납세 의무가 겹치는 것도 당연하다. 그런데 수입이 많든 적든 관계없이 획일적으로 세금이 부과되면 공평하지 않은 것과 마찬가지로, 병역 의무가 누구한테나 평등하게 부과되는 것도 공평하지 못하다. 제1권에서도 설명했듯이, 로마에서는 이미 왕정 시대부터 병역이라는 형태를 취한 과세에 공정성을 확보하려는 노력이 이루어졌다. 수입을 기대할 수 있을 만한 재산이 없고, 날품팔이 수입으로 가족을 부양할 수밖에 없는 시민은 프롤레타리아트의 어원인 '프롤레타리'(무산자)로 불렸고, 병역이라는 형태의 직접세를 면제받았다.

 이 같은 징병제도가 기능을 발휘할 수 있었던 것은 로마의 군사행동이 좁은 지역에 한정되어 있었기 때문이다. 봄철에 군단이 편성되어 싸우러 나가도, 가을이 깊어지기 전에 귀가할 수 있었다. 병역 기간도 1년이 보통이고, 전쟁이 그 이상 계속되더라도 사령관은 유임되지만 병사들은 교체했다. 그러지 않으면 시민에게 '의무' 수행을 강요할 수 없기 때문이다.

 세월이 흘러 카르타고나 에스파냐나 그리스를 적으로 삼게 되면서 로마의 이 같은 군사행동권은 계속 확대되었다. 전쟁터에서 집까지 두 달이나 걸려서는 군단을 해산하고 새로운 시민으로 군단을 재조직하는 일을 해마다 되풀이하는 것은 불가능해진다. 자연히 병역 기간은 연장된다. 그러면 시민 생활을 유지하기도 어려워진다.

 로마의 패권이 확대된 것은 곧 로마인의 경제적 가능성이 확대되었다는 뜻이었다. 이제 병역은 달갑지 않은 의무가 되었다. 게다가 고도성장을 누리는 정도에는 차이가 생기게 마련이다. '프롤레타리'는 날품팔이 수입으로 자신과 가족을 부양하는 사람만이 아니라 실업자까지도 포함하게 되었다. 실업자들은 수도 로마로 흘러들었다. 이것은 면세 따위로는 더 이상 해결할 수 없는 사회 문제였다.

 제3권에서도 말했듯이, 기원전 107년에 당시 집정관 마리우스는 500년 동안 이어져 내려온 로마의 군사제도를 크게 개혁했다. 징병제를 지원제로 바꾼 것이다. 로마군 병사는 이제 시민의 '의무'에서 시민의 '직업'이 되었다. 기원전 160년경에는 직접세도 폐지되었으니까, 직접세는 곧 병역이라는 개념도 유명무실해졌고, 지원제로 바뀌는 데 대한 저항은 전혀 없었다. 무엇보다도 지원제는 실업자 대책이기도 했다.

로마군이 사회의 쓰레기장으로 바뀌지 않은 것은 위정자들이 거기에 대한 대책을 수립했고, 일반 시민들도 대표기구인 민회를 통해 그것을 지지했기 때문이다.

첫째, 병역 종사자의 필수조건은 로마 시민권 소유자여야 한다는 것이 재확인되었다. 현재는 '프롤레타리'의 최하층에 있다 해도, 로마 시민권 소유자는 군대에 지원할 수 있었다. 이것은 지금까지 병역을 면제받았다는 이유로 제구실을 하는 시민으로 취급되지 않고 스스로도 자신을 떳떳한 시민으로 생각지 않았던 이들에게 자부심을 안겨주었다. 이제는 그들도 로마 시민이니까 당연히 로마를 지킬 의무가 있다고 가슴을 펴고 말할 수 있게 된 것이다.

카이사르는 부하 장병들에게 "제군들은 로마 시민"이라는 말로 사기를 부추기곤 했다. 자신의 임무에 긍지를 갖고, 세상 사람들도 그것을 인정해주어야만 비로소 몸을 던져 열심히 임무를 수행할 수 있게 되는 것 같다.

둘째, 급료를 보장한 것이다. 많은 액수는 아니다. 병졸인 경우에는 연봉이 70데나리우스였다. 이것은 기원전 1세기 초의 생활수준으로도 주식인 밀을 충분히 살 수 있을까 말까 한 액수였다. 다만 군대에 있는 동안은 의식주가 보장되었으니까, 연봉 70데나리우스는 최소한의 급료라고 해도 좋을 것이다. 전리품 분배나 개선식 보너스 같은 일시금을 기대할 수도 있었다.

지원제로 바뀌었는데도 로마군의 질이 떨어지지 않은 세 번째 이유는 '명예로운 경력', 즉 공직을 지망하는 사람은 의무적으로 군대 경험을 쌓도록 되어 있었기 때문이다. 로마군의 질이 보장되려면, 먼저 지휘관급의 질이 보장되어야 한다. 병사들은 자신들을 통솔하는 장교의 능력에 민감하다. 무능한 지휘관 밑에서는 쓸데없는 희생을 당하기 쉽기 때문이다. 더 적은 희생으로 더욱 큰 효과를 낳도록 조직되고 운영되지 않으면 제대로 기능을 발휘할 수 없는 것이 군사력이다. 이런 능력은 정계에 들어간 뒤에도 충분히 활용할 수 있는 능력이었다.

그러나 마리우스의 군제개혁은 병역 기간을 1년으로 규정했고, 연장할 필요가 있을 경우에도 그때마다 기간을 경신하는 로마군의 전통까지는 바꾸지 않았다.

술라의 부하 병사들은 원정을 떠난 뒤 3년 동안 한 번도 귀국하지 않았고, 폼페이우스의 휘하 병사들은 5년 동안이나 싸움을 계속했다. 그리고 카이사르의 전사들은 갈리아에서 8년을 보낸 뒤, 루비콘강을 건넌 카이사르를 따라 5년 동안, 합해서 13년 동안 계속 싸웠다.

이들이 전쟁철인 봄에 군무를 시작하여 가을에 귀향을 신청해도, 총사령관은 그들을 강제로 붙잡아둘 법적 권한이 없었다. 그런데도 전쟁을 계속할 수 있었던 것은 술라나 폼페이우스나 카이사르가 강력한 지도력을 갖고 있었기 때문이다. 풍부한 전리품을 기대할 수 있었던 오리엔트 국가나 해적을 상대한 술라와 폼페이우스의 부하들은 그래도 나았다. 하지만 카이사르의 병사들은 고생이 막심했다.

갈리아는 아직 개발되지 않은 지역이어서 약탈할 만한 물건 자체가 적었고, 그 후에는 같은 로마인끼리 싸웠기 때문에 총사령관으로부터 약탈 금지령이 내려지는 형편이었다. 그 대신 카이사르는 연봉을 70데나리우스에서 140데나리우스로 늘려주었지만, 지중해 세계를 종횡으로 누빈 카이사르를 따라다니는 대가치고는 너무 적은 보수였다. 그래도 순순히 따라다닌 것을 보면, 전사는 급료를 받고 일하는 단순한 직업인은 아닌 모양이다.

카이사르의 뒤를 이은 아우구스투스는, 자기한테는 '아버지'가 갖고 있던 지도력이 없다는 사실을 잘 알고 있었다. 카이사르의 리더십만이 아니라, 술라의 카리스마나 폼페이우스의 뛰어난 전략도 없다는 것을 알고 있었을 것이다. 어쨌든 지휘봉을 잡기만 하면 싸움에 저버린다. 그 후로는 오랫동안 아그리파에게 전투를 맡겼고, 이제는 젊은 티베리우스와 드루수스 형제에게 맡기고 있었다.

부하 장병들에게 연설할 때면, 카이사르는 으레 '전우 여러분'(콤밀리테스)이라고 불렀다. 그러나 아우구스투스는 '전사 여러분'(밀리테스)이라고만 불렀다. 어울리지 않는 짓은 아예 안 하는 편이 낫다. 하지만 아우구스투스는 부하 장병들을 '전우 여러분'이라고 부를 자격이 충분한 아그리파나 티베리우스나 드루수스에게도 '전우 여러분'이라고 부르는 것을 금지했다. 야전 지휘관들도 부하들을 그냥 '전사 여러분'이라고만 부르게 되었다.

이것은 병사들과 밀접한 관계를 갖지 못한 아우구스투스의 시샘 때문이 아니다. 그가 염두에 두고 있는 로마군은 누가 지휘를 맡아도 기능을 발휘하는 조직이어야 했다. 전리품을 기대해도 소용없는 미개발 민족(역사적인 표현으로는 야만족)을 상대로 국토를 방위하는 일은 화려지도 않고 고생만 막심할 뿐이다. 그런 일을 수행하는 집단을 체계화하는 것이 아우구스투스에게 주어진 임무였다.

로마의 군사제도를 재편성할 때 아우구스투스가 기본방침으로 생각한 사항을 열거하면 다음과 같다.

1. 목적은 정복이 아니라 방위에 있다.
2. 통일국가 파르티아를 제외한 나머지 적들은 모두 개발되지 않고 조직화되어 있지 않은 야만족이다.
3. 방위가 목적인 만큼 상비군이 필요하다.
4. 방위 담당자, 즉 병사의 노동조건 향상과 확립.
5. 안전보장(세쿠리타스)에 필요한 종합 전략 확립.
6. 안전보장체제 유지에 필요한 재원 확보.

나라가 정복을 위주로 하는 시대라면, 원정을 결정한 단계에서 군단을 편성하는 종래의 방식으로도 충분했다. 그래도 로마는 자주 적의 공격을 받고 뒷북을 쳤다. 하지만 방위가 목적이 된 이상, 출발이 늦는 것은 용납되지 않는다. 방어선에서 적을 격퇴해야 한다. 그러기 위해서는 방어선 가까이에 늘 방위력을 배치해둘 필요가 있었다.

싸우면 이긴 카이사르가 라인강과 도나우강, 유프라테스강과 사하라 사막을 방어선으로 지목하고, 그밖의 곳으로 진격하는 것은 로마에 이익이 되지 않는다고 판단한 것도 현명하지만, 그 뒤를 이은 아우구스투스는 기원전 30년 당시 무적의 로마군을 한손에 틀어쥐고 있었다. 보통 사람이라면 성패에 대한 냉철한 판단도 하지 않고 새로운 공세로 나갔을 것이다.

그게 더 신나는 일이니까, 로마의 여론도 박수갈채를 보내며 지지했을 게 분명하다. 하지만 아우구스투스는 카이사르의 생각을 계승했을 뿐 아니라, 손에 넣은 대병력을 3분의 2나 감축했다. 그는 또한 방위를 목적으로 하는 전략을 가장 효과적으로 현실화하는 수단으로, 로마 700년의 전통을 어기면서까지 상비군 설치를 단행했다. 이리하여 제국의 장래를 결정하는 방침, 즉 로마는 평화를 지향하기 때문에 상비군이 필요하다는 방침이 확립되기에 이르렀다.

그러나 방위가 기본방침이 된 이상, 적을 고르는 것은 불가능해진다. 싸워서 이기면 풍부한 전리품을 얻을 수 있을 것 같은 유일한 상대인 파르티아와는 외교 교섭으로 이야기를 매듭지었으니까, 남은 것은 싸워서 이겨도 전리품을 기대할 수 없는 야만족뿐이다. 게다가 야만족을 상대하려면, 생활도 불편하고 기후와 지형도 열악한 미개발 지역으로 병사들을 보내야 했다. 당연한 일이지만, 병사의 노동조건을 향상시키고 확립하는 것이 필수불가결한 과제가 되었다.

아우구스투스는 병역 기간을 개혁 초기에는 16년으로 정했다. 병역 자격 연령은 17세니까, 만기까지 근무했다 해도 33세다. 수년에 걸친 장기전이 일반화된 뒤, 로마군 병사들은 의무적으로 독신을 지켜야 했다. 병역 기간을 16년으로 정한 것은 제대한 뒤에 결혼하여 제2의 인생을 시작할 수 있게 하려는 배려 때문이었다.

아우구스투스 치세 말기에는 16년이었던 병역 기간이 20년으로 연장된다. 만기 제대하면 37세다. 독신은 어디까지나 법적인 의무 규정이었고, 법으로 인정받지 못하더라도 복무 기간에 아내를 얻어 자식까지 낳는 병사가 많았지만, 그것이 군율에 어긋나는 일은 아니었다. 적어도 그 때문에 진급이 늦어지거나 처벌받는 일은 없었다. 이런 병사들은 대부분 만기 제대한 뒤에 정식으로 결혼했다.

아우구스투스는 이렇게 병사의 복무 기간을 정하는 동시에 고대에는 획기적인 퇴직금제도까지 확립했다.

공화정 말기에도 사실상의 퇴직금제도는 존재했다. 제대병들에게 토지를 주고, 수확 때까지의 투자비로 개선식 포상금을 주는 형태이긴 했지만, 어쨌든 그것도 일종의 퇴직금이라고 할 수 있었다.

이것은 그들을 지휘한 총사령관의 역량과 운에 좌우될 수밖에 없었다. 아우구스투스는 병사들이 안심하고 복무할 수 있도록 퇴직금을 제도화했다. 그는 또한 병사들이 토지와 현금 가운데 원하는 쪽을 선택할 수 있게 했다.

실제로 새로 건설되는 식민도시에 이주하기보다는 고향으로 돌아가기를 선택하는 사람이 적지 않았다. 카이사르는 지방자치단체 의원과 공무원 선거법도 병역 경험자에게 유리하도록 개정했기 때문이다. 고향으로 돌아간다면, 땅을 받기보다는 돈을 받는 편이 낫다고 생각하는 사람도 많았을 게 분명하다.

다른 직업에 근무연한제도가 없었던 시대에 병사의 복무 기간을 20년으로 정한 아우구스투스는 참으로 통찰력이 깊었던 것 같다. 변경 주둔지에서의 생활은 대부분의 경우 시야를 한정한다. 그 방면에만 전념하는 전문가 집단이 아니면 제대로 기능을 발휘할 수 없으니까, 이것은 피할 수 없는 숙명이다. 만약 병역이 20년으로 끝나지 않고 더 오래 연장되면, 그 사람의 일생은 병역에 종사하는 것만으로 끝나버린다. 현역병으로 끝나지는 않더라도, 직업을 바꾸는 것은 더욱 어려워질 것이다. 그 결과는 군인 계급의 고정화다. 사람은 달리 마음을 쏟을 대상이 없으면, 그때까지 전념했던 일에 더욱 강한 집착으로 매달리게 마련이다.

로마는 공화정 치하에서도 제정 치하에서도 군사 국가였다. 그런데도 오랫동안 그 폐해를 피할 수 있었던 것은 군인 생활과 민간인 생활의 경계가 명확하지 않아서 두 가지 생활을 쉽게 체험할 수 있었고, 사회도 그것을 하나의 이점으로 인정했기 때문이다. 군지휘관을 거쳐 정계에 들어가는 것이 일반적인 코스였던 만큼, 병졸들에게도 제1의 인생인 주둔지 생활에서 제2의 인생인 시민 생활로 옮겨갈 가능성을 부여하는 것은 통치자의 의무일 것이다.

로마 시대의 퇴직금은 퇴역한 뒤 유유자적하며 여생을 보내기 위한 보험금이 아니라, 제2의 인생을 새롭게 시작하기 위한 준비자금이었다. 병사의 퇴직금은 37세부터 죽을 때까지 유유자적하며 보내기에는 너무 적은 액수였기 때문이다.

아우구스투스의 군제개혁에서는 일반 병사의 연봉이 225데나리우스로 정해졌다. 카이사르가 정한 140데나리우스를 인상한 것이다. 30여 년 사이에 인플레이션이 일어난 것은 아니다. 변경에서 국방에 종사하고 이겨도 전리품을 기대할 수 없는 적을 상대해야 하는 병사들에게는 그 노고에 보답하는 급료를 보장해야 한다는 것이 아우구스투스의 생각이었기 때문이다.

225데나리우스로 올랐어도, 로마 사회에서는 여전히 낮은 수준에 속하는 수입이었다. 하지만 의식주가 보장되고, 퇴직금 같은 특전도 있다. 또한 로마 군단은 적의 모습이 보이지 않을 때는 각종 사회간접자본을 정비하기 위한 토목공사에 동원되었기 때문에, 복무하는 동안 그 방면의 기술을 익힐 수도 있었다. 그리고 무엇보다도 병역은 '제1의 인생'이었다.

만기 제대자에게 주는 퇴직금 액수는 서기 6년에는 3천 데나리우스로 정착되었다. 13년치 본봉에 해당하는 액수다. 급료는 복무 기간에 다 써버리고 퇴직금만 손에 쥔 만기 제대자라면, 수도 로마에서 1년도 살아가기 어렵다. 생활비가 싼 속주로 삶의 터전을 옮겼다 해도, 그 돈으로는 기껏해야 10년쯤이나 놀고 먹을 수 있었을까.

복무 기간에 상당히 절약하여 돈을 모으고 거기에 퇴직금을 보탰다 해도, 편안한 여생을 보낼 수는 없다. 그런 병사가 있었다 해도, 총액은 고작 7,500데나리우스다. 통용화폐인 세스테르티우스로 환산해도 3만 세스테르티우스밖에 안 된다. 본국 이탈리아의 어느 지방자치단체에서 생활한다 해도, 그 돈으로는 3년을 버티는 게 고작이다.

병역이 로마 시민의 의무이고, 퇴직금은 그 의무를 마친 뒤 제2의 인생을 시작하기 위한 준비자금이라고 생각하지 않는 한 납득이 가지 않는 액수다. 만기 제대자는 사회적으로 우대를 받았지만, 제대하면 다른 직업을 가질 필요가 있었고, 퇴직금은 그것을 전제로 한 경제적 보증이었다. 그렇긴 하지만, 보장하는 쪽으로서는 그 정도 액수라도 만만치 않았다.

아우구스투스는 제국 전역의 방위력으로 처음에는 28개 군단을 두었지만, 서기 9년 이후에는 25개 군단으로 정착되었다. 25개 군단은 로마 시민권 소유자만으로 편성된 군단만 헤아린 것이다. 1개 군단의 정원은 6천 명, 25개 군단이면 15만 명이다. '군단병'(레기오나리스)이라고 불린 이 15만 명이 제정으로 바뀐 뒤에도 국방의 주력이 되었다. 지금까지 이야기한 경제적 보증도 군단병한테만 주어진 것이다. 장교를 포함한 15만 명의 급료만 해도 해마다 1억 5천만 세스테르티우스가 넘었다고 한다.

  15만 병력만으로는 그 기다란 방어선을 지킬 수 없다. 그렇다고 해서 병력을 증원하는 것은 두 가지 이유로 비현실적이었다.

  첫째, 로마 시민권 소유자(17세 이상의 남자)의 수가 통틀어 500만 명, 그 가운데 병역 해당자(17세부터 45세까지)의 수는 그 절반이나 3분의 2 정도였기 때문에, 해마다 15만 명을 확보하는 것이 한계였다. 이것을 한계선으로 삼지 않으면, 로마 제국은 단순한 군사 국가로 끝날 것이다.

  두 번째 이유는 재원 확보의 어려움이다.

  로마는 부유한 지방만 골라서 속주로 삼은 것이 아니다. 제국의 안전보장에 필요하기 때문에 속주로 삼은 지방도 많았다. 아우구스투스가 정한 '원로원 속주'와 '황제 속주'는 방위력을 배치할 필요가 있느냐 없느냐에 따라 구별되었지만, 이것은 경제력의 차이를 나타내는 구별이기도 했다. '원로원 속주'는 경제력이 높은 지방인 반면, '황제 속주'는 특수한 사정 때문에 황제의 개인 영지가 된 이집트와 강대국 파르티아를 옆에 두고 있는 시리아를 빼고는 모두 미개발 지역뿐이었다. 속주세가 많이 걷히기를 바랄 수 없는 지방이다. 군단은 바로 이런 미개발 지역에 집중 배치해야 한다. 제국의 안전보장에 중요한 방어선은 그런 지방에 뻗어 있었기 때문이다.

  '원로원 속주'와 '황제 속주'에서는 같은 속주세라도 명칭이 다르고, 세금이 들어가는 곳도 달랐다.

  '원로원 속주'에서 징수된 세금은 공화정 시대의 명칭 그대로 국고를 의미하는 '아이라리움'이라고 불렸다. 세금이 들어가는 곳도 물론 종래와 마찬가지로 국고다.

한편 '황제 속주'에서 징수되는 세금은 '피스쿠스'라고 불렸고, 황제의 개인 금고로 들어갔다. 다만 황제의 사유물은 아니다. 아우구스투스도 개인 재산과 공금은 확실히 구별했다. '피스쿠스'는 세금이기 때문에 어디까지나 공금이었다.

경제력이 낮은 지방에서 거두어들이는 세금은 뻔해서, '피스쿠스'에 간접세를 보태도 그것만으로는 방위비도 충당하지 못했을 게 확실하다. '원로원 속주'에서 들어오는 '아이라리움'의 일부를 '황제 속주'로 돌리지 않는 한, 제국의 안전보장체제는 적어도 경제적인 면에서는 기능을 발휘할 수 없었을 것이다. 연구자들은 로마의 세입과 세출을 파악할 수 없다고 비명을 지르는데, 그것은 '아이라리움'과 '피스쿠스'의 경계가 명확하지 않은 탓도 있다. 위에서 말한 사정 때문에 불명확해질 수밖에 없었을 것이다.

하지만 제국 전체의 안전보장에 필요하다고 해서 '원로원 속주'에서 들어오는 세금을 '황제 속주'로 돌리면 끝날 문제는 아니다. 머나먼 변방에서 지켜주니까 야만족의 침입에 위협받지 않고 평화롭게 살 수 있다고 생각하는 것은 이성(理性)이다. 하지만 자기 동네에 다리를 놓을 필요가 있는데, 그것은 제쳐놓고 변경의 방위비로 그 돈을 돌린다는 말을 들으면, 내가 세금을 내는데 왜 혜택을 못 보나 하고 불만스럽게 생각하는 것은 인지상정이다. 그런 불만을 방치해두면, 군단을 주둔시킬 필요가 없었던 속주가 군단을 주둔시킬 필요가 있는 속주로 바뀌어버린다.

로마인이 생각한 안전보장에는 로마에 의한 평화, 즉 '팍스 로마나' 밑에서 사람들이 만족스럽게 살아가는 것도 중요한 요소로 포함되어 있었다. 로마군 정원을 15만 명으로 정한 아우구스투스의 머릿속에는 이런 생각도 작용했을 게 분명하다.

기원전 30년, 안토니우스를 무찌르고 유일한 최고 권력자가 되었을 당시, 아우구스투스는 50만 병력 가운데 30만 명이 넘는 병력을 제대시키는 대규모 군비축소를 단행했다. 그 직후의 군단수는 28개였으니까, 병력으로는 17만 명이다. 30만 명 이상을 제대시켰다는『업적록』의 기술은 거짓이 아니었다.

이것을 평화가 회복되었기 때문에 이루어진 군비축소로 생각하는 것은 너무 단순한 시각이다. 당시의 여러 사정을 고려하여, 국방에 할애할 수 있는 군사력은 28개 내지 25개 군단, 병력은 17만 명 내지 15만 명이 현실적이라고 판단한 결과가 아닐까. 비현실적인 일을 무리하게 강행하는 것은 영속(永續)을 위협하는 최대의 적이다.

당시 로마군 병사의 질이 아무리 뛰어났다 해도, 15만 명으로 긴 방어선을 지킬 수 없다는 것은 아우구스투스도 알고 있었다. 그는 이 문제도 로마군의 전통에 어긋나는 방책을 도입하여 해결하려 했다.

나는 율리우스 카이사르에 대해 쓸 때, 이 사람은 무슨 일을 하더라도 한 가지 목적만으로 하지는 않는구나 하고 감탄한 적이 많았다. 이제 아우구스투스에 대해 쓰면서도 똑같은 생각을 하게 된다. 무엇 때문일까 생각하던 내 머리에 그들보다 1,500년 뒤에 살았던 한 남자의 말이 떠올랐다. 르네상스 시대의 정치사상가인 마키아벨리는 자신의 저서에서 이렇게 말했다.

"어떤 사업에 참가하는 모든 사람이, 내용은 제각기 다르다 해도, 그것이 자기한테 이익이 된다고 납득하지 않으면 어떤 사업도 성공할 수 없고 그 성공을 영속시킬 수도 없다."

이 견해는 모든 참가자 사이에 타협이 이루어진다는 것과는 다르다. 타협은 서로가 한 걸음씩 양보한다는 뜻이고, 모든 참가자가 절충점을 찾아내어 그것을 사업의 목표로 정한다는 뜻이다.

그런 경우에는 모든 참가자가 어느 정도 불만을 품는 결과로 끝나기 쉽다. 타협의 산물이라는 표현도 인간 세계의 이 같은 현실을 찌른 것이다. 이런 의미에서의 타협을 비생산적이라는 이유로 질색한 사람이 바로 마키아벨리다.

루비콘강을 건넌 카이사르를 타협과 결부짓는 사람은 없을 것이다. 아우구스투스도 얼핏 보기에는 타협을 잘하는 사람 같지만, 근본은 절대로 그렇지 않았다. 아우구스투스는 타협한 게 아니라 속였다. 공화정 밖에는 보려고 하지 않는 사람들을, 그렇다면 계속 공화정만 보라는 태도로 대했을 뿐이다.

카이사르와 아우구스투스의 '사업 진행 방식'을 한마디로 말하면 '일석이조'가 아니었을까. 아니, 그들은 돌멩이 하나를 던져서 새를 두 마리가 아니라 여러 마리를 한꺼번에 떨어뜨렸다. 던지는 것은 역시 돌멩이여야 한다. 실뭉치나 종이뭉치를 던져서는 한 마리도 떨어뜨리지 못할 것이기 때문이다. 문제는 모든 참가자가 '일석이조'식 사고방식을 자기네한테도 이익이 된다고 납득하느냐 않느냐 하는 것이었다.

로마군은 로마 시민권 소유자만으로 편성되는 것이 규칙이었지만, 그렇다고 해서 로마 시민권을 갖지 않은 사람이 전혀 참가하지 않았던 것은 아니다. 동맹국 군대가 참전하는 경우는 별문제로 하더라도, 로마군에는 로마 시민이 아닌 사람도 항상 섞여 있었다. 다만 체계화되어 있지 않았을 뿐이다.

따라서 총사령관의 생각에 따라 참전 형식이 제각기 달랐다. 술라처럼 실전은 로마 시민병에게 맡기고, 로마 시민이 아닌 병사에게는 후방 지원을 맡기는 장군도 있었다. 또한 카이사르는 로마 시민이 아닌 병사를 직능별로 활용한 것으로 알려져 있다. 갈리아인이나 게르만족으로 편성된 기병대의 용맹성은 지중해 세계에서는 모르는 사람이 없었다.

하지만 역시 로마 시민이 아닌 사람은 로마군의 정규병이 아니었다.

아우구스투스는 그들을 정규병으로 승격시킨다. 그러나 '군단병'으로 삼은 것은 아니다. 로마군의 주력인 '군단병'은 로마 시민만으로 편성한다는 전통은 바뀌지 않았다. 또한 비정규병이었던 시절의 명칭인 '보조병'(아욱실리아리스)도 바뀌지 않았다. 조직의 일원으로 승격시키긴 했지만, 로마군의 주력은 종래와 마찬가지로 로마 시민권 소유자만으로 이루어진 '군단병'이었기 때문이다.

'보조병'이라고 불리긴 했지만, 그래도 제국의 안전보장을 담당하는 로마군의 정규병이 된 것이다. 아우구스투스는 상비군이 된 로마 군단병의 노동조건을 향상시키고 확립했듯이, 로마 시민권을 갖지 않은 보조병에게도 노동조건 확립을 보장해주어야 한다고 생각했다. 미리 말해두지만, 인권 존중의 휴머니즘에 눈을 떴기 때문은 아니다. 어디까지나 '일석이조'의 관점에 선 방책이었다.

'군단병'과 마찬가지로 '보조병'의 복무 기간도 정해졌다. 25년이다. 20년인 군단병과 차별하는 것으로 생각하겠지만, 실제로는 그렇지 않다. 제국 전역의 안전보장은 로마 시민이 맡는다. 따라서 로마 시민인 군단병에게는 복무 지역을 이동하라는 명령에 복종할 의무가 있었다. 라인강에서 나일강으로 이동한 군단도 있고, 에스파냐에서 중동 지역으로 이동한 군단도 있다. 반대로 '보조병'은 출신지와 가까운 곳에 배치되는 것이 보통이고, 그곳에서 만기까지 복무하는 사람이 많았다. 출신지 근처에서 복무하면, 만기 제대한 뒤에도 제2의 인생을 준비하기가 쉬워진다. 20년과 25년의 차이는 차별 대우가 아니라 동등한 대우라고 보아야 할 것이다.

당연히 급료도 보장되었다. 전리품을 기대할 수 없는 적을 상대로 나라를 지키는 것이다. 보수를 보장해야만 병사의 질을 유지할 수 있다.

그런데 군단병과 달리 보조병의 연봉 액수를 기록한 사료는 오늘까지도 발견되지 않았다. 그렇긴 하지만 군단병과 동등하지 않았던 것은 확실하다.

퇴직금에 대해서도 사료는 말해주지 않는다. 퇴직금이 있었다 해도 아주 적은 액수가 아니었을까. 군단병에게 퇴직금을 주는 제도가 확립된 것도 고대에는 획기적인 개혁이었기 때문이다. 다만 의식주는 정규병이 아니었던 시대에도 보장되었으니까, 정규병이 된 뒤에는 완전히 보장되었을 것이다. 그뿐만 아니라 나중에는 부상당했을 때의 치료는 물론이고, 변경 복무를 위로하기 위한 극장이나 목욕탕을 비롯하여 로마군 병사들이 누리는 혜택을 똑같이 누릴 수 있게 되었다.

'보조병'은 속주민이다. 군사기지 생활에서 그들의 마음속에 로마에 대한 경의와 동경이 싹텄다 해도 이상할 게 없다. 아우구스투스는 그것도 꿰뚫어본 것처럼, 그의 군제개혁안에는 만기 제대한 보조병에게 로마 시민권을 준다는 항목도 들어 있었다.

이 규정은 아우구스투스가 결정한 다른 모든 사항과 마찬가지로 로마 제국이 끝날 때까지 지켜졌다. 어쩌면 이것이 그들의 퇴직금이었는지도 모른다.

로마 시민권은 단순한 훈장이 아니다. 거기에는 우선 속주세 면제라는 실리가 뒤따른다. 게다가 시민권은 세습이다. 만기 제대한 '보조병'의 아들은 어엿한 로마 시민으로서 '군단병'에 지원할 수 있다.

로마 시민권에 관해서도 혁신적이었던 카이사르와는 달리 아우구스투스는 보수적이었던 것으로 되어 있다. 물론 그는 속주의 부족장들에게 원로원 의석을 주는 것도 중지했고, 시칠리아 속주와 남프랑스 속주를 본국과 같은 지위로 승격시키려던 계획도 중단해버렸다.

온갖 연줄을 동원하여 로마 시민권을 얻으려는 자들이 많았지만, 아내 리비아와 연고가 있는 사람에게도 로마 시민권을 주지 않은 일은 유명하다. 속주의 인재들을 적극적으로 등용하는 카이사르의 방식은 제4대 황제 클라우디우스가 부활시킬 때까지 중단되었는데, 그것을 중단시킨 당사자도 바로 아우구스투스였다.

아우구스투스는 교육과 의료에 종사하는 교사와 의사들에게는 인종과 민족에 관계없이 로마 시민권을 준다는 카이사르의 법률은 전혀 손대지 않고 그대로 두었다. 그것은 아우구스투스가 이 두 가지 직업을 중시했기 때문이기도 하지만, 지적 상류층에 대한 개방 노선에서는 카이사르와 생각을 같이했기 때문이기도 하다.

이제 '보조병'에게 로마 시민권을 준다는 정책이 성립되었다. 속주민 가운데 병역을 선택하는 사람은 지적 상류층에 속하지 않는 사람이었을지도 모른다. 하지만 시민권은 로마 시민과 동등해진다는 의미가 있다. 요즘으로 말하면 국적이다. 부모가 둘 다 아테네 시민이어야만 시민권을 주는 아테네인에게 시민권은 '혈통'의 문제였다. 반면에 로마인이 생각하는 시민권은 자신들의 생활방식에 공감하고 그것이 계속 유지되도록 협력해주는 사람과 '공유하는 권리'였다.

로마 시민이 맡고 있는 국가 방위에 참여하는 것만큼 고마운 협력이 어디 있겠는가. 카이사르도 게르만족이나 갈리아인 병사들에게 인심 좋게 로마 시민권을 주었지만, 아우구스투스는 그 방식을 제도화했다. 보조병에게 로마 시민권을 주는 것을 제도화한 아우구스투스의 머릿속에는 그것이 로마 시민권 부여에 신중한 정책과 모순된다는 느낌은 전혀 없었을 게 분명하다.

아우구스투스가 정한 '보조병' 정원은 '군단병'과 같은 15만 명이었다. 그렇다면 단순히 계산해도 25년마다 15만 명의 로마 시민권 소유자가 새로 생겨나게 된다. 군단병 중에도 주둔지의 여자와 결혼하는 사람이 많았다. 만기 제대자를 보내 건설하는 식민도시에서는 로마인 남자가 현지 여자와 결혼하는 것이 상례였다. 로마 시민권 부여에 인색했던 것으로 알려져 있는 아우구스투스 시대에도 실상은 그렇지 않았다. 쇄국만큼 로마인과 인연이 없는 사고방식도 없었을 거라는 생각이 든다.

아우구스투스의 개혁으로 속주민인 '보조병'도 로마군이라는 조직의 항구적인 일원으로 바뀌었다. 이 개혁은 다음과 같은 이점을 낳았다. 아우구스투스도 그 같은 이점을 낳으리라 생각하여 이것을 정책화했을 게 분명하다. 이것이 바로 그의 '일석이조'였다.

첫째는 방위비 절약이다.

평화는 공짜로 얻을 수 없다. 평화를 지키려면 돈이 든다. 하지만 돈이 든다고 해서 드는 대로 내버려두면 재정 적자로 이어진다. 국채를 팔아서 보충한다는 생각이 없는 시대니까, 재정 적자는 국고와 황제 금고를 이리저리 변통하여 해소해야 한다. 해소하지 않으면 무거운 세금을 매길 수밖에 없는데, 무거운 세금은 통치상, 즉 정치심리학상 가장 어리석은 해결법이다. 학자들의 연구에 따르면, 기원 전후에 로마 제국 전역의 인구는 5천만 명 정도였다. 5천만 인구를 거느린 국가의 방위력이 군단병과 보조병을 합하여 30만 명이다. 오늘날 그 정도 인구를 가진 나라와 비교하면, 군대의 첨단기술화는 고려하지 않고 육군 병력만 비교해도 다음과 같다.

프랑스는 24만 명. 한국은 55만 명.

이 두 나라를 예로 든 것은 인구가 비슷하기 때문이기도 하지만, 고대 로마와 마찬가지로 다른 나라와 육지로 이어져 있기 때문이다. 사방이 바다로 둘러싸여 있고 인구는 고대 로마의 두 배인 일본의 경우, 자위대의 육군 병력은 15만 명이다. 이렇게 적은 이유는 헌법에 맞느냐 안 맞느냐 하는 것보다 다른 나라와 육지로 이어져 있지 않다는 사정 때문이 아닐까. 프랑스와 인구가 비슷한 영국의 육군 병력은 일본보다도 적은 12만 명에 불과하기 때문이다.

로마 제국의 군사력은 오늘날까지 존재한 어떤 나라의 방어선과도 비교할 수 없을 만큼 길고 곳에 따라 조건도 다양한 여러 개의 방어선에 적응할 수 있어야 했다.

얼어붙을 듯이 추운 게르마니아도 있고, 뜨거운 태양이 내리쬐는 사하라 사막도 있었다. 그 긴 방어선을 30만 명이 용케 지켰다는 생각이 든다. 경비가 적게 드는 '보조병'을 제도화하지 않고는 영원히 계속할 수 없는 '사업'이었을 것이다.

'보조병'을 정규병으로 만든 두 번째 이점은 속주민에게도 자기 나라는 스스로 지킨다는 의식을 심어주었다는 점이다.

국토 방위는 패권자인 로마인이 맡도록 되어 있었기 때문에, 로마의 패권 아래 살고 있는 속주민에게는 병역 의무가 없었다. 그 대신 속주세를 낼 의무는 있었다. 수입의 10분의 1인 속주세는 안전을 보장받기 위한 비용으로 여겨지고 있었다.

그러나 돈을 내고 남에게 안전을 보장받는 생활방식은 인간을 타락시킨다는 것이 고대 그리스인과 로마인의 생각이었다. 아우구스투스는 '보조병'이라는 형태로라도 속주민을 국방에 참여시키는 것이 인간으로서 속주민의 건전성을 유지하는 데에도 도움이 된다고 생각했다. 어쨌든 '보조병'도 '군단병'과 마찬가지로 지원제다. 또한 병사는 고향과 가족을 지키기 위해 지원했을 때 가장 건전하고, 따라서 강하다. '보조병'을 출신지 근처에 배치하는 것을 원칙으로 삼은 것도 그 점을 고려했기 때문이다.

세 번째 이점도 역시 심리학과 관계가 있어서, 정치도 심리학 문제라고 생각하는 사람에게는 좋은 사례가 될 것이다.

마리우스가 징병제에서 지원제로 바꾼 이유는 한마디로 말하면 실업자 구제였다. 재산에 바탕을 둔 종래의 징병제에서는 병역 의무가 없는 무산계급을 군대로 흡수했기 때문이다. 실업자를 방치해두면 사회 문제가 되기 때문인데, 그 이유는 반드시 경제적인 것만은 아니다.

인간은 무릇 직업을 통해 자긍심을 키워가는 법이다. 어엿한 시민의 의무인 병역마저 면제받으면 인간은 황폐해져버린다. 황폐한 정신 상태에 경제적 불만이 겹치면 쉽게 사회 문제가 된다. 반대로 재산은 없지만 어엿한 시민의 의무는 다할 수 있다고 생각하면 정신의 건전성을 유지할 수 있다.

이것은 속주에도 적용되었다. 속주에도 하층계급은 존재한다. 경제력이 없어서 속주세조차 낼 수 없는 사람들이다. 그들을 방치해두면 본국에서는 사회 문제가 되는 것으로 끝나지만, 속주에서는 폭동이나 반란의 온상이 될 위험이 있었다.

아우구스투스는 당초에는 남프랑스를 제외한 갈리아 전역을 방어하는 데 6개 군단이면 충분하다고 생각했던 모양이다. 하지만 이 3만 6천 명의 '군단병'은 라인강 방어선에 집중되어 있다. 그곳을 제외한 갈리아의 나머지 지역에는 1개 군단도 배치되어 있지 않다. 반로마 폭동을 키울 만한 요인을 처음부터 제거해두지 않고는 도저히 유지할 수 없는 속주 통치 정책이었다.

네 번째 이점은 '군단병'과 '보조병', 즉 로마인과 속주민이 어깨를 나란히 하고 병역을 치르게 되었기 때문에, 군사기지를 통한 속주의 로마화─로마인의 표현을 빌리면 문명화─가 촉진되었다는 점이다. 그것도 지배자와 피지배자가 서로 분리되어 있었던 것이 아니라, 군단병이 현지 여자를 아내로 삼는가 하면 보조병의 아들이 군단병이 되는 식으로 민족 간 융합이 이루어졌고, 그것이 로마화의 기반이 되었다는 점에서 지극히 자연스럽게 로마화가 추진되었다.

역사가 타키투스는 이런 일화를 전하고 있다. 라인강 동쪽에 사는 게르만족이 라인강 서쪽에 정착하여 로마 속주민이 된 게르만족에게 동포끼리 힘을 합쳐 로마 군단을 습격하자고 호소하자 이렇게 대답했다고 한다.

"우리 땅에 주둔해 있는 로마 병사들 중에는 우리와 인척관계를 맺은 사람이 적지 않다. 이곳 여자를 아내로 삼은 사람도 있고, 이곳 여자를 어머니로 둔 군단병도 있다. 그들은 모두 우리 땅도 로마 본국과 같다고 생각하고 있다. 따라서 인간의 도리에서 벗어난 당신들의 요구에는 응할 수 없다. 어찌 인간이 제 아버지를, 형제를, 자식을 죽일 수 있겠는가."

이것도 제정 로마의 안전보장책이었다. 운명 공동체의 형성이라고 해도 좋을 이런 사고방식이야말로 '총체적 안전보장'이라고 부를 만하지 않을까.

하지만 이런 로마화가 아무리 추진되어도, 군단병과 보조병을 합하여 30만 명도 채 안 되는 병력으로 전체 길이가 1만 킬로미터에 이르는 방어선을 지키는 것은 어려운 사업이다. 그래도 여러 사정 때문에 30만 명으로 군사력을 제한할 수밖에 없었고, 따라서 방위력의 효율성이라는 로마군의 진정한 힘을 추구할 수도 있었다. 그것은 아우구스투스의 군제개혁으로 바뀐 것 가운데 다섯 번째로 든 '안전보장에 필수불가결한 종합 전략 확립'이었다.

종합 전략

로마인은 이탈리아반도도 다 통일하지 못한 시절부터 경우에 따라 임기응변으로 대처하는 능력이 뛰어났다. 그런 재능이 뿔뿔이 흩어지지 않고 하나로 통합되어 기능을 발휘할 수 있었던 것은 일관된 기본방침이 있었기 때문이다.

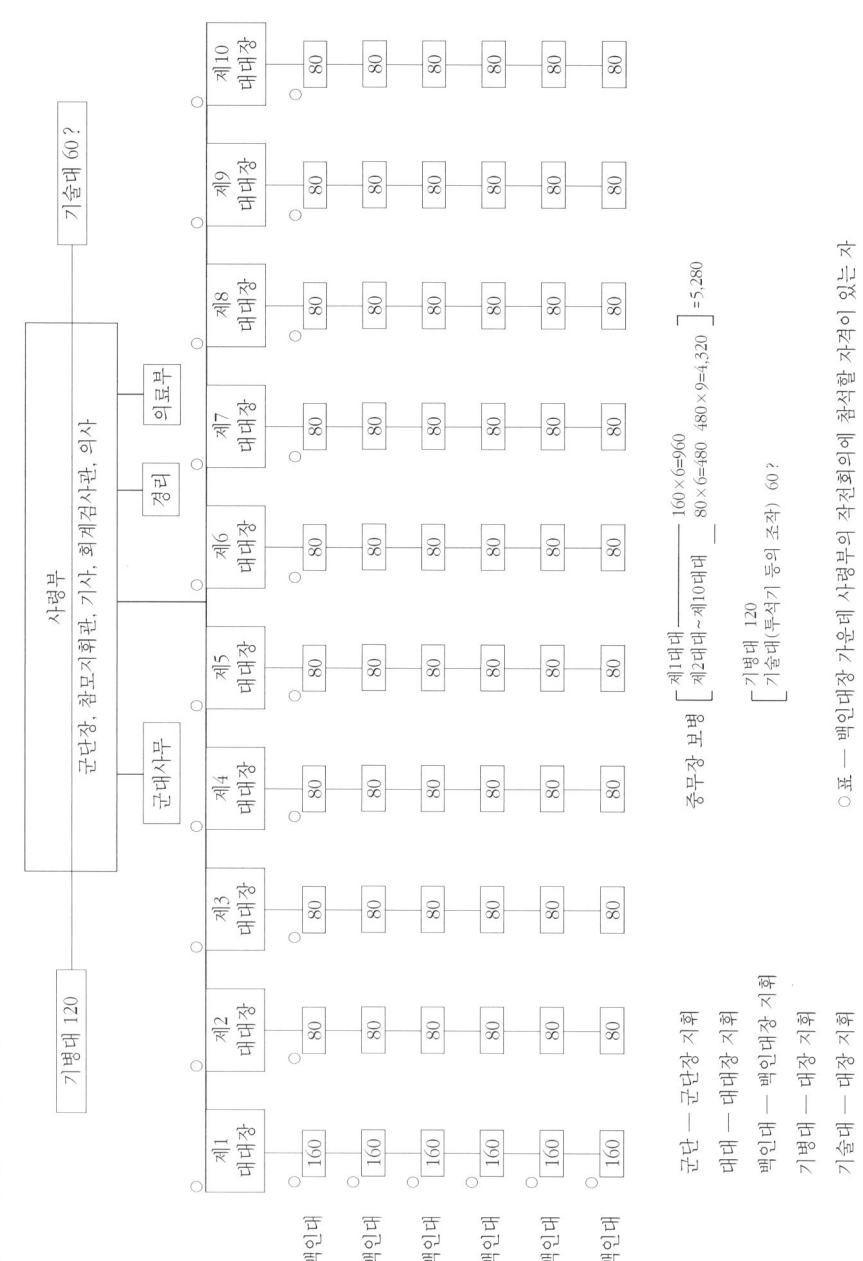

보조부대(속주민 : 4,500~6,000명)

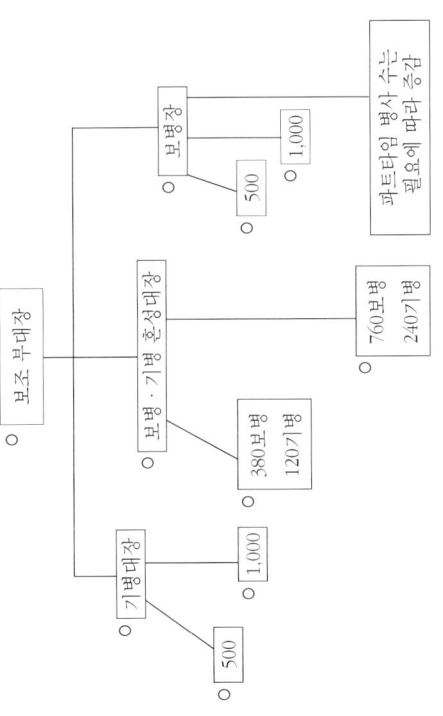

* 지휘관급은 부족장의 자제 등으로 역시 속주민 다만 로마 시민권 소유자가 많다.
* 경리, 의료 등은 모두 군단이 각 부문 담당자가 보조부대도 담당했다.
* 표·사령부에서 열리는 작전회의에 참석할 자격이 있는 자.

그 기본방침은 지극히 단순명료했기 때문에, 상황에 따라 달라지는 대처 방법이 아무리 다양해도 기본방침까지 흔들어놓지는 못했다. 일관된 방침과 임기응변이라는 모순된 개념을 함께 적극적으로 활용해가려면, 기본방침은 간단명료한 편이 좋다. 이와 함께 요구되는 것은 균형 감각이다. 이 재능에서도 로마인은 남달리 뛰어났다.

전체를 구성하는 '낱개'나 '핵'이 확립되지 않으면 종합 전략은 성립될 수 없다. 아우구스투스는 '군단'과 '보조군'을 재편성했다. 다만 로마군의 전통적 명칭은 현재 상태를 반영하지 못하는 경우에도 그대로 남겨두었다. 예를 들면 '백인대'(켄투리아)는 이제 더 이상 백 명으로 구성되지 않았지만 여전히 '백인대'라고 불렸다.

• 무기

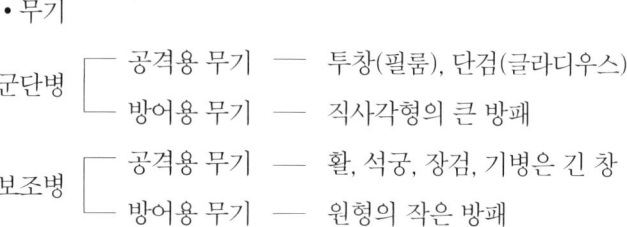

이것을 보면, 원탁의 기사나 중세 십자군 시대의 병사는 군단병이 아니라 보조병의 연장이었다는 사실을 알 수 있다. 그 이유는 로마 제국이 멸망한 뒤 전쟁터에서 '시민'이 소멸했기 때문이고, 그에 따라 전법이 달라졌기 때문이 아닌가 싶다.

'낱개'가 확립되면, 그것을 종횡으로 구사하는 종합 전략을 확립하는 과제가 대두한다. 하지만 기술력을 가지고 있으면서도 만리장성을 쌓지 않은 로마인은 다음과 같은 방식으로 종합 전략을 확립하려 했다.

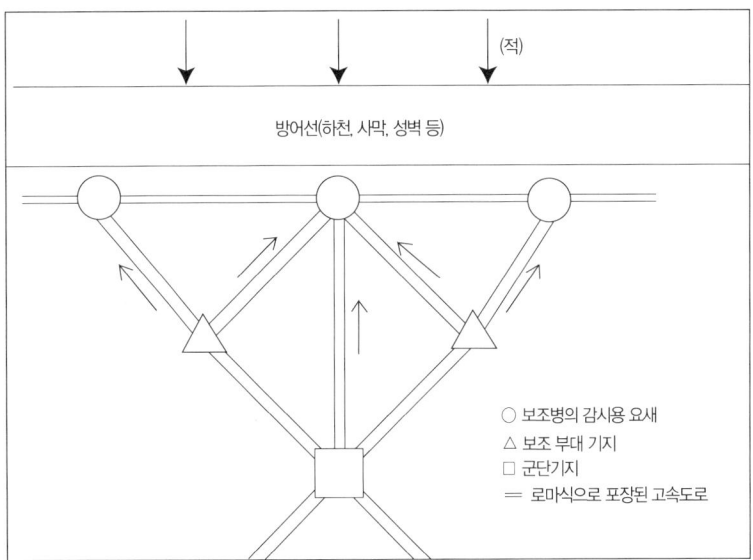

방어선의 기본 전략도

다만 방어망은 역대 황제들이 개량을 거듭한 끝에 완성되었고, 아우구스투스가 제시한 것은 기본 전략에 불과하다. 따라서 각 방어선의 특수한 사정은 고려하지 않고 기본적인 것만 도표로 나타내면 위의 그림과 같다.

학자들은 각 속주의 방어선은 도표로 자세히 그려주지만, 기본도는 보여주지 않는다. 연구서는 그 정도쯤 이미 알고 있는 사람들을 대상으로 하기 때문이다. 그런데 비전문가인 나는 그 정도도 몰랐기 때문에, 스스로 이해하기 위해 그린 것이 위의 그림이지만, 이 유치한 그림도 대강의 개념은 파악하고 있는 것 같다. 적의 내습을 알아차린 요새에서는 봉화를 올리거나 말을 달려 가까운 기지에 그 사실을 전할 수 있다. 그러면 기지에서는 당장 지원군을 보내는 동시에, 군단기지로 적의 내습을 알린다. 군단도 당장 출격한다. 로마식 가도망을 그물처럼 쳐놓았기 때문에 병력이 신속하게 이동할 수 있었다.

보병의 행군속도는 시속 5킬로미터. 기병이라면 하루에 90~100킬로미터를 주파할 수 있었다. 수레에 무거운 병기를 실어 나르는 수송부대는 시속 1.5킬로미터밖에 낼 수 없었기 때문에, 대대 규모의 병력을 주둔시키는 기지라면 보조군 기지라 해도 병기를 상비해두는 것이 보통이었다.

요컨대 방어가 주목적이 된 로마군의 전략은 보조병이 버티고 있는 동안 군단병이 도착하여 결판을 내는 요격 체제였다. 물론 적의 내습이 대규모라면 주변의 군단기지에서 오는 응원군도 기대할 수 있었다.

모두 연결하면 지구를 두 바퀴 돌 수 있다고 할 만큼 거미줄처럼 쳐놓은 로마 가도는 이처럼 군용으로 건설된 것이었다. 강에는 다리를 놓고 산은 깎거나 터널을 파서 로마 제국 전역에 되도록 평탄하게, 되도록 직선으로 2차선의 로마 가도가 건설되었다. 간선도로는 모두 포장되고, 배수도 완벽하다. 이탈리아의 도로망이 결과적으로는 사람과 물자의 교류 및 생활수준 향상에 이바지했듯이, 속주를 포함한 로마 제국 전역이 로마 가도의 혜택을 누리는 시대가 시작되었다. 그것도 당초에는 30만 명이 채 안 되는 병력으로 어떻게 하면 그 넓은 영토를 지킬 수 있을 것인가 하는 궁리에서 시작된 전략이었다.

제국 방위에서 주력을 맡은 로마 군단은, 그 규모가 28개 군단을 유지하고 있던 서기 9년까지는 다음과 같이 배치되어 있었다.
- 남부를 제외한 이베리아반도 전체에 4개 군단
- 라인강 하류 연안에 5개 군단
- 라인강 상류 연안에 2개 군단
- 고대의 일리리쿰과 달마티아(오늘날의 슬로베니아와 크로아티아) 지방에 5개 군단
- 도나우강 남쪽, 고대의 모이시아(오늘날의 세르비아) 일대에 3개

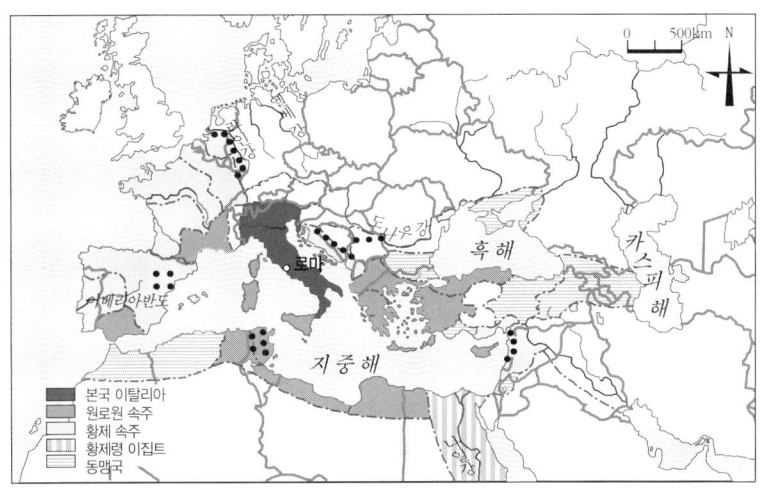

서기 9년 이전의 군단 분포도

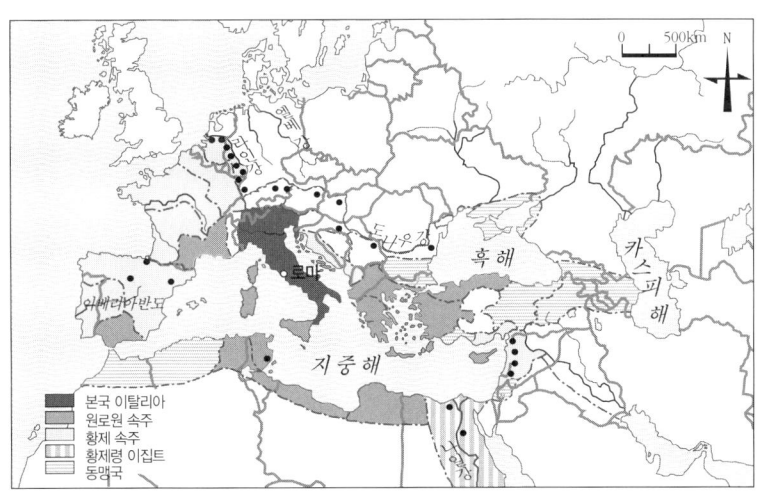

서기 9년 이후의 군단 분포도

군단
- 고대의 시리아(오늘날의 시리아와 레바논)에 4개 군단
- 북아프리카 전역에 5개 군단

서기 9년을 경계로 하여 로마의 상비군은 25개 군단으로 줄어들었고, 군단 배치도 다음과 같이 바뀐다. 그리고 기본적으로는 이런 형태로 정착되었다.
- 이베리아반도 북서부에 3개 군단
- 라인강 서안에 8개 군단
- 도나우강 남안에 7개 군단
- 시리아 속주에 4개 군단
- 이집트에 2개 군단
- 이집트와 동맹국 마우리타니아를 제외한 북아프리카에 1개 군단

이것이 로마 시민으로 병역을 지원한 사람들의 근무지다. 물론 필요에 따라 배치를 전환하는 경우는 있었다. 그리고 군단병과 같거나 그보다 적은 수의 보조병을 현지에서 고용한다. '현지 고용'이기 때문에 보조병의 민족도 다양하다. 시리아 군사기지의 보조병 중에는 셈족 출신이 많았고, 라인강 연안 기지에 배치된 보조병 중에는 갈리아인과 게르만족이 많았다. 거듭해서 말하지만, 이런 피지배자들도 만기 제대한 뒤에는 지배자인 로마 시민이 되었다.

육상 방위력을 이야기했으니 해상 방위력도 빼놓을 수 없지만, 군사대국 로마의 해군은 육군에 비하면 빈약하기 짝이 없었다.
그것을 로마인이 본질적으로 농경민족인 탓으로만 돌릴 수는 없다. 지중해 일대를 패권 아래 넣은 뒤로는 해군이 보유하고 있는 배들은 전

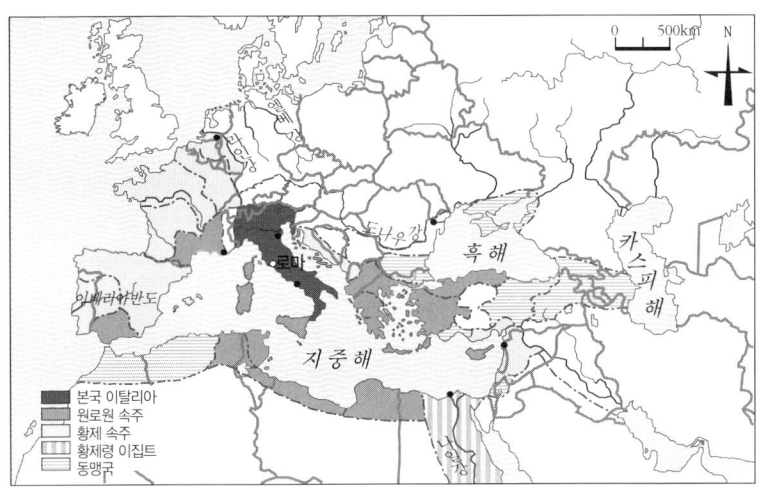

로마 해군기지 분포도

투보다는 수송에 쓰이는 경우가 많았고, 그밖에는 로마의 감시망에 뚫린 구멍을 찔러 이따금 출몰하는 소규모 해적선단을 단속하는 해상 경찰의 임무만 맡게 되었다. 해상에서의 '팍스 로마나'는 그 바다를 둘러싼 육지를 지배함으로써 육지보다 더 빨리, 그리고 더 쉽게 달성할 수 있었다.

그래도 방위가 목적이니까 상비군이 필요하다고 생각한 아우구스투스는 역시 로마의 전통을 깨뜨리고 해군도 상비군으로 만들었다.

로마의 해군기지는 아우구스투스 시대에는 두 군데였다. 아드리아해의 제해권을 유지하기 위한 라벤나(오늘날의 이름도 라벤나)와 나폴리 만에 있는 미세눔(오늘날의 미세노)이다. 이 두 개의 주요 기지 외에 동지중해에서는 이집트의 알렉산드리아와 시리아의 안티오키아에 해군 기지가 설치되었고, 서지중해에서는 카이사르가 해군기지로 만든 남프랑스의 포룸율리(오늘날의 프레쥐스)가 로마 군선의 정박지가 되었다. 물론 그밖의 항구에도 로마 군선은 입항했다. 다만, 아우구스투스 시대에는 가까운 호수까지 운하를 뚫어 큰 선단도 안전하게 정박할 수 있는 설비를 갖춘 해군기지는 라벤나와 미세노뿐이었다. 그밖에도 소규모 해군기지는 흑해 연안에도 있었고, 기원전이 기원후로 바뀔 무렵에는 라인강과 도나우강에도 설치되었다.

그러나 로마의 방위체제는 어디까지나 육지가 '주'(主)였고 바다는 '종'(從)이었다. 그 이유로는 다음 네 가지를 들 수 있다.

첫째, 로마는 바다를 둘러싼 육지를 자신의 패권 아래 둠으로써 해상방위를 이루려 했고, 그 생각을 현실화했다.

둘째, 이웃 마을에 갈 때도 배에 돛을 올리는 그리스인과 달리, '정상적인 로마인은 바다를 두려워한다'는 로마인 자신의 말에 나타나 있는 로마인의 성향.

셋째, 항해를 오래 할수록 배에 탄 병사들의 건강이 나빠지는 데 대한 염려. 그 당시는 냉장고 따위는 존재하지 않는 시대였다.

넷째, 계획 짜기를 좋아하는 로마인의 성향. 육지에서 행군할 때는 시속 5킬로미터로 하루에 25~30킬로미터를 갈 수 있다면, 목적지까지의 거리만 알면 며칠쯤 걸릴 것인지를 예상할 수 있고, 그에 맞추어 계획을 세울 수 있다. 로마에서 라인강 방어선의 최대 기지인 쾰른까지는 보통 행군으로도 67일이면 도착한다고 계산할 수 있었다. 그리고 로마가도는 현대의 고속도로처럼 1로마마일(정확히는 1,482미터)마다 거리표지가 서 있고, 하루 행군 거리마다 숙박시설이 마련되어 있을 뿐 아니라, 군량보급소와 말을 바꿀 수 있는 설비도 갖추어져 있었다. 그리고 무엇보다 좋은 점은 태풍이나 눈보라에 아무리 시달려도 길에서 벗어날 염려는 없었다는 것이다.

반면에 바다에서는 엄밀한 예정을 세울 수 없다. 태풍은 인간의 생각 따위는 개의치 않고 덮쳐온다. 현대 고고학에서 해양고고학이 중요한 분야가 되어 있는 것도 고대에 침몰한 선박이 뜻밖에 많았기 때문이다.

또한 지중해는 풍향이 변덕스럽다. 그런데 고대의 돛은 사각돛이라서, 순풍에는 적합하지만 역풍이나 무풍 상태에서는 어찌할 도리가 없다. 배의 모터인 노를 젓는다 해도, 그것만으로는 결함이 너무 많았다. 첫째, 노잡이를 쉬지 않고 일하게 하면 이 '모터'도 조만간 고장이 나게 마련이다. 둘째, 돛을 올리면 평균시속 6노트 정도는 낼 수 있지만, 노에만 의존하면 절대로 이 속도를 유지할 수 없다. 돛과 노의 결함을 상호보완하는 갤리선이 지중해에서 주역이 되어간 것도 다 이유가 있었다.

말이 나온 김에 한마디 덧붙여두면, 중세 민족 가운데 둘째가라면 서러워할 만큼 계획 짜기를 좋아한 베네치아인도 노와 돛을 갖춘 갤리선을 활용하지만, 그 돛은 삼각돛이다. 삼각돛이라면 역풍이 불어도 지그재그로 전진할 수 있기 때문이다.

하지만 아무리 바닷길을 피하고 싶어도, 바닷길에는 나름대로 이점이 있다. 시간 절약이 그것이다.

예를 들어 로마에서 가상 적국인 파르티아와 접경하고 있는 시리아 속주로 군단을 이동시켜야 할 경우, 육로를 택하면 우선 아피아 가도를 따라 브린디시까지 가서 배를 타야 한다. 브린디시에서 알바니아의 디라키움(오늘날의 두러스)까지는 배로 하루가 걸린다. 디라키움에서는 이그나티아 가도를 따라 그리스를 가로지르고, 헬레스폰토스해협을 건너 소아시아로 들어간 다음에는 소아시아를 가로질러 시리아 속주의 수도인 안티오키아에 도착하게 된다. 이 길을 가는 데 필요한 시간은 육로가 124일, 해로가 2일, 합해서 126일이다. 무려 넉 달이 넘게 걸린다는 계산이다.

그런데 로마에서 미세노까지 육로로 가서 배를 타고, 키레나이카(오늘날의 리비아)의 아폴로니아와 이집트의 알렉산드리아를 거쳐 안티오키아의 외항인 셀레우키아로 가는 해로를 택하면, 순풍을 만날 경우에는 15일, 보통 상태에서도 55일이면 도착할 수 있었다.

지중해 연안에 있던 로마 제국의 주요 지방으로 가는 데 걸린 시간은 다음과 같다.

• 로마의 외항인 오스티아에서 남프랑스의 마르세유까지는 최소한 3일, 보통은 10일.

• 오스티아에서 에스파냐의 타라고나까지는 최소한 5일.

• 오스티아에서 고대에 '헤라클레스의 기둥'이라고 불린 오늘날의 지브롤터 해협까지 도중에 기항하지 않고 곧장 가는 데에는 최소한 7일.

• 군항 미세노에서 카이사르와 아우구스투스가 재건한 카르타고까지는 최소한 2일, 늦어도 10일.

• 미세노에서 시칠리아의 메시나와 키레나이카의 아폴로니아를 경유하여 이집트의 알렉산드리아까지 가는 데에는 순풍일 경우 9일, 보통은 41일.

• 흑해의 출구인 비잔티움(오늘날의 이스탄불)에서 돈강 어귀까지는 10일.

이것이 고대의 여러 기록에서 학자들이 골라낸 숫자다. 이렇게 시간을 절약할 수 있었기 때문에, '정상적인 로마인이라면 바다를 두려워한다'고 고집을 부리지도 못하고 지중해를 수송로로 활용했다. 로마인 자신도 지중해를 '내해'(마레 인테룸)나 '우리 바다'(마레 노스트룸)라고 부르고 있었다.

그래도 육로와 해로의 차이가 대단치 않으면 로마인은 역시 육로를 택했다. 카이사르는 기원전 49년에 로마에서 마르세유까지 12일 만에 주파했다. 이때는 보병을 거느릴 필요가 없어서 기병만 거느리고 행군하긴 했지만, 배를 타고 갔다 해도 순풍일 경우에는 사흘, 보통 상태에서는 열흘이나 걸리는 거리였다. 거리로 치면 해로는 삼각형의 한 변이고 육로는 삼각형의 두 변에 해당하는데도, 걸린 시간에서는 그리 큰 차이가 없었다. 이런 카이사르와는 달리 아우구스투스는 로마인으로서는 드물게 해로를 좋아했다. 며칠씩 계속 말을 타고 달리는 데 서툴렀기 때문이기도 하다.

악티움 해전을 끝으로 전투보다는 수송을 주로 담당하게 된 로마 해군은 구성원의 질을 유지하는 데에도 육군만큼 신경을 쓰지 않는다. 지휘관만 로마 시민이고, 선원이나 노잡이는 민족을 가리지 않았다. 다만 할리우드 영화에서 볼 수 있는 쇠사슬에 묶인 노예 노잡이는 적어도 일반적인 사례는 아니었다는 게 정설이다. 어쨌든 복무 기간은 28년으로 정해져 있었다. 그동안의 급료나 만기 제대한 뒤의 대우를 알려주는 사료는 없지만, 노예를 사용하는 게 보통이었다면 복무 기간을 정할 리가 없다. 군단병은 20년, 보조병은 25년, 해군은 28년 만에 만기 제대한다는 사실도 해군의 임무가 더 가볍고 사회적으로도 낮은 평가를 받았다는 것을 보여준다. 이 해군을 육군의 '보조병'과 동등한 수준으로 승격시킨 것은 브리타니아를 정복한 클라우디우스 황제였다. 서기 50년에 해군의 복무 기간은 22년으로 줄어들었고, 만기 제대하면 그들도 로마 시민권을 취득할 수 있게 되었다.

그래도 해군 제독은 군인보다 관료들 중에서 선임된 모양이다. 베수비오 화산의 폭발로 폼페이가 묻혀버린 서기 79년, 나폴리만을 사이에 두고 폼페이와 마주 보고 있는 미세노 해군기지의 책임자는 저명한 박물학자인 대(大)플리니우스였다. 이 사람이 해군 제독이 되기 전에 거친 관직은 갈리아와 아프리카 및 에스파냐 속주의 '재무관'이었다. 재무관의 주요 임무는 속주세 징수였으니까, 국세청에 소속된 지방 세무서장과 비슷하다.

근위대 창설

아우구스투스는 공화정으로 돌아가겠다고 공언해놓고, 제정으로 나아가는 포석을 조용히 두어가고 있었다. 그가 단행한 군제개혁 중에서 이런 색채가 가장 짙은 것은 '근위대'(프라이토리아) 창설일 것이다. 그러나 이것도 아우구스투스가 기반을 쌓고 그 후의 황제들이 차근차근 완성한 로마 제국의 군사력, 즉 '전쟁 억지력으로서의 군사력'에서 벗어나는 예외는 아니었다. 따라서 군단을 두지 않는 본국을 방위하기 위해서라는 것은 겉으로 내세운 명분이고, 실제로는 본국의 질서를 유지하는 것이 근위대 창설자의 본심이었을 게 분명하다. 말하자면 황제 반대파에 대한 억지력이다.

근위대는 9개 '대대'(코호르스)로 이루어져 있고, 1개 대대는 보병과 기병을 합하여 1천 명으로 이루어진다. 따라서 근위병은 모두 9천 명이 된다. 지원 자격은 당연히 로마 시민권 소유자다. 병사의 질은 엄격히 따졌지만, 출신 계급은 문제삼지 않았다. 시골 농민의 아들이라도 근위병이 될 수 있었다.

연봉은 675데나리우스로 군단병의 세 배다. 복무 기간도 군단병이 20년인데 근위병은 16년으로 우대했다. 16년 뒤에 만기 제대할 때 받을 수 있는 퇴직금도 군단병은 3천 데나리우스 정도지만, 근위병은 5천 데나리우스다. 군복도 화려했는데, 이는 황제가 수도 로마에 머물러 있는 동안 신변을 경호하고 속주로 갈 때에도 일부가 동행했기 때문이다. 근위병은 말하자면 로마군의 '꽃'이었다.

근위대 지휘관이 되면, 그 후의 출세는 따놓은 당상이나 마찬가지였다. 원로원 속주의 '재무관'이나 황제 속주의 '총독'으로 가는 길이 열려 있었기 때문이다. 출신 계급이 낮은 지방 출신자는 근위대에 들어가는 것이 꿈이었다. 근위대의 총지휘권은 아우구스투스에게 있고, 실제로 지휘를 맡는 근위대장은 두 명이다.

이 두 사람을 '기사 계급'에서 선발한 것은 아직도 공화정 지지자가 적지 않은 원로원 계급에 대한 대항세력을 의식한 배려였다. 두 근위대장 밑에는 각 대대를 지휘하는 대대장이 9명 있다. 대대장급으로 내려오면 출신 계급도 문제가 되지 않았다. 로마군 전체를 재편성하는 사실상의 책임자였던 아그리파가 이탈리아 시골의 하찮은 집안 출신이었기 때문에, 로마군 내부의 능력주의는 철저했다.

근위대 창설은 아우구스투스가 유일한 최고 권력자가 된 직후인 기원전 27년에 이미 원로원의 승인을 얻어놓았지만, 아우구스투스는 그것을 실천하고 추진할 때 지극히 신중한 태도를 보였다. 아우구스투스가 제정으로 나아가고 있는 게 아닐까 하고 원로원이 의심할 만한 행동은 신중하게 피했다. 9개 대대 가운데 수도에 주둔시킨 것은 3개 대대뿐이었다. 나머지 6개 대대는 이탈리아의 각지에 분산시켰다. 수도에 주둔하고 있는 3개 대대의 근위병을 위한 상설 막사도 짓지 않았다.

근위대 전체가 수도에 주둔하게 되고 대규모 막사가 지어진 것은 제2대 황제 티베리우스 시대에 와서였다. 이는 제정에 대한 원로원의 알레르기가 약해진 것을 보여준다. 알레르기가 약해졌다기보다는 체념했다고 말해야 할까.

고대 로마의 '근위대 막사'(카스트라 프라이토리아)가 있었던 곳은 오늘날에도 병영으로 되어 있고, 이탈리아어로도 같은 의미인 '카스트로 프레토리오'라고 불린다. 고대에는 군대 막사를 수많은 조각상으로 장식하는 것이 관례였으니까 그 땅속은 고고학적인 보물창고가 아닐까 싶지만, 발굴하지 않고 이탈리아군의 막사로 계속 사용하고 있다. 이 '카스트로 프레토리오' 근처에 로마 대학이 있는데, 로마 대학에는 고대에 로마의 속주였던 나라에서 로마사를 공부하러 온 유학생들이 많다. 그런데 고고학을 전공하는 이탈리아 학생에게 이 이야기를 했더니, 그렇다면 로마 전체를 모조리 파내야 할 거라고 대답했다. 과연 현대의 로마는 고대의 로마 위에 세워져 있다. 그 덕분에 지하주차장을 만들기도 어렵다. 현대의 지하 1층은 고대의 지상 2층에 해당하기 때문이다.

세제개혁

어떤 사업이든 재원을 확보하지 않고는 지속되기를 바랄 수 없다. 방위가 주목적이 되었기 때문에 상비군이 필요하다고 생각한 아우구스투스는 방위비도 '상설'해야 한다고 생각했다. 그것은 현대식으로 말하면 목적세 신설이고, 이것을 포함한 조세제도 전체의 재편성으로 연결된다.

아우구스투스가 개혁하여 300년 동안이나 계속된 로마의 세제를 다음 페이지에 도표로 설명해놓았다.

속주민에게 부과되는 토지세는, 재산이 곧 토지였던 시대에는 재산세나 마찬가지였다. 오늘날의 사고방식으로는 토지에 세금을 매기는 것은 생산력에 과세하는 것과 같지만, 고대 로마에서는 토지세를 '스티펜디움'이라고 불렀다. 직역하면 '급료'다. 국방에 종사하는 로마 시민권 소유자들에게 병역 의무가 없는 속주민이 지불하는 '급료'였다. 의역하면 '안전보장비'다. 따라서 속주민이라도 보조병으로 복무하는 사람은 당연히 토지세를 면제받았다.

'노예해방세'가 로마 시민에게만 부과된 것은 이 세금이 속주를 갖지 않았던 시대부터 로마에 존재한 세금이었기 때문일까. 아무리 그렇다 해도 자유를 되찾는 노예에게 세금을 매기는 것은 부당하다고 생각하는 사람이 있을지 모르지만, 그것은 현대식 사고방식이다. 로마인들은 병역 의무도 없고 세금을 낼 필요도 없는 노예 신분에서 병역에도 지원할 수 있고 납세 의무도 지는 자유로운 신분의 시민이 되려면 시민 생

	로마 시민	비로마 시민(속주민)
직접세	수입세로서의 직접세는 없음 노예해방세 5% 상속세 5%	토지세 내지 속주세는 수입의 10% (병역에 복무하는 속주민은 제외)
간접세	관세 1.5~5%(오리엔트산 사치품에 대해서는 25%) 매상세 1%	

아우구스투스의 세제개혁

활에 필요한 경제력을 갖는 것이 당연하다고 생각했다.

생활력이 없는 노예가 해방되는 것을 그대로 내버려두면 무산계급이 늘어날 위험이 있었다. 몸값의 5퍼센트 정도는 세금으로 낼 만한 경제력을 가진 노예를 '해방'하는 것이므로, 이것이 시민으로 승격시킬 때의 선발 기준이 되기도 한다. 인간은 공짜로 얻은 권리보다는 돈을 주고 얻은 권리를 더 소중하게 생각하는 경향이 있다.

퍼센트(백분율)의 개념은 있었지만 그에 해당하는 낱말은 없었던 시대에, 이 세금은 공식적으로는 '해방노예 20분의 1세'(비케시마 리베르타티스)라고 불렸다. 몸값의 20분의 1, 즉 5퍼센트를 낼 수 있을 만한 생활력이 있다고 판정된 노예만이 자유를 얻을 수 있고, 자유를 얻어 해방노예가 된 사람들 중에서 3만 세스테르티우스(군단병이 받는 퇴직금의 2.5배)의 재산이 있고 자식도 있는 사람만이 로마 시민권을 취득할 수 있다. 실제로는 오랫동안 충실하게 봉사해온 노예에게 보답하는 뜻으로 옛 주인이 세금을 빌려주고, 옛 노예는 일해서 번 돈으로 그 빚을 갚는 경우가 많았던 모양이다.

전부터 존재했던 세금인 간접세를 먼저 이야기하면, '관세'라고 번역할 수밖에 없는 '포르토리아'가 있다. 직역하면 '항만세'인데, 바다나 하천의 항구에 설치된 세관에서 그곳을 통과하는 물자에 부과하고 징수하는 세금을 가리킨다. 그런데 제국 전역에 공통된 세율이 적용되지 않은 이유는 각 지방의 경제력을 고려한 결과였다. 1.5퍼센트는 경제력이 낮은 갈리아에 부과된 세율이고, 로마 제국의 본국인 이탈리아반도에서는 5퍼센트였다. 25퍼센트의 높은 세율은 동양에서 들어오는 비단이나 보석, 향신료 같은 사치품에만 부과되었다. 다만 이 25퍼센트는 홍해와 나일강 중류에 설치된 세관을 통과하는 물품에 대해서만 과세되었고, 사치품이라고 어느 세관에서나 다 25퍼센트를 과세한 것은 아니다.

따라서 로마 측 세관을 통과하지 않도록, 호르무즈해협을 통해 아라비아만으로 들어간 다음, 거기서 상륙하여 지중해로 빠지는 밀무역 루트가 활기를 띠게 되었다. 또한 몬순(계절풍)이 발견되자, 인도에서 계절풍을 타고 단번에 서쪽으로 달려와 마다가스카르섬에 도착하여 아프리카로 건너온 다음, 곧장 북쪽으로 올라가서 지중해로 빠지는 밀수 루트도 개발되었다. 이래서는 아우구스투스가 자랑하는 이 세금도 유명무실해진 게 아닐까 생각하겠지만, 서방에서는 로마를 중심으로 한 대경제권이 형성되어가고 있었다. 사치품에 대한 수요 자체가 계속 늘어난 것이다.

밀수 루트는 로마 군사력의 보호권에 포함되어 있지 않았다. 이것은 사막에 출몰하는 도적떼에 습격당할 위험을 무릅써야 할 뿐 아니라, 로마의 통제를 받지 않는 작은 부족에게 터무니없는 통행료를 내야 한다는 의미였다. 따라서 동방에서 서방으로 열린 밀수 루트는 로마의 감독을 받는 공식 루트에 타격을 줄 정도는 아니었고, 공식 루트와 밀수 루트는 로마 제국에 수요가 있는 한 공존공영한 것 같다.

그런데 로마를 중심으로 한 대경제권이 형성되었다고 말했지만, 곳곳에 세관을 두어 '관세'를 징수했다면 경제 활성화에 걸림돌이 되지 않았을까 하는 의문이 고개를 쳐든다. 하지만 실제로는 그럴 염려가 없었다.

첫째, '관세'를 징수하는 세관은 제국 전역에 10개 정도였다고 학자들은 말하고 있다. 로마 속주가 되기 전에 부족들이 할거했던 시대에는 이보다 훨씬 많은 부족이 통행세 명목으로 돈을 뜯어내고 있었다. 따라서 로마 치하에 들어간 뒤로는 관세를 내는 횟수가 오히려 줄어들고 관세율이 일정해졌다는 이점이 있었다.

둘째, 로마의 중앙 정부가 가도나 항만 같은 사회간접자본을 충실하게 정비해준 덕분에 교역량 자체가 늘어났다. 로마 가도는 무거운 병기 운반에 유리하도록 지형이 허락하는 한 평탄하게 직선으로 만들어지고 포장도 완벽했기 때문에, 그곳을 지나는 짐수레의 적하량도 늘어났다. 짐수레를 몰고 시골길과 고속도로를 지나는 광경을 상상해보라.

또한 '팍스 로마나' 덕분에 사람들은 국경 밖에 사는 야만족의 습격에 대한 걱정에서 해방되었을 뿐 아니라, 국내의 산적이나 해적에 대한 두려움에서도 해방되었다. 경제활동에 안전은 더없이 중요한 조건이다.

셋째, 로마를 중심으로 한 대경제권의 형성으로, 그때까지는 자급자족도 어려웠던 저개발 지역에서도 다른 지방이 필요로 하는 물자만 생산하면 그것을 수출하여 필요한 물자를 구입할 수 있게 되었다. 이것이야말로 통합경제권 형성의 이점인데, 물동량 증가로 나누어 먹을 파이 자체가 커짐으로써 5퍼센트의 관세가 차지하는 상대적 비중도 크게 줄어들었다.

사치품이 아닌 상품의 관세 상한선을 5퍼센트로 유지할 수 있었던 것은 로마의 '관세'에는 보호무역적인 의미가 없었기 때문이다. '유럽연합'(EU)이 탄생하기 2천 년 전에 이미 로마는 유럽만이 아니라 북아프리카와 근동 지방을 아우른 통합경제권을 형성해가고 있었다. 다만 단일 통화를 설정하는 따위의 무리한 사업은 벌이지 않았다.

'관세'와 마찬가지로 로마인과 속주민이 똑같이 내야 했던 간접세로는 '매상세'가 있다. 상품에 대해 부과되는 것으로, 일종의 '소비세'라고 할 수 있겠지만, '100분의 1세'(켄테시마)라고 불린 이 세금을 '소비세'로 번역하는 것은 지나치게 현대적이다. 그래서 나는 궁리 끝에 '매상세'로 번역하기로 했다. 다만 세율은 그 명칭이 보여주듯 품목에 관계없이 일률적으로 고작 1퍼센트였다. 참고삼아 말하면, 오늘날 이탈리아에서 이런 종류의 세율은 무려 19퍼센트이고, 이탈리아 사람들은 축구 시합에 쏟는 정열에 못지않은 정열을 탈세에 쏟고 있다.

이 '매상세'가 공화정 시대부터 있었는지 아우구스투스가 신설했는지는 확실치 않지만, 이것을 목적세로 정착시킨 것은 아우구스투스다. 모자라는 방위비를 보충하는 것이 그 목적이었다. 따라서 '안전보장세'라는 의역도 성립된다.

또한 이 '100분의 1세'는 로마인과 속주민의 구별없이 부과되는 간접세였기 때문에, 방위비에 대한 아우구스투스의 생각을 살필 수 있는 계기도 마련해준다. 세율이 1퍼센트밖에 안 되는 세금이지만, 그는 방위비를 정복자인 로마 시민에게도 부담시키기로 결정한 것이다. 사회의 공정성을 생각한다면 당연한 귀결이었다. 아우구스투스의 이 생각은 고대에는 전혀 존재하지 않았던 '상속세'의 신설로 결실을 맺었다.

로마 시민은 기원전 2세기 이후, 즉 아우구스투스 시대까지 200년 동안이나 수입세라는 형태의 직접세를 면제받았다. 기원전 2세기라면 카르타고와 마케도니아, 시리아를 굴복시킨 로마의 패권이 지중해 전역을 망라한 시기다. 정복자는 피정복자의 안전을 보장할 의무가 있다. 로마의 군제는 건국 초기부터 그때까지 줄곧 징병제였다. 보통은 복무기간이 1년이었으니까, 로마 시민이라면 평생에 적어도 한 번은 반드시 병역 의무를 수행해야 했다. 17세 이상 45세까지는 현역(유니오레스)으로, 비상시에는 60세까지 예비역(세니오레스)으로 복무했다.

로마의 패권 확대는 병역의 필요성이 늘어나는 것을 의미했다. 따라서 속주세 덕분에 재정적으로는 수입세를 부과할 필요가 없어졌지만, 그 대신 병역 의무는 더욱 무거워졌다.

그러나 기원전 2세기 말에 마리우스의 군제개혁으로 로마의 군제는 징병제에서 지원제로 바뀌었다. 그렇긴 하지만 수입세를 면제한 것은 재정적으로 수입세를 거둘 필요가 없었기 때문이고, 따라서 군제가 지원제로 바뀐 뒤에도 로마 시민은 여전히 수입세를 면제받았다.

그런데 그로부터 다시 100년 뒤인 아우구스투스 시대, 국방의 주력은 종래와 마찬가지로 로마 시민병이 맡았지만, 속주민도 '보조병'으로서 방위의 일익을 담당하게 되었다. 그런데도 병역에 지원하지 않는 로마 시민도 여전히 직접세 형태의 '방위비' 분담을 면제받는 것은 공평하지 못하다고 아우구스투스는 생각했다. 방위비 보충을 목적으로 한 '매상세'는 로마인과 속주민의 구별없이 부과된다. 따라서 로마 시민한테만 부과되는 직접세를 신설해야만 세제의 불공평을 시정할 수 있다고 생각한 것이다.

하지만 속주민에게 부과되는 직접세인 '토지세'(이것은 '급료'를 뜻하는 '스티펜디움'이라고도 불렸다)를 로마 시민한테도 부과할 수는 없었다. 지원제라 해도 제국의 안전보장에서 주력을 맡고 있는 것은 여전히 로마 시민권 소유자인 '군단병'이다. 또한 기분상으로도 패권 국가의 국민이 왜 속주민과 똑같이 세금을 내야 하느냐는 불만이 일어날 게 뻔하다. 어쨌든 200년 동안 익숙해진 면세 혜택이다. 실제로는 병역을 치르지 않으니까 방위비를 분담하라는 것은 이치일 뿐이고, 이치에 승복하는 사람은 적게 마련이다. 그래서 아우구스투스는 고대인의 개념에는 존재하지 않았던 '상속세'를 생각해낸 것이다.

첫째, 완전히 새로운 세금이니까, 다른 세금과 비교할 수가 없다.

둘째, 해마다 내는 것은 아니다.

셋째, 유산을 물려받는 행복한 시기에 내기 때문에 저항감이 줄어든다.

넷째, 로마 군단에서 만기까지 복무한 병사들에게 퇴직금을 지불하기 위한 자금이라는 목적이 뚜렷한 세금이기 때문에 반대하기가 어렵다.

다섯째, 정식 명칭인 '상속 20분의 1세'(비케시마 헤레디타티스)가 보여주듯, 세율은 5퍼센트다. 속주민에게 부과되는 속주세의 세율은 그 두 배인 10퍼센트니까, 패권자인 로마 시민의 체면은 유지할 수 있는 셈이다.

여섯째, 공제 범위는 6촌 이내의 혈연자로 한다.

공제 범위를 6촌까지 넓히면 조세 수입은 바랄 수 없었던 게 아닐까 생각하겠지만, 로마인은 유산을 혈연자에게만 물려주지 않았다. 로마인에게는 절친한 친구나 존경하는 사람에게 유산을 남기는 풍습이 널리 퍼져 있었다. 아우구스투스는 이 점을 노린 것이다.

그 자신도 평생 친구였던 아그리파와 마이케나스를 비롯한 많은 사람한테서 유산을 물려받았다. 아그리파는 아우구스투스의 딸 율리아의 남편이었으니까, 그의 유산은 충분히 상속세 공제 범위에 들어간다. 하지만 평생 공직도 갖지 않고 그늘에서 아우구스투스를 뒷받침한 마이케나스와 아우구스투스 사이에는 혈연관계가 없다. 따라서 이 충실한 협력자가 죽은 뒤에 그의 전 재산을 물려받은 아우구스투스는 유산의 5퍼센트를 상속세로 내야 할 의무가 생겼다.

이런 배려에도 불구하고 '상속 20분의 1세' 법안을 제출할 때 아우구스투스는 지나칠 만큼 신중했다. 새로운 세금은 동서고금을 막론하고 평판이 좋지 않기 때문이다. 그 자신이 쓴 『업적록』에는 이런 기록이 있다.

"기원전 30년과 기원전 14년에 제대한 병사들에게 줄 경작지 구입

비용을 그 토지 소유자인 각 지방자치단체에 지불했다. 이런 이탈리아의 경작지를 구입하기 위해 내가 지불한 돈의 총액은 약 6억 세스테르티우스에 이르렀다.

속주에 있는 경작지를 제대병들에게 주기 위해 내가 지불한 구입 자금은 약 2억 6천만 세스테르티우스였다."

기원전 14년경까지는 병사들에게 주는 퇴직금이 현금 대신 땅으로 지불된 것을 짐작할 수 있다. 그러나 이 무렵부터는 만기 제대병들에게 주는 퇴직금이 현금으로 바뀐 것 같다.

"기원전 7년, 기원전 6년, 기원전 4년, 기원전 3년, 그리고 기원전 2년에 만기 제대한 병사들을 각자가 원하는 곳에 정착시켰을 때, 퇴직금(라틴어로는 '정직하게 직무를 마친 자에게 주는 하사금')은 현금으로 지불했고, 거기에 든 비용은 4억 세스테르티우스에 이르렀다."

경작지 구입에 든 비용도, 현금 지불로 바뀐 뒤의 퇴직금도 '황제 속주'에서 거두어들인 속주세나 그밖의 간접세로 지불했을 것이다. 하지만 '황제 속주'는 군단을 주둔시킬 필요가 있는 속주이고, 경제적으로도 미개발 지역이다. 로마화가 진전되고 경제력도 높은 '원로원 속주'에 비하면 직접세와 간접세도 당연히 적었을 것이다. 그런데도 군사비는 '황제 속주'가 더 많이 든다. 하지만 제국의 안전보장비는 제국의 모든 주민이 공동으로 부담해야 한다는 것이 아우구스투스의 일관된 생각이었다.

『업적록』에는 다음과 같은 기술도 있다.

"나는 개인 돈으로 네 번 국고를 지원했다. 그 총액은 1억 세스테르티우스에 이르렀다."

'황제 속주'의 국고는 늘 재정 적자에 시달리고 있었다. 그때마다 아우구스투스는 제 주머니를 털었다. 하지만 그 바로 다음에는 이런 기술이 이어진다.

"서기 6년, 내 제안으로 군자금 제도가 신설되었고, 그 후로는 만기 제대한 병사들에게 주는 퇴직금은 이 자금에서 지급하게 되었다. 이 자금에는 나도 1억 7천만 세스테르티우스를 기부했다."

이 기술은 서기 6년에 마침내 상속세가 신설된 것을 보여준다. 만기 제대한 병사들이 제2의 인생을 시작할 수 있는 자금은 이제 더 이상 '황제 속주'의 국고에서 지불되지 않았고, 모자라면 황제가 주머니를 털 필요도 없어졌다. 제국의 안전보장을 담당하는 사람들에게 주는 퇴직금의 재원은 이런 경로를 거쳐 제도화되었다.

흥미로운 것은 아우구스투스의 방식이다. 모자라면 우선 제 주머니를 턴다. 그리고 상속세를 신설해 재원을 확보했을 때, 그는 1억 7천만 세스테르티우스나 되는 거금을 기부했다. 이래서는 반대하고 싶어도 반대하기가 어렵다. 게다가 아우구스투스는 퇴직금 지급을 위한 재원을 확보하는 데 무려 24년이나 되는 세월을 소비했다. 그동안 자주 제 주머니를 털었고, 그 사실을 널리 알렸으니, 문자 그대로 심모원려라고 말할 수밖에 없다. 승자는 모든 것을 얻고 패자는 모든 것을 잃어버리는 게 당연시되던 시절, 승자에게 패자까지 지켜주기 위한 세금을 부과하는 것은 이토록 어려운 일이었다.

세율을 모두 분수로 나타냈기 때문은 아니겠지만, 로마의 초등학교에서는 이런 산술법이 중요한 교과과목이 되어 있었다. 아우구스투스와 동시대에 살았던 시인 호라티우스는 다음과 같은 유쾌한 글을 남겼다.

"로마의 아이들은 12진법에 따른 복잡한 계산까지도 잘해낸다. 선생이 묻는다.

'알비누스의 아들이여, 대답해보아라. 12분의 5에서 12분의 1을 빼면 얼마나 남지? 대답을 기다리고 있겠노라.'

'3분의 1입니다.'

'브라보! 어른이 되면 재산을 잘 운용할 수 있겠구나. 하지만 12분의 1을 빼지 않고 더하면 어떻게 되지?'

'2분의 1입니다.'"

어릴 적부터 이런 교육을 받은 덕인지, 아니면 단순명료한 세제 때문인지, 로마 제국에서는 국가의 규모를 생각하면 놀랄 만큼 적은 수의 담당자가 세무를 처리했다. 또한 탈세 적발 요원도 존재하지 않았다. 모든 세금의 세율이 1퍼센트에서 10퍼센트까지로, 후세인들이 보기에는 너무 낮은 수준으로 억제되어 있었기 때문인지도 모른다. 이것은 내 사견에 불과하지만, 납세자가 절세나 탈세에 정열을 쏟게 되는 것은 직접세인 경우에는 10퍼센트, 간접세인 경우에는 5퍼센트 이상으로 세율이 올라갈 때가 아닐까.

고대 로마 조세제도의 특징은 수입에서 필요경비를 뺀 나머지 소득에 세금을 매긴다는 생각이 없었다는 점이다. 이것은 얼마 전까지만 해도 지배적인 특징이었으니까, 고대 로마의 특징이라기보다는 오랫동안 조세제도의 기본이었던 게 아닐까 하는 생각이 든다. 그래서 나도 소득세라고 쓰지 못하고 수입세나 수익세라고 쓸 수밖에 없었지만, 수입과 소득을 구분하지 않는 생각이 로마의 조세제도를 단순명료하게 만들고, 세무기관의 비대화를 피할 수 있었던 요인이 아닐까.

필요경비를 많이 계상할수록 세금이 줄어드는 오늘날의 조세제도가 겉보기만큼 그렇게 합리적인 것일까. 우선, 경비를 많이 쓸수록 세금이 줄어든다면 누구나 돈을 쓰는 데 열을 올릴 것이다. 너무 열을 올린 나머지, 쓸 필요도 없는 데까지 돈을 쓰게 된다. 둘째, 모든 생산수단을 경비로 계상할 수 있는 것은 아니다. 미술관에 가서 아우구스투스의 초상을 바라보며, 이 남자는 무엇을 생각하고 있었을까 하고 상상하는 것을 경비로 계상하면 미술관 입장료 정도가 될 것이다. 세금을 계산하기 위해 세무사를 동원할 필요가 없는 조세제도, 초등학생도 세액을 계산할 수 있을 만큼 단순명료한 조세제도가 더 건전하지 않을까 하는 생각이 든다.

기원전 12년, 지난해에 착공한 '평화의 제단'을 장식하는 군상 돋을 새김도 아직 완성되지 않았을 때, 그리고 아우구스투스의 최고의 작품이 될 '팍스 로마나'가 이제 막 최종 단계에 들어가려 할 무렵, 51세의 아우구스투스는 평생의 친구이자 최고의 협력자인 아그리파를 잃었다.

아그리파

마르쿠스 빕사니우스 아그리파. 그를 여기서 다시 한번 돌이켜보면 다음과 같다.

기원전 63년에 태어나 기원전 12년에 사망. 로마 제국의 확립을 지향하는 아우구스투스에게 가장 중요하고 가장 믿을 만한 협력자였다. 17세 때 카이사르에게 발탁되어, 카이사르가 후계자로 점찍은 옥타비아누스(나중의 아우구스투스)와 협력했다. 특히 군사면에서의 협력이 두드러졌다. 카이사르는 옥타비아누스에게 군사적 재능이 부족하다고 판단하여, 그 방면의 재능이 뛰어난 아그리파를 옥타비아누스의 협력자로 발탁한 것이다. 아우구스투스가 거둔 군사적 승리는 모두 아그리파의 전략과 지휘 덕분이었다.

이탈리아 시골의 이름없는 집안에서 태어나 군단에 지원할 수밖에 없었기 때문에, 아그리파는 교육은 받지 못했다. 그러나 그는 교육을 받지 못한 것에 열등감을 품지 않는 건전한 정신의 소유자로서, 그 건전한 정신은 실로 로마인답게 실용적인 재능으로 발휘되었다. 전선의 보조부대 기지와 주력인 군단기지와 가도로 이루어지는 로마의 방어망

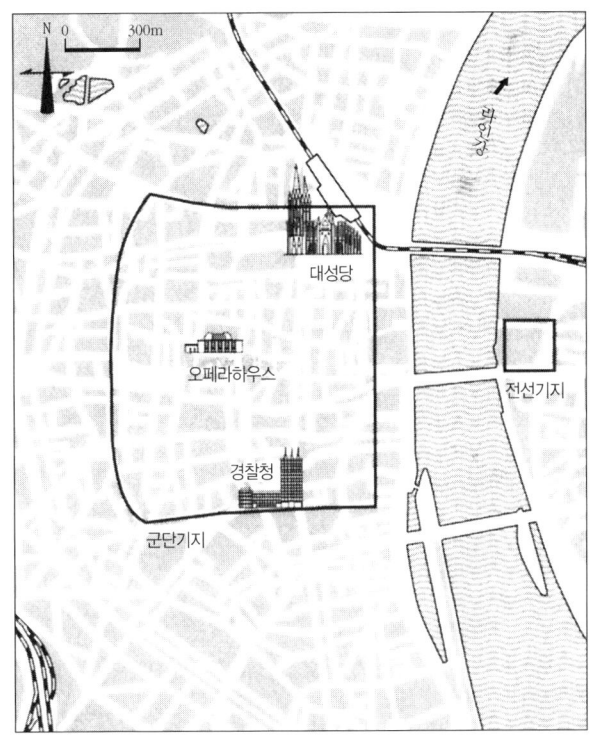

고대 로마의 군단기지를 중심으로 발전한 오늘날의 쾰른 시가지

은 아그리파의 전략적 안목과 그가 지휘하는 군단병이 없었다면 실현될 수 없었을 것이다. 현재 독일의 대도시인 쾰른의 옛 이름은 '콜로니아 아그리피넨시스'인데, 로마의 군단기지로 출발한 이 도시를 건설한 사람이 바로 아그리파였다.

아그리파가 만든 로마의 방어망은 제국의 서방만이 아니라 동방에까지 미쳤다. 다만 문명도가 높았던 동방에서는 아테네의 신전 복구와 예루살렘의 유대교 신전 재건도 전략망 구축에 포함되어 있다. 이것을 보면, 카이사르가 시작하여 아우구스투스가 확립한, '팍스 로마나'는 다민족·다종교·다문화·다언어의 집합체여야 한다는 이 두 사람의 생각을 그리스어도 몰랐던 아그리파가 완벽하게 이해하고 있었다는 것을 알 수 있다.

고대 로마에서는 그리스어가 교양을 측정하는 시금석이 되어 있었는데, 아그리파만이 아니라 아우구스투스도 그리스어를 구사하지 못했다고 한다. 그런데도 이 두 사람은 중앙 정부의 통달을 동방에서 공표할 때 모국어인 라틴어로 밀어붙이지 않고, 로마 제국 동방의 공통어인 그리스어로 번역하게 했다.

아그리파의 일생은 처음부터 끝까지 아우구스투스의 생각이 실현되도록 도와주는 데 바쳐졌다. 군사만이 아니라 건설에서도 두 사람의 협력관계는 완벽하게 기능을 발휘했다.

로마의 도심 중의 도심인 포로 로마노 일대는 아우구스투스가 기획자인 카이사르의 생각을 이어받아 정비한 반면, 아그리파가 맡은 곳은 그 북쪽에 펼쳐져 있는 '마르스 광장'이었다. 서쪽으로 크게 휘도는 테베레강에 안겨 있는 일대로, 폼페이우스 극장과 거기에 딸린 회랑, 빈민층에게 밀을 나누어주는 배급소인 '공청'(빌라 푸블리카) 같은 공공건물이 늘어서 있는 구역이었다.

옛날에는 병사를 모아 훈련하는 연병장으로밖에 쓰이지 않은 마르스 광장도 공화정 말기에는 도심에 편입되어가고 있었다. 다만, 공화정 시대에 로마의 방벽이었던 '세르비우스 성벽' 북서쪽에 펼쳐져 있는 '마르스 광장'을 도심화하는 작업은 성벽과 가까운 남쪽의 3분의 1만 완료된 채, 지지부진한 상태에 머물러 있었다. 그것을 그 북쪽의 3분의 1 지역까지 확대하려고 한 사람이 카이사르였다.

카이사르는 이 일대를 도심화하는 '핵'으로서 '사이프타 율리아'를 건설하기 시작했다. 가로 120미터, 세로 300미터인 이 건물은 주위에 기둥이 늘어서 있는 커다란 회랑이다.

한 사람이 모든 것을 계획하기보다는, '핵'이 되는 몇 개 건축물을

'공'(公)이 담당하고 그 주변을 '민'(民)에게 맡기는 편이 더 인간적인 도시 계획이 되는 것 같다. 마르스 광장을 북부와 중앙과 남부의 세 구역으로 나눌 때, 남부의 '핵'은 폼페이우스가 세운 폼페이우스 극장과 거기에 딸린 회랑이었다. 그리고 마르스 광장 북부를 도심화하는 작업은 아우구스투스가 건설한 대형 해시계와 원로원이 건설하기로 결정한 '평화의 제단'을 '핵'으로 하여 시작되었다. 아그리파가 맡은 것은 중앙 부분이었다.

아그리파는 우선 카이사르의 죽음으로 중단된 '사이프타 율리아'를 완성한다. 완성된 뒤에는 기획자인 카이사르의 뜻에 따라 공직자 선거 때는 투표소로, 평상시에는 시민들의 휴식 공간으로 제공되었다.

아그리파는 이 '사이프타 율리아' 서쪽에 신전을 세운다. 모든 신에게 바쳐졌기 때문에 '판테온'(만신전)이라고 불렸고, 하드리아누스 황제가 개축하긴 했지만 오늘날까지 온전한 형태로 남아 있는 유일한 로마 시대 건축물이다.

아그리파는 판테온 남쪽에 로마 최초의 공중목욕탕인 '아그리파 목욕탕'(테르마이 아그리파이)도 건설했다. 욕실과 마사지 시설만이 아니라 체육장과 독서실과 오락장까지 갖춘 로마식 '목욕탕'이다. 목욕탕 내부는 그리스인 예술가들을 동원하여 벽화와 조각으로 장식했다. 이 목욕탕에 물을 공급하기 위해 일부러 '비르고 수도'를 놓았다. 이 상수도는 고대 로마에 물을 공급한 10개 수도 가운데 유일하게 복구되어, 오늘날에도 트레비 분수를 비롯한 로마 시내의 분수에 물을 공급하고 있다. 시내에도 조각이 새겨져 있든 없든 관계없이 일반 시민용 수도가 많은데, 그 수도꼭지에서 온종일 흘러나오는 물도 바로 '비르고 수도'의 물이다.

'목욕탕' 서쪽에는 '아그리파 호수'(스타그눔 아그리파이)까지 만들었다. 호수 주위에는 나무가 늘어서 있어서, 석조 건물이 많은 이 일대를

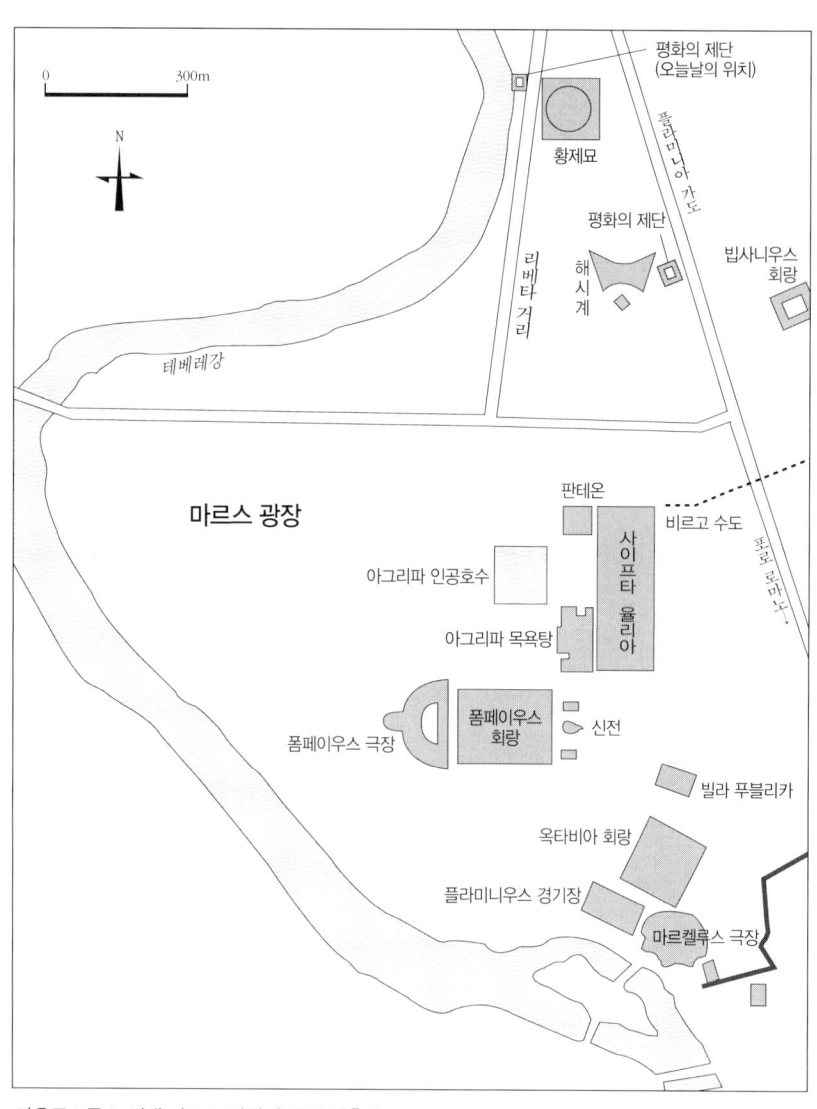

아우구스투스 시대 마르스 광장의 공공 건축물

푸른빛으로 부드럽게 감싸주었을 것이다.

판테온 북동부에는 '빕사니우스 회랑'도 세웠다. 이 회랑의 벽화에는 그가 만든 '세계 지도'가 아로새겨져 있었다고 한다. 무엇이든 일을 시작하려면 먼저 대상을 알아야 할 필요가 있었다.

아그리파가 공공 건축물을 짓는 데에는 이토록 열심이었지만, 그가 지은 사적인 건축물은 전혀 알려져 있지 않다. 그의 집이 어디에 있었는지도 모른다. 별장도 있었는지 없었는지 분명치 않다. 축재에는 무관심했는지 모른다.

아그리파가 세운 공공 건축물은 수도 로마나 본국 이탈리아만이 아니라 제국 전역에 널려 있다. 그것을 모두 열거하자면 한이 없으니까, 하나만 예를 들어보기로 하겠다.

남프랑스의 님에는 오늘날에도 '퐁 뒤 가르'(가르 다리)가 남아 있다. 길이는 370미터, 높이가 48미터나 되는 수도교(水道橋)인데, 사람들이 지나다닐 수 있는 보도도 딸려 있다. 이 수도교는 님 주민에게 물을 공급하기 위해 세워진 것이다. 로마 제국이 멸망한 뒤 중세에 태어난 사람들은 그 다리가 로마인의 유물이라는 사실을 잊어버리고, 이런 건조물을 인간이 만들 리가 없으니 악마가 만든 게 분명하다고 믿었다. 그래서 '악마교'라는 통칭이 생겨났지만, 그 다리를 만든 것은 악마가 아니라 분명 인간이고, 기원전 19년에 아그리파의 명령으로 건설된 것이었다.

아그리파는 스토아 학파의 철학 서적 따위는 읽지 않았을 게 분명하지만, 스토아 철학이 이야기하는 공공봉사 정신을 평생 동안 몸소 구현했다. 개인 재산도 공공을 위해 계속 써주기를 바란 것처럼 아우구스투스에게 모두 남기고 죽었다.

아그리파가 이렇게까지 공공 건축물에 정열을 불태운 것은 아우구스

아그리파

투스가 협력을 요청했기 때문만도 아니고, 천성적으로 스토아적인 공공심에 눈을 떴기 때문만도 아닌 것 같다. 그 자신이 이런 사업을 좋아했기 때문이 아니었을까. 낮은 신분으로 태어나 공공사업까지 맡게 된 것을 행복으로 느꼈기 때문이 아니었을까. 그렇기 때문에, 노예라도 그 방면에 숙달된 기술을 가진 사람들을 모아서 우수한 기술자 집단을 조직한 게 아니었을까.

아우구스투스는 아그리파가 죽은 뒤 이 기술자 집단도 인수하여, 노예 신분에서 해방시켰을 뿐 아니라 '기사 계급'으로 끌어올려 로마의 '공공사업청'을 창설했다.

아그리파는 사적인 면에서도 아우구스투스에게 협력을 아끼지 않았다. 핏줄에 집착하는 아우구스투스는 조카이자 사위인 마르켈루스가 자식도 남기지 않고 젊은 나이에 세상을 떠나자, 미망인이 된 외동딸 율리아의 재혼 상대로 아그리파를 택했다. 아그리파는 자기 딸과 재혼해달라는 아우구스투스의 요청을 받고, 이혼까지 하면서 그 요청을 받아들였다. 아그리파와 율리아는 유복자로 태어난 아들까지 포함하여 3

남 2녀를 두었다. 외손을 다섯이나 얻은 아우구스투스는 몹시 기뻐하며, 두 외손자에게 가이우스 카이사르와 루키우스 카이사르라는 이름을 붙여주고 일찌감치 양자로 삼았다. 카이사르라는 자신의 성까지 준 것은 후계자로 인정한다는 뜻이었다. 아그리파가 죽었을 때, 가이우스 카이사르는 여덟 살이었고 루키우스 카이사르는 다섯 살이었다.

하지만 기원전 12년에 51세였던 아우구스투스의 후계자가 여덟 살과 다섯 살이면, 사이가 너무 벌어진다. 아우구스투스는 아그리파가 자기에게 첫 손자를 안겨주었을 때부터 평생의 협력자이자 이제 사위가 된 아그리파를 중간 후계자로 삼으려고 생각한 듯싶다. 이 시기부터 아그리파는 아우구스투스가 갖고 있던 특권 가운데 두 가지를 인정받았다. 아우구스투스의 제안을 받아 원로원과 민회가 아그리파에게 부여한 두 가지 특권은 '호민관 특권'과 '절대지휘권'(임페리움)이었다. 또한 당시의 내각이라 해도 좋을 '제일인자 보좌위원회'에 '제일인자'(프린켑스)인 아우구스투스와 나란히 출석하게 되었다.

아우구스투스는 후계자에게 무난히 권력을 인계할 수 있는 최상의 방법은 그 인물이 후계자라는 사실을 모든 사람에게 미리 알리는 것이라고 생각했다. 아그리파를 협력자에서 공동 통치자로 격상시킨 것은 그런 의도 때문이었다.

그렇긴 하지만, 아우구스투스와 아그리파는 동갑이다. 그래도 허약한 체질을 타고나, 마흔 살 때에는 이탈리아의 모든 사람이 신들에게 회복을 기원할 만큼 중병을 앓고 스스로도 죽음을 각오한 적이 있는 아우구스투스는, 병을 모르는 건장한 체격인 아그리파가 자기보다 먼저 죽으리라고는 생각지 않았을 것이다. 나이는 같아도 아그리파가 더 오래 살아서, 자기와 그의 피를 둘 다 이어받은 가이우스나 루키우스에게 황제 자리를 물려줄 거라고 확신했다. 아우구스투스는 아그리파의 우정과 충성심은 물론, 그의 건강도 의심하지 않았다.

굳게 믿고 있던 사람의 죽음은 갑자기 찾아왔다. 말타기를 좋아하지 않는 아우구스투스는 그때 아그리파가 머물고 있던 나폴리까지 말을 타고 달려갔지만, 이미 고인이 된 아그리파를 대면할 수 있었을 뿐이었다. 아우구스투스는 17세 때부터 30년이 넘도록 정신적으로나 육체적으로 항상 곁에 있어준 사람을 잃었다.

그런데 허약한 아우구스투스가 어떻게 아그리파보다 오래 살 수 있었을까.

나라를 다스리는 일은 정신적으로도 육체적으로도 중노동이다. 더구나 공화정 체제인 것처럼 보이게 하면서 실제로는 제정을 확립하는 일은 아우구스투스에게 더없이 큰 스트레스를 안겨주었다. 게다가 그는 선천적으로 소화기관이 약했다.

그런데도 아우구스투스는 건강 유지에 특별한 주의를 기울이지 않았다. 중병을 앓았을 때 치료해준 그리스인 의사에게는 감사 표시로 특별대우를 해주었지만, 평소에는 의사를 대기시키지도 않았다. 식사도 배가 고프면 언제 어디서나 먹기 때문에, 간식만 하다가 정작 식사할 때는 음식에 손도 대지 않는 경우가 많았다. 저녁식사에 초대받았을 때도 종종 그런 일이 있었으니, 예의 같은 것은 아예 무시했던 모양이다.

아우구스투스는 소박하고 서민적인 음식을 좋아했다고 사료는 전하고 있다. 집에서 구운 빵, 작은 생선, 치즈, 과일과 채소만 있으면 충분했다. 이런 음식을 언제 어떻게 먹었는가를 알려주는 편지가 몇 통 남아 있다.

"마차 안에서는 빵과 대추야자 열매를 몇 개 먹었다."

"가마를 타고 회당에서 집까지 가는 동안 빵과 포도를 조금 먹었다."

그리고 배가 고프지 않으면 먹지 않는다.

"친애하는 티베리우스, 휴일의 유대인도 오늘의 나만큼 절식하지는 않았을 것이다. 오늘 하루 동안 내가 뱃속에 집어넣은 것이라고는 저녁에 목욕을 끝내고 마사지를 받기 전에 먹은 빵 두 조각뿐이다."

배가 고프면, 물에 적신 빵 한 조각과 수박 한 쪽, 상추의 줄기 부분을 조금 먹는 정도였다.

포도주를 퍼마시는 일은 결코 없었다. 건강을 생각해서가 아니라, 위가 받아들이지 않았기 때문이다.

피곤하면 언제 어디서나 드러누웠다. 고대 로마인들은 점심을 먹은 뒤에 낮잠을 자는 습관이 없었지만, 아우구스투스는 가까이에 드러누울 수 있는 공간만 있으면 옷도 벗지 않고 신도 벗지 않은 채 거기에 드러누워, 눈을 한 손으로 덮고 잠시 쉬곤 했다.

또한 말을 타기보다 가마를 타고 다니기를 좋아한 것은 커튼을 친 가마 안에서 남의 눈에 띄지 않게 드러누울 수 있었기 때문이다.

수면 시간도 불규칙했다. 자고 싶을 때는 언제 어디서나 가마 안으로 들어갔고, 해가 뜨자마자 일어나는 것이 로마인의 습관이었지만, 아우구스투스는 한밤중에 눈을 떠서 잠을 이루지 못했을 때는 해가 중천에 뜬 뒤에도 여전히 잠자리에 누워 있었다.

일어날 때는 언제나 괴로워 보였다. 그는 최고 제사장이기도 했기 때문에, 산 제물을 바치는 의식을 올리기 위해 일찍 일어나야 하는 날도 적지 않았지만, 그런 날 아침에는 순전히 책임감 때문에 억지로 잠자리에서 몸을 떼어내는 듯한 느낌이었다고 한다. 어쩌면 저혈압이었는지도 모른다.

더위에도 추위에도 약했다. 북풍이 몰아치기 시작하면, 두꺼운 모직 토가 밑에 짧은 상의(투니카)를 네 겹씩 껴입고, 그 속에 다시 모직 셔츠와 면셔츠를 껴입는다. 토가로만 가렸을 뿐 노출된 다리에도 헝겊을 각반처럼 둘둘 감고 있었다고 한다. 그렇다면 갈리아인처럼 바지를 입으면 되지 않느냐고 생각하겠지만, 바지는 북방 야만족의 복장이기 때문에 문명인인 로마인이 입으면 체면이 떨어진다. 아우구스투스는 팔다리를 드러낸 군복 차림으로 북방 야만족과 싸운 카이사르와는 이 점에서도 차이를 보였다.

여름에는 문을 활짝 열어젖힌 방에서 자거나 안뜰에 침대를 내놓고 잠을 잤다. 바람이 너무 잘 통하면 감기에 걸리고, 햇빛이 너무 강하면 두통에 시달린다. 그래도 여자들처럼 양산을 쓰지는 않았다. 화려한 양산은 로마인들이 속으로 경멸하고 있던 오리엔트 군주의 풍속이었기 때문이다.

아우구스투스는 그러고도 아그리파보다 26년이나 더 오래 살았다. '자연의 섭리'에 맡긴 결과일까.

아우구스투스가 야전 지휘관으로서 무능했던 것도 이런 허약함에 원인이 있었던 게 아닐까 하는 생각이 든다.

그는 전쟁터에 나갈 때마다 적이 쏘는 화살이 모조리 자기를 향해 날아온다고 생각하지 않았을까. 모든 화살은 자신을 향해 쏘아지고, 모든 칼은 자신을 향해 휘둘러진다고 생각해버리면, 병력을 지휘한다는 것은 생각도 못할 일이다. 공포심은 이치 문제가 아니니까 어찌할 도리도 없다. 카이사르에게는 이런 공포심이 전혀 없었고, 아그리파도 이런 공포심은 느끼지 않았을 것이다.

암살에 대한 아우구스투스의 경계는 주도면밀하여, 원로원에 나갈 때는 반드시 건장한 자파 의원을 열 명쯤 대동하여 주변을 둘러싸게 했다고 한다. 카이사르 암살에서 교훈을 얻은 아우구스투스는 자기가 살해되기라도 하면 현재 수행하고 있는 대사업도 중단될 것을 염려하여 신변 경호에 무척 신경을 쓴 게 분명하다.

이런 정치가로서의 책임감 외에 육체적인 공포심도 있었던 게 아닐까. 단검이 제 몸에 꽂히는 것을 상상했을 때의 육체적 공포심과 혐오

감도 느꼈을 게 분명하다.

　카이사르는 자신과 이렇게 다른 인물을 용케도 후계자로 선택했구나 하는 생각이 들지만, 폼페이우스의 아들과 싸우기 위해 험준한 에스파냐의 산야를 행군할 때, 당시 17세의 아우구스투스가 핼쑥해진 얼굴로 기를 쓰고 따라오는 것을 보고, 카이사르는 그의 강한 책임감과 의지를 인정한 게 아닐까. 그렇기 때문에 아그리파를 발탁하여 아우구스투스에게 붙여주고, 아우구스투스에게 부족한 면을 보완해주려고 했을 것이다.

　카이사르에게는 있는데 아우구스투스에게는 없는 재능이 또 하나 있었다. 이 면에서 아우구스투스를 도와준 사람이 마이케나스였다. 아우구스투스는 아그리파를 잃은 지 4년 뒤에 마이케나스마저 잃게 되었다.

　제4권 첫머리에서 나는 카이사르에 관한 후세인들의 평가와 더불어 이탈리아 고등학교에서 쓰이고 있는 역사 교과서의 한 구절을 인용한 바 있다.

　"지도자에게 요구되는 자질은 다음 다섯 가지다. 지성, 설득력, 지구력, 자제력, 불굴의 의지. 카이사르만이 이 모든 자질을 두루 갖추고 있었다."

　그러면 아우구스투스는 어떠했을까.

　첫째, '불굴의 의지'는 100점 만점을 주어도 좋다.

　둘째, '자제력'에서도 만점을 받을 수 있을 것이다.

　셋째, '지구력'도 생존한 햇수와 육체적 지구력을 같다고 본다면 만점을 주어도 좋을 것이다. 허약한 체질을 타고났으면서도 무리하지 않고 자연의 섭리에 맡기면서 장수를 누렸기 때문이다.

　다음은 지도자가 갖추어야 할 첫 번째 자질인 '지성'이다.

　지성은 지식만도 아니고 교양만도 아니다. 지성은 보고 싶은 현실밖에 보지 않는 사람이 많은 가운데 보고 싶지 않은 현실까지도 꿰뚫어보는 재능이라고 생각하지만, 꿰뚫어보는 것만으로는 충분치 않다. 상황을 통찰한 뒤에 그것이 어느 방향으로 나아가는 게 최선인지도 이해해야만 비로소 진정한 지성이라고 말할 수 있을 것이다. 바꿔 말하면, 창조성이 결여된 현실인식은 백점 만점의 지성이 아니다.

공화주의자인 역사가 타키투스조차도 신에 버금가는 재능이라고 칭찬한 사람이 카이사르다. 후세의 역사가 몸젠도 카이사르를 로마가 낳은 유일한 창조적 천재로 평가했다. 아우구스투스는 표지판이 세워진 곳에 확실하고 오래가는 제국을 쌓아올린 점에서는 천재였다. 그러나 표지판을 세운 사람은 카이사르였다. 창조성이 있어야만 진정한 지성이라는 사고방식을 택한다면, 아우구스투스에게 줄 수 있는 점수는 80점이 적당하지 않을까.

문제는 '설득력'이다. 설득력은 문장이나 연설로 자기 생각을 남에게 전달하고, 그것을 남에게 납득시키는 능력이다. 무엇을 전달하느냐도 중요하지만, 어떻게 전달하느냐도 중요하다. 이 두 가지가 더해져야만 비로소 남을 설득할 수 있다. 이 면에서는 아우구스투스에게 몇 점을 주는 것이 타당할까.

내가 간단하게 『업적록』이라고만 쓴 『신격(神格) 아우구스투스의 업적록』은 그가 자필로 남긴 유일한 사료다. 로마 제국 초대 황제가 남긴 글이니까 초일급 사료라고 말할 수 있다. 그런데 로마사 연구자들의 저술 가운데 『업적록』 전체를 소개한 것은 내가 아는 한 하나도 없다. 『업적록』을 학문적으로 소개한 최초의 인물은 몸젠이니까, 연구자라면 몸젠의 저술을 읽어보는 것이 당연한 일일지도 모르지만, 일반 독자들은 그 방대한 몸젠의 연구서를 도저히 다 훑어볼 수 없다. 유럽에는 학자들 중에도 수준 높은 전기를 쓰는 사람이 많지만, 일반 독자를 대상으로 한 저술 가운데 『업적록』 전체를 소개한 것은 없다.

그런데 최고급 사료인 『업적록』을 왜 학자들은 소개하지 않는 것일까.

첫 번째 이유는 『업적록』이 아우구스투스의 실제 업적을 기술한 것이 아니라, 아우구스투스가 동포에게 전하고 싶다고 생각한 것만 기록한 것이기 때문이다. 바꿔 말하면 『업적록』은 제국 건설이라는 중차대한 업적에 관해서는 거의 언급하지 않았고, 따라서 역사적 가치가 낮은 것으로 평가되어왔기 때문이다. 나 같은 사람은 아우구스투스가 왜 그것을 언급하지 않았는지에 관심이 쏠리지만, 이런 관심은 작가의 것이지 학자가 가질 만한 관심은 아닌지도 모른다.

두 번째 이유는 문장이 서투르기 때문이다. 업적을 나열했을 뿐이라는 것은 알지만, 그렇다 해도 조금은 '기교'가 있어도 좋지 않으냐는 생각이 든다. 문장은 내용이 충실해야 하는 것은 당연하지만, 우선 사람들이 읽게 하지 않으면 안 된다. 그리고 연설은 사람들이 듣게 하지 않으면 안 된다.

아우구스투스에게는 '읽게 하고' '듣게 하는' 능력이 부족하다. 내용이야 어떻든 우선 사람들에게 읽고 듣는 쾌감을 주는 재능이 부족했던 것 같다. 아우구스투스는 제 생각을 남에게 전하고 싶다거나 남에게 이해시키고 싶다는 생각을 별로 하지 않았다. 가뜩이나 재능이 부족한데 열의마저 없으니 문장은 더욱 재미가 없어진다. 아우구스투스가 제 생각을 남에게 알리고 싶어 하지 않은 것은 당연하다. 남들에게는 공화정치하에 있다고 생각하게 해놓고, 실제로는 제정으로 탈바꿈을 추진했기 때문이다. 그렇다고는 하지만 제 생각을 남에게 전하고 싶고 이해시키고 싶다는 강한 욕망이 문장력을 향상시키는 법이다.

또한 동시대 사람들, 특히 로마의 식자층은 문장에서도 '아버지'와 '아들'을 비교했을 테니까, 아우구스투스가 동정받을 여지도 없지는 않았다. 어쨌든 카이사르는 문장력이 대단해서, 정치적으로 대립하고 있던 사람들까지 그의 글을 읽을 정도였다. 그중 한 사람인 키케로는 웅변술을 논한 저술에서 이렇게 말하고 있다.

"카이사르 이전에는 단 한 사람도 카이사르처럼 말하지 않았고, 카이사르처럼 쓰지도 않았다. 카이사르는 아무리 비극적인 일도 희극적인 음색을 섞지 않고는 서술하지 않았고, 아무리 우울한 일도 유머의 색조를 덧붙이지 않고는 서술하지 않았다. 인간은 누구나 일의 중대함을 이해하는 두뇌는 갖고 있다. 하지만 그것이 중대한 일에 대처하는 데 필요한 활력과 결부되느냐 안 되느냐는 그것이 읽고 듣는 사람에게 얼마나 기분 좋은 형태로 제시되었느냐에 달려 있다."

이것이 바로 '기교'다. 아우구스투스에게는 이런 면에서의 '아르스'(라틴어)나 '아르테'(이탈리아어)나 '아트'(영어)가 부족했다. 그렇긴 하지만, 선전은 로마 재건이라는 대사업을 추진하는 데 빼놓을 수 없는 중요한 요소다. 아우구스투스의 뛰어난 점은 '기교'를 가진 사람에게 그것을 맡겼다는 것이다. 이 분야를 맡은 사람이 오늘날에는 메세나 운동의 시조로밖에 알려져 있지 않은 마이케나스였다.

마이케나스

아그리파가 아우구스투스의 '오른팔'이라면, 마이케나스는 '왼팔'이었다. 이 사람도 아그리파와 마찬가지로 수도 로마에서 태어난 상류층에는 속해 있지 않았다. 오늘날의 토스카나 지방에 해당하는 고대 에트루리아 지방의 유서깊은 가문에서 태어났지만, 사회적으로는 '원로원 계급'에 다음가는 지위인 '기사 계급'에 속해 있었다. 나이는 아우구스투스보다 한두 살 위였던 것 같다. 아그리파를 포함한 이 세 사람은 같은 세대라고 말할 수 있었다.

다만 아그리파와 다른 점은 아우구스투스와의 만남에 카이사르가 개입하지 않았다는 것이다. 연구자들에 따르면, 두 사람은 필리피 회전 때 처음 만났다고 한다. 그 무렵 아직 옥타비아누스라고 불린 아우구스투스는 21세가 될까 말까 한 나이였다.

전쟁터에서 만났다 해도, 그리고 둘 다 젊은 나이였다 해도, 아우구스투스는 이미 사람을 보는 눈을 갖고 있었고, 마이케나스에게도 거기에 의기투합할 만한 기개가 있었다. 아우구스투스는 아그리파에게는 전쟁터를 맡기고, 마이케나스에게는 외교를 맡겼다.

로마는 법치국가다. 법치국가에서는 모든 공직에 각각 고유한 임무가 정해져 있다. 권력자의 뜻을 받들어 종횡무진으로 활약하려면, 공직을 갖고 있는 게 오히려 불편한 경우가 많았다. 그래서 마이케나스는 공직 경력을 모두 희생했다. 이것은 고대 로마인에게는 현대인이 상상할 수도 없을 만큼 커다란 희생이었다.

로마인들은 공직을 경험하는 것이 최고의 인생이라고 생각했기 때문에, 그것을 '명예로운 경력'이라고 부를 정도였다. 포로 로마노의 벽에 이름이 새겨지는 것도, 로마의 공식 기록인 '최고 제사장 연대기'에 이름이 오르는 것도 공직을 맡았기 때문에 얻을 수 있는 영예다. 그것을 모두 희생하고, 원로원 계급으로 출세하는 것까지도 포기했으니, 일생을 아우구스투스의 그림자로 살기로 작정한 마이케나스의 결의는 특기할 만하다. 게다가 당시 아우구스투스가 쥐고 있었던 것은 카이사르의 양자라는 것뿐이었고, 과연 카이사르의 후계자가 될 수 있을지도 확실치 않은 상태였다. 아니, 확실한 것은 하나도 없었다.

기원전 42년에 필리피 들판에서 브루투스를 쳐부순 뒤, 기원전 31년에 악티움 해전에서 안토니우스를 쳐부술 때까지 10년 동안, 아우구스투스의 한 팔로 일관한 마이케나스의 활약상은 눈부실 정도였다. 독립할 만한 세력을 갖지 못한 아우구스투스를 도와서, 우선 안토니우스와의 관계를 개선하려고 애쓰는 한편, 그 안토니우스를 견제하기 위해 폼페이우스의 아들과 타협을 연출한다. 경쟁자를 한 사람씩 거꾸러뜨리며 세력을 증강한 아우구스투스가 마침내 최후의 경쟁자인 안토니우스를 쳐부술 때까지 10년 동안, 비밀 교섭 역할을 맡은 마이케나스의 활약은 아우구스투스에게 큰 도움이 되었다.

기원전 30년에 이르러 마침내 아우구스투스는 유일한 최고 권력자가 되었다. 그는 실력으로 카이사르의 후계자가 된 것이다. 그것을 도와준 사람이 아그리파와 마이케나스였다.

기원전 30년 이후 아우구스투스는 아그리파에게는 집정관을 비롯한 공직을 차례로 경험하게 했지만, 마이케나스에게는 그것을 허용하지 않았다. 공식 사절로 외국에 파견하지도 않았다. 그 이유는 시대가 바뀌었기 때문이다. 내전이 끝난 뒤의 외교는 이제 동맹국이나 속주를 상대할 때도, 파르티아 왕국 같은 가상 적국을 상대할 때도, 이면이 아니라 표면에서 이루어지게 되었다.

공식 외교나 외치는 아우구스투스나 아그리파가 맡는 것이 더 효과적이었다. 아우구스투스는 외국인의 눈에는 황제로밖에 비치지 않는(사실이 그러했지만) '제일인자'라는 칭호를 갖고 있었고, 아그리파에게는 전쟁터에서 쌓은 눈부신 공적이 있었다. 반대로 마이케나스는 공식 직함도 실적도 갖고 있지 않았다. 아우구스투스는 마음만 먹으면 얼마든지 할 수 있었는데도 마이케나스에게 공식 지위를 주려고 하지 않았다. 그는 개인 고문 같은 형태로 늘 곁에서 자문에 응해주는 역할을 마이케나스에게 요구했다. 공직에 앉히면 마이케나스를 곁에 계속 두기가 어려웠기 때문이다. 마이케나스도 이런 처지를 감수했다. 마이케나스의 조각상이 하나도 남아 있지 않은 것은 바로 이런 이유 때문이다.

건강이 좋지 않을 때면 아우구스투스는 휴양을 한다면서 에스퀼리노 언덕에 있는 마이케나스의 저택에서 시간을 보낼 때가 많았다. 가십을 좋아하는 수에토니우스(69년~122년, 로마의 전기작가. 율리우스 카이사르부터 도미티아누스에 이르는 『로마 황제전』을 썼다 - 옮긴이) 같은 이는 아우구스투스가 마이케나스의 아내와 불륜관계를 맺었기 때문이라고 주장하지만, 인간에게는 성욕보다 더 중요한 것이 있다. 아우구스투스는 자제심이라면 남다르게 강했다. 그가 이따금 마이케나스의 집에 간 것은 비교적 시간 여유가 생긴 며칠을 마이케나스와 대화하면서 보내기 위해서가 아니었을까. 깊은 교양과 정확한 현실인식, 그리고 실행할 때의 균형 감각, 마이케나스는 그야말로 최고의 의논 상대였다.

아우구스투스는 비밀 교섭 역할을 폐업한 마이케나스에게 문화와 홍보를 맡겼다. 이것 또한 마이케나스에게는 딱 알맞는 역할이었다. 후세에 문화 예술을 옹호하는 것을 '마이케나스', 프랑스어로 '메세나'라는 말로 표현하게 된 것은 바로 이 때문이다.

원래 부유한 집안 출신인데다 아우구스투스의 요청으로 이집트에 토지를 사서 큰 부자가 된 마이케나스는 그 재산을 문화 육성에 아낌없이 쏟아부었다. 그의 주변에 모여든 사람들 중에는 시인이 많았는데, 그중에서도 라틴 시문학의 거장으로 불리게 된 베르길리우스와 호라티우스가 잘 알려져 있다. 베르길리우스는 나중에 단테의 『신곡』에서 지옥과 연옥을 순회하는 안내자가 된 것으로도 유명하다.

내 생각에 라틴 문학의 황금시대는 산문에서는 키케로와 카이사르로 대표되는 기원전 1세기, 시에서는 역사상 '아우구스투스 시대'라고 불리는 기원전 1세기 중엽부터 서기 1세기 중엽까지의 한 세기지만, 키케로와 카이사르가 현실 정치에 계속 관여하고 있었던 것과는 달리, 베르길리우스와 호라티우스는 시에만 전념하면서 평생을 마쳤다. 산문과 시의 차이일까, 아니면 모든 일에서 분업화가 진행되고 있던 아우구스투스 시대의 분위기 탓일까.

흥미로운 것은 이 시인들의 출신지다. 베르길리우스는 만토바에서 태어났다. 시인이 태어났을 당시에는 만토바를 포함한 루비콘 이북의 북이탈리아 일대는 로마의 속주였고, 시인이 스무 살 되던 해 카이사르에 의해 본국에 편입되었다. 그 이전에도 베르길리우스가 로마 시민권 소유자였는지 아닌지는 모른다.

베르길리우스라는 성은 로마인의 성이 아니니까, 오래전에 북이탈리아 일대에 정착한 갈리아 부족의 후손인지도 모른다. 만약 그렇다면, 로마의 국민시인도 핏줄을 더듬어가보면 로마인이 아니라는 이야기가 된다. 그렇긴 하지만 로마 사회는 200년 전에는 카르타고의 노예라 해도 글재주만 있으면 환영했을 정도니까, 베르길리우스의 혈통 따위는 아무도 문제삼지 않았을 것이다. 그는 기원전 70년에 태어났으니까, 마이케나스보다는 대여섯 살 위였다.

베르길리우스보다 다섯 살 아래인 호라티우스의 출신지는 아피아 가도 연변의 식민도시인 베노사였다. 이 시인의 조상도 이 땅에 이주한 로마 시민이 아니라, 아버지 때까지는 노예였다.

자유를 얻어 해방노예가 된 호라티우스의 아버지는 아들을 교육시키기 위해 지방 도시인 베노사를 버리고 수도 로마로 나왔다. 수도에서 어떤 직업에 종사했는지는 알려져 있지 않다. 그래도 아들 호라티우스에게는 어엿한 교육을 시키고, 당시 최고학부가 있는 아테네로 유학까지 보냈으니까, 교육열이 대단했던 모양이다. 베르길리우스와 호라티우스는 둘 다 성년이 되기 전에 고향을 버리고 수도로 나온 셈인데, 이것은 '배움을 지향한다면 우선 로마로 가는' 풍조가 정착된 증거로 여겨진다.

그런데 아테네에서 학업에 열중해야 할 호라티우스가 그만 정치에 마음을 빼앗겨버렸다. 그 무렵 그리스는 일촉즉발의 상태에 있었던 카이사르파와 반카이사르파의 대결장이 될 게 분명해져 있었고, 안토니우스와 옥타비아누스의 카이사르파가 이길 것이냐, 아니면 브루투스와 카시우스의 반카이사르파가 이길 것이냐가 어디서나 화제에 올라 있었다.

시인답게 정열적인 호라티우스는 23세라는 젊은 나이 탓도 있어서, 여기에 온통 물들어버렸다. 그는 펜 대신 칼을 들었다. 그가 지원한 진영은 물론 '폭군' 카이사르를 타도한다는 브루투스 진영이었다. 대대장으로 싸웠다니까, 본격적으로 참전한 게 분명하다.

그러나 필리피 회전은 카이사르파의 승리로 끝났고, 브루투스는 자결했다. 패잔병이 되어버린 호라티우스는 도망쳐서 간신히 귀국했다.

이 개인적인 체험과 당시 로마의 상황이 겹쳐서, 감수성이 예민한 시인의 마음은 절망에 빠졌다. 내전은 필리피 들판에서 끝나지 않고, 폼페이우스의 아들과 옥타비아누스의 대결로 이어졌으며, 이 대결이 옥타비아누스의 승리로 끝나자마자 옥타비아누스와 안토니우스 사이에 투쟁이 시작되어 로마인끼리의 싸움이 계속 이어지고 있었다. 이 시기에 호라티우스는 이런 시까지 썼다.

"끝날 줄 모르는 내전은 다음 세대까지 끌어들이고 말았다. 로마는 스스로 파멸의 길을 달려가는 중이다. 적은 이제 마르시족도 아니고, 에트루리아족도 아니고, 강대한 카푸아도 아니고, 용감한 스파르타쿠스도 아니다. 불성실한 갈리아인도 아니고, 푸른 눈에 사나운 기질을 지닌 게르만족도 아니고, 여전히 증오의 대상인 한니발도 아니다. 현재 로마인의 적은 로마인 자신이다. 언젠가는 로마도 옛날로 돌아가, 잡초만 무성한 땅이 될 것이다.

이런 시대를 사는 사람에게 최선의 충고는 무엇일까. 그렇다, 그것은 나라를 버리고 외국으로 탈출하는 것이다. 옛날(기원전 540년) 포카이아(터키 서부의 항구도시로, 포키스인의 식민지) 주민들이 페르시아의 지배에 절망하여 모조리 나라를 버렸듯이."

하지만 4년도 채 지나기 전에 호라티우스의 마음은 많이 안정되었다. 마이케나스와 사귀게 되었기 때문이다. 그로부터 8년 뒤 시인의 불안은 희망으로 바뀌었다. 오랜 내전이 기원전 30년에 끝났기 때문이다.

승자는 전에 필리피 들판에서 그와 맞서 싸운 적이었지만, 그런 것은 아무래도 좋았다. 내전은 이제 지긋지긋했다. 누가 승자가 되었든, 평화가 돌아온 것만으로도 신들에게 감사하고 싶은 심정이었다.

호라티우스의 심경 변화를 공화주의자의 변절이라고 비난할 수는 없다. 평화를 원하는 시인의 마음은 로마인 대다수의 마음이었을 것이다. 그리고 이것이야말로 아우구스투스가 갖고 있던 최고의 카드였다. 아우구스투스의 일생은 이 카드를 얼마나 교묘히 활용했느냐로 표현된다. 이 카드를 교묘히 활용할 수 있었던 것은 아우구스투스 자신이 누구 못지않게 평화를 확립해야 할 필요성을 확신하고 있었기 때문이기도 했다.

유일한 승자가 되었으면서도 아우구스투스가 병력의 절반 이상을 제대시켜 군비축소를 단행하고, 앞으로 로마가 나아갈 길은 전쟁이 아니라 평화라고 선언했을 때, 시인의 희망은 확실한 기대로 바뀌었다. 평화를 확립하려면 엄청난 어려움이 따른다는 것, 그리고 아우구스투스가 그 일에 변함없는 노력을 기울이고 있다는 것을 친구인 마이케나스가 시인에게 설명해준 게 아닐까. 마이케나스와 친해진 뒤, 아우구스투스에 대한 호라티우스의 생각은 찬탄으로 바뀌었다.

호라티우스의 후원자인 마이케나스는 해방노예의 아들로 재산도 없는 시인에게 아우구스투스 밑에서 일하는 행정관료 자리를 주선해주었다. 하지만 호라티우스는 관료 따위는 질색이라고 대답했다. 그러자 마이케나스는 방이 24개나 되는 산장을 주었다. 고대 로마의 산장은 그 자체가 농업 생산기지였고, 생필품은 자급자족할 수 있었다. 산장을 준다는 것은 거처와 작업실뿐 아니라 생활의 토대까지 주는 것과 마찬가지였다.

마이케나스가 베르길리우스를 어떤 식으로 도왔는지는 분명하지 않지만, 베르길리우스와 호라티우스를 비롯하여 마이케나스의 살롱에 드나드는 문인들이 아우구스투스가 수행하고 있는 '팍스 로마나'의 '홍보'를 맡았다. 그들은 아우구스투스가 만들어가고 있는 신생 로마를 기쁨과 긍지를 담아서 노래했다. 그리고 베르길리우스가 쓴 시의 고귀함과 강건함, 호라티우스가 쓴 시의 생동감은 아우구스투스가 확립하고자 한 제국 로마의 반영이기도 했다.

이들을 어용시인으로 단정하는 데에는 찬성할 수 없다. 아무리 도움을 받았다 해도, 물질적 지원에 보답하겠다는 생각만으로 쓴 작품이라면 졸작으로 끝날 수밖에 없다. 작가의 자연스러운 생각이 표현되지 않고는 2천 년 뒤까지 생명을 유지하는 예술작품이 태어날 수 없다. 마이케나스는 후원 대상을 선정하는 안목이 뛰어났다. 마이케나스가 죽자, 호라티우스는 자기가 죽으면 마이케나스의 무덤 옆에 묻어달라고 유언했고, 이 유언은 그대로 실행되었다. 또한 전 재산을 아우구스투스에게 남긴 마이케나스를 본받아, 마이케나스한테 받은 산장도 황제에게 유증했다.

예술의 꽃이 다시 활짝 핀 이탈리아 르네상스 시대에도 '마이케나스 하는' 사람은 있었다. 피렌체의 메디치 가문의 우두머리인 코시모가 그런 사람이다. 코시모는 조각가인 도나텔로에게 토스카나 지방의 산장을 주었다. 여기에 감사한 조각가는 코시모의 무덤 근처에 자기를 묻어달라는 유언을 남기고 죽었다. 이 유언도 실행되어, 이탈리아 르네상스를 대표하는 조각가의 무덤은 성 로렌초 교회 지하에 있는 메디치 가문 묘소 안에 있다.

이 두 가지 사례에 나타난 후원 방식이 옛사람들이 생각한 문예 육성이었다.

장수하는 사람은 친한 이들의 죽음을 겪는 횟수가 늘어나게 마련이다. 특히 죽음이 자기와 같은 나이의 사람에게 닥쳐오는 일이 많아지면, 사람은 노화와 자신의 죽음을 더욱 깊이 느끼게 된다. 하지만 아그리파가 죽고 마이케나스가 죽었는데도, 아우구스투스의 '불굴의 의지'는 꿈쩍도 하지 않았다. '로마에 의한 평화'는 계속 확립되어가고 있었다. 그것은 아우구스투스 자신이 누구보다도 잘 알고 있었다.

이 무렵부터 아우구스투스는 처음으로 카이사르가 남긴 표지를 어기는 정책에 착수했다. 그것은 로마 제국의 북쪽 방어선을 라인강에서 엘베강으로 옮기는 일이었다. 이것은 라인강과 엘베 강 사이에 낀 광대한 게르마니아 지방(오늘날 독일의 대부분 지역)과 거기에 사는 게르만족을 제압하여 로마 제국에 편입시키는 것을 의미했다.

게르만족

'지정학'(geopolitics)은 대지를 나타내는 그리스어 '게오'(geo)와 정치를 의미하는 그리스어 '폴리티카'(politica)를 합하여 20세기에 만들어진 낱말인 모양이다. 하지만 말은 존재하지 않았다 해도 개념까지 존재하지 않았던 것은 아니다. 너무나 자명한 이치라서 말로 표현할 필요가 없었는지도 모른다.

로마인들은 매사에 실제적인 민족이었다. 이 점에서도 그들은 추상(抽象)을 장기로 삼은 그리스인과는 달랐다. 비록 '지정학'이라는 낱말은 그리스어에서 유래했지만, 로마 제국의 방어선만큼 '지정학' 그 자체인 것은 어디서도 찾아볼 수 없다.

카이사르는 라인강을 방어선으로 결정하기 전에 몸소 군단을 이끌고 게르만족과 싸웠다. 비록 짧은 기간이긴 하지만 라인강을 건너 게르마니아로 진격하여, 제 발로 게르마니아 땅을 밟고 제 눈으로 게르만족을 보았다.

방어선을 라인강에서 엘베 강으로 옮기기로 결정한 아우구스투스는 속주를 순행하는 도중에 아우구스타 트레베로룸(오늘날 독일의 트리어)에 들렀다는 기록은 있지만, 그가 라인강을 제 눈으로 직접 보았다는 기록은 없다. 원래 아우구스투스는 속주를 순행할 때도 한곳에 오래 머무는 경우가 많았고, 그곳을 기점으로 하여 주변 각지로 답사를 떠나는 일은 거의 없었다. 천성적으로 책상 작업에 적합한 사람이었던 모양이다.

아우구스투스 앞에는 이탈리아 지도가 놓여 있었다. 이것은 카이사르의 지시로 제작이 시작되었으나, 그가 죽은 뒤 안토니우스가 완성한 지도였다. 그 지도에는 산하는 물론, 로마식 가도망까지 그려져 있었다. 이와는 별도로 아그리파가 만든 제국 전도(全圖)도 있었다. 대리석판에 각양각색의 귀한 돌을 박아서 제국 각지의 주요 도시를 나타낸 이 대지도는 '빕사니우스 회랑'의 한쪽 벽면을 전부 다 차지하는 크기로 일반에 공개되어 있었지만, 아우구스투스가 공무를 볼 때 사용한 팔라티노 언덕의 관저에도 같은 종류의 지도가 있었다고 한다.

아우구스투스는 왜 방어선을 라인강에서 엘베 강으로 옮기려고 했을까.

지도를 보건대, 엘베 강과 도나우강을 잇는 방어선을 확립하는 데 성공하면, 라인강과 도나우강을 잇는 방어선에 비해 500킬로미터나 방어선을 단축할 수 있다. 이것을 노렸을까.

또는 키가 크고 건장한 체격에 모피만 두른 용맹한 게르만족을 문명화하는 데 성공하면, 로마 제국의 국경도 편안해진다고 생각했을까.

어쨌든 로마군의 게르마니아 원정은 기원전 12년에 시작되었다. 도중에 자주 중단되긴 했지만, 실질적으로는 서기 9년, 최종적으로는 서

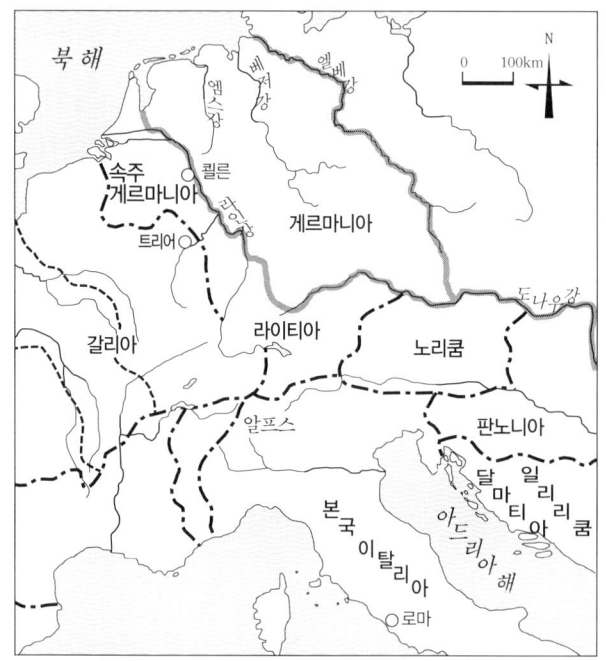

방어선이 라인강과 도나우강에서 엘베 강과 도나우강으로 바뀌었을 경우

기 16년까지 계속되었다. 서기 9년까지라 해도 무려 20년 동안 게르만족과 대결하는 상태에 있었던 셈이다.

반면에 카이사르의 갈리아 원정은 기원전 58년부터 8년 동안 집중적으로 이루어졌다. 게르마니아 원정과 갈리아 원정의 차이는 후방의 참모본부에서 생각해낸 전략과 전방의 작전본부에서 이루어진 전략의 차이이기도 하고, 실전 경험이 거의 없는 아우구스투스와 군단을 몸소 이끌고 끊임없이 싸운 카이사르의 차이이기도 했다. 그리고 게르마니아 원정이 시작된 기원전 12년, 아우구스투스는 카이사르보다는 못하지만 뛰어난 야전 지휘관이었던 아그리파를 잃었다.

아그리파가 죽은 뒤 아우구스투스의 '오른팔'을 맡게 된 것은 아내

티베리우스　　　　　　　드루수스

리비아가 데려온 아들 티베리우스와 드루수스 형제였다. 어머니가 아우구스투스와 재혼할 당시 세 살이었던 티베리우스와 아직 뱃속에 있었던 드루수스는 이제 30세와 26세의 젊은이로 성장해 있었다. 아우구스투스에게는 의붓아들이었지만, 의붓아버지와 의붓아들들의 관계는 아주 좋았다. 하지만 핏줄에 집착하는 아우구스투스는 아무리 사랑하는 아내 리비아의 자식이라 해도, 의붓아들들을 '양자'로 삼지는 않았다.

아우구스투스의 '양자'가 된다는 것은 곧 후계자로 선택되었다는 뜻이기도 하다. 아우구스투스는 외동딸 율리아와 아그리파 사이에 태어난 당시 여덟 살의 가이우스와 다섯 살의 루키우스를 양자로 삼고 있었다. 그래도 '평화의 제단' 남쪽 벽면을 장식하는 '황제 가족 초상' 돋을새김에 티베리우스와 드루수스가 포함되어 있는 것을 보면, 아우구스투스가 그들 형제를 가족의 일원으로 대우한 것은 분명하다. 형제는 단지 어머니 덕택에 황제 아우구스투스의 '가족 초상'에 낀 것이 아니라, 아그리파가 살아 있을 때부터 이미 그를 대신할 만한 인재로서 두각을 나타내고 있었다. 따라서 이런 대우도 그들의 실력으로 얻었다고 말할 수 있다.

맏아들 티베리우스는 키케로의 친구이자 편지를 주고받은 상대로도 유명한 아티쿠스의 손녀 빕사니아와 행복한 결혼생활을 하면서, 기원전 12년에는 한 살 된 아들을 두고 있었다. 아티쿠스의 딸은 아그리파의 첫 아내였으니까, 티베리우스는 아그리파의 딸과 결혼한 셈이다.

둘째 아들 드루수스는 아우구스투스의 누나인 옥타비아와 안토니우스 사이에 태어난 안토니아와 역시 행복한 결혼생활을 하고 있었다. 이 결혼에서는 2남 1녀가 태어났다. 안토니아는 아우구스투스가 죽음으로 몰아넣은 과거의 경쟁자 안토니우스의 피를 이어받긴 했지만, 옥타비아를 통해 아우구스투스의 피도 흐르고 있었다. 이것이 혈통에 대한 아우구스투스의 견해이기도 했다.

이런 견해에 따라, 아우구스투스는 아그리파의 죽음으로 다시 과부가 된 외동딸 율리아의 세 번째 배필로 드루수스가 아니라 티베리우스를 골랐다. 드루수스는 질녀인 안토니아와 결혼했지만, 티베리우스는 아무리 아그리파의 딸이라 해도 자기와는 피 한 방울 섞이지 않은 여자를 아내로 삼고 있었기 때문이다. 티베리우스가 아무리 행복한 결혼생활을 하고 있어도, 이제 한 살 된 아이의 아버지라 해도, 그런 것은 핏줄에 집착하는 아우구스투스에게는 전혀 문제가 되지 않았다. 30세의 남자와 27세의 여자가 결혼하면 자식도 많이 낳을 게 분명하다. 아우구스투스의 소원은 자신의 피를 이어받은 사내아이를 되도록 많이 얻는 것이었다.

최고 권력자 아우구스투스의 강요와 어머니 리비아의 권유에 티베리우스는 저항하지 못했다. 결국 사랑하는 아내 빕사니아와 이혼하고 율리아와 재혼했다. 티베리우스는 그 후 거리에서 딱 한 번 빕사니아의 뒷모습을 본 적이 있었다. 전처의 모습이 사람들 속으로 사라질 때까지 눈길로 좇던 티베리우스는 그 후 전처와 얼굴을 마주칠 만한 자리는 애써 피했다고 한다.

남의 사생활에는 절대 개입하지 않았던 카이사르와 아우구스투스는 이 점에서도 달랐다. 두 사람의 생활방식, 영어로 말하면 '스타일'의 차이일까.

하지만 아우구스투스의 훌륭한 점은, 이렇게 핏줄에 집착하면서도 공적인 목적 달성을 위해서는 사적인 감정을 절대로 개입시키지 않았다는 점이다. 따라서 휘하 장군이나 행정관들도 아우구스투스가 내리는 평가의 객관성을 믿을 수 있었다. 믿고 기용하면, 실제로도 일을 잘했다. 죽은 아그리파를 대신하여 아우구스투스의 '오른팔'이 된 티베리우스와 드루수스 형제도 각자 맡은 일에 전념한다. 형은 도나우강 방어선을 확립하는 일을 맡았고, 동생은 라인강에서 엘베 강으로 방어선을 옮기는 임무를 맡았다. 양쪽 다 미개한 민족을 제패하는 어려운 원정이 될 수밖에 없다는 것은 시작하기 전부터 충분히 예상할 수 있었다.

얼핏 역설처럼 들리지만, 역설이 아니라 진실이다. 문명도가 높을수록 그 민족을 제패하기는 쉬워지고, 문명도가 낮을수록 제패하기가 어려워진다. 특히 정복한 상대를 죽이지 않고 살리는 로마인의 방식에서는 이 차이가 더욱 뚜렷해졌다.

문명도가 높은 민족이라면, 로마인이 '문명화'라고 부르는 로마화의 이점을 이해할 수 있다. 그들은 로마 가도망으로 대표되는 '사회간접자본' 정비, 각지에 인정해주는 '자유도시'와 로마 시민을 이주시킨 '식민도시'를 핵으로 하는 경제 활성화의 이점을 재빨리 이해할 수 있었다. 또한 로마의 패권 밑에서 국내 분쟁은 사라지고, 외적은 로마군이 지켜준다. 종교와 언어를 비롯하여 화폐에 이르기까지 피정복 민족의 고유 문화도 그대로 인정해주고, 정복자 로마의 문화를 강요하지도 않는다.

로마인의 가장 큰 미덕은 뭐든지 자기네끼리 하려고 들지 않는다는 점이었다. 로마의 패권 아래서 사는 각 민족에게는 각자 장기로 삼는 분야에서 활약할 기회와 무대가 주어졌다.

하지만 문명을 모르고 살아온 민족에게 문명의 혜택을 납득시키는 것은 무척 어려운 일이다. 이것이 미개한 민족을 제패하는 데 따르는 난점이었다.

둘째, 야만족이기 때문에 도시화가 되어 있지 않아서, 거점을 공략하여 전과를 올리는 전술로는 효과를 거두기 어렵다. 또한 부족별로 독립해 있는 경향이 강한 그들은 서로 단결하여 로마에 싸움을 걸어오는 일도 거의 없고, 오로지 게릴라전으로만 일관한다. 따라서 평원에 진을 치고 양쪽 군대가 어울려 싸우는 회전 방식의 전투를 장기로 삼는 로마군이 전투력을 발휘할 수 있는 기회가 아주 적었다.

로마군은 미개한 민족을 상대로 본격적인 제패에 나선 경험이 많지 않았다. 이탈리아반도를 통일한 뒤 로마가 싸운 상대는 카르타고, 그리스, 시리아, 이집트 등 모두 문명도가 높은 민족뿐이었다.

이제 갓 제정으로 접어든 로마인이 참고할 수 있는 사례는 카이사르의 갈리아 정복뿐인데, 카이사르도 갈리아를 완전히 제패하는 데에는 9년이 걸렸다. 또한 갈리아 원정 당시의 카이사르는 총사령관으로서 재능은 제쳐놓고라도, 게르만족을 상대로 전쟁을 시작한 아우구스투스가 갖고 있지 않은 카드를 갖고 있었다.

그것은 갈리아 민족이 품고 있던 게르만 민족에 대한 공포심이다. 카이사르는 갈리아 부족장들을 모아놓고 갈리아를 갈리아인에게 맡겨두면 조만간 갈리아는 게르만화한다고 말했다. 마음속의 생각이야 어떻든, 갈리아인들은 이 말에 고개를 끄덕일 수밖에 없었다.

『갈리아 전쟁기』에도 적혀 있듯이, 라인강 동쪽에 사는 게르만족의 특색은 정복자와 피정복자의 융합을 거부하는 것이었다. 정복민과 피정복민이 사는 땅 사이에는 황무지를 둘러치고, 연공을 징수할 때 말고는 접촉하는 것조차도 좋아하지 않는 것이 그들의 생활방식이다. 또한 정착하여 사는 것도 싫어했다.

로마인의 지배와 게르만족의 지배 가운데 하나를 선택할 수밖에 없는 상황에 있었던 갈리아는 카이사르에게 군사적으로 압도당한 뒤이긴 했지만, 로마에 의한 지배를 선택했다.

반면에 게르만족에 대해서는 이런 카드를 사용할 수 없었다. 게르만족은 그 당시 다른 어느 민족의 위협도 느끼지 않았다. 아니, 그들이 위협을 느끼던 민족이 딱 하나 있었다. 그것은 서쪽과 남쪽, 즉 라인강과 도나우강까지 밀고 들어와 그들 쪽으로 창을 겨누고 있는 로마인이었다.

게르마니아 원정을 단행한 아우구스투스는 이런 카드의 중요성을 당초에는 깨닫지 못했던 게 아닌가 싶다. 또한 처음에는 그런 것을 잊게 할 만큼 화려한 전과를 거두었기 때문에 로마인은 열광했고, 아우구스투스도 아그리파를 잃은 구멍은 완전히 메워졌다고 생각했다.

도나우강 방어선 확립에 전념하는 티베리우스와 그의 군단을 동쪽에 두고, 북쪽 전선에서는 동생 드루수스가 이끄는 5개 군단이 게르마니아 진격을 맡았다.

수수하지만 착실하게 도나우강 이남을 제압해가는 티베리우스와는 달리, 드루수스의 게르마니아 전선은 작전부터 화려했다. 북해에서 남쪽으로 쳐들어가는 전법을 채택했기 때문이다.

고대의 트라이에크툼(오늘날의 위트레흐트) 근처에 운하를 파서 라인강과 에이셀만을 연결하고, 라인강에 준비해둔 선단에 병사들을 태워 우선 바다로 빠진다. 그 후 북해 연안을 따라 동쪽으로 항해하여, 라인강보다 더 동쪽에서 북해로 흘러드는 엠스강 어귀에 이르면, 엠스강을 거슬러 올라가 게르마니아의 심장부에 상륙한다는 작전이

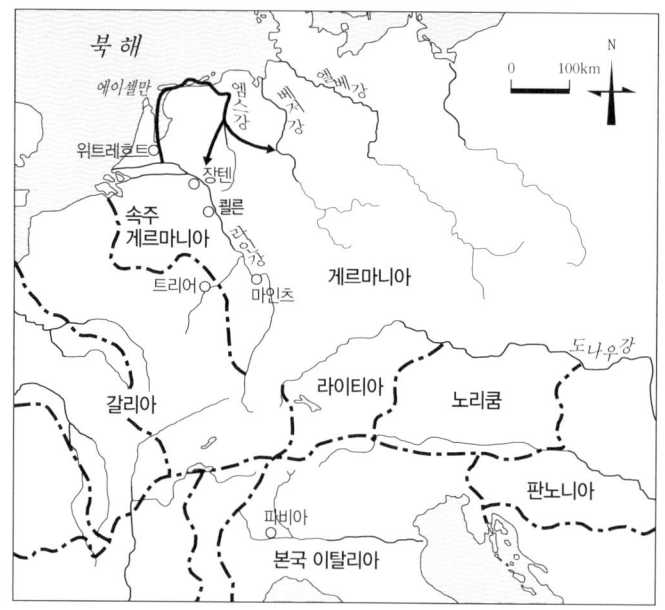

기원전 12년의 드루수스 행군로

었다.

현대전이라면, 비행기로 적국에 낙하산 부대를 투하하는 작전과 마찬가지다. 북쪽에서 '낙하산 부대'가 내려올 때에 맞추어 서쪽의 라인강에서도 우군이 동쪽으로 진격했다면 더 큰 전과를 거둘 수 있지 않았을까 하는 생각이 들지만, 도나우강 남안을 제압하는 일도 동시에 진행할 수밖에 없었던 상황에서는 군사력에 여유가 없었을 것이다.

그래도 기원전 12년의 이 진격 작전은 대성공을 거두었다. 엠스강 중류에 상륙한 드루수스 군대는 엠스강 동쪽을 흐르는 베저강에 도달했다. 게르만 부족들을 차례로 격파하면서 베저강까지 진격한 것이다. 게르만족도 남방 민족인 로마인이 이런 전술로 나오리라고는 예상치 못했던 게 분명하다. 지중해에 비해 북해는 여름에도 사나웠다. 엠스강이라면 오늘날의 네덜란드 국경과 가깝지만, 베저강은 완전히 독일 중앙

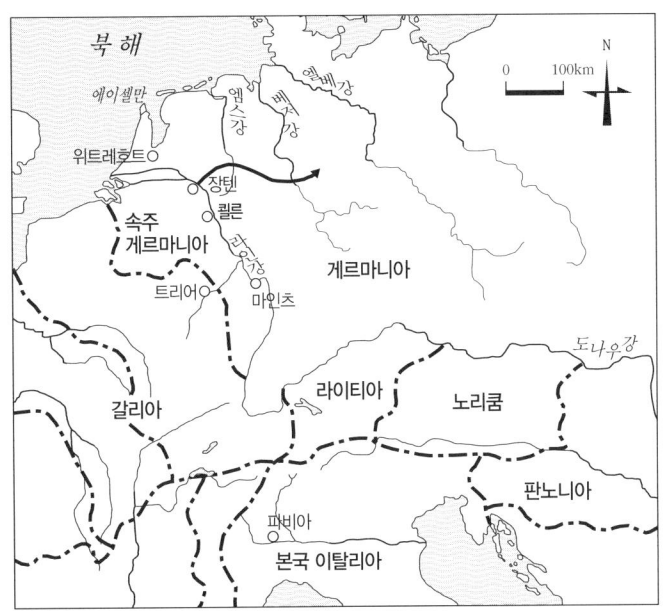

기원전 11년의 드루수스 행군로

부다. 수도에서 이 소식을 들은 로마인들이 갈리아 민족에 이어 게르만 민족도 정복할 수 있다고 믿은 것은 무리가 아니었다.

　이듬해인 기원전 11년, 젊은 장군 드루수스는 진격로를 바꾸었다. 라인강 연안의 기지 장텐에서 라인강을 건너 동쪽으로 진격하는 루트를 택한 것이다. 그리고 그해에도 로마군은 게르마니아의 심장부에 도달했다. 베저강 중류에서 겨울철 숙영지인 라인강 서쪽 기지로 돌아올 때는 다시 루트를 바꾸어, 북쪽으로 크게 우회하는 길을 택했다. 로마군의 원정에는 적을 만나 격파하는 것만이 아니라 전략 요충에 성채를 쌓고, 각 요새 사이에 길을 내고, 강에는 다리를 놓는 공병 작업이 수반된다. 낮에도 어두운 숲과 숲 사이를 뚫고 나아가면서 미개지로 진격해 들어가는 것은 결코 쉬운 일이 아니었다.

　이듬해인 기원전 10년, 드루수스는 드디어 최종 목표인 엘베 강을 향

제2장 통치 중기　283

해 나아갈 수 있다고 판단했다. 엘베 강까지 2년 만에 진격하기로 그는 결정했다. 겨울에도 라인강까지 돌아오지 않고, 게르마니아의 심장부에서 겨울을 나는 작전이었다. 기원전 10년, 드루수스는 28세의 나이로 처음 집정관에 선출되었다. 그만큼 아우구스투스와 로마인들은 젊은 장군에게 큰 기대를 걸고 있었다.

한편 수도 로마에서는 53세의 아우구스투스가 32세의 티베리우스와 28세인 드루수스 형제의 진격이 순조롭게 진행되고 있다는 소식을 들으면서, 본국 이탈리아의 행정조직 개편을 끝내려 하고 있었다.

이것도 아우구스투스의 평소 방식대로 단번에 결정안을 만들지 않고 조금씩 고쳐가면서 최종적인 형태를 만들어가는 방식으로 이루어졌다. 아우구스투스가 기정사실을 들이대면 원로원도 민회도 으레 거기에 찬성하곤 했다. 그렇긴 하지만, 반대가 없었던 것은 반대할 이유를 찾지 못할 만큼 모든 것이 잘되어 있었기 때문이다. 아우구스투스는 '재편성'(리스트럭처)의 천재였다.

행정개혁

재편성을 단행할 때, 아우구스투스의 기본방침은 전체를 동시에 향상시키려 하기보다는 몇 개의 '핵'을 확립하여 그 '핵'만 중앙 정부가 통제하고, 나머지는 대부분 요즘말로 하면 '민간 활동'에 맡긴다는 것이었다.

그의 이런 착상은 이념에서 나온 것이 아니라 필요에서 나온 것이었다. 제국 전체의 성년 남자 5천만 명을 500만 명의 로마 시민이 통치할 필요에서 나온 생각이었다. 그렇기 때문에 오래갈 수도 있었다.

하지만 이 사고방식은 아우구스투스의 독창적인 생각은 아니다. 로마 건국의 시조인 로물루스의 방식에서 이미 그것을 찾아볼 수 있고, 그 후에도 꾸준히 이어져 이제는 로마인의 피와 살이 되어버린 로마인의 '철학'이었다.

『영웅전』의 저자인 플루타르코스는 아우구스투스보다 100년 뒤의 사람인데, 로마가 융성한 것은 패배자조차도 자신들과 동화시키는 로마인의 생활방식 덕분이라고 단언했다. 패배자를 노예로 삼는 것이 당연했던 고대에 로마인의 이런 방식이 얼마나 매력적으로 보였는지는 18세기의 인권선언을 거친 현대인은 상상도 할 수 없을 것이다. 하지만 민주주의가 꽃핀 아테네에서도 패배자를 노예로 삼는 것에 의문을 품지 않았던 고대에는 로마인의 생활방식이 오히려 특수했다. 다만 로마인은 제국 전역에 그것을 확대함으로써 특수를 차츰 보편으로 바꾸어갔다. 아우구스투스가 한 일은 로마의 전통인 이 철학을 제국 안의 모든 분야에 걸쳐 제도화한 것이었다.

아우구스투스는 북쪽의 알프스에서 남쪽의 메시나해협에 이르는 이탈리아반도, 즉 로마 제국의 본국을 11개 '주'(州)로 분할했다. 자를 대고 줄을 긋는 식의 분할이 아니라, 부족과 전통 및 풍습의 차이도 배려하여 이루어진 자연스럽고 무리가 없는 분할이었다. 이것이 얼마나 합리적이었는지, 2천 년 뒤인 현대 이탈리아의 '주'와 비교해보라. '주'를 나타내는 이탈리아어 낱말인 '레조네'(Regione)부터가 라틴어 '레기오'(Regio)를 이탈리아어로 표기한 것에 불과하다. 오늘날 이탈리아의 '주'는 18개인데, 11개에서 18개로 늘어난 것은 2천 년 동안 인구가 늘어났기 때문이다.

제1주, 라티움 캄파니아 ― 오늘날의 라치오주, 캄파냐주

제2주, 아풀리아 ― 오늘날의 풀리아주

제3주, 루카니아 브루티움 ― 오늘날의 바실리카타주, 칼라브리아주

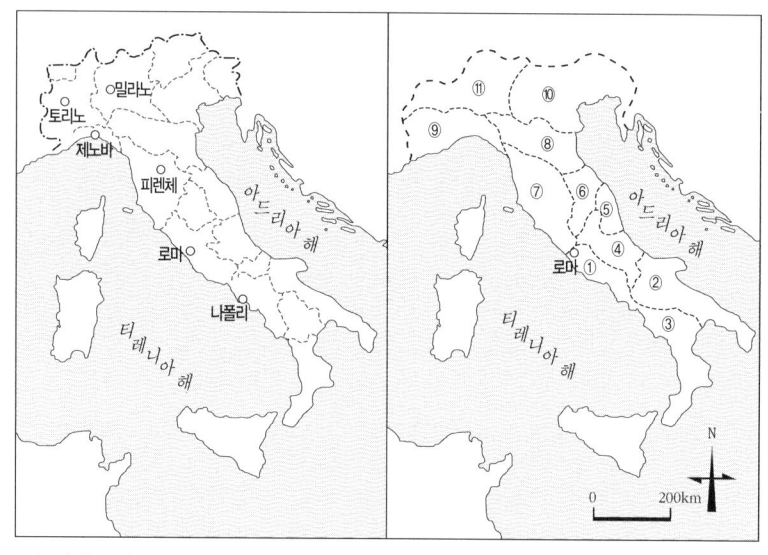

오늘날의 18개 주　　　　　아우구스투스가 정한 11개 주

　　제4주, 삼니움 — 오늘날의 아브루치주, 몰리세주

　　제5주, 피케움 — 오늘날의 레 마르케주

　　제6주, 움브리아 — 오늘날의 움브리아주

　　제7주, 에트루리아 — 오늘날의 토스카나주

　　제8주, 아이밀리아 — 오늘날의 에밀리아 로마냐주

　　제9주, 리구리아 — 오늘날의 리구리아주

　　제10주, 베네티아 — 오늘날의 베네토주, 프리울리 베네치아 줄리아주, 트렌티노 알토 아디제주

　　제11주, 트란스파다나 — 오늘날의 롬바르디아주, 피에몬테주, 발레다오스타주

　　오늘날 북이탈리아의 '주'가 늘어난 것은 카이사르가 속주에서 본국으로 승격시킨 루비콘강 이북이 2천 년 뒤에는 루비콘강 이남보다 세력이 강해진 결과다.

아우구스투스의 '주' 분할은 중앙집권의 효율적 기능을 지향하는 동시에 지방분권을 확립하려는 의도도 지니고 있었다. 균형을 중시하는 로마인의 방식을 보여주는 예이고, 중앙집권과 지방분권을 공존시킨 것은 효율성을 추구했기 때문이다.

아우구스투스는 국정의 중심을 공화정 체제의 원로원과 민회에서 황제가 주재하는 '내각'으로 옮기고 있었지만, 고대 시민은 투표권을 통해 참정권을 갖는 사람을 의미한다. 정치에 참여하고자 하는 그들의 욕구를 어딘가에서 만족시켜주지 않으면, 무언가를 계기로 하여 불만이 폭발할 위험이 있었다. 아우구스투스는 주(州) 제도를 확립함으로써 주 내부의 정치는 그 주에 사는 시민, 즉 유권자에게 맡기기로 했다.

게다가 아우구스투스가 지방 유권자에게 인정한 것은 그들이 속해 있는 지방자치단체(주나 도시)의 자치만이 아니었다. 앞에서도 말했듯이, 수도 로마에서 국가 요직을 맡는 사람을 선출하는 민회에서도 주별로 투표 결과를 집계하도록 규정했다. 이렇게 하면 유권자의 정치 참여 욕구도 만족시킬 수 있다. 현대에 발굴된 폼페이 유적의 벽면에는 당시의 '선거 포스터'가 수없이 남아 있는데, 이는 지방의 중소도시인 폼페이 같은 곳에서도 선거가 활발하게 이루어졌음을 보여준다. 11개 '주'로 분할된 본국 이탈리아는 제각기 자치권을 가진 주의 연합체였다. 이것은 연구자들 사이에서는 이미 정설이 되어 있다. 대담하게 비교하면, 로마 제국은 역사상 다른 어느 제국보다도 오늘날의 미국과 비슷했다.

하지만 수도 로마에서는 어엿한 시민으로 자부하고 있는 사람들의 참정 욕구를 만족시키는 문제가 아직 미해결 상태로 남아 있었다.

아우구스투스는 수도 로마를 14개의 '구'(區)로 분할했다.

흥미로운 것은, 수도 로마의 14개 '구'와 본국 이탈리아의 11개 '주'

를 라틴어로는 똑같이 '레기오'(Regio)라고 불렀다는 점이다. 말이 나온 김에 덧붙이면, '군단'을 뜻하는 라틴어는 첫 글자가 'R'이 아니라 'L'인 '레기오'(Legio)이지만, 'R'과 'L'의 발음 차이가 없는 우리로서는 똑같이 '레기오'라고 읽을 수밖에 없다.

아우구스투스가 수도 로마의 14개 '구'와 본국 이탈리아의 '주'를 똑같이 '레기오'라고 불렀다 해도, 후세의 우리는 '구'와 '주'로 구별하여 쓰지 않으면 의미가 전달되지 않을 우려가 있다. 그래서 '구'와 '주'로 나누어 쓰기로 하겠지만, 아우구스투스가 왜 '주'와 '구'를 같은 낱말로 나타냈는지는 쉽게 상상할 수 있다.

그것은 '주'와 '구'가 선거구이기도 했기 때문이다. 고대 로마의 선거 방식은 기본적으로는 미국 대통령 선거와 비슷하다. 유권자의 표를 한꺼번에 집계하여 당선자를 결정하는 것이 아니라, 각 주와 각 구의 표를 집계하여 많은 표를 얻은 사람이 그 주나 구의 '표'를 독점한다. 공화정 시대에는 4개 선거구밖에 없었던 수도 로마의 선거구가 14개로 늘어난 것은 인구가 증가했기 때문이기도 하지만, 주민의 거주지역이 도심부에서 주변 지역으로 넓어졌기 때문이기도 하다. 각 구의 면적이 다르게 획정된 것도 거기에 사는 유권자 수를 고려하여 구분했기 때문일 것이다.

14개 구로 나뉜 수도 로마의 지도를 보면, 관심을 끄는 것이 또 하나 있다. 아우구스투스의 '구' 분할이 공화정 시대 로마의 방벽이었던 '세르비우스 성벽'에 전혀 영향을 받지 않았다는 점이다. 아우구스투스는 성벽을 무시하고 '구'를 분할했던 것이다.

이는 수도 로마에 방벽이 필요없는 '평화'를 확립하는 것이야말로 신생 로마가 지향하는 길이라는 카이사르의 생각을 그 후계자인 아우구스투스가 완벽하게 이해하고 계승한 것을 보여준다. 다음의 지도에는 '아우렐리아누스 성벽'도 편의상 기입해두었지만, 이 성벽이 생긴 것은

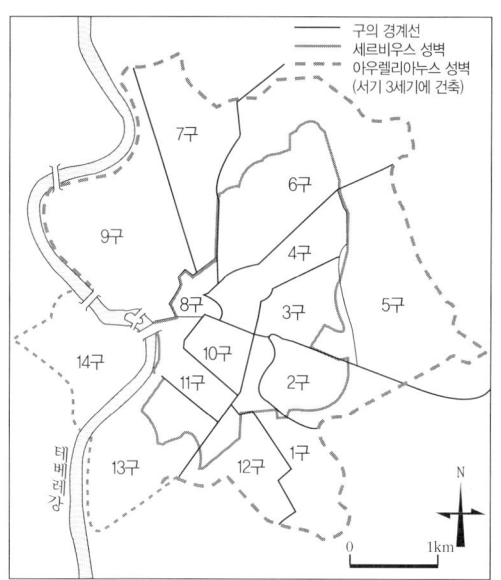

아우구스투스가 정한 수도 로마의 14개 구

 서기 3세기 말이었다. 그 무렵에는 이미 '로마에 의한 평화'도 위태로워져서, 이제 더 이상 수도에는 방벽이 필요없다고 말할 수 없게 되었기 때문이다. 바꿔 말하면, 그때까지 300년 동안 로마는 방벽이 없는 도시였다.

 '세르비우스 성벽'은 2천 년 뒤인 오늘날에도 두세 군데는 남아 있으니까, 아우구스투스 시대에는 훨씬 더 많이 남아 있었을 것이다. 하지만 남아 있다고 해서 그대로 따르는 것과 남아 있어도 무시하는 것은 다르다. 제정 시대의 로마는 수도에 대한 사고방식에서도 공화정 시대의 로마를 뛰어넘었다. 테베레강 서안으로 뻗어나간 '제14구'를 신설한 것이 그 좋은 예다. 이리하여 테베레강도 천연 방벽에서 도시 내부를 흐르는 하천으로 바뀌었다.

 아우구스투스가 공화정 시대의 성벽을 무시하고 로마를 14개 구로 나눌 수 있었던 이유는 여러 가지가 있겠지만, 각 '구'를 다시 '비쿠스'

라고 부르는 265개의 '동'(洞)으로 분할한 것도 그 이유의 하나로 들 수 있을 것이다. 단순히 14개 구로만 분할했을 경우, 하나의 '구'가 '세르비우스 성벽'으로 분단되어버리면 곤란하겠지만, '구'를 다시 '동'으로 나누면 남아 있는 성벽의 이쪽과 저쪽이 다른 '동'이 되니까 불편할 게 없다. 앞의 지도는 약도라서 '구'의 경계선이 대체로 직선으로 되어 있지만, 실제로는 좀더 복잡하게 얽혀 있었을 게 분명하다.

구와 동은 각각의 '구청장'과 '동장'을 선거로 뽑게 되었다. 카이사르가 시작하고 아우구스투스가 이어받은 해방노예 등용책에 따라, 원래 노예였던 자들이 이런 자리에 뽑히는 경우가 많았다. 원로원 의원만이 아니라 황제 아우구스투스도 역시 '구'나 '동'의 주민이다. 일찍이 노예였던 사람이 '구'나 '동'의 행정관이 될 수 있었던 것은 단순히 아우구스투스의 해방노예 등용책 때문만은 아니다. 구청장이나 동장은 구나 동의 정비와 청소를 담당하고, 네거리마다 서 있는 제단이나 사당을 관리하는 행정관료였기 때문이다. 300명 안팎의 주민을 관할하는 '동장'의 주요 임무는 관내에 사는 실업자, 즉 밀을 무료로 배급받을 권리를 가진 빈민의 수를 정확하게 파악하는 것이었다. 말하자면 동장은 사회복지사도 겸하고 있었다.

아우구스투스는 몸소 군단을 이끌고 싸운 경험은 거의 없었다. 그는 병사들을 '전우 여러분'이라고 부를 수 없었기 때문에, 아그리파와 티베리우스와 드루수스에게도 그 말을 사용하지 못하게 하고, '전사 여러분'이라고만 부르게 했다.

그는 인간이란 책임감과 자부심을 가졌을 때 최선을 다하는 동물이라는 것도 알고 있었다. 사람을 부리는 쪽에서는 책임감과 자부심을 가진 인간을 다루기가 가장 쉽다. 아우구스투스는 이탈리아의 지방 주민들에게 요구했듯이, 수도 주민들에게도 자기 일은 스스로 알아서 하라고 요구했다. 아니, 수도 주민들에게는 그런 자율성을 더 많이 요구했다. 식량은 국가가 보장하겠지만, 누가 그 식량을 필요로 하는지는 너희 스스로 결정하라는 것이다.

그 결과 20만 명이 조금 넘는 수가 무료 배급 식량을 필요로 하는 인원으로 집계되었다. 카이사르가 상한선으로 정한 15만 명을 넘어섰는데도, 아우구스투스는 그 숫자를 그대로 받아들였다. 사회복지 혜택을 받는 시민의 수는 매년 실시되는 심사 결과에 따라 오르내리긴 했지만. 그래도 시민이 스스로 결정해도 좋은 과제와 스스로 결정해서는 좋지 않거나 스스로 결정하지 않는 편이 오히려 나은 과제의 차이는 존재했다.

아우구스투스가 수도 주민들의 '식량' 확보를 전담하는 '식량청 장관'을 상설했다는 것은 앞에서 이미 이야기했다. 또한 '물'을 확보하기 위해 역시 상설기관인 '수도국'을 설치하고, '수도국장'(쿠라토레스 아콰룸)에게 그 일을 전담시켰다는 것도 이미 이야기했다.

그밖에 초대 황제 아우구스투스가 시작하여 제2대 황제 티베리우스가 상설화한 관직으로는 테베레강의 홍수 대책을 맡는 '테베레강 치수 담당관'과 수도 로마의 공공 건축물을 유지·보수하는 임무를 맡은 '공공 건축 및 신전 관리 담당관'이 있다. 둘 다 원로원 의원 중에서도 집정관이나 법무관 역임자가 책임자로 취임하는 것을 전제로 했다. 이것은 둘 다 중요하고 명예로운 공직으로 여겨졌다는 것을 보여준다.

모든 길은 로마로 통한다는 말이 있지만, 그보다는 오히려 모든 길은 로마에서 비롯한다고 말하는 편이 실정을 좀더 정확하게 전하고 있지 않을까 하는 생각이 드는데, 아우구스투스는 그 로마식 가도를 유지·보수하는 일만 전담하는 담당관도 상설했다. '가도 담당관'이라고 불린 이 관직은 전부터 존재했지만, 아우구스투스는 그것을 상근직으로 바꾸었다. 나는 유지·보수의 중요성에 대한 인식과 거기에 필요한 자금력을 갖고 있느냐가 그 민족의 활력을 측정하는 기준이라고 생각하는데, 아우구스투스는 그것을 전담하는 기관을 상설하여 후세의 로마인에게도 유지·보수의 중요성을 깨우쳐주었다.

그리고 국가가 국민에게 보장해야 하는 것 가운데 하나는 안전이다. 국가의 방위와는 다른 공공의 안전이다. 그러려면 경찰제도를 도입할 필요가 있었다.

'세계의 수도'(카푸트 문디)가 된 로마는 이제 인구 100만 명의 도시다. 치안 문제를 방치해두면, 각자가 자위수단을 강구할 수밖에 없다. 그렇게 되면 스스로 자위수단을 강구할 수 있는 재력을 가진 사람만이 안전을 누릴 수 있게 된다. 또한 이런 사설경찰제도는 폭력으로 문제를 해결하는 풍습으로 이어져, 결국 불온한 사회가 될 우려가 있었다. 로마 제국의 '팍스'(평화)를 위해 상비 군사력이 필요하다고 생각한 아우구스투스는 수도 로마의 '팍스'를 위해서도 상비 경찰력이 필요하다고 생각했다.

공화정 시대에도 공공의 안전이 방치되어 있었던 것은 아니다. 집정관의 임무 중에서도 중요한 것이 도시의 치안이었다. 집정관이 둘 다 로마를 비워야 할 경우에는 반드시 '대리'를 두었다. 카이사르도 그것을 잊지 않았고, 아우구스투스의 '대리'는 마이케나스가 맡는 경우가 많았다. 하지만 이것도 역시 임시직일 뿐, 상근직은 아니었다. 많은 임시직을 상설화한 아우구스투스는 경찰도 상설기관으로 만들었다.

'경찰청장'(프라이펙투스 우르비)에는 원로원 의원 중에서도 집정관 경험자를 임명하기로 결정했다. 중요한 관직으로 여겨졌다는 증거다.

'경찰청장' 밑에는 당연히 경찰관을 두었다. 경찰관은 3개 대대로 이루어져 있었다. 1개 대대의 구성인원은 1천 명이니까, 수도 로마의 치안은 경찰관 3천 명이 맡고 있었던 셈이다.

아우구스투스는 '소방청'(프라이펙투라 비길룸)을 설치하는 것도 잊지 않았다. 소방관은 7개 대대로 조직되었고, 1개 대대의 구성인원은 역시 1천 명이었다. 수도 로마의 14개 구를 7개 대대가 맡았으니까, 1개 대대가 2개 구의 소방을 맡은 셈이다. 소방관으로는 해방노예가 많이 채용되었고, 소방대장에는 로마 군단에서 백인대장을 지낸 사람이 만기 제대한 뒤에 취임하는 경우가 많았다. 소방청장에는 원로원 의원이 취임하는 예도 드물지 않았다고 한다. 이것도 로마의 위정자가 소방을 중시한 증거였다. 인구 100만 명의 도시치고는 놀랄 만큼 대화재가 적은 것도 일찍부터 소방체계가 정비되어 있었기 때문이다.

이런 '청장'이나 '국장'이나 '담당관'은 선거로 뽑히는 관직이 아니라, 황제가 주재하는 '내각'이 추천하고 '원로원'이 승인하는 임명직이었다. 따라서 임기도 1년이 아니라 장기간에 걸치는 것이 보통이고, 그동안의 급료도 보장되었다. 요컨대 순수한 행정관료였다. 제정 로마의 정치 담당자(정치인)와 행정 담당자(관료)는 무급이냐 유급이냐로 구분할 수도 있다. 지배층에 속하는 사람이 급료를 받지 않고(다만 필요경비는 제공되었다) 책무를 다하면 정치인이고, 급료를 받고 직업으로서 임무를 수행하면 행정관료라고 말할 수 있다.

드루수스의 죽음

기원전 9년으로 해가 바뀌자마자, 4년 전에 착공한 '평화의 제단'이 완성되었다. 1월의 추위도 남국 로마의 맑은 하늘 아래에서는 추위라기보다 정신이 번쩍 들게 하는 냉기로 느껴진다. 그 쾌청한 냉기 속에서 아우구스투스를 비롯한 황제 가족과 원로원 의원들이 모두 참석한 가운데 평화를 기원하는 제단 완공식이 거행되었다.

산 제물을 바치는 의식에 참석하는 사람들은 제단 양쪽 벽면을 가득 메운 돋을새김이 보여주는 것과 같은 순서로 늘어서서 거리를 행진한다. 포로 로마노에서 플라미니아 가도를 따라 북쪽으로 나아가 '평화의 제단' 앞에 도착한 뒤, 제단 안에서 산 제물인 소가 도살되어 불태워졌다고 한다. 제단 주위를 가득 메운 군중은 벽이 없이 기둥만 늘어선 회랑을 통해 축전에 참가한 고위 인사들도 볼 수 있고, 산 제물을 태우는 연기가 천장이 없는 제단에서 하늘로 곧장 올라가는 것도 볼 수 있었다. 국외자로서 구경한다기보다 그들도 평화를 기원하는 의식에 동참하고 있었다. 로마에서 '팍스'는 위에서 아래에 이르는 모든 사람에게 국가 목표가 되어 있었다.

'평화의 제단' 남쪽 벽면은 황제와 그 가족을 묘사한 돋을새김으로 가득 메워져 있다. 거기에 새겨진 황제 가족 가운데, 제단 완공을 경축하는 그날의 제전에 참석하지 못한 사람은 둘이었다. 한 사람은 3년 전에 세상을 떠난 아그리파다. 아우구스투스를 도와 국가를 위해 일생을 바친 아그리파에게 '평화의 제단'은 묘비가 되었다.

또 한 사람은 머나먼 게르마니아 땅에서 전쟁을 치르고 있는 드루수스였다. 도나우강 남안 일대를 제압하는 임무를 맡은 티베리우스는 겨울철 휴전기를 이용하여 로마에 돌아와 있었다. 하지만 봄을 기다려 엘베 강으로 진격할 작정인 드루수스는 게르마니아의 심장부에서 겨울을 보내고 있었다. 조각가도 그런 사정을 고려했는지, 티베리우스는 평상복 차림인데 드루수스만은 군복 차림으로 묘사되어 있다.

그러나 '평화의 제단'에 새겨진 황제의 '가족 초상'이 완성된 것을 경축한 지 1년이 채 지나기 전에, 축전에 참석하지 못한 또 한 사람에게도 그 제단이 묘비가 될 줄은 이제 54세를 맞이한 아우구스투스도 상상하지 못했을 것이다. 게르마니아 전선은 순조롭게 나아가고 있었다. 그리고 그 전선을 이끄는 드루수스는 이제 겨우 29세에 불과했다.

    로마인의 생사관은 생사관이라는 거창한 말로 표현하기가 망설여질 만큼 비종교적이고 비철학적이다. 나는 그것을 아주 건전한 생사관으로 생각한다. 그들은 죽음을 싫어하지 않았다. 로마인들은 '인간'이라고 말하는 대신 '죽어야 할 자'라는 표현을 쓰는 것이 보통이었다. 산 사람이 살고 있는 곳에서 멀리 떨어진 곳에 묘지를 만들고, 죽은 사람들만 그곳에 모아두지도 않았다. 교외 단독주택의 마당 한쪽에 묻히는 사람도 있었지만, 마당이 있는 산장 주인도 일부러 길가에 무덤을 만들기를 좋아했다. 아피아 가도나 플라미니아 가도를 비롯한 로마식 가도를 따라가다 보면, 도시를 벗어나자마자 온갖 사회계층에 속하는 사람들의 무덤이 가도 양쪽에 각양각색의 형태로 늘어서 있는 것은 지극히 일상적인 광경이었다. 가도는 산 사람들이 오가는 곳이다. 길가에 무덤을 만드는 것은 죽은 뒤에도 되도록이면 산 사람들과 가까운 곳에 있고 싶기 때문이었다.

    특히 오가는 사람의 수가 어디보다 많은 도시 근처의 가도는 양쪽에 무덤이 즐비하게 늘어서 있어서, 무덤 사이를 걸어가는 거나 마찬가지였다. 이런 무덤들은 각양각색의 구조로 설계되어 있고, 묘비에 새겨진 문장도 다양했기 때문에, 나그네에게는 좋은 휴식시간과 휴식처를 제공했을 것이다. 묘비에 새겨진 글 중에도 유쾌한 것이 적지 않아서, 로마인들의 건전한 생사관을 충분히 보여주고 있다.

    "오오, 거기 지나가는 길손이여. 이리 와서 잠시 쉬었다 가시게. 고개를 옆으로 흔들고 있군. 아니, 쉬고 싶지 않은가? 하지만 언젠가는 그대도 여기에 들어올 몸이라네."

    "행운의 여신은 모든 이에게 모든 것을 약속한다. 하지만 약속이 지켜진 적은 한 번도 없다. 그러니 하루 하루를 살아가라. 한 시간 한 시간을 살아가라. 아무것도 영원하지 않은 산 사람의 세계에서는."

"이 글을 읽는 이에게 말하노라. 건강하고 남을 사랑하라. 그대가 여기에 들어올 때까지의 모든 날을."

아우구스투스도 로마인이었다. 튼튼한 몸을 타고나지 못했지만 건강 대책을 세우느라 광분하지 않고 자연의 섭리에 맡긴 사람이었다. '평화의 제단'에 새겨진 가족 초상이 언젠가는 그들 모두에게 묘비가 될 것을 알고 있었을 것이다. 그렇기 때문에 아그리파도 죽은 사람이라는 이유로 가족 초상에서 배제하지 않고, 아직 살아 있기라도 한 것처럼 함께 새기게 했다. 하지만 많은 것을 이룩한 51세의 죽음과 아직 이루어가고 있는 29세의 죽음은 다르다. 똑같이 갑작스러운 죽음이라도, 그 소식을 접한 사람이 받아들이는 방법은 달랐다.

기원전 9년 봄에서 여름과 가을에 걸쳐 게르마니아 전선에서는 계속 좋은 소식이 수도 로마로 전해졌다. 여름에는 아우구스투스의 염원이었던 '로마군이 엘베 강에 도착했다'는 보고가 들어왔다. 진격하는 로마군 앞을 가로막을 게르만족은 이제 한 부족도 남아 있지 않을 거라고 여겨질 만큼 눈부신 전과였다. 아우구스투스는 이제 라인강과 도나우강을 잇는 방어선 대신 엘베 강과 도나우강을 잇는 방어선을 확립했다고 기뻐하는 동시에 안도했다.

아우구스투스가 '아버지' 카이사르의 뜻을 어긴 적은 몇 번 있었지만, 그것은 바티칸의 뒤를 도는 운하를 파서 테베레강의 홍수 문제를 해결한다거나, 아피아 가도 연변의 늪지대를 간척하여 경작지로 만든다거나 하는 것이어서, 방어선을 라인강에서 엘베 강으로 옮기는 것에 비하면 사소한 배반행위에 불과했다. 하지만 게르만족 정복은 전투에 서툴기로 유명한 아우구스투스가 전투의 달인인 카이사르의 결정에 거역하

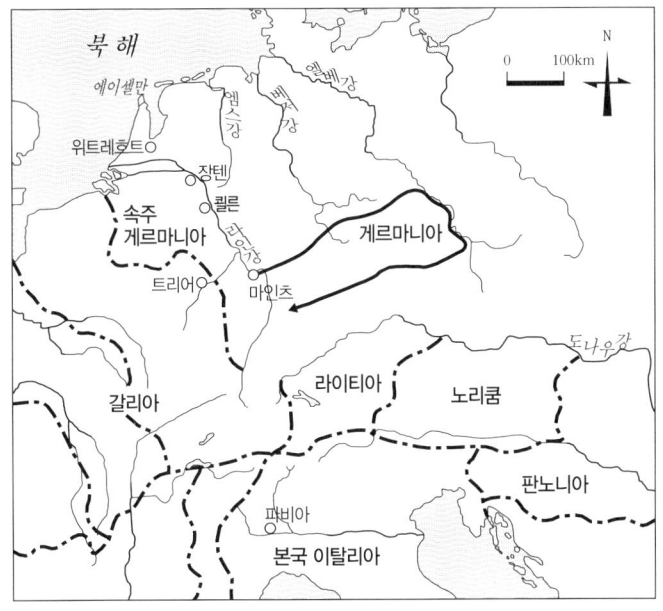

기원전 10년~기원전 9년의 드루수스 행군로

는 일이었다. 그래서 아우구스투스에게는 다른 어떤 전선보다도 게르마니아의 상황이 걱정이었다. 아무리 최고 권력자가 되었다 해도, 로마의 원로원 계급에는 생전의 카이사르를 아는 사람이 많았다. 그리고 그들은 사사건건 '아버지'와 '아들'을 비교하곤 했다.

젊은 장군 드루수스의 군사적 재능은 역시 대단했던 모양이다.

우선 4년 동안 세 차례의 진격을 한 번도 똑같은 방식으로 되풀이하지 않았다. 또한 출발 지점도 세 번 다 달랐다. 마지막 원정의 출발점은 라인강 연안의 모곤티아쿰(오늘날 독일의 마인츠)이었다. 이것은 출발 지점에 대한 게르만족의 공격을 피하고, 도중에서 기다렸다가 로마군을 맞아 싸울 준비를 하고 있는 게르만족의 허를 찌르기 위해서였던 게 분명하다. 실제로 로마군을 맞아 싸우는 게르만족은 어디에 거점을 두고 로마군을 기다리면 좋을지, 짐작도 못하는 형편이었다.

엘베 강에 도착한 뒤, 드루수스 군대는 다른 길을 통해 마인츠로 돌아갈 예정이었다. 갈 때와 올 때 서로 다른 길을 택하는 것은 로마군의 진격이 단순히 앞으로 나아가는 것만이 아니었기 때문이다. 로마군은 도로를 만들고 다리를 놓고 전략 요충에는 요새를 쌓으면서 행군했다. 따라서 로마군이 한 번이라도 지나가면 거기에는 그 후의 지배에 도움이 되는 '사회간접자본'이 기본 형태만이라도 갖추어지게 되었다. 이렇게 공사를 하면서 행군했기 때문에, 엘베 강에서 귀로에 오른 로마군이 라인강에 접근했을 무렵, 북국인 게르마니아는 이미 겨울을 맞이하고 있었다.

불의의 사고는 눈보라를 무릅쓰고 한창 행군하고 있을 때 일어났다. 개선 군단을 이끌고 있던 드루수스가 갑자기 말에서 떨어졌다. 그것도 단순한 낙마가 아니었다. 군의관이 드루수스의 상태를 확인하자마자 대담한 처치를 취했다면, 적어도 죽지는 않았을 거라고 한다. 낙마 사고로 부러진 다리는 금세 악화되었다. 그때 수술로 다리를 절단했다면 목숨은 건질 수 있었을지 모른다. 하지만 절단 수술은 이루어지지 않았다. 드루수스가 싫어했는지, 아니면 의사가 용기를 내지 못했는지는 알려져 있지 않다. 어쨌든 총사령관의 병세는 계속 나빠졌고, 그의 지시에 따라 이 소식은 누구보다도 먼저 도나우강 전선에 있는 형 티베리우스에게 전해졌다.

다행히 티베리우스는 이미 겨울철 숙영지에 돌아와 있었다. 티베리우스와 드루수스 형제는 우애가 좋기로 평판이 나 있었다. 티베리우스는 동생이 위독하다는 소식을 받자마자 몇 명의 기병만 거느리고 겨울의 산야를 달려 동생의 숙영지에 도착했다. 적에게 등을 보인 적이 한 번도 없었던 젊은 장군은 네 살 위인 형의 품에서 숨을 거두었다.

드루수스를 존경하고 사랑했던 부하 장병들은 원정에서 전사한 병사들이 잠들어 있는 게르마니아 땅에 총사령관도 함께 묻기를 원했다. 그들이 내세운 이유는 게르만족의 땅도 이제는 로마의 땅이기 때문이라는 것이었다. 하지만 티베리우스는 동생의 유해를 로마로 가지고 돌아가겠다는 결심을 바꾸지 않았다. 그 역시 일급 장군이다. 그의 모든 경력은 야전에서 병사들을 지휘한 체험으로 이루어져 있었다. 아우구스투스나 장병들과는 달리, 게르만족의 땅이 로마화하리라는 데에는 약간의 의심을 품고 있었는지도 모른다.

티베리우스와는 다른 이유 때문이었지만, 아우구스투스도 유해를 로마로 송환하는 데 동의했다. 장병들이 교대로 짊어지고 나아가는 관 옆을 티베리우스는 말도 타지 않고 걸어서 따라갔다. 이들 일행이 남쪽으로 방향을 잡자, 황제는 북이탈리아의 파비아에서 몸소 그들을 맞이하려고 북쪽으로 떠났다. 그리고 파비아부터는 관을 마차에 싣고, 아우구스투스가 탄 마차가 그 뒤를 따라 로마로 향했다.

티베리우스는 더 이상 남쪽으로 내려오지 않고, 파비아에서 동생과 영결했다. 아우구스투스의 명령인지, 아니면 티베리우스의 진언이 받아들여졌는지는 모르지만, 어쨌든 티베리우스는 곧장 라인강 방어선으로 돌아갔다. 드루수스의 죽음은 게르만족도 알았을 게 분명하다. 겨울에는 그들도 싸움을 걸어오지 않지만, 봄이 되면 공세로 나오리라고 예상할 수 있었다. 일단 정지 상태에 있는 도나우강 전선은 잠시 놓아두고, 라인강 방어선을 지키는 임무가 티베리우스에게 맡겨졌다. 이리하여 '평화의 제단'은 완성되자마자 두 공헌자의 묘비가 되었다.

티베리우스의 은퇴

아우구스투스는 아내 리비아가 데려온 자식 중에서도 형 티베리우스보다 동생 드루수스를 더 사랑했다고 한다. 이것은 로마 시대의 역사가들이 즐겨 다루는 테마다. 젊어서 죽은 사람에게는 동정이 쏠리게 마련이니까, 그 후에 우여곡절은 있었다 해도 어쨌든 아우구스투스의 뒤를 이어 제2대 황제가 된 티베리우스는 그것만으로도 불리해진다. 하지만 속사정을 잘 모르는 세상 사람들의 판단에도 약간의 진실은 포함되어 있는 법이다. 아우구스투스의 처지가 되어 생각해보면, 그 진실에 상당히 접근할 수 있지 않을까 하는 생각이 든다.

아우구스투스는 누구한테나 마음을 여는 사람이 아니었다. 상황이 괴롭든 즐겁든 관계없이 항상 주위에 웃음이 끊이지 않았던 카이사르의 그 밝고 쾌활한 성격은 주변 사람들까지 끌어들여 분위기를 명랑하게 만들었다. 그런 카이사르와는 반대로 아우구스투스의 주변에는 언제나 정적이 흐르고, 사람들은 멀찌감치 떨어진 곳에서 그를 지켜보곤 했다. 그것이 아우구스투스의 대인관계였다. 카이사르가 사람들을 감동으로 끌어들인다면, 아우구스투스는 사람들을 감탄으로 가득 채웠다.

그렇다고 해서 아우구스투스의 성격을 폐쇄적이라고 단정할 수는 없다. 그가 마음을 열 수 있는 평생의 친구―아그리파와 마이케나스―를 둔 것은 그에게는 최대의 행복이었을 것이다. 아우구스투스는 속마음을 쉽사리 남에게 드러내지는 않았지만, 그것은 인간을 혐오하기 때문이 아니라 그가 생각하는 정치를 실현하기 위해서였다.

하지만 아무리 그럴 필요가 있었다 해도 남에게 쉽사리 마음을 열지 않는 것은 역시 그 사람의 성격 탓이다. 사람은 종종 자기와 성격이 반대인 사람을 좋아한다. 폐쇄적인 성격의 아우구스투스가 티베리우스보다 개방적인 드루수스를 더 좋아했다 해도 그것은 인간의 마음이 갖는 자연스러운 경향이고, 이성으로는 어찌할 수도 없었을 것이다. 둘째 아들로 태어난 사람에게 흔히 있는 예지만, 개방적인 드루수스는 남에게 호감을 주었다.

아우구스투스는 공익을 위해서는 사적인 감정을 개입시키지 않는 사람이기도 했다. 드루수스가 무능했다면, 아우구스투스는 그를 사랑하지도, 중용하지도 않았을 것이다. 그런데 드루수스는 유능했다. 전쟁터에서 유능했을 뿐 아니라, 아우구스투스가 갈리아를 개편한 뒤 그 통치를 맡겼을 때에도 훌륭하게 해냈다. 아우구스투스를 비롯한 로마 시민들이 그의 죽음을 슬퍼한 것은 당연한 노릇이지만, 그의 통치를 받은 갈리아인들까지도 젊은 통치자의 죽음을 진심으로 애도했다.

유능하다는 점에서는 티베리우스도 마찬가지였다. 다만 드루수스는 정치와 군사에서 아우구스투스의 유능한 협력자였을 뿐만 아니라, 황제의 마음을 차지하고 있었던 또 하나의 면에서도 좋은 협력자였다. 그것은 핏줄을 잇는 데 집착한 아우구스투스에게는 정치나 군사에 못지않은 커다란 공헌으로 여겨졌을 것이다. 29세로 죽은 드루수스는 아우구스투스의 조카딸과 결혼하여 2남 1녀를 두었다. 드루수스가 죽었을 때 맏아들은 여섯 살이었다. 당시 한 살이었던 막내 클라우디우스는 그로부터 50년 뒤에 황제가 된다.

아우구스투스의 핏줄을 잇는다는 점에서 티베리우스는 전혀 좋은 협력자가 아니었다. 아우구스투스가 친구 아그리파의 딸과 행복한 결혼생활을 하고 있는 티베리우스를 이혼시키면서까지 외동딸 율리아와 결혼시킨 것은 오로지 제 핏줄을 이어받은 자손을 되도록 많이 얻고 싶었기 때문이다. 아동 사망률이 높았던 시절, 아그리파와 율리아 사이에 태어난 3남 2녀로는 안심할 수 없었을 것이다. 그거야 어쨌든, 아그리파는 이 면에서도 아우구스투스에게 충분히 협력했다는 생각이 든다.

티베리우스는 사랑하는 아내와 이혼당하고 황제의 외동딸과 재혼해야 하는 처지가 되었지만, 재혼 초기에는 그래도 결혼생활을 행복하게 꾸려가려고 노력한 모양이다. 하지만 결정적인 면에서 부부는 서로 맞지 않았다. 추측건대, 품격을 중시한 티베리우스는 훗날의 역사적 사실이 증명하는 율리아의 천박함을 참을 수 없었던 게 아닐까. 사랑하지는 않더라도 사랑하는 '체'라도 했더라면 좋았을걸 하는 생각이 들지만, 티베리우스는 천성적으로 '체'하지 못하는 사람이었다. 자식도 태어나긴 했지만 곧 죽어버렸다. 그것이 계기가 된 듯, 부부는 침실을 따로 썼다. 이런 일은 집안일을 맡고 있는 노예들의 입을 통해 널리 알려지게 마련이다. 티베리우스가 야전 근무에 전념하는 것도 아내인 황제의 외동딸과 사이가 나쁘기 때문이라고 사람들은 수군거렸다.

 이 일은 아우구스투스가 티베리우스에게 불만을 품는 요인이 되었다. 일부러 내 딸과 결혼까지 시켰는데 이럴 수가 있나 하고, 티베리우스의 비협조를 괘씸하게 여겼을 것이다.

 아우구스투스라는 사람은 정치심리학에서는 최고의 명인이지만, 무엇 때문인지 개인의 심리에는 무신경한 사람이었다. 고대의 미적 기준으로 보면 카이사르보다 그가 훨씬 미남이지만, 여자한테는 별로 인기가 없지 않았을까 하는 생각이 든다. 여자의 감성이라고 얕잡아본 게 아니라, 여자는 권력에도 미모에도 그렇게 쉽사리 속아넘어가지는 않는 법이다.

 아우구스투스가 티베리우스의 재능은 충분히 인정하면서도 그와 거리를 두었던 데에는 또 다른 요인이 있었던 것 같다. 그것은 티베리우스한테는 전혀 책임이 없고, 순전히 아우구스투스 쪽에 원인이 있는 것이었다.

 아우구스투스는 카이사르의 조카딸의 아들이긴 했지만, 지방 도시의 유력한 가문 출신에 불과하고, 로마의 사회구조에서는 원로원 계급에 버금가는 '기사 계급' 출신이었다. 아우구스투스가 17세 때 그의 재능을 재빨리 간파한 카이사르는 그를 후계자로 지명하는 동시에 율리우스 카이사르라는 이름을 그에게 준다고 유언했다. 자질은 후계자가 되기에 손색이 없지만, 출신 성분은 적합하지 않다고 판단했기 때문이다. 그래서 로마에서 손꼽히는 명문 귀족인 율리우스 씨족의 우두머리 이름을 아우구스투스에게 준 것이다.

아우구스투스가 카이사르처럼 핏줄보다 실력으로 후계자를 골랐다면, 문제는 생기지 않았을 것이다. 그런데 아우구스투스는 실력도 중요하지만 핏줄도 중요하다고 생각하여, 후계자 선택에 고심하게 되었다. 실력으로 선택된 사람이 혈연도 실력 못지않게 중요하다고 생각하게 되었으니, 이보다 더한 모순이 없다. 아우구스투스가 안고 있는 이 모순을 꿰뚫어볼 수 있는 사람이 있었다면, 그것은 바로 티베리우스였을 것이다.

티베리우스는 가문의 역사에서는 율리우스 씨족보다 한 걸음 뒤지지만, 국가 로마에 이바지한 인재를 더 많이 배출했다는 점에서는 율리우스 씨족을 훨씬 앞서는 클라우디우스 씨족에 속해 있었다. 기원전 4세기에 최초의 로마식 가도인 아피아 가도를 건설한 아피우스도 티베리우스의 조상이다. 티베리우스도 훗날 그의 언행이 보여주듯이 로마 제일의 명문 귀족인 클라우디우스 씨족의 피를 이어받았다는 사실을 강하게 의식하고 있었다.

드루수스도 클라우디우스 씨족이긴 하지만, 장남과 차남은 역시 다르다. 차남은 이런 문제에서 자유로운 게 보통이고, 따라서 아우구스투스의 마음속에도 쉽게 녹아들어갔을 것이다.

하지만 모순을 안고 있었던 것은 아우구스투스만이 아니었다. 티베리우스도 나름대로 모순을 안고 있었다. 성장함에 따라 티베리우스는 의붓아버지의 정치에 공감하는 기분이 점점 강해졌다. 따라서 아우구스투스가 지방 유력자의 자손에 불과한 핏줄을 잇는 데 집착하지 않고 실력을 중시하는 실력존중주의를 당당하게 밀고 나아갔다면, 티베리우스도 어릴 적부터 키워준 의붓아버지를 어떤 모순도 느끼지 않고 존경하고 사랑할 수 있었을 것이다.

티베리우스가 보기에는, 그가 심취할 만큼 통치자로서 재능이 뛰어난 사람이 별로 고귀하지도 않은, 로마인의 표현을 빌리면 '신참자'의 피를 잇는 데 열중해 있다. 게다가 그 희생자의 한 사람이 다름 아닌 티베리우스 자신이었다.

두 사람의 관계는 이 무렵부터 점점 긴장되어가지만, 깊이 숨어 있던 모순이 표출된 실마리는 율리아와의 불화라고 아우구스투스는 생각했던 모양이다. 하지만 드루수스의 죽음이 형 티베리우스의 마음에 얼마나 어두운 그림자를 던졌는지는, 설령 육친이라 해도 남의 심리에는 무신경한 아우구스투스로서는 상상조차 할 수 없었다. 그리고 이듬해인 기원전 8년, 아우구스투스는 이런 일에서는 최고의 의논 상대가 될 수 있었던 친구 마이케나스를 잃었다.

기원전 12년부터 기원전 8년까지 4년 사이에 아그리파와 드루수스와 마이케나스를 잇달아 잃은 55세의 아우구스투스는 이제 믿을 수 있는 건 34세의 티베리우스뿐이라고 생각할 수밖에 없었다. 아그리파와 율리아 사이에 태어난 아들이니까 아우구스투스에게는 외손자가 되는 가이우스와 루키우스는 아직 열두 살과 아홉 살이었다. 아무리 주위를 둘러보아도, 군단을 이끌고 제국의 방어선을 확립하는 데 이바지할 수 있는 사람은 티베리우스밖에 없었다.

하지만 이것은 아우구스투스의 실전 경험이 적은 데서 오는 착각일 뿐이었다. 전선에서 싸워본 경험이 있다면, 그 경험으로 원로원 의원의 아들이나 '기사 계급' 중에서, 또는 아그리파처럼 평민 출신인 젊은이들 중에서도 인재는 얼마든지 찾아낼 수 있었을 것이다. 소질만 좋으면 그 인재를 키우기는 쉽다. 기회만 주면 인재는 쑥쑥 자란다. 그러나 실전 경험이 적은 아우구스투스는 이 '기회'가 무엇인지를 몰랐다. 결과적으로 제국의 북부 방어선 확립이라는 과제가 티베리우스 한 사람의 어깨에 걸리게 되었다. 북부 방어선은 제국 전역에서도 가장 어려운 전선이었다.

그래도 티베리우스는 잘해냈다고 말할 수밖에 없다. 도나우강 남쪽 일대에서는 군단이 제압한 뒤의 전후 처리도 순조롭게 이루어져, 로마화가 착착 진행되고 있었다. 또한 드루수스가 죽은 뒤 대대적인 반란이 일어나리라고 예상했던 게르마니아에서도 봉기는 일어나지 않았다. 그래서 수도에 있는 아우구스투스는 엘베 강으로 방어선을 옮기는 데 성공했다고 판단했다.

하지만 이것은 첫 단계의 성공에 불과했다. 카이사르도 갈리아를 완전히 제압하는 데 8년이 걸렸다. 누가 하더라도 4년으로는 불완전하게 끝날 수밖에 없다. 미개한 민족을 제압하는 것은 그만큼 어렵기 때문이다. 게다가 정착 민족인 갈리아인에 비해 게르만족은 비정착 부족이 대다수를 차지했다. 드루수스와 휘하 병사들이 만든 도로도 라인강 서쪽은 평평하게 깎은 돌을 깔아서 완전히 포장되어 있었지만, 라인강과 엘베 강 사이에 펼쳐져 있는 게르마니아에서는 아직 덤불과 나무를 베어내고 땅을 평평하게 골라놓은 정도에 불과했다. 그 상태로 내버려두면, 다시 원래의 벌판으로 돌아가버린다. 군단의 원정도 중단하면, 중단한 시점에서의 상태에 그대로 멈춰 서 있는 것이 아니라, 원정을 시작하기 전의 상태로 뒷걸음질친다. 실전 경험이 적은 아우구스투스는 그것을 이해하지 못했다.

아우구스투스와 티베리우스의 의견 차이는 게르마니아 제압이 끝났다고 생각하는 사람과 아직 끝나지 않았다고 생각하는 사람의 차이였다. 아우구스투스는 겨울철 휴전기를 이용하여 수도로 돌아온 티베리우스를 기원전 7년의 집정관에 추천했고, 티베리우스는 집정관에 당선되었다. 하지만 티베리우스는 봄이 되자마자 다시 게르마니아 전선으로 돌아갔다. 그리고 이듬해인 기원전 6년, 아우구스투스는 5년으로 기간을 한정하여 티베리우스에게 '호민관 특권'을 부여해달라고 원로원에 요청했고, 원로원은 그 요청을 승인했다.

'호민관 특권'은 정책입안권과 거부권을 동시에 갖는 대권이다. 이 대권을 가지고 있었던 사람은 아우구스투스 외에는 율리아와 재혼하여 아우구스투스의 사위가 된 아그리파밖에 없다. 건강에 자신이 없었던 아우구스투스는 외손자인 가이우스와 루키우스가 나라를 다스리는 데 적당한 나이(로마에서는 30세)가 되기 전에 자기가 죽을 경우 아그리파를 징검다리 후계자로 삼을 생각이었기 때문이다. 기원전 6년에 아우구스투스는 57세, 외손자인 가이우스 카이사르는 14세, 루키우스 카이사르는 11세, 그리고 티베리우스는 36세였다.

'호민관 특권' 자체는 아그리파가 죽은 뒤로는 아우구스투스 한 사람만 갖고 있었던 영예로운 대권이다. 그러나 아그리파와 티베리우스가 그것을 부여받을 때의 심경은 달랐다.

출신 계급이 낮은 아그리파는 카이사르에게 발탁되지 않았다면, 그리고 평범한 지휘관 밑에서 일할 수밖에 없었다면, 백인대장까지 출세하는 게 고작이었을 것이다. 백인대장은 로마 군단을 지탱하는 등뼈 같은 존재지만, 군단 안에서의 지위는 하사관이다. 그런 아그리파에게, 카이사르에게 발탁되어 젊은 아우구스투스의 오른팔이 된 이후의 인생은 온통 기쁨과 고마움으로 가득 차 있었다. 아우구스투스의 부탁으로 수도 로마의 도시 계획을 담당하는 것도, 아우구스투스의 외동딸과 결혼하여 일종의 종마 노릇을 하는 것도, 아우구스투스에 대한 협력이라는 점에서는 전혀 다를 게 없었다. 그리고 설령 징검다리 후계자라 해도, 결국 제 아들에게 권력을 물려주기 위한 징검다리. 마음속에 갈등이 생길 리가 없었다.

그러나 티베리우스는 다르다. 아우구스투스와 티베리우스는 아그리파의 경우처럼 17세 때부터 고락을 함께한 사이가 아니었다. 티베리우스는 로마의 명문 중에서도 명문인 클라우디우스 씨족 출신이다. 게다가 그가 징검다리 후계자로 지명된 것은 사랑하지도 않는 율리아의 아들들을 위해서였다. 아우구스투스는 티베리우스에게 '호민관 특권'을 주었지만, 그를 양자로 삼지는 않았다. 후계자를 의미하는 양자가 된 것은 14세와 11세인 외손자들이다. 티베리우스가 본격적인 후계자가 아니라, 문자 그대로 징검다리에 불과하다는 것은 분명했다.

그런데도 아우구스투스는 평생을 자기한테 바친 아그리파 외에는 아무한테도 주지 않았던 영예를 주었으니 티베리우스가 당연히 기뻐할 거라고 생각했던 모양이다. 또한 티베리우스도 아우구스투스가 주는 영예를 잠자코 받아들인 것 같다.

하지만 게르마니아 전선의 대처 방식에 대한 견해 차이는 그동안에도 계속되고 있었다. 아우구스투스는 게르마니아에 대해 결정적인 군사행동을 취할 필요성을 인정하지 않았고, 따라서 티베리우스가 그런 행동에 나설 수 있을 만한 군사력을 주지 않았다. 그뿐만 아니라 동방의 아르메니아 왕국이 다시 불온한 움직임을 보이기 시작하자, 티베리우스에게 동방으로 이동하라는 명령을 내렸다. 사이 좋은 동생을 잃고 고독감에 사로잡혀 있던 티베리우스는 이 명령을 받고, 난생처음 중대한 결심을 했다.

36세의 티베리우스가 57세인 아우구스투스의 명령을 거부한 것이다. 거부하는 동시에, 한 개인으로 돌아가게 해달라고 부탁했다.

생각지도 않았던 일이었기 때문에 아우구스투스는 격분했다. 그는 공직을 버리는 것은 허락할 수 없다고 선고했다. 그러나 티베리우스는 굴하지 않았다. 어머니 리비아가 아무리 설득해도 결심을 바꾸지 않았다. 거의 도망치듯 수도를 떠난 티베리우스는 그 길로 로도스섬으로 건너갔다. 자발적인 은퇴였다. 혼자 간 것은 말할 나위도 없다. 아내 율리아와는 사실상의 이혼이었다.

가십을 좋아하는 역사가들에 따르면, 이제 갓 장년기에 접어든 티베리우스가 느닷없이 은퇴한 데에는 다음과 같은 이유가 있었다고 한다.

첫째, 아우구스투스가 두 외손자에게 총애를 쏟는 데 대한 질투.

둘째, 이제는 모르는 사람이 없을 만큼 널리 알려진 아내 율리아와의 불화.

하지만 36세의 어른이 14세와 11세의 어린애를 질투할까.

아내와의 불화도 어제오늘 시작된 것이 아니라, 벌써 6년 전부터 계속되고 있었다. 이제 와서 새삼스럽게 결정적인 행동을 취할 필요도 없었다. 다만 이것은 개인의 감정이니까, 실제로 어떠했는지는 모른다. 티베리우스는 여기에 대해 한마디도 언급하지 않았다.

아우구스투스와 티베리우스는 뛰어난 기량의 소유자라는 공통점을 갖고 있었다. '보고 싶지 않은 현실까지 꿰뚫어보는' 진정한 현실주의자라는 점은 둘 다 마찬가지였다. 이런 두 사람의 갈등이 시시한 문제에서 비롯되었다고는 생각할 수 없다. 어쩌면 그것은 둘 다 탁월한 재능의 소유자였기 때문에 일어난 의견 차이가 아닐까. 만약에 아그리파도 마이케나스도 드루수스도 살아 있었다면, 로마 정계의 실력자인 이들 다섯 사람이 논의하여 정책상의 의견 충돌을 해소하는 방향으로 나아갈 수 있지 않았을까. 불행은 두 사람 사이에서만 논의가 이루어졌기 때문에 싹튼 게 아닐까.

어쨌거나 티베리우스는 로도스섬에서 학문에 몰두하는 나날을 보내기 시작했다. 한 개인으로 살아가는 아들을 걱정한 리비아의 부탁으로 아우구스투스가 '대리인'(레가투스) 자격을 주긴 했지만, 이것도 실현되기까지는 리비아의 마음 고생이 심했던 모양이다.

아우구스투스는 정말 화가 나 있었다. 책임감이 강한 아우구스투스에게 티베리우스의 은퇴는 전선 이탈로 여겨졌을 것이다. 그리고 사실이 그렇기도 했다. 57세의 아우구스투스는 이제 광대한 로마 제국을 혼자서 통치할 수밖에 없게 되었다.

제3장
통치 후기
기원전 5년~서기 14년

(아우구스투스 58세~77세)

할아버지 아우구스투스

기원전 5년, 58세가 된 아우구스투스는 아무래도 초조했는지 모른다. 그해에 첫 손자인 가이우스 카이사르가 성년식을 올릴 나이인 15세가 되었다.

'징검다리'가 도망쳐버렸기 때문에, 아우구스투스는 이제 갓 성년식을 올린 가이우스가 5년 뒤에는 집정관에 취임할 수 있도록, 그를 예정 집정관으로 승인해줄 것을 원로원에 요청했다.

'예정 집정관'이라는 지위는 원로원 의원들도 금시초문이었다. 공화정 시대에는 존재하지 않았던 관직이었기 때문이다. 혈연보다 실력을 중시한 카이사르는 무엇이든 독단으로 결정할 수 있는 종신 독재관이 된 뒤에도 후계자로 점찍은 17세의 아우구스투스에게 어떠한 공직도 주지 않았다. 그런데 아우구스투스는 예정 집정관이라는 자리를 새로 만들어 손자이자 양자인 15세의 가이우스에게 주고, 원로원 의석도 주었을 뿐 아니라, 자신이 맡고 있는 '최고 제사장'을 보좌하는 '제사장'에도 임명했다.

이는 누가 보아도 세습제로 나아가는 결정적인 행보였다.

기원전에서 기원후로 넘어가는 이 무렵, 제정은 반드시 세습제를 의미하지는 않았다. 원로원 의원들 대다수는 보고 싶은 현실밖에 보지 않는 사람들이었기 때문에, 공화정을 부활하겠다는 기원전 27년 아우구스투스의 선언을 계속 믿고 있었는지도 모른다.

소수이긴 하지만 현실을 간파한 이들도 있었다. 아우구스투스가 '입'으로는 공화정을 부활시키겠다고 말하면서 '머리'와 '손'은 제정을 확립하는 일에 전념하고 있다는 것을 꿰뚫어본 것이다. 하지만 이들도 아우구스투스가 카이사르의 후계자로 지명된 것은 실력 때문이라는 것을 인정하고 있었다. 실력과는 관계없는 단순한 세습이었다고는 생각지 않았다. 하지만 15세인 가이우스의 재능은 이들도 납득할 수 없었다. 분명히 말해서 가이우스는 평범한 소년에 지나지 않았던 것이다.

아우구스투스는 자신의 피를 이어받은 손자들이 첫돌을 맞자마자 재빨리 양자로 삼고, 그들에게 후임을 맡기는 것밖에는 생각지 않았다. 징검다리가 도망쳐버린 지금, 가이우스와 루키우스의 지위를 되도록 빨리 확실하게 해둘 필요가 있었다. 루키우스도 15세가 되자마자 '예정 집정관'에 앉히고, 원로원에 의석을 마련해주고, 제사장으로 임명했지만, 이 두 소년의 존재를 일반 시민들에게도 인정받을 필요가 있었다. 그래서 생각해낸 것이 가이우스와 루키우스를 '총재'로 하는 소년단(유벤투스) 창설이었다. 아우구스투스의 훌륭한 점은 개인적인 필요에서 시작한 일이라 해도 반드시 공적인 필요성도 충족시키는 형태로 제도화했다는 점이다.

'유벤투스'라면 현대 이탈리아의 축구단이 생각나지만, 이것은 고대 로마의 '유벤투스'에서 라틴어 발음까지 그대로 빌려온 이름이다. 아우구스투스가 제도화한 '유벤투스'는 구단 이름이 아니라, 신체단련과 협동정신 습득을 목표로 내건, 9~17세 소년들로 구성된 단체 이름이었다.

이것도 아우구스투스의 독창적인 발상은 아니다. 소크라테스 시대의 아테네에도, 공화정 시대의 로마에도 이와 비슷한 조직은 개별적으로 존재했다. 아우구스투스는 그것을 일반화하고 상설화한 것이다.

'유벤투스'는 9~13세의 '유베네스 미노레스'와 14~17세의 '유베네스 마요레스'로 나뉘어 있었다. 소년단은 수도 로마만이 아니라 본국 이탈리아의 모든 지방자치단체에 설치되었고, 입단 자격은 로마 시민권 소유자의 아들로만 되어 있어서, 해방노예의 아들도 가입할 수 있었다.

'유벤투스'에는 두어 명의 교관과 '회계감사관'(콰이스토르)이 배치되어 단원들을 지도했다. '소년단' 자체도 작은 그룹으로 나뉘어 있고, 그룹마다 거기에 속해 있는 소년들 중에서 리더를 선출했다.

단원들은 집에서 가정교사를 두고 공부하든 학원에서 배우든, 오전 수업을 마치고 나서 소년단 활동을 시작한다. 소년들은 점심을 먹자마자 각 '소년단'이 소유하고 있는 체육관이나 경기장에 모여 신체를 단련하고 팀워크를 배우곤 했다.

흥미로운 것은 이 '소년단' 조직을 정부가 운영하지 않았다는 점이다. 아우구스투스 자신도 수도에 설치된 소년단의 후원자가 되었다. 모든 체육설비를 제공해야 하니까 비용도 만만치 않았다. 아우구스투스는 관영보다 민간인이 후원하는 제도를 고집했다. 지방 유력자들에게는 가도나 다리나 신전 같은 공공 건축물을 보수하고 관리하는 일만이 아니라 '소년단' 후원자가 되는 것도, 로마식으로 말하면 명예로운 공공봉사, 현대식으로 바꿔 말하면 이익의 사회 환원이 되었다. '소년단'의 명칭도 그것이 설치된 지방의 이름을 붙이는 경우가 많았지만, 후원자의 이름으로 불리는 경우도 적지 않았다.

각지의 '소년단'은 1년에 한 번 모이는 전국 규모의 체전에서 평소에 갈고닦은 기량을 겨루었다. 응원단도 있었으니까 꽤 떠들썩했을 것이다. 때로는 흥겨운 나머지 도가 지나쳐, 응원단까지 가세한 난투극으로 끝날 때도 없지 않았다. 그 점에서는 현대의 축구단과 비슷하다.

아우구스투스가 창설한 '소년단' 조직은 그가 만든 그밖의 많은 제도와 마찬가지로 제정 시대가 끝날 때까지 긴 생명을 유지하게 된다. 당초에는 본국 이탈리아에 사는 소년들의 조직이었지만, 곧 식민도시로 퍼졌고, 이어서 속주에도 널리 보급되었다. 그 무렵에는 로마 시민권 소유자의 자제라는 입단 자격도 없어지게 되었다.

현대에 이르러 무솔리니가 이것을 흉내냈다. 그리고 무솔리니에게 많은 것을 배운 히틀러가 이것을 흉내냈다. 흉내낸 것은 우익 파시스트만이 아니다. 좌익 공산국가들도 흉내냈다. 우파든 좌파든, 현대는 패자조차도 동화시키는 고대 로마의 정신은 배우지 않고 경례나 행진 방식, 그리고 '소년단' 같은 것만 흉내냈다. 하기야 히틀러 유겐트에 유대계 독일인의 자제까지 입단할 수 있었다면, 그것은 더 이상 나치즘이 아니었겠지만.

2년이 지났다. 황제인 할아버지가 '소년단' 전체의 총재와 부총재 자리에 앉혀 대중에 대한 지명도를 높이려고 애쓴 가이우스와 루키우스도 비록 두각을 나타낸 것은 아니지만 그런대로 무난히 17세와 14세가 되었다. '소년단' 제도는 아우구스투스의 뛰어난 조직력을 보여주듯 계속 활발하게 보급되었다.

천만다행히도 티베리우스가 로도스섬으로 은퇴한 뒤에도 게르만족은 조용했다. 도나우강 방어선도 평온했다. 이 두 방어선에 비하면 훨씬 문제가 적은 다른 속주들에서는 아우구스투스가 실시한 수많은 개혁으로 자연스러운 로마화가 진행되고 있었다. 그것은 로마가 속주의 반란에 시달리는 일이 없었다는 뜻이다.

이 시기에 제국 전역이 누린 '평화'는 아우구스투스의 수많은 개혁이 처음부터 완벽했기 때문이 아니다. 그 개혁이 제대로 기능을 발휘하는지 어떤지를 그가 하루도 쉬지 않고 감시했기 때문이다. 통치도 가도와 비슷하다. 끊임없는 유지와 보수가 필요하다고 생각하는 인식력, 문제점을 깨닫자마자 당장 보완하고 수정하는 유연한 행동력, 그것을 가능케 하는 경제력 가운데 하나만 부족해도 통치는 기능을 제대로 발휘할 수 없게 된다.

아우구스투스도 어느덧 환갑을 맞이하고 있었다. 아그리파도 마이케나스도 이미 이 세상에 없었다. 드루수스는 젊은 나이에 죽었고, 티베리우스는 로도스섬에서 학문에 전념하는 우아한 나날을 보내고 있다.

그동안 모든 것을 혼자 짊어진 아우구스투스의 책임감과 한번 시작한 일은 끝까지 밀고 나가는 의지에는 감탄할 수밖에 없다. 그는 다른 건 몰라도 '포기'만은 절대로 하지 않는 사람이었다.

이런 인물에게는 당연히 평온한 노년이 보장되어야 할 텐데, 행운의 여신은 시샘이 많은 것으로도 유명하다. 게다가 60대에 접어든 아우구스투스를 괴롭힌 문제는 그와 가장 가까운 혈육들 사이에서 일어났다. 이것도 생각해보면 아우구스투스의 '자업자득'이었다.

딸의 추문

아무리 친딸이라 해도 남의 사생활에 간섭하지 않으면 고민도 생기지 않는다. 카이사르는 딸을 정략결혼의 카드로 삼긴 했지만, 딸 율리아에게 아버지 카이사르의 피를 이어받은 아들을 낳아야 할 임무는 지우지 않았다. 카이사르가 그런 문제에는 집착하지 않았기 때문이다. 하지만 율리우스 씨족에 속한 여인이기 때문에 이름이 율리아였던 아우구스투스의 딸은 달랐다. 오로지 아버지 아우구스투스의 피를 이어받은 아들을 낳기 위해 이 남자한테서 저 남자한테로 '돌림'을 당했다.

율리아는 기원전 39년에 옥타비아누스 시절의 아우구스투스와 스크리보니아 사이에서 태어났다. 스크리보니아는 폼페이우스가 남긴 아들의 장인의 누이였다. 옥타비아누스가 그녀를 아내로 맞아들인 것은 한창 권력투쟁을 벌이고 있던 그 당시 폼페이우스파와 관계를 개선할 필요가 있었기 때문이다.

그러나 이 정략결혼은 율리아가 태어나기 전에 깨져버렸다. 상대편이 협약을 깨뜨렸기 때문이다. 옥타비아누스는 얼씨구나 하고 당장 이혼했다. 애초부터 애정이라고는 전혀 없는 결혼이었다. 하지만 리비아와의 두 번째 결혼은 사랑에 의한 결혼이었다. 율리아는 태어나자마자 아버지한테 이혼당한 어머니 슬하에서 외롭게 자랐다. 아우구스투스는, 두 번째 아내 리비아는 전남편과의 사이에 두 아들을 낳은 몸이니까, 자기와의 사이에도 반드시 아들이 태어날 거라고 믿었기 때문에, 딸 율리아에게는 관심을 두지 않았다. 그가 딸에게 관심을 기울이게 된 것은 리비아한테 아들을 기대할 수 없다는 사실을 깨닫고 난 뒤였다.

아우구스투스는 율리아가 14세가 되자마자 누나 옥타비아가 첫 결혼에서 얻은 아들 마르켈루스와 결혼시켰다. 조카인 마르켈루스를 후계자로 삼으려고 생각했기 때문이지만, 그보다는 외동딸 율리아와 조카를 결혼시켜 자기 피를 이어받은 손자를 얻고 싶었기 때문이다. 하지만 18세 소년과 14세 소녀의 결혼생활은 소꿉장난 같은 것이었는지 자식은 태어나지 않았고, 마르켈루스는 2년 뒤에 죽어버렸다. 마르켈루스의 죽음은 외삼촌이자 장인인 아우구스투스와 어머니 옥타비아를 깊은 슬픔으로 몰아넣었지만, 아우구스투스에게는 자기 피를 이어받은 후계자를 얻는다는 엄연한 목표가 있다. 16세에 과부가 된 율리아는, 2년 뒤 아그리파가 오리엔트에서 귀국하자, 아버지의 '오른팔'인 그와 재혼했다. 42세와 18세에 시작된 결혼생활이었다.

그런데 이 결혼은 나이 차이를 뛰어넘어 율리아에게 행복을 가져다주었다. 율리아는 아름답고 콧대높은 계모 리비아와 상냥하긴 하지만 친딸들만으로도 힘에 겨워 조카딸한테까지 관심을 기울일 여유가 없는 고모 옥타비아 사이에서 몸을 움츠리고 살았을 게 분명하다. 원숙한 중년남자 아그리파는 그런 율리아를 상냥하게 보듬어 안아주었을 것이다. 9년에 걸친 결혼생활 동안 두 사람은 3남 2녀를 낳아 아우구스투스를 기쁘게 해주었다.

하지만 이 결혼도 아그리파의 갑작스러운 죽음으로 끝나버렸다. 그런데 아우구스투스는 아그리파가 죽은 뒤에 태어난 사내아이를 포함하여 세 명의 손자와 두 손녀를 얻었는데도, 딸 율리아한테서 더 많은 손자를 얻으려는 생각을 버리지 않았다. 율리아의 세 번째 남편은 계모 리비아가 데리고 온 아들 티베리우스였다.

 아우구스투스가 친딸 율리아의 남편으로 의붓아들 티베리우스를 선택한 까닭은 무엇일까. 로마 시대의 역사가들 중에는 리비아가 강력하게 요구한 결과라고 주장하는 사람이 많다. 친아들을 재혼한 남편의 후계자로 삼고 싶어 했기 때문이라는 것이다. 하지만 아우구스투스는 아내를 아무리 사랑하고 존경해도, 아내가 시키는 대로 하는 남자는 아니었다. 딸의 세 번째 배필을 티베리우스로 결정한 것은 아우구스투스의 냉철한 판단 때문이었을 것이다. 새로운 손자를 얻기 위해서인 동시에, 만약의 경우 자기와 후계자 사이를 이어줄 '징검다리'로서 티베리우스의 능력을 신뢰할 수 있었기 때문이다.

 31세의 남편과 28세의 아내는 나이에서는 잘 어울렸지만, 이 결혼은 처음부터 삐걱거리기 시작했다. 티베리우스가 강요로 이혼한 전처 빕사니아를 잊지 못했기 때문이다. 여자는 남편에게 사랑을 받지 못하더라도 남편이 사랑하는 '체'만 해주면 그런대로 참을 수 있다. 그런데 티베리우스는 그러지도 못하는 남자였다. 또한 귀족적인 티베리우스는 품성에 결함이 있는 율리아의 행동거지를 참을 수 없었을 것이다. 아내에 대한 불만을 말로 표현하고 행동으로 보였다면 그래도 낫지만, 티베리우스는 냉정하게 뿌리치고 거들떠보지도 않았다.

 부부가 각방을 쓴다는 것은 당장 로마 전역에 알려졌다. 계모이자 이제는 시어머니이기도 한 리비아의 태도도 더욱 냉정해졌을 것이다. 그리고 결정타는 티베리우스가 로도스섬으로 가버린 것이었다. 군사전략에 대한 티베리우스와 아우구스투스의 견해 차이가 진짜 원인이었다 해도, 일반인들이 두 사람 사이에 일어난 의견 충돌을 알 턱이 없다. 티베리우스가 로도스섬으로 가버린 것은 아내와의 불화 때문이라고 믿고 있는 사람들에게, 율리아는 남편에게 버림받은 여자에 불과했다. 게다가 티베리우스는 이혼도 요구하지 않은 채 별거라는 형태로 아내를 버렸다.

 티베리우스가 공직생활을 포기한 것이 율리아 때문이라고 믿은 것은 시어머니 리비아도 마찬가지였을 것이다. 그리 많지 않은 사료로 미루어보더라도 리비아는 정치를 이해하는 여자가 아니었고, 그 편이 남편 아우구스투스에게는 오히려 편했다. 그렇기 때문에 율리아를 대하는 리비아의 태도가 냉담함을 넘어서서 증오심까지 섞이게 되었으리라는 것은 충분히 상상할 수 있다. 그런 율리아에게 유일한 말벗이 될 수 있었을 고모 옥타비아는 율리아가 두 번째 남편 아그리파를 잃은 해에 세상을 떠났다. 이혼도 하지 않은 채 남편에게 버림받은 율리아는, 리비아가 관장하는 집안에서도, 세인들의 호기심 어린 눈길이 쏠리는 집 밖에서도 견디기 어려운 분위기 속에서 살 수밖에 없었다. 아이들을 키우는 데 전념했다면 사람들이 그녀를 보는 눈도 조금은 달라졌겠지만, 율리아에게는 그런 자제력이 부족했다.

 황제의 외동딸 율리아의 행실이 언제부터 사람들의 입방아에 오르기 시작했는지는 알 수 없다. 어쨌든 율리아가 37세였던 기원전 2년에는 아버지 아우구스투스가 이 문제를 확실히 처리하지 않을 수 없는 상태가 되어 있었다.

 율리아가 이혼할 수 있었다면, 자유분방한 여자라는 악평을 받는 것으로 끝났을 것이다. 로마 사회의 상류층 여자들 중에는 그런 여자가 적지 않았다. 그러나 율리아는 법적으로는 여전히 티베리우스의 아내였다. 설령 티베리우스나 율리아가 이혼을 원했다 해도 아우구스투스가 허락하지 않았을 것이다. 아우구스투스는 로마 제국의 지도층을 건전한 가정인으로 만들기 위해 16년 전인 기원전 18년에 '정식 혼인에 관한 율리우스법'을 성립시켰다. 앞에서도 말했듯이 이 법률은 정식 결혼을 장려하고, 이혼을 불법행위는 아니라 해도 미풍양속에 어긋나는 행위로 단정하고 있다. 이 법률은 율리우스라는 가문 이름이 붙어 있는 것으로도 알 수 있듯이, 아우구스투스가 제안하여 적극적으로 성립시킨 법률이었다. 그런 사람이 딸의 이혼을 인정할 수는 없었을 것이다.

게다가 아우구스투스는 '정식 혼인법'과 동시에 '간통 및 혼외정사에 관한 법'도 제안하여 성립시켰다. 이것은 말할 나위도 없이 간통을 처벌하는 법률이다. 이 법에 따라, 법적으로는 아직 티베리우스의 아내인 율리아의 자유분방한 남자관계는 간통죄에 걸리게 되었다.

'간통 및 혼외정사에 관한 법'에 따르면, 불륜관계를 맺은 여자가 유부녀일 경우에는 재산의 3분의 1을 몰수하고 외딴섬으로 종신 추방하도록 규정되어 있었다. 게다가 로마 시민권 소유자와 재혼하는 것도 금지되었다. 또한 이 법에서는 남편이나 친정아버지가 아내나 딸의 불륜과 간통 사실을 알고도 숨기거나, 알고 난 뒤에도 아무런 조치를 취하지 않으면 '간통 방조죄'로 처벌을 받는다고 규정되어 있었다.

다른 일에서는 평등보다 공정성을 중시하더라도, 법집행만은 만인에게 평등한 것이 법치국가다. 로마인이야말로 이런 의미에서의 법치국가를 창조한 사람들이었다. 법치국가 로마의 최고위층인 아우구스투스는 어떻게든 '손'을 쓸 필요가 있었다.

아버지는 딸을 재판정으로 끌어내지는 않았지만 법률에 규정된 처벌은 모두 엄격하게 집행되었다. 아우구스투스는 국법에 따른 것이 아니라, 로마법이 인정하고 있는 '가부장권'을 행사함으로써 평등한 법집행을 실천한 것이다.

율리아의 개인 재산 가운데 3분의 1은 몰수되어 국고로 들어갔고, 아버지 아우구스투스의 유산을 상속할 권리도 박탈당했다.

아우구스투스는 딸을 나폴리에서 서쪽으로 70킬로미터 떨어진 외딴섬 판다탈리아(오늘날의 벤토테네)에 종신 유배하기로 결정했고, 이 결정도 엄격하게 집행되었다.

율리아가 불륜관계를 맺은 남자들은 아우구스투스가 최종 결재권을 가진 국법에 따라 처리되었다. 그에 따라 한 사람을 제외한 모든 남자가 추방당했다. 추방되지 않은 한 사람은 아우구스투스의 분노가 집중된 인물이었다. 그는 안토니우스의 전처인 풀비아가 낳은 아들로서, 풀비아가 죽은 뒤에는 안토니우스의 후처인 옥타비아의 슬하에서 자란 율루스 안토니우스였다. 아우구스투스가 누나의 의붓아들인 그에게 그토록 강한 분노를 느낀 것은 이해할 수 없는 일도 아니다. 과거의 경쟁자 안토니우스의 아들인데도, 아우구스투스는 줄곧 그를 친조카처럼 우대했기 때문이다.

율루스 안토니우스는 기원전 13년에는 법무관, 기원전 10년에는 집정관, 기원전 7년과 기원전 6년에는 속주 총독으로까지 출세했다. 그리고 기원전 21년에는 자신의 계모이자 아우구스투스의 누나인 옥타비아가 첫 번째 결혼에서 얻은 딸 마르켈라를 아내로 맞았다.

이런 후대는 아우구스투스가 과거의 원수인 안토니우스의 아들을 가족처럼 여겼다는 증거가 되었고, 아우구스투스의 '관용'을 보여주는 좋은 예로 들먹여지기까지 했다. 그런데 딸 율리아의 불륜 상대라니……. 아우구스투스로서는 기르는 개한테 손을 물린 기분이었을지도 모른다.

아우구스투스는 그에게만은 사형을 선고했다. 율루스 안토니우스는 체포되기를 기다리지 않고 자결을 택했다.

율루스 안토니우스와 율리아 사이는 단순한 불륜관계가 아니었다는 생각이 든다. 우선 둘 다 젊은 나이가 아니다. 율루스 안토니우스가 당시 쉰 살이 넘었고, 율리아는 37세였다. 그리고 둘 다 아우구스투스의 관심과 후대를 받고 있었지만, 그것을 마냥 기꺼운 마음으로 받아들일 수만도 없는 처지였다. 어쨌거나 율루스는 아우구스투스 때문에 죽은 안토니우스의 친아들이었고, 율리아는 아우구스투스한테 이혼당한 어머니의 슬하에서 외로운 시절을 보냈다. 그러니 두 사람이 서로의 아픔을 나누어 가지며 애정을 느꼈으리라고 생각하는 것은 지나친 상상일까.

판다탈리아섬은 2천 년 뒤인 오늘날에도 외딴섬으로 남아 있다. 면적이 1.3제곱킬로미터밖에 안 되는 이 작은 섬은 전체가 황무지여서 경작지로 가꿀 수도 없었던 탓인지, 시대의 '손길'이 미치지 않았다. 작은 배밖에 접안할 수 없는 선착장 근처에만 나무 그늘이 있고, 거기에는 국유지를 감독하는 공무원 가족이 사는 관사만 서 있다.

아우구스투스가 사유지로 삼았기 때문에 제정 시대에 황족의 유형지가 된 이 섬은 무서울 만큼 옛날 그대로 남아 있다. 푸른 바다에 면한 유적으로 미루어보아, 고대에는 아담하면서도 우아한 저택이 서 있었던 게 분명하다. 내가 찾아간 것은 여름이었지만, 여기에 살면서 집필에 전념하는 것도 나쁘지 않겠다는 생각이 들었다.

벤토테네(강풍)라는 오늘날의 지명이 보여주듯, 겨울철에 북쪽에서 불어오는 바람은 굉장했을 게 분명하다. 섬 전체를 뒤흔들 기세로 휘몰아치는 거센 바람 속에서 황제의 딸은 어떤 나날을 보냈을까. 성욕만 탐하는 여자에게는 아예 남자를 접근시키지 않는 방법밖에 다른 처방이 없다는 듯, 아버지 아우구스투스는 율리아가 유배지로 남자 노예를 데려가는 것조차도 금지했다. 딸의 유배지로 자진해서 따라간 어머니 스크리보니아 외에는 하녀들만의 시중을 받는 나날이 기다리고 있었다. 교양도 별로 없었던 율리아에게는 시간 가는 줄 모르고 즐길 만한 취미도 거의 없었을 것이다.

몇 년 뒤인지는 확실치 않지만, 율리아의 유배지는 판다탈리아섬에서 레조로 옮겨졌다. 레조는 장화 모양을 한 이탈리아반도의 발부리에 자리 잡고 있는 도시다. 그리스인의 식민도시에 기원을 둔 오래된 도시지만, 황제의 딸에게는 도시 생활이 허락되지 않았다. 어디까지나 국법에 충실한 아우구스투스는 레조 시내에서 멀리 떨어진 산장에서 사실상의 연금생활을 하는 것밖에 허용하지 않았다.

아버지 아우구스투스가 죽은 서기 14년, 아버지보다 몇 달 뒤에 율리아도 죽었다. 판다탈리아섬과 레조를 합하여 16년에 걸친 유배생활 끝에 53세의 나이로 세상을 떠난 것이다.

'국가의 아버지'

기원전 2년에 가부장권을 행사하여 딸 문제에 대한 처리를 끝내고 그것을 원로원에 서면으로 보고한 뒤에도, 아우구스투스는 한동안 원로원에도 출석하지 않고 대중 앞에도 모습을 나타내지 않았다. 친딸의 행실을 부끄럽게 여긴 나머지 남들 앞에 나설 수가 없었다고 한다.

백성은 황제가 건강하지도 않은 몸을 달래가면서, 게다가 믿고 의지할 수 있는 사람도 전혀 없는 상태에서 혼자 국사에 전념하고 있다는 것을 알고 있었다. 그런 사람이 딸의 행실을 부끄럽게 여긴 나머지 남들 앞에 모습을 나타내지도 못하고 있다. 전국에서 황제에 대한 동정심이 높아졌다.

시민운동에 떠밀린 것처럼, 원로원은 아우구스투스에게 원로원 회의에 참석해달라고 간청했다. 거기에 응하여 오랜만에 모습을 나타낸 황제에게 원로원 의원인 발레리우스 메살라가 원로원과 로마 시민 전체를 대표하여 말했다.

"카이사르 아우구스투스여, 우리는 당신과 당신 가족이 행복하기를 바라는 마음을 전하고 싶습니다. 그것이야말로 우리 국가와 수도 로마의 평화를 보장해주기 때문입니다.

원로원은 국민의 합의를 얻어, 여기서 당신에게 '국가의 아버지'(파테르 파트리아이)라는 칭호를 드리겠습니다."

그러자 기립한 원로원 의원들이 일제히 "국부 카이사르 아우구스투스!" 하고 합창했다.

61세의 황제는 감격의 눈물을 감추지 않았다. 흘러내리는 눈물을 닦으려고도 하지 않고, 아우구스투스는 감사의 말로 거기에 응했다.

"원로원 의원 여러분, 내 모든 소망이 이루어지고 있는 지금, 이런 형태로 나타난 여러분과 국민의 호의가 나에게 허락된 삶이 끝날 때까지 지속되기를 기도할 뿐, 생불사의 신들에게 내가 기원할 것이 또 뭐가 있겠소."

카이사르가 얻은 영예 가운데 아우구스투스가 아직 얻지 못한 것은 '국부'의 영예뿐이었다.

그거야 어쨌든, '내 모든 소망'이라는 말투는 주목할 만하다.

아우구스투스는 '내 모든 소망'이라고만 말했을 뿐, 그 소망이 무엇인지는 언급하지 않았다. 그래서 사람에 따라 다양하게 해석할 수 있다. 공화주의자들은 아우구스투스가 37세 때 선언한 공화정 체제의 부활로 받아들였을 테고, 제정에 찬성하는 이들은 아우구스투스가 교묘히 추진해온 제정으로의 이행을 말하는 것으로 받아들였을 것이다. 또한 정치체제론에 관심이 없는 사람은 로마에 의한 '평화'를 확립하는 것이 아우구스투스의 소망이라고 생각했을 것이다. 그렇다면 그 소망이 이루어진 것은 그들에게도 커다란 기쁨이었다.

문장은 사용하는 낱말의 선택으로 결정된다고 말한 것은 카이사르지만, 전혀 문장가가 아니었던 아우구스투스도 '사용하는 낱말의 선택'은 알고 있었다. 감격의 눈물에 목이 메면서도 그것은 잊지 않았다. 실언은 정치가에게는 절대로 허용되지 않는 어리석은 짓이기 때문이다.

모든 로마 시민의 기원에도 불구하고, 아우구스투스는 가정의 불행에서 해방되지 못했다. 어딘가에 구애된다는 정신적 행위에는 반드시 대가가 따르게 마련이다.

고바야시 히데오(일본의 문예비평가. 1902~1983 - 옮긴이)에 따르면, 정치는 '어떤 직업도 아니고 어떤 기술도 아니며, 고도의 긴장을 필요로 하는 생활'이라고 한다. 천성적으로 소화기관이 약하지 않더라도, 심한 스트레스가 계속되면 소화기관이 약해질 수밖에 없다. 이런 상태를 참고 견디며 살아나가는 데 필요한 자질은 우선 보고 싶지 않은 현실까지도 꿰뚫어보는 인식력이다. 여기에는 자기 능력의 한계를 깨닫는 것도 포함되어 있다. 둘째는 하루하루의 노고를 쌓아올리는 것이야말로 성공의 가장 큰 요인이라고 믿고, 노고를 아끼지 않는 지속력이다. 셋째는 적당한 낙천성이고, 넷째는 어떤 일도 극단적으로 받아들이지 않는 균형감각이다. 60대에 접어든 뒤에도 아우구스투스는 이 모든 자질을 그대로 갖추고 있었다. 다만 그의 뜻을 받들어 움직일 수 있는 능력을 가진 협력자가 없었다. 그리고 그때까지 20년 동안 평온했던 제국의 동방이 불행히도 이 무렵부터 갑자기 불온한 정세를 보이기 시작했다.

기원전 4년, 강압적이긴 하지만 안정된 사회를 확립하는 데 성공했던 유대 왕 헤롯이 죽었다. 친로마파인 헤롯 왕이 죽은 뒤, 유대 왕국은 두 파벌의 내분 상태에 다시 돌입했다. 하나는 헤롯 대왕과 세 후계자에게 반대하여 로마로부터의 완전 독립을 주장하는 파였고, 또 하나는 로마의 속주가 되어 유대 민족의 존속을 꾀하자고 주장하는 파였다.

　오리엔트에서 로마의 대외정책은 로마에 우호적인 나라들의 네트워크를 확립하여 세력 균형을 이루는 것이었기 때문에, 이들 동맹국 내부의 강압적인 통치나 악정이 로마에 반대하는 움직임으로 발전할 위험은 항상 존재했다. 라틴아메리카 국가들의 반정부운동이 늘 반미운동으로 발전하는 것과 비슷하다.

　유대는 시리아 속주 남쪽에 자리 잡고 있었기 때문에, 시리아와 팔레스타인 지방의 안정을 좌우하는 열쇠였을 뿐 아니라, 동쪽에 이웃해 있는 파르티아 왕국을 견제하는 열쇠이기도 했다. 따라서 이 유대 문제는 일이 더 커지기 전에 신속히 해결해야 할 필요가 있었다.

　같은 무렵, 파르티아 왕국을 견제하는 또 하나의 열쇠인 아르메니아 왕국도 불온한 상태에 돌입해 있었다. 친로마파인 국왕이 동방의 야만족과 싸우다가 전사한 것을 계기로, 오리엔트 전제국가의 상례인 집안싸움이 재개된 것이다. 이런 상태가 되면 이웃 나라 파르티아가 아르메니아의 내정에 간섭하는 것도 상례였다. 아르메니아가 강대국 파르티아에 대한 억지력이 될 수 있는 것은 아르메니아가 로마의 동맹국이기 때문이다. 그런데 아르메니아가 파르티아 쪽에 붙게 되면 로마의 동방정책은 위기에 빠지게 된다.

　아우구스투스는 이제 겨우 19세가 된 외손자이자 양자인 가이우스에게 이 동방 문제를 맡기기로 했다. 군사력만으로는 해결할 수 없고, 그렇다고 해서 외교력만으로도 해결할 수 없는 어렵고 미묘한 임무였다. 그런 일을 맡기기에 어울리는 지위를 가진 사람이 달리 없었던 것도 사실이지만, 60대에 접어든 아우구스투스는 역시 손자에 대한 할아버지의 애정에서 자유롭지 못했고, 그래서 이 젊은이에게 지나친 기대를 걸었던 게 아닌가 싶다. 다만, 집정관을 지낸 노련한 마르쿠스 롤리우스를 가이우스의 고문으로 딸려 보냈다. 기원전 1년, 황제 대리 자격을 얻은 19세의 젊은이는 요란하게 오리엔트로 출발했다.

로마 제국의 동쪽 절반을 구성하고 있는 속주와 자유도시와 동맹국들은 이 황제의 젊은 후계자를 맞이하여 날마다 축제를 벌이고 밤마다 잔치를 베풀었다. 19세의 가이우스는 여기에 완전히 도취해버렸다. 중대한 외교 임무를 띤 사람의 출장이 아니라 '황태자'의 순행이 되어버렸다. 도중에 사모스섬에 들렀을 때는 은퇴한 티베리우스가 일부러 로도스섬에서 나와 의붓아들 가이우스를 맞이했다. 연장자를 존중하는 로마인으로서는 파격적인 대우였다. 이것도 젊은 황태자의 위세를 사람들의 마음에 깊이 새기는 데 도움이 되었다. 귀족적인 티베리우스로서는 예의를 갖춘 것에 불과했지만.

그 후 젊은 황태자는 무엇 때문인지 목적지로 직행하지 않고 이집트로 방향을 돌렸다. 특수한 사정 때문에 이집트만은 황제의 개인 영지가 되어 있었으니까, 자기 영토를 시찰할 작정이었는지도 모른다. 하지만 거기서도 밤낮으로 환영 세례를 받았고, 겨우 목적지의 하나인 시리아 속주에 도착했을 무렵에는 이미 2년을 허비해버린 뒤였다.

그래도 아우구스투스가 손자의 고문으로 딸려 보낸 노련한 정치가 롤리우스는 임무를 잊지 않았던 모양이다. 내분이 한창인 유대에는 섣불리 개입하지 않는 편이 낫다고 판단했는지, 로마는 조용히 지켜보는 태도를 견지했다. 로마 세력권에 대한 강대국 파르티아의 간섭에 제동을 거는 문제도 외교로 해결하는 쪽을 택했다.

서기 2년, 로마와 파르티아의 우호관계를 재확인하는 조인식이 양국 세력권의 경계인 유프라테스강에 떠 있는 작은 섬에서 거행되었다. 파르티아 쪽에서는 왕자, 로마 쪽에서도 '왕자'인 가이우스가 수석 대표를 맡았다. 넓은 유프라테스강의 동쪽 연안에는 파르티아군, 서쪽 연안에는 로마군이 정렬하여 지켜본다. 현장 목격자인 파테르쿨루스(로마의 역사가)의 증언에 따르면, 양대국이 차지하고 있는 지위에 걸맞은 웅장하고 화려한 의식이었다고 한다. 그 후 가이우스는 최종 목적지인 아르메니아로 향했다.

수도 로마에서 이 소식을 받은 아우구스투스는 안도의 숨을 내쉬며 가슴을 쓸어내렸을 것이다. 이것은 21세가 되어 집정관 자리도 맡게 된 가이우스가 통치자로서 거둔 최초의 성공이기도 했다.

편년체 방식으로 역사를 더듬어간다면, 여기서 더 앞으로 나아가기 전에 생각해야 할 것이 있다.

기원전과 기원후의 경계에 있는 이 무렵 예수 그리스도가 태어났을 것이기 때문이다. 로마 황제 아우구스투스가 실시한 국세조사를 위해 요셉과 마리아가 본적지로 돌아가는 길에 예수가 태어났다는 것은 아름다운 에피소드지만, 사실 이 무렵에는 국세조사가 실시되지 않았다.

정확한 현상 파악이야말로 통치의 기본자료임을 알고 있던 아우구스투스는 로마 제국 전역에서 본격적인 국세조사를 세 번 실시했다. 그 당시 유대는 아직 동맹국이었으니까, 동맹국까지 범위를 확대한 국세조사였을 것이다. 이 세 차례의 국세조사는 아우구스투스가 직접 기록한 『업적록』에 따르면 다음과 같다.

첫 번째는 그 자신과 아그리파가 집정관이었던 기원전 28년.

두 번째는 가이우스 켄솔리누스와 가이우스 아시니우스가 집정관이었던 기원전 8년.

세 번째는 섹스투스 폼페이우스와 섹스투스 아풀레이우스가 집정관이었던 서기 14년.

로마에서는 건국 몇 년이라는 식으로 해를 나타내는 일은 거의 없고, 누구와 누구가 집정관이었던 해라는 식으로 표기했다. 기원을 사용하는 것은 기독교가 지배하게 된 후세의 표기법이다.

그거야 어쨌든, 예수 그리스도의 탄생부터 헤아리는 '기원' 편년 방식에서 예수가 탄생한 것으로 되어 있는 기원 1년을 전후해서는 로마의 국세조사가 실시되지 않았다. 멀리 떨어진 속국이니까 시간차가 있었다 해도, 8년의 차이는 너무 크다. 또한 유대의 독자적 조사였다고 생각하기도 어렵다. 당시 유대는 헤롯 대왕이 죽은 뒤 내분 상태에 있어서 국세조사를 할 계제가 아니었다.

어쨌든 나의 이런 소박한 의문에 납득할 만한 대답을 해준 연구자는 적어도 지금까지는 한 사람도 없다.

그렇긴 하지만, 이 무렵 예수가 태어난 것은 확실하다. 그렇다면 예수 그리스도는 로마가 전성기를 맞이하고 있던 시기에 태어나서 살다가 죽은 사람이라는 이야기가 된다. 그리고 이것은 왜 기독교가 로마인 사이에 널리 보급될 때까지 300년이라는 세월이 필요했는가 하는 문제를 생각하는 실마리가 된다.

예수가 태어난 해에 63세였던 로마의 초대 황제 아우구스투스한테로 돌아가면, 그로부터 1년 뒤인 서기 2년은 그에게 슬픔과 기쁨이 엇갈리는 해가 되었다.

첫 소식은 마르세유에서 날아왔다. 18세의 손자 루키우스가 죽었다는 소식이었다. 루키우스는 형 가이우스와 마찬가지로 외할아버지 아우구스투스의 양자였고, 따라서 아우구스투스의 뒤를 이을 제2후보로 여겨지고 있었다. 17세를 맞이한 지난해 군무 경험을 쌓기 위해 에스파냐로 파견되었지만, 에스파냐로 가는 길에 마르세유에서 장기간 머물다가 병에 걸려 18세의 짧은 생애를 마쳤다. 64세를 맞은 아우구스투스에게는 심한 타격이었을 것이다. 그다음에 들어온 소식은 아우구스투스에게 다시금 희망을 되돌려주었다. 가이우스가 파르티아와 상호불

간섭협정을 맺었다는 소식이었다. 후계자는 아직 한 사람 남아 있었다. 그리고 이 젊은 후계자는 일단은 만족해도 좋을 만큼 훌륭히 임무를 수행하고 있었다.

같은 해, 로도스섬에 틀어박혀 있던 티베리우스가 아우구스투스에게 로마로 돌아갈 수 있도록 허락해달라는 편지를 보내왔다. 전처와의 사이에 태어난 외아들의 성년식에 아버지로서 입회하고 싶다는 것이다. 티베리우스가 로도스섬으로 은퇴한 것을 전선 이탈로 보고 있던 아우구스투스는 이 소망에 대해 참으로 냉담한 태도를 보인다. 일개인의 자격을 엄수한다는 조건으로, 원로원 출입조차 엄금한다는 조건으로 7년 만의 귀국을 허락했다.

서기 3년으로 해가 바뀌자마자 단 하나 남은 후계자 가이우스한테서 들어오는 보고가 아우구스투스를 걱정시키기 시작했다. 그리고 그 정도는 급격히 심해졌다.

징후는 지난해 말부터 이미 나타나고 있었다. 아우구스투스가 손자의 고문으로 딸려보낸 롤리우스가 매수당하여 파르티아에 유리하도록 책모를 꾸몄다고 파르티아 측으로부터 고발당한 것이다. 가이우스는 돈을 주었다는 파르티아 측의 증언을 음모가 아닐까 의심해보지도 않고 곧이곧대로 믿은 모양이다. 게다가 이 보고를 받은 아우구스투스의 태도가 명쾌하지 않았다. 수뢰 혐의를 받은 롤리우스는 수도 로마로 소환되어 재판정에 끌려나가기보다는 차라리 타국에서 자결하는 쪽을 택했다.

감독자한테서 해방된 가이우스의 행동은 지리멸렬해졌다. 누가 보아도 그게 분명해진 것은 이듬해인 서기 3년 시작된 아르메니아 원정이었다. 휘하 병사들을 통제하지도 못하는 상태에서 과연 아르메니아 문제를 해결할 수 있을지, 일을 시작하기도 전부터 사람들은 불안을 느꼈다. 멀리 떨어진 로마의 패권 밑에서 살기보다는 이웃 나라인 파르티아와 관계를 개선하는 쪽으로 기울어져 있던 아르메니아와 외교교섭을 벌이는 것은 22세의 젊은이에게는 너무 무거운 짐이었다.

티그리스강 상류에 있는 아르메니아 왕국의 성채에서 교섭을 시작한 것까지는 좋았지만, 가이우스의 거만한 행동거지가 주민들을 화나게 했다. 이 분노는 친로마 쪽으로 돌아가고 있던 아르메니아 왕가까지 위협하는 폭동으로 발전했다. 폭동은 가이우스를 따라간 로마 군단의 힘으로 진압할 수 있었지만, 이를 계기로 '보호자 로마'에 대한 아르메니아의 신뢰는 땅에 떨어져버렸다. 파르티아 견제용으로 사용하던 아르메니아 카드가 점점 로마의 손을 떠나 파르티아 쪽으로 건너가는 것을 아우구스투스의 로마는 두 손 놓고 지켜볼 수밖에 없었다.

이로써 로마는 아르메니아 왕국에 대한 영향력을 잃어버렸다. 격파한 뒤에 강화를 맺는 술라나 폼페이우스나 카이사르의 방식에 비해, 아우구스투스의 평화적 외교 방식은 그 자체로는 칭찬받아도 좋은 방식이다. 하지만 중근동 국가의 사람들에게는 오직 힘으로만 영향력을 행사할 수 있다. 아르메니아와의 외교에 실패한 것은 젊은 가이우스의 무능 때문만도 아니었다.

가이우스는 젊은 만큼 이 실패에서 강한 충격을 받은 게 분명하다. 그리고 폭동을 진압할 때 입은 상처도 젊은 황태자의 기분을 더욱 우울하게 했다.

군단까지 팽개친 가이우스는 로마에 있는 할아버지한테 편지를 보내, 개인으로 은퇴하고 싶다고 말했다. 이것을 말리려고 애쓰는 아우구스투스의 편지는 엄정한 윗사람의 편지가 아니라 손자의 응석을 받아주는 할아버지의 편지에 불과했다.

아르메니아에서 도망친 뒤에도 가이우스는 소아시아 각지를 정처없이 돌아다니다가, 서기 4년 2월 20일에 소아시아 남부의 리치아에서 죽었다. 칼에 찔린 상처가 악화하여 병사했다고 한다. 23세도 채 되기 전의 죽음이었다.

후계자로 정해놓은 손자를 둘 다 잃어버린 아우구스투스의 절망감은 쉽게 상상할 수 있다. 공문서에 개인 감정을 끼워넣는 일이 한 번도 없었던 그가 『업적록』에 다음과 같은 글을 쓰지 않을 수 없을 정도였다.

"젊은 나이에 운명이 앗아가버린 내 아들들, 가이우스 카이사르와 루키우스 카이사르가 15세에 이르렀을 때, 원로원과 로마 국민은 나에 대한 경의의 표시로 그들을 5년 뒤의 집정관 취임이 약속된 예정 집정관에 임명했다. 원로원은 두 사람이 공식으로 국민에게 소개된 그날부터 아직 젊은 그들이 원로원에서 벌어지는 국정 논의에 참가하는 것도 승인했다."

아우구스투스가 기록한 바에 따르면, 『업적록』은 그가 죽은 해인 서기 14년에 쓰였다. 늙은 황제가 입은 마음의 상처는 10년이 지난 뒤에도 여전히 아물지 않았다는 것을 위의 문장은 뚜렷이 보여준다.

아우구스투스는 66세에 자기 피를 이어받은 후계자 후보를 모두 잃어버렸다.

티베리우스의 복귀

서기 4년, 가이우스 카이사르의 장례를 끝내자마자 아우구스투스는 티베리우스를 양자로 맞아들였다. 이것이 공표되기 전에, 66세의 아우구스투스와 45세의 티베리우스 사이에 어떤 대화가 오갔는지는 어떤 사료도 말해주지 않는다. 그러나 상상할 수는 있다. 투철한 현실 인식력을 공유하고 있는 두 사람이 단둘이 이야기를 나누어 생각이 일치하는 것을 알았기 때문에, 개인 감정을 배제하고 정치에 대해 논의했을 게 분명하다. 하지만 티베리우스가 양자로 승격한 것을 안 세상 사람들은 자기 피를 이어받은 후계자를 모두 잃은 아우구스투스가 어쩔 수 없이 결단을 내려, 피가 섞이지 않은 티베리우스를 후계자로 선정한 것으로 받아들였다.

66세의 늙은 황제는 45세의 티베리우스를 양자로 삼는 동시에, 딸 율리아가 낳은 손자 가운데 유일하게 살아남은 16세의 아그리파 포스투무스도 양자로 삼았다. 이것은 아우구스투스가 자기 핏줄을 잇겠다는 집착을 아직도 버리지 않은 증거였다.

티베리우스의 양자 승격을 원로원은 당연한 일로 받아들였다. 아우구스투스는 티베리우스와의 양자 결연을 발표하는 동시에, 티베리우스에게 10년 기한의 '호민관 특권'을 인정하고 그 기한을 연장할 수도 있게 해달라고 요청했고, 여기에 대해 원로원은 한마디 반대도 없이 순순히 승인했다. 티베리우스는 율리아와 재혼한 직후에 이미 5년 기한의 '호민관 특권'을 부여받았지만, 로도스섬으로 은퇴하는 바람에 자연 해임된 형태가 되어 있었다.

티베리우스는 이제 사실상 아우구스투스의 사위도 아니고 아우구스투스의 핏줄을 잇는 손자를 낳지도 않을 게 분명했지만, 아우구스투스의 양자가 되는 동시에 아우구스투스밖에 갖고 있지 않은 '호민관 특권'까지 부여받음으로써 명쾌하게 아우구스투스의 후계자가 되었다.

아우구스투스는 티베리우스를 사실상의 내각인 '제일인자 보좌위원회'의 상임위원으로 임명했다. 이것도 전에는 아그리파만이 차지하고 있던 지위다. '내각'은 제일인자인 아우구스투스와 그해의 집정관 두 명, 법무관과 안찰관을 비롯한 오늘날의 각부 장관, 6개월 임기인 원로원 대표 20명으로 구성되어 있다. 아우구스투스 이외에는 모두 임기가 짧은 비상임위원뿐이다. 아우구스투스는 티베리우스를 '내각'의 상임위원으로 임명하여, 자기한테 만약의 사태가 생길 경우에 필요한 통치 실무를 익히게 하고 권력 승계가 순조롭게 이루어지도록 조치를 취했다.

아우구스투스의 이 같은 조치에 대해, 공화주의자들에게 마지막 남은 보루인 원로원은 한마디도 반대하지 않았다. 그 이유는 다음 몇 가지로 생각해볼 수 있다.

첫째, 7년 남짓 로도스섬에 은퇴해 있었다 해도 티베리우스의 군사적 능력은 워낙 뛰어났다.

'로마에 의한 평화' 확립이 대단히 어려운 사업이라는 것은 원로원 의원들도 알고 있었다. 특히 변경에 방어선을 확립하는 것은 어려운 일이고, 이 일을 맡을 인물은 지위만이 아니라 능력도 반드시 갖추고 있어야 한다. 젊은 가이우스의 실패가 이것을 일목요연하게 보여주었다.

둘째, 티베리우스는 로마의 명문 중의 명문인 클라우디우스 씨족 출신으로, 아우구스투스나 그 혈연자에 비하면 설명할 필요도 없는 귀족 계급에 속했고, 따라서 원로원의 유력자들은 티베리우스를 자기편 사람으로 생각했다.

로마 공화정은 일명 '귀족정'(아리스토크라티아)이고 역사적으로는 '과두정'(올리가르키아)이라고 불리는 소수지도체제였다. 오늘날 우리가 생각하는 민주정 체제는 아니다. 사회적으로 지위가 높고 실제로는 옛날부터 내려오는 유력 가문에 속한 사람들의 모임인 원로원이 500년 동안 로마의 국정을 담당해왔다. 이 '원로원 체제'에 도전하여 그것을 타도한 사람이 카이사르였고, 카이사르의 혁명을 이어받아 확고하게 기반을 굳혀간 사람이 아우구스투스다.

티베리우스의 친아버지는 젊은 시절에는 갈리아 원정의 마지막 몇 년 동안 카이사르 휘하 장교로 싸웠지만, 카이사르가 루비콘강을 건넌 뒤에는 그의 곁을 떠나 폼페이우스한테로 달려갔다. '원로원 체제'를 타도하겠다는 카이사르의 결의가 루비콘 도하로 말미암아 백일하에 드러났기 때문이다. 이 시기에 카이사르를 떠나 폼페이우스 쪽으로 달려간 것을 보면, 티베리우스의 친아버지는 원로원파였던 게 분명하다.

카이사르가 폼페이우스를 물리친 뒤에도 티베리우스의 아버지는 계속 폼페이우스의 아들을 추종했으니까, 철저한 '원로원 체제' 고수파였다고 말할 수 있다. 다만, 브루투스나 카시우스처럼 카이사르 암살단에는 가담하지 않았다. 그런데도 옥타비아누스 시절의 아우구스투스와 안토니우스가 반카이사르파 소탕을 위해 작성한 '살생부'에는 그의 이름이 올라 있었고, 그 탓에 오랫동안 망명생활을 할 수밖에 없었다. 티베리우스가 태어난 해에 그의 아버지는 아직 아우구스투스의 '적'이었다.

그 후 미세노 협정의 성립으로 아버지는 로마로 돌아왔지만, 이번에는 어머니 리비아가 아우구스투스의 아내가 되었다. 어린 티베리우스는 동생 드루수스와 함께 아우구스투스 집에서 자랐지만, '원로원 체제'를 잊지 못하는 명문 귀족들이 보기에 티베리우스는 어디까지나 고귀한 클라우디우스 씨족의 피를 이어받은 남자였고, 따라서 자기편 사람이었다. 아우구스투스도 그 점을 생각지 않을 수 없었으니까, 혈연을 중시하는 명문 출신들이 그렇게 믿었다 해도 무리는 아니다. 행동거지에는 기품이 넘쳐흐르고, 교양인에게 필수적인 그리스어를 완벽하게 구사하는 티베리우스는, 서민적인 아우구스투스나 아그리파의 세계에는 완전히 섞일 수 없는 존재였다.

티베리우스 자신은 완고한 계급주의자는 아니었다. 그가 평생 동안 사랑한 여자는 전처인 빕사니아였다. 빕사니아는 아버지인 아그리파는 물론, 할아버지인 아티쿠스까지 더듬어 올라가 보아도 명문 집안의 피 따위는 전혀 섞이지 않은 여자였다. 혈연에만 주목하는 사람은 티베리우스가 머릿속으로 무슨 생각을 하고 있었는지는 꿰뚫어보지 못했을 것이다. 그것을 꿰뚫어본 사람은 너무 늦은 감이 있긴 하지만 역시 아우구스투스였다.

66세의 아우구스투스는 아마 안심하고 티베리우스를 후계자로 삼았을 것이다. 조금이라도 불안을 느꼈다면, 티베리우스에게 양자 자리와 '호민관 특권'과 '내각'의 상임위원 자리를 거의 동시에 안겨줄 리가 없다. 한 가지를 주고 나서 상황을 보고, 잠시 후에 또 한 가지를 주었을 것이다. 그런데 아우구스투스는 마치 결정은 끝났다는 듯이 티베리우스를 후계자로 지명했다. 그것은 누구의 억측도 허용치 않는 과감한 조치였다.

평생 동안 자기 피를 이어받은 후계자 확보에 집착한 아우구스투스가 결국에는 자기와 피 한 방울 섞이지 않은 인물을 후계자로 지명했으니, 이렇게 얄궂은 일도 없다. 그래도 티베리우스가 전선 이탈과 다름없이 로도스섬으로 은퇴했을 때 느꼈던 분노도 잊어버리고, 개인 감정보다 공익을 우선한 결단이라고 칭찬하고 싶지만, 칭찬은 절반 정도에서 멈출 수밖에 없다. 아우구스투스는 티베리우스를 후계자로 삼았을 뿐 아니라, 티베리우스가 죽은 뒤에 그 지위를 이어받을 사람까지도 자기가 직접 결정했기 때문이다.

티베리우스는 아우구스투스의 양자가 되는 동시에, 동생 드루수스가 남긴 아들을 양자로 맞아들였다. 물론 아우구스투스가 그렇게 할 것을 요구했기 때문이다. 티베리우스의 조카인 당시 18세의 게르마니쿠스는 아우구스투스의 누나인 옥타비아가 마르쿠스 안토니우스와 결혼하여 낳은 딸 안토니아의 아들이므로, 아우구스투스에게는 조카딸의 아들로 손자뻘이 된다. 이것은 두 손자가 죽은 뒤에도 혈연에 대한 아우구스투스의 집착이 사라지지 않았다는 것을 보여준다. 티베리우스에게도 당시 16세가 된 아들이 있었지만, 그 아들의 혈관에는 아우구스투스의 피가 한 방울도 흐르고 있지 않았다.

나중에 어떤 사정이 있든 간에, 티베리우스의 복귀가 원로원과 일반 서민에게 호평을 받은 것은 분명했다. 티베리우스도 그들의 기대를 사실로 보여주는 데 인색하지 않았다. 게르마니아 전선은 한시라도 빨리 진두지휘를 맡을 사람을 필요로 하고 있었다.

안전하고 쾌적한 수도 로마에 살면서, 극장이나 경기장에서는 앞에서 열네 번째 줄까지인 특별석에 앉는 특권을 부여받거나, 쾌적함에서는 로마보다 못하지만 군단이 주둔할 필요도 없을 정도니까 안전함에서는 로마와 별 차이가 없는 '원로원 속주'에서 1년 동안 평온하게 총독을 지내는 것이 보통인 원로원 의원에 비하면, 전선에서 근무하는 병사들은 항상 적을 의식하는 나날을 보내야 한다. 티베리우스의 전선 복귀를 어느 누구보다도 기뻐한 것은 이들 군단병이었다.

당시 24세로 기병대 지휘를 맡고 있던 발레리우스 파테르쿨루스는 그로부터 20년 뒤에 쓴 『로마사』에서 티베리우스의 전선 복귀를 병사들이 어떻게 맞이했는가를 이렇게 서술하고 있다.

"내 문장력으로는 현장에 없었던 사람들에게 그것을 제대로 전할 수 없다는 것을 알고 있다. 하지만 내 문장이 아무리 서툴러도, 알아주는 사람이 적어도 몇 명은 있을 것이다.

어쨌든 자기네 앞에 모습을 나타낸 티베리우스를 보고, 병사들은 기쁜 나머지 눈물을 흘리기 시작했다. 병사들은 대열이 흐트러지는 것도 아랑곳하지 않고 모두 티베리우스에게 달려가, 저마다 입으로 기쁨을 표현하고, 티베리우스의 손을 만지려고까지 하는 모습은 엄격한 규율로 알려진 로마 군단에서는 좀처럼 볼 수 없는 광경이었다.

'이게 꿈은 아니겠지요, 총사령관 각하. 우리가 다시 각하의 지휘를 받으며 싸울 수 있다니……'

'저는 각하 밑에 있었습니다, 총사령관 각하. 아르메니아에서 싸울 때였지요.'

'저는 라이티아 전선에서 각하의 부하였습니다.'

'저는 도나우강 전선에서 각하한테 훈장을 받은 사람입니다.'

'판노니아 전선에서 각하에게 칭찬을 들은 게 바로 접니다.'

'저도 게르마니아 전선에서 각하의 부하였습니다.'"

티베리우스와 병사들은 무려 10년 만에 재회한 것이다. 45세가 되어 전선에 복귀한 티베리우스의 원숙함은 게르마니아 전쟁을 추진하는 방식에서도 유감없이 발휘되었다.

　티베리우스 진영에는 18세의 게르마니쿠스도 참가해 있었다. 아우구스투스가 티베리우스의 다음 후계자로 결정한 청년이다. 티베리우스에게는 조카인 이 젊은이의 본명은 율리우스 카이사르지만, 이름이 너무 훌륭해서 인물이 실제보다 오히려 못해 보인다고 생각했는지 '게르마니쿠스'라는 통칭으로 불리고 있었다. 게르마니쿠스는 게르만족을 정복한 사람이라는 뜻인데, 애초에 게르마니아 원정을 맡은 드루수스가 요절한 뒤에 이 별명으로 불리게 된 것을 그 아들이 물려받았다. 18세의 게르마니쿠스는 큰아버지이자 이제는 양아버지가 된 티베리우스 밑에서 처음으로 전쟁에 참가하게 되었다.
　티베리우스는 이 게르마니쿠스에게 처음부터 중요한 임무를 맡기지는 않았다. 18세의 젊은이에게는 2년 동안 '참모본부'에서 근무하라는 명령이 내려졌다. 장차 총사령관을 맡아야 할 사람에 대한 제왕교육이기도 했다.
　제2군을 이끌고 최고사령관 티베리우스와 협력하여 전쟁을 치러야 하는 부장(副將)에는 그해의 집정관인 사투르니누스를 임명했다. 게르마니아 전선은 사실상 10년 동안 방치되어 있었다. 그곳을 제압하려면 라인강이라는 출발점으로 다시 돌아가서, 처음부터 다시 시작할 수밖에 없었다.
　이 원정의 최종 목표는 아우구스투스가 바란 대로 라인강에서 엘베 강까지의 게르마니아 전역을 제압하고, 로마 제국의 방어선을 라인강에서 엘베 강으로 옮기는 데 있었다. 오랫동안 위협적 존재였던 갈리아를 로마화하여 로마인을 그 위협으로부터 해방시킨 카이사르를 본받

게르마니쿠스

아, 또 하나의 위협인 게르만족도 로마화하여 로마인을 그 위협에서 해방시키는 것이 아우구스투스의 일관된 정책이었다. 그러나 정치력이 필요한 로마화를 추진하기 전에 우선 군사력을 동원하여 그곳을 제압해둘 필요가 있다. 처음에는 드루수스에게, 그리고 이제는 티베리우스에게 부과된 임무는 바로 이것이었다.

게르마니아에는 큰 강이 네 개 있다. 서쪽에서 동쪽으로 열거하면 라인강, 엠스강, 베저강, 엘베 강이다. 네 강이 모두 북해로 흘러든다. 다시 시작된 게르마니아 원정 첫해인 서기 4년, 티베리우스는 전군을 둘로 나누었다. 60세가 넘었지만 병사들의 마음을 사로잡는 데에는 상당한 재능이 있었던 부장 사투르니누스에게는 라인강 상류에서 강을 건너 동쪽으로 쳐들어가는 길을 맡긴다. 네 강의 상류를 모두 제압하는 것이 그의 임무다. 티베리우스가 이끄는 제1군은 하류에서 라인강을 건넌 다음, 전투를 계속하면서 북쪽으로 크게 우회하여 동쪽으로 진격하는 길을 택했다.

네 강의 상류와 하류를 동시에 제압하여 북해에서 강을 거슬러 올라

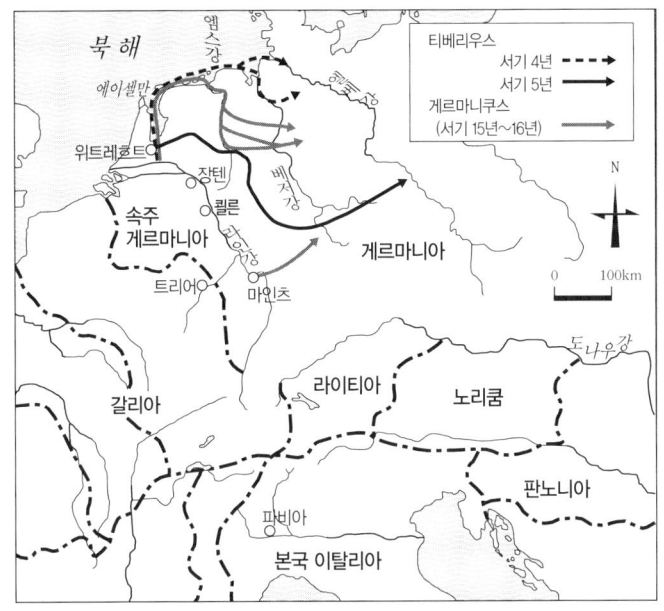

티베리우스와 게르마니쿠스의 행군로

가는 해군의 진로를 보장하고, 그에 따라 공동투쟁체제를 펼 수 있게 된 육군과 해군 군사력을 총동원하여 북쪽과 남쪽에서 협공함으로써 게르마니아 전역을 제패하는 것이 티베리우스의 전략이었음을 알 수 있다. 첫해에 예정된 전략으로는 사투르니누스가 이끄는 제2군보다 티베리우스가 이끄는 제1군의 행군로가 훨씬 어려웠다. 네 강의 하류 지역은 숲이 울창한 상류 지역보다 생활하기가 편하기 때문인지, 많은 부족이 살고 있었기 때문이다.

　서기 4년의 전쟁은 12월까지 걸리긴 했지만, 완벽한 성공으로 끝났다. 엘베 강을 빼고는 게르마니아 땅을 흐르는 중요한 하천이 모두 로마군의 수중으로 돌아왔다. 티베리우스는 이 승전보를 가지고 수도로 돌아왔다. 그러나 돌아가는 길로 다시 발길을 돌이킨 거나 마찬가지였

제3장 통치 후기　341

다. 아우구스투스에게 보고를 끝내자마자, 이듬해 봄에 재개될 전투를 준비하기 위해 다시 알프스를 넘어 라인강 근처의 겨울철 숙영지로 돌아갔기 때문이다.

2년째인 서기 5년의 전쟁은 지난해보다 훨씬 화려한 전과로 끝났다. 로마군은 다시 14년 만에 엘베 강에 도달했다. 종군한 파테르쿨루스의 붓을 빌리면 다음과 같다.

"게르마니아 전역에서 로마군이 발자국을 찍지 않은 곳은 이제 어디에도 없었다. 로마인이 이름밖에 몰랐던 많은 부족이 우리 진영에 투항했다. 항복한 게르만 젊은이의 수는 얼마나 많은가. 키가 크고 금발인 그 젊은이들의 늠름한 체격은 또 얼마나 볼만한가. 대열을 짜서 그들을 둘러싸는 로마 병사들의 창들이 햇빛을 받아 눈부시게 빛나고, 승자와 패자를 불문하고 사람들의 시선은 모두 한복판에 서 있는 최고사령관에게 쏠려 있었다.

로마 진영에 투항한 부족들 중에는 지금까지 로마군과 싸워본 적도 없는 엘베 강 동쪽의 랑고바르드족까지 끼어 있었다. 로마 군단과 은독수리 깃발은 라인강에서 동쪽으로 400마일(여기서 마일은 로마마일이기 때문에, 킬로미터로 환산하면 약 600킬로미터가 된다)이나 떨어진 엘베 강까지 포함한 게르마니아 전역을 제패했다."

엘베 강을 거슬러 올라가는 해군과 서쪽에서 동쪽으로 진격하는 육군의 공동투쟁 전선이 티베리우스가 바란 대로의 성과를 가져다주었기 때문이다. 게르만족을 로마 제국 안으로 끌어들인다는 아우구스투스의 꿈은 이제 완전히 이루어진 것처럼 보였다.

하지만 게르만족이 모두 로마군과 싸워서 패배하고 그 진영에 투항한 것은 아니다. 한 번 싸워서 패배한 뒤 다른 방법으로 살아남을 길을 찾은 부족도 있었다. 바로 마르코마니족이었다. 이 부족의 지도자인 마로보두스는 소년 시절에 로마의 인질이 되어 아우구스투스의 친척집에서 지낸 경험이 있었다. 게르만족 중에서는 드물게 로마인을 잘 알고 있는 사람이었다. 인질에서 풀려나 고향으로 돌아온 그는 로마와 싸우기보다는 다른 땅으로 이주하여 자기 부족을 존속시키는 쪽을 택했다. 그는 게르마니아 땅에서 남쪽에 도나우강이 흐르는 보헤미아 땅으로 이주했다. 부족 전체를 이끌고 이주한 시기는 티베리우스의 동생 드루수스가 엘베 강에 도달한 기원전 9년 무렵이었다고 한다. 티베리우스가 다시 엘베 강까지 도달하여 게르마니아 전역을 제압한 서기 5년에는 이 게르만 부족의 보헤미아 생활도 어느덧 14년에 이르고 있었다.

이 14년 동안 달성한 마로보두스의 업적은 눈부실 정도였다. 보병 7만 명과 기병 4천 명은 모두 로마 군단식으로 조직되어, 로마식 전법을 습득했다. 막강한 전력을 손에 넣은 마로보두스는 왕을 자칭하며, 로마의 중앙 정부와 외교관계까지 맺게 되었다.

이만한 전력을 가진 뒤에도, 마로보두스는 어떻게든 로마와 정면 충돌은 피한다는 방침을 고수한 모양이다. 그러나 로마의 패권 아래 들어가는 데 불만을 품은 슬라브족이나 게르만족 지도자들의 피난처가 되는 것까지는 피할 수 없었다. 마로보두스의 의도가 어떻든 간에, 마르코마니족이 정착한 뒤의 보헤미아는 갈리아 원정 당시 카이사르의 눈에 비친 브리타니아와 비슷한 존재가 되어버렸다. 로마가 이 게르만족의 한 부족을 방치해두는 위험을 깨닫는 것도 이제 시간문제였다. 또한 그들 세력권의 남쪽 경계와 이탈리아의 거리는 350킬로미터에 불과했다. 보병은 12일, 기병은 4일 만에 갈 수 있는 거리다.

서기 6년, 게르마니아 제패는 끝났다고 생각한 아우구스투스는 이 마르코마니 부족을 공략하기로 결심한다. 이 원정의 최고사령관으로 지명된 티베리우스는 봄이 되면 당장 진격을 개시할 수 있도록 겨울철 숙영지를 도나우강 근처에 설치했다. 유일하게 로마 진영에 투항하지 않은 이 게르만 부족을 공략하기 위해 티베리우스는 남쪽에서 올라가고 사투르니누스는 서쪽에서 쳐들어가는 협공 작전이 마련되었다. 양군이 닷새 동안 행군하여 적의 전위부대와 만날 수 있는 거리에서 출발할 예정이었다고 한다. 눈이 녹자마자 당장 진격 작전에 착수할 수 있는 태세는 완벽하게 갖추어져 있었다.

그런데 티베리우스 휘하에서 종군하고 있던 파테르쿨루스의 표현을 빌리면, "운명을 지배하는 신은 때로는 인간의 계획을 망쳐버린다." 이번에도 그런 일이 일어났다. 티베리우스가 서기 6년 봄을 기다려 북쪽으로 진격하려 할 때, 그 배후인 판노니아와 달마티아에서 대규모 반란이 일어난 것이다.

반란

판노니아와 달마티아는 티베리우스가 로도스섬으로 은퇴하기 전에 제패한 뒤, 로마화가 착실히 진행되고 있던 지방이다. 로마식 가도망을 건설하고, 요지에는 그 지방 개발의 '핵'이 될 식민도시를 세워 퇴역병들을 이주시켰다. 로마는 아드리아해를 사이에 두고 이탈리아반도와 마주 보고 있는 이 지방의 로마화에 대단한 열성을 기울이고 있었다.

복잡한 지형으로 유명한 이 지방은 그때까지 한 번도 문명을 누린 적이 없었다. 그 남쪽에 사는 그리스인은 해양민족이고 통상민족이었기 때문에, 내륙지방으로 들어가기보다는 바다로 나가는 데 관심이 많았다. 그리스인은 문명도도 높았기 때문에, 로마의 '사회간접자본'이 가져다줄 혜택을 쉽게 이해할 수 있었고, 그것을 활용할 수도 있는 사람들이다. 그리스계 주민이 경제를 장악하고 있던 그리스 본토나 소아시아가 항상 로마의 패권에 순종한 것은 그들에게 독립 의식이 결여되어 있었기 때문이라기보다 '로마화'의 이익을 이해할 수 있었기 때문이다. 자동차의 유리함을 아는 사람만이 고속도로의 편리함을 이해할 수 있다. 말을 타고 산야를 달리거나 말에 짐을 싣고 운반하는 수준에서 오랫동안 살아온 사람들에게 하루아침에 고속도로망의 효율성을 이해시킬 수는 없는 노릇이다.

또한 아우구스투스의 군제개혁에 따라, 명칭은 '보조병'이지만 '군단병'과 거의 같은 수의 현지인 병사도 상비군으로 편성되어 로마 시민병으로 구성된 로마 군단에 참가하게 되었다. 이것은 어제까지의 적에게 무기를 들려주는 거나 마찬가지다. 위험은 항상 내재했다.

로마는 '보조병'이 복무하는 동안은 의식주와 급료를 보장하고, 제대할 때는 로마 시민권을 주었다. 극단적인 예이긴 하지만, 산적을 업으로 삼아온 사람들에게 이런 보장과 특전은 커다란 매력이었을 것이다. 이런 면에서도 문명은 미개한 민족에게 주었다고 해서 당장 그 유효성을 이해시킬 수 있는 것은 아니다.

그래도 로마는 먼저 군사력으로 정복한 다음, 사회간접자본 정비 등을 통해 로마화—로마인 자신의 표현으로는 '문명화'—를 추진하는 방식으로 일관했다. 물론 군사적 제패의 영향이 남아 있는 동안은 평온을 유지할 수 있었다. 반란이 일어나는 것은 군사적으로 제패한 직후가 아니라, 한동안 사이를 두는 것이 보통이다. 판노니아와 달마티아에서는 그 기간이 12년이었다. 반란을 일으킨 이 두 지방의 지도자들은 도나우강 북쪽의 보헤미아에 강력한 세력을 쌓은 마르코마니족과 공동투쟁전선을 펼 수 있으리라고 믿어 의심치 않았다. 은밀한 의사 타진 정도는 전부터 이루어졌을지도 모른다.

판노니아와 달마티아 지방에서 반란을 일으킨 사람의 수는 80만 명이 넘었다고 한다. 그 가운데 무기를 들고 싸울 수 있는 사람의 수는 보

도나우강 중류 유역도

병이 20만 명, 기병이 9천 명이다. 이 병사들은 대부분 로마군에서 복무한 경험이 있고, 이들을 통솔하는 자들도 '보조부대' 지휘관을 경험한 자가 많았다. 아우구스투스의 군제개혁에 따라, 현지인으로 구성된 '보조부대'의 지휘는 같은 현지인에게 맡기는 체제가 되어 있었기 때문이다. 실제로는 부족장이 자기 부족 남자들을 지휘하는 것이 보통이었다.

아우구스투스의 군제개혁에 따라, 제국 방위는 로마인으로 구성되는 군단과 현지인으로 구성되는 보조부대가 서로 긴밀한 연락을 유지해야만 제대로 기능을 발휘할 수 있는 체제가 되어 있었다.

'보조부대' 지휘관들과 '군단' 지휘관들은 접촉할 기회도 많다. 로마군은 현지인이라도 지휘관급에 대해서는 군단장이 소집하는 작전회의에 참석할 권리를 인정하고 있었다. 10년 남짓 지나는 동안, 그들이 로마인의 언어인 라틴어를 배운 것도 당연했다.

판노니아와 달마티아에서 일어난 반란은 이런 경우에 으레 거치는 순서대로 진행되었다. 반란군은 우선 그 땅에 사는 로마인을 피의 제물로 바치고, 이어서 로마군 주둔지를 습격했다. 로마식 전략까지 익힌 지휘관은 반란군을 삼분하여, 1군은 판노니아와 달마티아 땅을 확보하고, 2군은 남쪽의 마케도니아를 침공하고, 3군은 이탈리아 북동부로 침입하여 전선을 확산시켰다. 이를 맞아 싸우는 로마군도 병력을 삼분하지 않을 수 없게 되었다.

어떤 사태에 직면해도 평정과 침착함을 잃지 않았던 것으로 유명한 아우구스투스도 이때만은 동요를 감추지 못했다. 68세의 늙은 황제는 원로원으로 달려가, 적이 수도에서 열흘 거리에 있다고 말하면서 긴급 대책을 호소했다. 원로원도 대책이 시급하다는 것은 알고 있었다. 반란이 일어난 지역의 모든 땅이 적의 수중에 들어가면, 이탈리아반도는 직접 적에게 노출되어버린다. 이탈리아반도와 반란 지역을 갈라놓는 것은 폭이 좁은 아드리아해뿐이다. 파도가 잔잔한 여름철이라면 하루나 이틀 만에 건널 수 있는 거리였다.

훗날 마키아벨리가 주목한 특징이지만, 로마인은 위기가 찾아들면 그때까지 적대했던 사람들끼리도 당장 일치단결하여, 실력을 인정받은 자에게 전권을 맡기는 성향이 있다. 병사의 긴급 모집과 그를 위한 자금 염출을 결의한 원로원은 반란군을 진압하러 가는 로마군 최고 책임자로 티베리우스를 임명하라고 아우구스투스에게 요구했다.

티베리우스는 아우구스투스의 정식 양자지만, '호민관 특권'과 '내각'의 상임위원 자격만 갖고 있을 뿐, 아직 로마 전군의 통수권까지는 갖고 있지 않았다. 이것을 갖고 있는 사람은 아우구스투스뿐이다. 따라서 누구를 총사령관 자리에 앉힐 것인가를 결정할 수 있는 사람도 아우구스투스밖에 없었다. 황제도 원로원의 요구에는 이의가 없었다. 반란이 일어난 서기 6년에는 개개의 군단기지가 분투한 덕분에 반란군이 이탈리아 북동부로 들어오지 못했고, 달마티아 해안지방도 로마군의 수중에 남아 있었다.

이듬해인 서기 7년 봄에 시작된 로마군의 반격을 총지휘하는 임무는 티베리우스에게 맡겨졌다. 이것도 역시 마키아벨리가 칭찬한 점이지만, 로마에서는 일단 총지휘를 맡겨서 전선으로 내보낸 사람에게는 본국 정부가 일체 간섭하지 않았다. 전선의 총사령관에게는 무엇이든 혼자서 결정해도 좋은 문자 그대로의 '절대지휘권'이 주어지는 게 보통이었기 때문이다.

48세가 된 티베리우스는 손에 쥔 '절대지휘권'을 활용한다. 공격 대상이었던 마르코마니족의 왕 마로보두스에게 밀사를 급파하여 우호조약을 맺어버렸다. 티베리우스와 마로보두스가 몰래 만났다는 설도 있지만, 어쨌든 이로써 북쪽으로 쳐들어갈 예정이었던 티베리우스 휘하의 병력은 남쪽의 반란군을 진압하는 데 전념할 수 있게 되었다. 동시에 판노니아와 달마티아의 반란군이 기대하고 있던 마르코마니족과의 공동투쟁은 시작도 하기 전에 무산되어버렸다.

티베리우스와 마로보두스는 비슷한 연배였다니까, 아우구스투스의 친척집에서 볼모 생활을 한 이 게르만인과 티베리우스는 소년 시절의 학우였는지도 모른다. 로마에서는 볼모에게도 귀족 자제와 똑같은 교육을 시켰다. 아니, 성장하면 지도자가 될 게 분명한 볼모이기 때문에, 그를 맡고 있는 집에서도 더욱 교육에 신경을 썼다. 내가 자주 '풀브라이트 유학생'과 비슷하다고 말한 것은 그 때문이다. 그러나 이런 개인적인 사정보다 더욱 중요한 것은 이 게르만 부족장이 로마인을 잘 알고 있었다는 점이다. 마로보두스는 티베리우스가 밀사를 보내 우호관계를 맺자고 요구하자, 어떤 조건도 내세우지 않고 그것을 받아들였다.

북쪽을 걱정할 필요가 없어진 티베리우스는 휘하의 5개 군단을 모두 반란군 진압에 사용할 수 있게 되었다. 그런 티베리우스에게 강력한 원군이 나타났다. 도나우강 하류 일대를 영토로 삼고 있는 트라키아 왕이 몸소 기병을 이끌고 참전한 것이다. 트라키아 기병은 알렉산드로스 대왕 시대부터 유명하다. 기병력에서는 늘 약체였던 로마군에게는 고맙기 그지없는 원군이었다.

고대의 판노니아와 달마티아는 얼마 전까지 존재한 유고슬라비아와 겹치는 지방이 많다. 옛 유고슬라비아의 지형은 유난히 복잡해서, 독일군을 상대로 한 티토의 게릴라전이 효과를 거둔 것도 이 지형 때문이었다. 지금도 보스니아-헤르체고비나의 분쟁이 쉽게 해결되지 않는 요인 가운데 하나는 복잡한 지형에 있다. 이 지방의 지형은 고대부터 이미 게릴라전에 유리했다. 티베리우스도 쉽게 반란을 진압할 수 있으리라고는 생각지 않았던 모양이다.

이런 사정도 고려하여, 서기 7년에는 적의 상태와 규모에 따라 단기 결전을 택하거나 장기전으로 끌고 나가면서 적의 전력이 소모되기를 기다리는 전략을 사용했다.

어쨌든 그렇게 복잡한 지형에서는 전쟁터를 한곳으로 좁히기가 어렵다. 로마군이 장기로 삼는 것은 넓은 평원에 마주 보고 포진한 양쪽 병력이 정면으로 부딪쳐 승부를 결정하는 회전 방식이지만, 여기서는 그런 방식을 사용할 수 없었기 때문에 티베리우스도 수많은 국지전을 전개할 수밖에 없었다.

로마인은 싸움을 걸어오는 것 자체는 죄라고 생각지 않는다. 따라서 패배자를 용서하고, 그들을 동화시키는 데에도 적극적인 태도를 취할 수 있었다. 다만 로마의 패권을 일단 받아들여놓고, 그 협약을 깨고 반기를 든 자는 절대로 용서하지 않았다. 반란군도 이것은 잘 알고 있다. 특히 지휘관들은 포로가 되면 죽을 운명이라는 것을 알고 있었다.

판노니아와 달마티아 각지에서 벌어진 전투는 필사적인 반란군의 분투로 말미암아 점점 더 처참하고 잔혹한 양상을 띠게 되었다. 로마군 병사들도 반란군에게 붙잡히면 당장 참살당한다는 것을 명심할 수밖에 없었다.

그러는 동안, 아우구스투스의 요청에 따라 긴급 징집된 원군이 잇따라 도착하기 시작했다. 티베리우스의 사령부 주변은 엄청난 수의 병사들로 가득 메워져버렸다. 현장 목격자인 파테르쿨루스에 따르면, 10개 군단의 로마 군단병, 70개 대대가 넘는 보조병, 기병 14개 부대, 제대했지만 다시 지원한 고참병이 1만 명 이상, 거기에 동맹국에서 보내온 원군, 이번에 처음 참전한 신병들을 모두 합하면 무려 15만 명에 이르렀다고 한다. 이제 비로소 20만 명이 넘는 반란군과 수적으로는 엇비슷해진 상태로 대결할 수 있게 되었다. 여기서 48세의 티베리우스는 보기 드문 야전 지휘관의 면모를 과시하게 된다.

실전을 지휘해본 경험이 있는 사람이라면, 병력이 5만 명을 넘으면 훈령이 구석구석까지 전달되지 않는다는 것을 알고 있다. 총사령관의 수족처럼 움직이는 완벽한 지휘관 조직이 없으면, 5만 명 이상의 병력에 철저히 훈령을 전달하는 것은 불가능해진다. 이런 조직은 장기간에 걸친 전쟁으로 완전해지는 것이 보통이었다.

또한 병참에서도 어려움이 생긴다. '병참'(영어로는 Logistic, 이탈리아어로는 Logistica, 라틴어로는 Logista)은 전쟁터 후방에 있으면서 군수품을 보급하고 수송하며 연락선을 확보하는 임무를 말하는데, 로마군이 이 병참 면에서 우수했던 것은 고대에는 보기 드문 특징이었다. 로마군은 병참으로 이겼다고 평가하는 현대의 전쟁사 전문가도 있을 정도다. 하지만 아무리 우수한 병참조직을 유지하고 있어도, 15만 명을 만족시키기는 어려웠다.

게다가 갓 지원한 신병은 훈련을 시키지 않으면 전력이 될 수 없다. 그렇긴 하지만, 이들을 훈련시킬 시간 여유가 없었다. 고참병들도 퇴역한 지가 오래되면 전력화하는 데 상당한 시간을 필요로 한다. 속주민으로 이루어진 보조병들도 어디에 배속하든 당장 전력이 될 수 있는 것은 아니었다. '보조병' 제도의 기본방침이 자기 조국을 스스로 방위하는 것이었기 때문이다.

한마디로 말하면, 수는 늘어났지만 그중에는 오히려 거추장스러운 방해물로 변할 우려가 있는 병사들이 많았다. 그들을 모두 투입하면 희생자만 늘어날 뿐이다. 로마군이 병참을 중시한 것은 옥쇄 정신과는 무관했다는 뜻이기도 하다. 이런 로마군에서는 희생자 수를 되도록 줄이는 것이 총사령관의 역량을 가늠하는 첫 번째 조건이었다.

티베리우스는 새로 도착한 원군을 대부분 돌려보내기로 했다. 외양보다 실질을 중시한 것은 화려함을 싫어하는 티베리우스다웠다. 여기까지 행군해오느라 지쳐버린 지원병들의 피로를 달래기 위해 며칠 동안은 쉬게 했다. 그리고 돌아가는 길의 안전도 보장했다. 귀국하는 병사들이 행군하는 동안 적에게 습격당하지 않도록 호위 기병대를 딸려서, 본국과의 국경까지 바래다준 것이다. 이들을 안전하게 돌려보내는 것도 여간 고생스러운 일이 아니었다. 그래도 병참 면에서 감당할 수 없는 대병력을 가까이에 놓아두는 것보다는 낫다고 판단했다.

사료에는 명기되어 있지 않지만, 티베리우스 휘하에는 10개 군단과 기병이 남았을 것으로 여겨진다. 6만 명 안팎의 병력이다. 20만 명이 넘는 적에 비하면 3분의 1도 채 안 된다. 그러나 이들은 훈련시킬 필요도 없고 적에게 익숙해지기를 기다리지 않아도 되는 정예 집단이었다.

티베리우스는 싸우기 어려운 지형에서 필사적으로 맞서는 적을 상대해야 하는 부하들을 소중하게 다루었다.

전사자는 한 사람도 방치하지 않았다. 그들에게는 사회적 지위가 높든 낮든 관계없이 로마식 장례를 치러주었다.

부상자들은 최고사령관 전속 군의관이 앞장서서 조직한 의료진의 치료를 받았다. 최고사령관 전용 마차와 가마도 부상자를 실어 나르는 데 사용되었다. 티베리우스 자신은 전쟁이 끝날 때까지 줄곧 말을 타고 다녔다. 휴식도 희생한 셈이다.

최고사령관 전용 목욕시설도 부상병들에게 제공되었고, 티베리우스의 전속 요리사들도 부상당한 병사들의 식사 준비를 맡았다. 로마군 병사들은 자기가 먹을 음식을 직접 만들어 먹도록 되어 있었다.

자기도 부상을 당해 티베리우스의 가마를 타보았다는 파테르쿨루스는, 이 전선에서 부족한 거라고는 집과 가족뿐, 다른 것은 전혀 부족하지 않았다고 증언했다. 그러고는 이렇게 덧붙여 말했다.

"이 전쟁의 최고사령관은 휘하 지휘관들을 초대하여 식사할 때도 의자에 앉은 채 식사를 끝내는 것이 보통이었다."

로마인은 식사할 때 침대식 의자에 비스듬히 누워서 한쪽 팔꿈치로 몸을 받치고 음식을 먹는 습관이 있었다. 그런 로마인이 의자에 앉아서 식사한다는 것은 오늘날의 감각으로는 선 채로 식사하는 것과 마찬가지다. 판노니아-달마티아 전선에서 최고사령관인 티베리우스는 솔선수범하여 로마식 쾌적함을 포기했다.

자신에게 엄격한 사람은 남도 엄격하게 대하기 쉽지만, 파테르쿨루스의 증언에 따르면, 전쟁터에서의 티베리우스는 남에게 엄격하지 않았다고 한다. 규칙을 어긴 병사라도, 그 규칙 위반이 다른 병사들에게 해를 끼치지 않은 경우에는 으레 용서해주었다. 벌을 주기보다는 경고를 주는 경우가 많았다. 최고사령관이 알고도 처벌하지 않으면, 부하들은 같은 잘못을 두 번 다시 되풀이하지 않는 쪽을 택했다. 싸움에 졌다는 이유만으로 티베리우스에게 처벌받은 대대장이나 백인대장이나 병사는 한 사람도 없었다.

반란 진압 첫해인 서기 7년과 2년째인 서기 8년은 판노니아와 달마티아 전역으로 확산된 수많은 전선에서 20만 명의 반란군과 6만 명의 로마군이 격투를 벌이는 가운데 지나갔다. 그렇긴 하지만, 전쟁이 길어질수록 병참 면에서의 우열이 효과를 나타내는 것도 분명했다.

아우구스투스는 판노니아-달마티아 전쟁에 대해서는 이제 걱정할 필요가 없어졌지만, 그 무렵 또다시 집안에서 일어난 불상사에 시달리고 있었다.

가족의 불상사

70세를 맞이한 아우구스투스에게는 외동딸 율리아가 낳은 직계 손자가 아직 남아 있었다. 바로 아그리파 포스투무스다. 티베리우스를 양자로 삼을 때, 아우구스투스는 이 외손자도 양자로 삼았다. 아우구스투스가 양자로 삼았다는 것은 후계자 대열에 포함시켰다는 뜻이다. 아그리파 포스투무스를 양자로 삼은 서기 4년의 시점에서, 아우구스투스의 후계자 서열과 그들의 나이는 다음과 같았다.

- 티베리우스 — 45세
- 아그리파 포스투무스 — 15세
- 게르마니쿠스 — 18세

게르마니쿠스가 나이는 두 번째지만 후계자 서열에서는 세 번째로 되어 있는 것은, 아그리파 포스투무스는 아우구스투스의 양자이고, 게르마니쿠스는 티베리우스의 양자였기 때문이다.

로마에서는 기원전 2세기 말에 가이우스 그라쿠스가 단행한 개혁으로 사회적 지위가 높든 낮든 관계없이, 말하자면 집정관의 아들도 무산자의 아들도 17세가 되기까지는 절대로 병역을 부과할 수 없도록 되어 있었다. 아무리 국가 존망의 위기가 닥쳐와도, 로마의 장래를 짊어지고 나아갈 세대에게는 필요한 교육을 받기에 충분한 시간을 보장해야 한다는 것이 국가 로마의 방침이었기 때문이다. 사실 그라쿠스의 개혁 이전에 한니발이 쳐들어와서 16년 동안이나 국내에 눌러앉아 있던 시기에도 17세 이전에 징집된 로마인은 하나도 없었다.

이것을 뒤집어 말하면, 17세에 도달한 뒤에는 누구에게나 군대에 들어갈 수 있는 길이 열린다는 뜻이다. 특히 국가 요직을 맡아 '공동체'에 봉사하는 인생을 '명예로운 경력'이라고 부르고, 그 방면으로 출세가도를 걷는 것을 당연한 선택으로 여기던 상류층 출신에게는, 17세 이후에 군대 경험을 쌓는 것이 필수불가결한 조건으로 되어 있었다.

티베리우스에게는 아그리파 휘하에서 싸운 에스파냐 전쟁이 첫 번째 참전이었고, 게르마니쿠스에게는 티베리우스 휘하에서 싸운 게르마니아 전쟁이 첫 번째 참전이었다. 그리고 판노니아-달마티아 전쟁에서는 48세의 티베리우스가 총사령관을 맡았고, 21세의 게르마니쿠스는 티베리우스 휘하에서 전선 가운데 하나를 맡는 사령관이 되어 있었다.

당연한 일이지만, 반란 진압 첫해인 서기 7년에 18세가 된 아그리파 포스투무스도 옛 유고슬라비아 전역에서 벌어지고 있는 전투에 참가해야 한다. 당시 로마가 이 전쟁을 얼마나 중시했는가를 생각해보아도, 그리고 아그리파 포스투무스가 차지하고 있던 지위를 생각해보아도, 할아버지인 아우구스투스가 유일하게 살아남은 직계 손자를 전쟁터에 보내 첫 출전을 화려하게 장식하도록 하기에는 절호의 기회였을 것이다. 그런데도 할아버지는 손자를 전선에 보내지 않았다. 아니, 보낼 수가 없었다.

황손의 난폭한 행동을 아무도 감당할 수 없게 된 서기 7년, 외할아버지이자 양아버지이기도 한 아우구스투스가 이 손자를 보낸 곳은 판노니아 전선이 아니라 훗날 나폴레옹의 유배지로 유명해진 엘바섬에서 남쪽으로 14킬로미터 떨어진 프라네시아(오늘날의 피아노사)섬이었다.
 이 섬은 아그리파 포스투무스의 어머니인 율리아가 유배된 벤토테네 섬만큼 외딴섬은 아니다. 면적도 11제곱킬로미터는 되고, 물도 풍부하게 솟아나고, 포도와 올리브를 재배할 수도 있다. 20세기에 접어들자마자 이탈리아 정부가 결핵환자를 격리 치료하기 위한 국립결핵요양소를 설치한 섬이다. 그 요양소가 폐쇄된 오늘날에도 농업과 어업에 종사하는 사람들이 사는 마을이 있다. 그래도 '세계의 수도'로 찬양받는 로마에서의 생활에 비하면 유형지나 마찬가지였을 것이다. 이 섬에 유배된 황손은 이탈리아 본토는 물론 이웃한 엘바섬을 방문하는 것조차도 금지당했기 때문이다.

 아우구스투스를 괴롭히는 집안의 불상사는 이것으로 끝나지 않았다. 이듬해인 서기 8년에는 외손녀 율리아를 섬으로 보낼 수밖에 없었다. 유배당한 이유는 어머니 율리아의 경우와 마찬가지로 지나치게 자유분방한 남자관계였다. 어느 정도나 자유분방했는지, 유형지가 어디였는지는 분명치 않다. 하지만 아우구스투스는 간통을 죄로 규정한 법률을 성립시키면서까지 건전한 가정을 되살리려고 애쓴 사람이었다. 혈육의 법률 위반을 방치하는 것은 허용되지 않았고, 강한 책임감 때문에 육친의 불상사를 부끄러워하는 마음이 더욱 강해졌을 것이다. 딸 율리아, 외손자 아그리파 포스투무스, 외손녀 율리아에 대한 처벌은 모두 아우구스투스가 실현하려고 애쓴 '국법'이 아니라 로마의 전통적인 '가부장권'에 따라 이루어졌다. 공인 아우구스투스가 아니라, 개인 아우구스투스가 아버지와 할아버지로서 딸과 손자와 손녀를 처벌한 것이다.
 섬으로 유배되었을 당시 서른 살도 안 되었던 외손녀 율리아는 로마의 명문 귀족인 아이밀리우스 파울루스와 결혼하여 1남 1녀를 낳았다. 아무리 행실이 나쁘다 해도, 그 자식들한테서 떼어내어 섬으로 유배를 보냈으니, 70세가 넘은 황제의 분노와 수치심이 얼마나 심했는지를 엿볼 수 있다. 평생 동안 핏줄을 잇는 데 집착하고, 그 때문에 혈육을 그토록 소중히 여긴 사람이 다름 아닌 바로 그 혈육한테 배신당했으니 얄궂다고 말할 수밖에 없다.

그래도 아우구스투스는 체념할 줄 몰랐던 모양이다. 직계 손들 중에서는 유일하게 아무 문제도 일으키지 않고 자란 아그리피나를 게르마니쿠스에게 시집보냈다. 아그리피나는 아그리파와 율리아의 둘째딸이고, 티베리우스의 양자인 게르마니쿠스는 아우구스투스의 조카딸 안토니아의 아들이니까, 두 사람은 육촌 남매 사이다. 이 결혼에서는 3남 3녀가 태어나게 된다. 그 가운데 한 사람이 제3대 황제인 칼리굴라이고, 칼리굴라의 누이동생은 제5대 황제인 네로를 낳는다.

불굴의 의지는 당연히 칭찬받아야 할 성향이다. 하지만 그것이 핏줄을 잇는 데 이렇게까지 집착하는 모양을 보이면, '집착'이라기보다 '집념'이고, '집념'을 넘어선 '망집'으로 보이기까지 한다. 망집은 비극밖에 낳지 못한다. 고대인들의 생각에 따르면, 운명을 끝까지 제 생각대로 좌우하려는 태도는 겸손함을 잊게 하고, 그 때문에 신들에게 복수를 당하기 때문이다.

시인 오비디우스

서기 8년에 아우구스투스의 외손녀 율리아가 받은 유배형은 시인 오비디우스의 유배형이라는 부산물을 낳음으로써 라틴 문학사상 큰 사건이 되었다.

쉰 살이 넘은 시인에게는 마른 하늘에 날벼락이었을 것이다. 느닷없이 떨어진 아우구스투스의 명령으로 도나우강이 흑해로 흘러드는 부근에 있는 토미(오늘날 루마니아의 콘스탄차)로 추방되었기 때문이다. 공식적으로 제시된 죄목은 『사랑의 기술』(아르스 아마토리아)이라는 시집을 펴낸 것이었다. 하지만 세 권으로 된 이 시집은 벌써 10년 전에 간행된 작품이다. 이제 와서 왜 새삼스럽게 문제를 삼느냐고 누구나 생각했을 것이다. 또한 아우구스투스의 '아버지' 카이사르의 정적이었던 키케로의 작품집이 카이사르를 암살한 브루투스의 편지까지 포함된 전집으로 당당히 간행된 로마에서는 언론 통제가 존재하지 않았다. 그런 로마에서 문인이 추방된 것은 오비디우스가 처음이었다.

시인 자신은 추방당한 이유를 명확하게는 밝히지 않았지만, 이런 시를 썼다.

"내가 보았기 때문에? 그것을 본 내 눈이 죄인이라고? 내 부주의가 죄라고?

아테오네스는 사냥의 여신 디아나의 알몸을 일부러 보려고 한 것도 아닌데 보아버렸다. 그 죄로 사냥개에 물려 죽었다.

그렇다. 신들의 신성함을 침범한 자는 설령 무의식적인 행위였다 해도 죗값을 치르는 게 규칙이다. 용서받는 경우는 없는 것이 운명이다."

이 시를 토대로 라틴 문학 연구자들은 마음껏 추론을 전개한다. 황제의 외손녀 율리아의 불륜에 오비디우스가 관계하고 있었던 게 아닐까. 아우구스투스가 시인에게 벌을 준 것은 오비디우스가 『사랑의 기술』을 썼기 때문이 아니라 율리아의 간통을 중매했기 때문이 아닐까.

진상은 두 당사자가 말이나 글로 밝히지 않았고, 고대의 어느 누구도 확실한 사료를 남기지 않았기 때문에, 영원한 수수께끼라고 말할 수밖에 없다. 하지만 로마 지도층에 속하는 사람들의 도덕심을 향상시키기 위해, 카이사르가 알았다면 파안대소했을 만큼 열성적으로 노력한 아우구스투스에게는 『사랑의 기술』이 확실히 '분통 터지는' 작품이긴 했다.

『사랑의 기술』 제1권과 제2권은 어떻게 행동하면 여자를 정복할 수 있는가를 남자들에게 가르쳐주고, 제3권은 어떻게 하면 남자를 정복할 수 있는가를 여자들에게 가르쳐준 작품이다. 세 권 모두 실례를 들어가면서 구체적으로 쓰여 있다.

하지만 절대로 포르노그라피는 아니다. 실용적인 기술을 가르치는 고전은 대개 인간성에 대한 깊고 해박한 통찰 때문에 냉소적인 재치와 유머로 가득 차 있는 법인데, 오비디우스의 『사랑의 기술』도 그런 부류에 속하는 걸작이다. 쓴웃음을 짓지 않고는 읽을 수 없는 작품이다.

성애는 고대 그리스인에게는 나체였고, 고대 로마인에게도 역시 나체였다. 오비디우스의 시도 옷 같은 것을 죄다 벗어던지고, 뜨겁게 타오르는 성애를 찬미한 작품이다. 오비디우스 연구자 가운데, 이 라틴어 시인과 1,500년 뒤인 이탈리아 르네상스 시대의 정치사상가 마키아벨리를 비교한 사람이 있는데, 나도 그의 의견에 전적으로 찬성한다.

내용을 토대로 하여 마키아벨리의 『군주론』을 다른 제목으로 바꾼다면, 『정치의 기술』이다. 인간은 이러저러한 존재에 불과하고, 따라서 이런 인간성의 현실을 냉철하게 꿰뚫어보고 정치도 이러저러하게 이루어져야만 유효하다고 주장한 것이 마키아벨리다. 남자와 여자의 실체는 이러저러하고, 따라서 여자나 남자에 대해 성공하고 싶으면 이러저러한 기술을 구사해야 한다고 주장한 것은 오비디우스다. 마키아벨리는 덕이 부족하다는 비난을 받았지만, 오비디우스에 대한 비난도 이와 비슷했을 것이다.

인간은 자기가 잊고 싶은 일을 지적당하면 화를 내는 법이다. 아우구스투스는 상당히 균형 감각이 있는 사람이었다. 딸과 외손녀가 방탕하지만 않았다면, 냉소적인 유머로 인간성을 날카롭게 지적한 『사랑의 기술』의 저자를 추방하지는 않았을 것이다. 딸과 외손녀의 추문은 내버려둘 수 있는 범위를 넘어서 있었다. 이를 괴로워한 늙은 도덕주의자의 분노를 엉뚱하게도 오비디우스가 뒤집어쓴 게 아닐까. 처음 발매되었을 때부터 베스트셀러였던 문제의 책 『사랑의 기술』은 저자가 추방된 뒤에도 금서가 되지 않았기 때문이다. 저자만 벌을 받은 것은 논리에 맞지 않다. 내가 엉뚱한 화풀이라고 말한 이유는 여기에 있다. 남달리 신중했던 아우구스투스도 어지간히 부아가 난 게 분명하다. 늙어서 짜증이 늘어난 것일까.

아우구스투스의 신변이 시끄러워진 것에 비하면, 판노니아 - 달마티아 전선에서는 서기 9년으로 해가 바뀌기도 전에 이미 싸움의 결말이 뚜렷이 보이게 되었다.

로마군의 강점은 역시 '병참'에 있었다. 로마군이 강한 주요인이 보급과 보급선 확보에 있었다는 것은 수적으로는 열세라도 효율성이 뛰어났다는 뜻이고, 알기 쉽게 말하면 영리하게 싸웠다는 뜻이다. 참전한 파테르쿨루스의 증언에 따르면, 서기 8년에서 9년으로 넘어가는 겨울이 로마군의 우세를 결정적인 것으로 만들었고, 서기 9년 여름에는 이미 판노니아 전역이 로마군에 굴복했다. 배가 고파서 쓰러질 것 같고 군복도 누더기로 변한 반란군은 주모자 두 사람을 앞세워 항복했다. 그리고 그해 겨울에는 달마티아 지방도 강화를 요구해왔다.

일단 제패했다고 생각한 판노니아와 달마티아의 반란으로 시작된 이 전쟁도 티베리우스와 게르마니쿠스를 투입한 끝에 3년 만에 결말이 난 셈이다. 당초에는 로마인의 간담을 서늘하게 한 반란이었지만, 막상 끝나고 보니 도나우강에 이르는 지역 전체에 대한 로마의 패권이 더욱 강화되었다. 제국의 방어선인 도나우강이 일반 서민에게도 친숙한 존재가 되는 시대가 시작되었다.

판노니아와 달마티아를 완전히 평정했다는 소식은 당장 수도의 아우구스투스에게 전해졌다. 로마는 평화가 돌아온 것을 환영했고, 71세의 아우구스투스는 자기가 결정한 후계자가 둘 다 그 지위에 어울리는 공적을 세워주었기 때문에, 지난 1~2년 동안 일어난 집안의 불상사도 잊어버릴 만큼 기뻐했다. 하지만 그 기쁨도 잠시뿐, 며칠 지나지 않아 게르마니아 땅에서 참사가 일어났다는 소식이 들어왔다.

'숲은 게르만의 어머니'

참사 소식은 판노니아의 겨울철 숙영지에 있던 티베리우스와 수도 로마의 아우구스투스에게 거의 동시에 전해진 것 같다. 티베리우스는 대책을 논의하기 위해 서둘러 수도 로마로 떠났다.

긴급 태세를 갖출 필요는 충분했다. 정예부대인 3개 군단, 기병 3개 중대, 보조병 6개 대대로 이루어진 퀸틸리우스 바루스 휘하의 군대가 전멸한 것이다. 전투원만 해도 3만 명, 하인이나 그밖의 비전투원까지 합하면 3만 5천 명이나 되는 로마군이 게르마니아 중부의 숲속에서 적의 매복에 걸려 전멸했다.

이런 손실은 60여 년 전 크라수스 군대가 파르티아에서 참패를 당한 이후 처음이다. 라인강을 방어선으로 삼은 카이사르의 생각에 거역하면서까지 게르마니아 땅에 군대를 진주시킨 71세의 아우구스투스에게는 통렬한 타격이었다. 라인강 방어선을 지키는 것은 이제 2개 군단밖에 없다. 어쨌든 겨울 동안 요격 태세를 수립하는 것이 선결 문제였다. 그 일을 맡길 만한 사람은 티베리우스밖에 없었다. 판노니아-달마티아 전쟁을 방금 끝낸 티베리우스는 한겨울의 알프스를 넘어 라인강으로 달려갔다.

티베리우스가 엘베 강에 도착하여 게르마니아 정복을 끝낸 서기 6년

이후, 아우구스투스는 이제 군사력으로 제패하는 시기는 끝났고 정치력으로 로마화하는 시기에 접어들었다고 생각했다. 그래서 속주 통치 경험이 풍부한 퀸틸리우스 바루스에게 그 임무를 맡겼던 것이다.

로마의 명문 귀족 출신인 바루스는 기원전 50년 무렵에 태어나 기원전 13년에 집정관을 지냈고, 그 후로는 아프리카 속주와 시리아 속주 총독을 역임한 노련한 정치가였다.

바루스의 비극은 그전에 이루어진 군사적 제패에도 이유가 있었지만, 그보다는 그가 직접 담당한 전후 처리에 문제가 있었기 때문인 것 같다. 갈리아를 제패한 카이사르의 전후 처리와 비교해보면 그 차이는 명백해진다.

카이사르는 군사적 제패가 끝난 뒤에도 갈리아 부족들을 모두 그대로 놓아둔 채, 부족 내부의 일은 전과 마찬가지로 각 부족장이 알아서 처리하고, 갈리아 전체의 문제도 기존의 갈리아 부족장 회의에서 처리하도록 함으로써 로마인이 직접 갈리아를 통치하지 않는 방식을 택했다.

정복자에 대한 피정복자의 불만은 개인 차원에 머무르는 동안은 폭발까지 이르지 않는다. 그 불만이 폭발하는 것은 지도자를 얻었을 때다. 미개한 야만족의 지도자가 될 수 있는 것은 부족장을 비롯하여 이른바 지도층에 속하는 사람들이다. 정복자에게 피정복 민족의 지배층이 불만을 품는 것은 정복당하기 전에 자기네가 갖고 있던 권력이 정복자에게 침해되었다고 느꼈을 때다. 바꿔 말해서 정복자가 군사력으로 제압한 상태를 영속시키고 싶으면, 피정복 민족의 지배층이 갖고 있던 권력을 침해하지 않고 종래대로 보장해주면 된다.

카이사르는 그렇게 했다. 정복자 로마에 지불하는 속주세도 각 부족장에게 징수권을 위임하여, 그들을 통해 카이사르에게 지불되었다. 공화정 시대에는 경쟁 입찰로 징세권을 도급맡는 '푸블리카누스'가 속주세 징수를 대행했지만, 갈리아 전역에서 '푸블리카누스'를 통한 속주세 징수제도가 기능을 발휘하고 있었던 곳은 예부터 로마 속주였던 남프랑스뿐이다. 카이사르가 제패한 중부와 남부 갈리아 지역에서는 로마인인 '푸블리카누스'가 아니라 갈리아인인 부족장들이 징세 대행인이 되어 있었다. 정복한 땅을 지배하는 일에 정복자의 개입을 최대한 줄인 것만 보아도, 카이사르의 정치적 안목이 얼마나 깊고 넓은가를 알 수 있다. 갈리아 원정에 이은 내전으로 갈리아에는 로마 병사가 한 사람도 남지 않게 되었지만 갈리아가 로마에 반기를 들지 않은 것은, 카이사르의 생각에 따른 갈리아 통치 방식이 갈리아인, 특히 지도층에 불편하지 않았기 때문이기도 했다.

이런 갈리아 통치 방식이 아우구스투스의 재편성으로 다른 속주와 똑같아진 것은 기원전 26년이었다. 카이사르가 갈리아를 떠나 루비콘 강을 건넌 지 24년이 지난 뒤였다. 그 24년 동안, 갈리아는 로마의 패권을 인정하면서도 실질적으로는 자치를 누렸다. 24년이라면 한 세대다. 카이사르 방식의 로마화 시대에 태어나서 자란 갈리아 지배층이 아우구스투스 방식의 로마화에 대해서도 별다른 저항감을 느끼지 않고 원만하게 적응한 것이 갈리아의 로마화가 성공한 하나의 요인이었을 것이다.

그러면 게르마니아는 어떠했는가.

앞에서도 말했듯이, 아우구스투스는 티베리우스가 지휘한 서기 6년까지의 전쟁으로 군사력을 통한 게르마니아 제패는 끝났다고 믿고, 그 전후 처리 — 즉 정치력으로 게르마니아를 로마화하는 작업 — 를 아프리카와 시리아 속주 총독을 지낸 바루스에게 맡겼다. 문제는 바루스가, 로마의 직접 통치를 시행하기 전에 얼마 동안 중간 단계를 두는 카이사르 방식이 아니라 군사력으로 제패한 바로 이듬해부터 아우구스투스 방식의 직접 통치를 실시한 것이었다. 군인이라서 정치적 감각은 별로 없었던 파테르쿨루스도 이렇게 말하고 있다.

"바루스는 미개지에 파견된 군단 사령관이라기보다 문명도가 높은 도시를 다스리도록 파견된 관선 지사처럼 행동했다."

바루스의 전임지가 아프리카와 시리아 속주였다는 점을 상기해달라. 아프리카 속주는 원래 강대국 카르타고의 영토였던 곳이다. 이 땅이 로마의 속주가 된 것은 150년 전이다. 시리아 속주도 알렉산드로스 대왕의 유산인 셀레우코스 왕조가 멸망한 뒤 폼페이우스가 속주로 편입시킨 것이 70년 전이다. 이 두 속주의 문명도는 로마 본국보다 나으면 나았지 결코 못하지 않았다. 시리아 속주의 수도 안티오키아와, 카이사르가 재건하여 아프리카 속주의 수도로 삼은 카르타고는, 로마화 이전과 마찬가지로 여전히 지중해 세계의 대도시였다.

문명인이라면 정복자 로마가 열심히 추진하는 '사회간접자본'의 이점도 쉽게 이해할 수 있고, 로마가 강요하는 세금이 일단은 만족해도 좋을 만큼 공정한 수준이라는 것도 쉽게 이해할 수 있었다. 또한 강대국 파르티아와 국경을 맞대고 있는 시리아 속주에는 4개 정규 군단이 상주해 있었지만, 아프리카 속주에는 정규 군단은 하나도 없고, 사막 부족의 약탈로부터 속주민을 지키는 일은 현지인으로 조직된 '보조부대'가 맡고 있었다.

요컨대 바루스는 속주 총독을 역임한 베테랑이긴 했지만, 문제가 적은 속주 통치의 '베테랑'이었다. 임기응변의 재능은 없었다는 것이 고대 역사가들의 일치된 평가지만, 개인적인 성격은 별문제로 하고, 그때까지 그가 총독을 지낸 속주는 임기응변을 별로 필요로 하지 않는 곳이었다.

그렇긴 하지만 게르만족의 로마화는 아우구스투스 자신이 강력하게 원한 일이었다. 방어선을 라인강에서 엘베 강으로 옮겨, 라인강과 도나우강을 잇는 방어선을 엘베 강과 도나우강을 잇는 방어선으로 단축시키고, 게르만족을 국경 안으로 끌어들여 오랫동안 로마를 괴롭힌 위협적인 존재를 제거하려고 생각했기 때문이다.

중간에 공백기가 있었다고는 하지만, 게르마니아를 제패하는 데에는 20년이 걸렸다. 그런 게르마니아에서는 패권 '수립' 못지않게 패권 '유지'도 중요한 일이었을 것이다. 이 게르마니아에서 실시된 통치 방식이 일개 총독에 불과한 바루스의 독단으로 결정되었을 리는 없다. 아우구스투스의 훈령에 따랐을 가능성이 크다. 적어도 아우구스투스의 승인을 얻지 않았다면, 바루스가 아무 문제도 없는 다른 속주와 똑같은 방식으로 게르마니아를 통치할 수는 없었을 것이다.

그렇다면 아우구스투스는 갈리아의 로마화가 성공한 첫째 요인이 20여 년의 중간 단계에 있다는 것을 깨닫지 못했을까.

아우구스투스는 아그리파가 있었기 때문에, 그리고 아그리파가 죽은 뒤에는 티베리우스가 있었기 때문에 야전에서 군대를 지휘할 필요가 거의 없었던 사람이다. 그 자체는 결점이 아니지만, 어떤 면에서는 결점으로 나타날 수밖에 없다. 첫째, 지도상으로는 이해하지만 현장을 직접 밟지는 않는다는 점이다. 둘째, 책상 위에서 만든 전략은 병력을 어떻게 하면 효율적으로 움직일 수 있느냐 하는 관점을 빠뜨리기 쉽다. 아우구스투스가 패권 수립이 이루어진 단계에서 게르마니아를 시찰했다면, 그 땅에서 패권을 유지하기 위해서는 무엇이 필요한가를 이해할 수 있었을 것이다. 그런데 제 눈으로 보지도 않고, 관료 타입의 인물을 보내버렸다.

공화정 시대의 로마에서는 군사력으로 패권을 수립하는 데 성공한 이가 전후 처리도 맡는 것이 보통이었다. 시리아를 중심으로 한 중근동 지방의 전후 처리를 맡은 것은 폼페이우스였고, 갈리아의 전후 처리는 카이사르가 맡았다. 현지를 잘 알고 있는 사람이 패권 유지에 필요한 정치적 전후 처리를 담당한 것이다. 폼페이우스의 동방 재편성은 아우구스투스조차도 거의 바꾸지 않았을 정도로 항구성을 자랑했고, 카이사르의 갈리아 통치 방식은 대단히 성공적이어서, 그 덕분에 갈리아는 로마화의 우등생이라는 말까지 듣게 되었다.

미개한 민족이 미개한 이유는 벌거벗은 힘 앞에서만 굴복한다는 점이다. 바꿔 말하면 자기를 힘으로 압도한 자에게는 거리낌없이 경의를 표한다. 바루스는 게르마니아 총독을 맡은 서기 7년부터 3년 동안 화려한 전과는 한 번도 거둔 적이 없는 인물이었다.

이런 인물의 직접 통치를 받게 된 게르만 부족의 지도자들은 로마의 군사력 앞에 굴복한 굴욕감에다 아우구스투스의 속주 통치 방식에 따라 그때까지 누려온 권력마저 빼앗긴 불만이 겹치고, 게다가 전투력에서는 자기들보다 훨씬 못한 관료에게 지배당하고 있다는 분노까지 품게 되었다. 그리고 마침 그 무렵 게르만족 지도자들의 이런 감정에 불을 붙이려고 생각한 인물이 게르마니아에 출현했다.

아르미니우스는 기원전 16년에 게르만의 한 부족인 케루스키족의 족장 아들로 태어났다니까, 서기 9년에는 25세 안팎이었을 것이다. 서기 4년부터 시작된 티베리우스의 게르마니아 침공기에 케루스키족도 로마에 굴복했고, 스무 살의 아르미니우스도 로마 치하에 들어간 다른 부족의 지도층 사람들과 마찬가지로 로마군의 '보조부대'에서 복무하기 시작했다. 그는 여기서 당장 두각을 나타낸 듯, '보조부대' 기병대를 지휘하는 지위에까지 출세한다. 현지인을 모아서 조직한 '보조부대' 병사들에게는 만기 제대한 뒤에 로마 시민권을 주는 것이 규칙이었지만, '보조부대'라도 지휘관에게는 복무하는 동안 시민권을 주었다. 아르미니우스도 스무 살이 될까 말까 한 나이에 로마 시민권 소유자가 되었다. 이 게르만 젊은이는 곧 '기사 계급'으로 승격했다. 로마 사회는 계층간에 유동성은 있었지만, 원로원 계급·기사 계급·평민·해방노예·노예로 나뉘어 있었다. 속주의 유력자에게는 원로원 의석을 주고 기사 계급으로 승격시키는 데에도 인색하지 않았던 카이사르와는 달리, 아우구스투스는 이 점에서 아주 보수적이었던 것으로 알려져 있다. 그 인색한 아우구스투스가 인정했을 정도니까, 로마군에서 아르미니우스가 얼마나 눈부신 공을 세웠는지 짐작할 수 있을 것이다.

서기 7년부터 게르마니아 총독에 취임한 바루스가 다국적 기업의 현지 법인 사장으로 파견된 사람이라면, 그에게 이 게르만 젊은이는 안성맞춤의 부사장으로 보였을 게 분명하다. 바루스는 아르미니우스가 뒤에서 공작을 꾸미고 있다는 다른 부족장들의 충고에도 귀를 기울이지 않을 만큼, 이 게르만 젊은이를 신뢰했다.

서기 9년 겨울이 가까워질 무렵, 게르마니아 중부 지방 순행을 마친 바루스와 그의 군대는 라인강 연안의 군단기지에서 겨울을 나기 위해 서쪽으로 향하고 있었다. 3개 정규 군단, 보조부대 6개 대대, 기병 3개 중대뿐이라면 전투원만으로 이루어진 군대지만, 여기에 아녀자들까지 끼어 있었던 것은 라인강에서 엘베 강에 이르는 게르마니아 땅이 군사력에 의한 패권 수립기에서 정치력에 의한 패권 유지기로 옮겨가 있었다는 것을 보여준다. 패권 수립기라면 거추장스러운 비전투원까지 데리고 다니지 않는다. 지휘하는 바루스는 물론 지휘를 받는 병사들도 적지를 행군한다는 긴장감은 거의 없었을 것이다. 게다가 카티족이 불온한 움직임을 보이고 있다는 아르미니우스의 말을 곧이곧대로 믿은 바루스는 안전한 길을 버리고 삼림지대로 들어가는 실수까지 저질렀다.

'숲은 게르만의 어머니'라고 게르만족은 호언한다. 오늘날의 독일만 보면 상상할 수 없을 만큼, 2천 년 전의 게르마니아 땅은 숲으로 뒤덮여 있었다. 게다가 갈리아의 삼림과는 달리 낮에도 어두운 깊은 숲이다.

그 속으로, 게다가 아르미니우스가 지휘하는 게르만 병사들이 매복해서 기다리고 있는 숲속으로 3만 5천 명이 들어가버렸다.

정통적인 공격법에 익숙한 병사들이 게릴라를 두려워하는 것은 적의 모습이 보이지 않기 때문이다.

로마군은 사흘 동안 적의 공격을 버텨냈다. 그러나 숲을 빠져나가 라인강 연안의 기지로 도망칠 수 있었던 것은 극소수에 불과했다. 나머지는 모두 죽었다. 바루스를 비롯한 지휘관 대다수는 이제 끝장이라고 생각하여 자결을 택했다. 아르미니우스는 포로도 인정하지 않았다. 항복한 로마 병사는 물론이고, 보조부대 병사들까지도 로마에 협력한 죄로 모두 살해되었다. 아르미니우스와 안면이 있는 고급 장교들에게는 잔인한 고문에 이은 죽음이 기다리고 있었다.

참극이 벌어진 곳은 오스나브뤼크 북쪽에 펼쳐진 토이토부르크숲이었다고 한다. 현대에 이르기까지 수많은 연구자가 다각도로 조사하고 연구했는데도 정확한 장소는 아직 알려져 있지 않다. 하지만 이긴 전쟁보다는 패한 경험을 더 오래 기억하는 로마인이 건재했던 시대에는 참극의 현장이 어디인가를 알고 있었다. 그로부터 6년 뒤인 서기 15년, 게르마니아 땅을 누비던 게르마니쿠스와 그 휘하의 로마군이 비극의 땅을 찾아간 상황을 역사가 타키투스는 다음과 같이 전하고 있다.

"그곳은 거기에 선 모든 사람의 가슴속에 6년 전의 비참한 기억을 되살리기에 충분했다. 맨 처음 눈에 들어온 것은 허둥지둥 만든 것이 분명한 울타리를 둘러친 진영지였다. 총사령관 바루스의 막사를 비롯하여 막사를 친 흔적도 남아 있었지만, 3개 군단을 수용하기에는 턱없이 모자란 넓이였다. 그곳을 지나 잠시 가자 반쯤 파괴된 울타리와 얕게 판 참호가 눈에 들어왔다. 그것은 적의 기습으로 이미 숱한 사망자를 낸 뒤, 진영지에서 수비할 수도 없게 된 로마 병사들이 최후의 저항을 시도한 흔적을 보여주고 있었다. 이 두 진영지 사이에는 이미 백골이 된 시체들이 흩어져 있거나 한곳에 무더기로 쌓인 채 방치되어 있었다. 그것은 절망에 빠진 병사들이 뿔뿔이 흩어져 달아나려 했거나 한데 뭉쳐서 싸운 상황을 말해주고 있었다. 백골은 부러진 창이나 말의 해골 옆에 흩어져 있었다. 수많은 나무줄기마다 박혀 있는 두개골은 산 채로 처형된 것을 보여주었다. 숲속에는 수많은 제단이 남아 있고, 게르마니쿠스와 동행한 바루스 군대의 생존자가 증언한 바에 따르면, 게르만족은 그 제단 위에서 대대장이나 백인대장들을 마치 산 제물로 바치는 짐승처럼 죽였다고 한다. 백인대장 중에서도 제1대대 소속만 일부러 골라서 산 제물로 바친 사실을 보면, 로마 군단의 편성을 잘 아는 자의 소행임이 분명하다.

살아남은 병사들은 저마다 군단장이 어디서 전사했는지, 어디서 군단의 은독수리 깃발을 적에게 빼앗겼는지, 어디서 바루스가 처음으로 상처를 입었는지, 어디서 스스로 가슴을 찔러 죽음을 택했는지를 이곳에 처음 온 동료 병사들에게 알려주었다. 또한 어디서 아르미니우스가 승리의 연설을 했는지, 포로가 된 로마 병사들을 죽이기 위해 얼마나 많은 처형대가 세워졌는지, 아르미니우스가 얼마나 오만방자하게 로마 군기를 모욕했는지도 알려주었다.

패배한 지 6년 뒤 비극의 땅에 선 로마 병사들은 흩어진 유골을 매장하는 작업에 착수했다. 어느 것이 로마 병사의 유골이고, 어느 것이 속주 병사의 것인지도 알 수 없었다. 하지만 유골을 수습해서 안식처를 마련해주는 작업을 진행하는 로마 병사들의 가슴속에는 더 이상 로마 병사와 속주 병사의 차이는 존재하지 않았다. 어느 유해도 자기와 같은 피가 흐르는 동포의 것이었고, 그 동포를 이토록 잔인하게 죽인 적에 대한 분노가 활활 타올랐다. 총사령관 게르마니쿠스는 구덩이에 산더미처럼 쌓인 유골 위에 최초의 흙을 덮었다. 병사들도 그 뒤를 따랐다. 이리하여 죽은 자의 슬픔과 살아 있는 자의 고통은 하나로 이어졌다."

다시 6년 전으로 돌아가자. 바루스가 이끄는 3만 5천 명이 전멸한 것을 안 로마는 방금 판노니아와 달마티아를 평정한 티베리우스를 급히 라인강변으로 보냈다. 아르미니우스의 승리로 불이 붙은 게르만족이 우르르 일어나 라인강 연안의 군단기지를 습격해올 거라고 예상했기 때문이다. 하지만 그런 일은 일어나지 않았다.

첫째 이유는 게르만족의 모든 부족이 아르미니우스의 호소에 응한 것은 아니었기 때문이다.

응한 것은 소수의 부족에 불과했다. 아르미니우스는 마르코마니족 족장인 마로보두스에게 바루스의 목을 보내 공동투쟁을 호소했다. 그러나 이 게르만 족장은 티베리우스와 맺은 협약을 지키는 쪽을 택했다. 마로보두스는 바루스의 목을 로마의 아우구스투스에게 보냈고, 아우구스투스는 먼 친척인 이 패장에게 로마식 장례를 베풀어주었을 뿐 아니라 제 가족의 묘소로 만든 영묘에 매장하기까지 했다. 패장을 처벌하지 않는 것은 로마의 전통이기도 했다.

두 번째 이유는 게르마니아 전체가 떨쳐일어나 로마에 맞서서 공동전선을 결성하자는 아르미니우스의 호소가 실패로 끝났기 때문이다. 아르미니우스는 용감하고 대담하고 교활한 자이긴 했다. 그러나 지도자가 되기에는 무언가 중요한 것이 빠져 있었다. 그 점에서는, 비록 카이사르에게 패하긴 했지만 갈리아 사람 베르킨게토릭스가 훨씬 나았다. 이 게르만 젊은이에게는 전략적 사고가 부족했고, 경쟁관계에 있는 다른 부족까지 결집시키는 리더십도 모자랐다.

바루스의 3개 군단을 잃은 것은 뼈아픈 타격이었지만, 로마군이 패배한 직후 게르마니아의 형편은 로마에 그렇게 절망적인 것은 아니었다. 로마는 큰 상처를 입었지만, 회복할 수 없을 정도는 아니었다. 로마가 엘베 강까지의 게르마니아 땅을 제국에 편입시키겠다는 확고한 의지만 갖고 있다면, 토이토부르크숲에서 입은 타격쯤은 얼마든지 이겨

내고 그 과업을 계속 추진할 수 있는 상태였고, 그럴 수 있는 힘도 갖고 있었다. 당시 로마의 힘이라면, 3개 군단 정도는 충분히 보충할 수 있었다.

그런데 아우구스투스는 그렇게 하지 않았다.

로마군은 패배를 모르는 군대가 아니었다. 그런데도 '무적의 로마 군단'이라는 평판을 얻은 것은 패배해도 당장 만회했기 때문이다. 갈리아 원정 때 1.5개 군단에 해당하는 9천 명을 잃은 카이사르는 폼페이우스에게 원군을 보내달라고 요청하면서 이런 편지를 보냈다.

"설령 패배를 맛본 경우에도 로마는 손실을 보충할 여력이 있을 뿐 아니라, 전보다 더 강대한 병력으로 만회할 수 있는 여력이 있다는 사실을 갈리아인에게 보여주는 것은 현재만이 아니라 장래까지도 갈리아의 민심에 깊은 영향을 주게 되리라고 확신하오."

그러니까 원군을 보내달라는 것인데, 폼페이우스도 동감이었는지 2개 군단을 갈리아로 보내왔다.

이것은 로마 시민권을 가진 성년 남자, 즉 병역 해당자의 수가 100만 명도 채 안 된 기원전 53년의 이야기다. 로마 시민이 500만 명을 헤아리게 된 60년 뒤의 로마가 3개 군단을 새로 편성할 수 없을 리는 없다. 그런데도 제국 전역의 방위를 맡고 있던 28개 군단이 25개 군단으로 감축된 지금, 왜 3개 군단을 보충하지 않고 25개 군단인 채로 놓아두었을까.

팔라티노 언덕에 서 있는 아우구스투스의 집에서는 71세의 아우구스투스가 탄식하는 소리가 밤의 장막을 뚫고 들려왔다고 한다.

"바루스, 3개 군단을 돌려줘!"

상상하건대 아우구스투스는 망설였던 것 같다. 20년 동안이나 전쟁을 계속했는데, 이제 와서 게르마니아를 포기하고 라인강까지 후퇴하여 수비를 강화할 결심은 좀처럼 서지 않았을 것이다. 그렇다고 해서 3개 군단이 아니라 5개 군단이라도 새로 편성하고, 그것을 포함한 10개 군단의 전력을 단기간에 집중 투입하여 단번에 게르마니아를 완전 제패해버릴 결심도 좀처럼 서지 않았을 것이다.

이것도 사료가 존재하지 않기 때문에 내 상상에 불과하지만, 이 시기에 아우구스투스가 보인 우유부단함은 군사적 재능이 결여되어 있었기 때문이라고 생각한다. 만약 아그리파가 살아 있었다면, 이럴 때 유익한 조언을 해줄 수 있었을 것이다. 17세 때부터 고락을 함께한 아그리파와 아우구스투스 사이에는 솔직한 의견이 교환되고 있었기 때문이다.

아우구스투스는 게르마니아 문제에 결단을 내리는 것은 망설이고 있었지만, 게르마니아 전선을 혼자 짊어지고 있는 티베리우스의 고생을 충분히 이해하고 있었다. 패배를 맛본 군대를 하나로 통합하여, 자기네 동포를 이긴 적과 맞서는 방위력으로 그들을 재조직하는 것은 참으로 어려운 일이다. 이 시기에 아우구스투스가 티베리우스에게 보낸 편지를 읽어보면, 노인이 되어서야 비로소 티베리우스에게 마음을 열고, 티베리우스의 노고에 솔직히 감사의 뜻을 표하고, 그 티베리우스를 사랑하게 된 심경 변화를 읽을 수 있다.

그때까지 아우구스투스는 티베리우스의 재능을 인정하면서도, 자신과 비슷한 폐쇄적 성격을 가진 티베리우스를 사랑하지는 못했다. 티베리우스의 동생 드루수스가 살아 있을 무렵에는, 둘째 아들답게 호방한 성격으로 남에게 호감을 주는 드루수스에게 아무래도 마음이 기울어졌다. 성격이 비슷한 사람끼리는 친한 사이가 되기 어려운 법이다.

그러나 이제 74세의 아우구스투스와 53세의 티베리우스를 이어준 것은 남의 윗자리에 서 있는 사람의 책임감이었을 것이다. 아우구스투스는 티베리우스의 책임감을 사랑했던 것 같다.

"진심으로 사랑하는 티베리우스여, 나를 위해서나 병사들을 위해서나 지금의 성공을 계속해다오. 네가 병사들 중에서 가장 용감하고 사령관들 중에서도 누구보다 뛰어난 재능을 갖고 있다는 평판을 들을 때마다 내 가슴에 솟아나는 기쁨은 너의 기쁨보다 더할 것이다."

"네가 한여름에 실시한 포진을 알고 감탄했다. 친애하는 티베리우스여, 참패를 맛본 병사들을 다시 분발시켜야 하는 이 어려운 상황에서 너만큼 현명하게 대처할 수 있는 사람은 다시 없을 거라고 확신한다. 그 증거로, 네가 지휘하는 모든 장병이 너의 능력에 대한 칭찬을 아끼지 않고 있다. '우리 국토는 단 한 사람의 노고로 되살아났다'는 저 유명한 말은 바로 너를 위해 있는 것이나 마찬가지다."

이 유명한 말은 시인 엔니우스가 한니발과 항전하고 있던 시기의 로마 지도자 파비우스 막시무스를 찬양한 시구였다.

"친애하는 티베리우스여, 신들에게 맹세코 말하지만, 신중하게 충분히 생각해야 할 문제에 직면해 있을 때, 또는 내 정책이 노골적인 반대에 부닥쳤을 때는, 네가 옆에 있어주었다면 얼마나 좋을까, 너와 의논할 수 있다면 얼마나 좋을까 하는 생각이 간절하다. 그리고 호메로스의 구절을 생각한다. '그 사람과 함께라면, 타오르는 불길 속에서도 둘이 함께 탈출할 수 있을 것이다. 그 사람의 깊은 통찰력은 달리 유례를 찾아볼 수 없으니까.'"

호메로스의 서사시 『일리아드』에 나오는 이 구절은 트로이 진영으로 쳐들어가게 된 디오메데스가 동행하는 오디세우스를 평한 말이다.

"네가 직면해 있는 끊임없는 어려움이 얼마나 너를 소모시키고 있는가 하는 이야기를 듣거나 보고서로 읽을 때마다, 나는 너무나 걱정스러워서 병이 날 지경이다. 좀 과장된 말이지만, 불안해서 온몸이 떨리는 게 사실이다. 어쨌든 건강에 조심하여라. 네가 병으로 쓰러졌다는 소식이라도 들어오면, 네 어머니나 나도 죽음과 같은 타격을 받을 테고, 무엇보다도 로마 국민 모두에게 중대한 위기를 의미한다는 사실을 잊지 마라."

"네가 건강해서 아무 지장 없이 임무를 수행할 수 있는 상태에 있다면, 내 건강 상태가 좋은지 나쁜지는 그다지 중요한 일이 아니다."

"신들에게 진심으로 기도하노라. 너의 건강이 현재도 장래에도 유지되기를. 만약에 신들이 로마의 멸망을 바라지 않으신다면, 내 기도도 들어주실 거라고 확신한다."

아우구스투스는 티베리우스의 노고에는 감사를 아끼지 않았지만, 게르마니아 문제에 대한 최종 결단은 내리지 않았다.

로마군 최고 통수권자인 아우구스투스가 망설이고 있으면, 전선에 있는 티베리우스도 결정적인 행동은 취할 수 없다. 티베리우스는 서기 10년부터 12년까지 계속 전선에 머물러 있었지만, 그동안 한 일이라고는 라인강 연안의 방어시설을 구축하고, 시위하듯 게르마니아 땅으로의 진격을 되풀이한 것뿐이었다.

서기 13년, 아우구스투스는 마침내 티베리우스에게도 '최고 통수권'(임페리움 프로콘술라레 마그누스)을 주었다. 이로써 54세의 티베리우스는 명실공히 아우구스투스의 공동 통치자가 되었다.

하지만 이것으로 게르마니아 문제 해결에 서광이 비친 것은 아니다.

서기 13년부터 게르마니아 전선은 로마로 돌아온 티베리우스 대신 27세의 게르마니쿠스가 맡게 되었다. 게르마니쿠스는 4년 동안 그 임무를 수행했다. 참극의 현장을 방문한 것도 그때였다. 그러나 이때도 게르마니아에 대한 로마군의 작전은 대군을 투입하여 단번에 완전 제패를 달성하는 속전속결 작전은 아니었다.

서기 16년, 2년 전에 죽은 아우구스투스의 뒤를 이어 황제가 된 티베리우스는 마침내 게르마니아 땅에서 완전 철수하기로 결정했다. 그렇긴 하지만 철수가 공식적으로 발표된 것은 아니었다. 철수는 로마군 총사령관인 황제 티베리우스가 게르마니아 전선 사령관인 게르마니쿠스의 임지를 오리엔트로 바꾸는 방식으로 이루어졌다. 이런 데 주의를 기울이지 않는 사람은 철수가 이루어진 것도 알아차리지 못할 것이다. 진주해 있던 땅에서 철수한다는 것은 로마인이 일찍이 경험해본 적이 없는 불명예였기 때문이다.

이 결정으로 말미암아 로마의 방어선은 공식적으로도 엘베 강과 도나우강에서 라인강과 도나우강으로 되돌아오게 되었다. 오늘날로 치면 함부르크에서 라이프치히와 프라하를 거쳐 오스트리아의 빈에 이르는 선이냐, 아니면 로테르담에서 쾰른과 프랑크푸르트를 거쳐 빈에 이르는 선이냐의 차이다. 라인강 동쪽과 도나우강 북쪽에 사는 게르만족은 영국인 학자들이 이따금 심술궂게 말하는 '제국 밖의 야만인'으로 남게 되었다. 유럽인이 아닌 나는 로마 제국이 엘베 강까지 확대되었다면 바그너의 음악이 있을 수 있었을까 하고 궁금해할 뿐이지만.

엘베 강까지 영토를 확장한다는 전략으로 이야기를 되돌리면, 그것이야말로 아우구스투스가 저지른 거의 유일한 실책이 아니었을까. 내 생각에는 실책이 또 하나 있지만, 그것은 제7권의 중심 주제가 되기 때문에 상세한 서술은 1년 뒤로 미루고 싶다. 따라서 게르만 문제로 이야기를 되돌리면, 현대의 군사 전문가도 이렇게 말하고 있다.
"라인강은 국경선으로서는 엘베 강보다 지형이 명확하고, 따라서 방어하기도 쉬웠을 것이다. 엘베 강까지 영토를 확장하는 데 성공했다 해도, 그 후 로마 제국의 방위는 더 어려워졌을 테고, 그 때문에 군사비 부담도 늘어났을 것이다. 또한 배후지인 갈리아에 대한 통제도 허술해질 수밖에 없었을 것이다."

　게르마니아 땅에서 완전 철수하기로 결단을 내린 것은 아우구스투스가 아니라 티베리우스였다. 아우구스투스는 허영심이 많지 않았다. 남에게 좋은 평판을 얻는 것은 정치할 때 필요하다고 생각할 뿐, 그밖의 점에서는 남의 평가에 별로 관심을 기울이지 않았다. 그런 아우구스투스도 전통적으로 로마의 적이었던 북방의 양대 민족 ― 켈트족(로마식 명칭은 갈리아인)과 게르만족 ― 가운데 갈리아를 제압한 '아버지' 카이사르에 대항하여, 보란 듯이 게르만족을 제압하고 싶다는 허영심은 갖고 있지 않았을까. 갈리아 민족을 로마의 패권 아래 끌어들여 로마인을 갈리아인의 위협에서 해방시킨 카이사르처럼, 게르만족을 제국 안으로 끌어들여 로마인을 게르만족의 위협에서 해방시키는 꿈을 꾸고 있지 않았을까.

　당시 로마의 지도층에 속해 있던 많은 로마인과 마찬가지로, 아우구스투스도 카이사르의 『갈리아 전쟁기』를 읽었을 것이다. 저자가 아무리 정확하고 명쾌하게 썼다 해도, 그 저술을 얼마나 잘 이해하느냐는 결국 읽는 사람의 자질에 좌우될 수밖에 없다.

　야전 경험이 거의 없는 아우구스투스는 『갈리아 전쟁기』에 나오는 다음 대목을 충분히 이해하지 못했던 게 아닐까. 충분히 이해하지 못했기 때문에 라인강을 방어선으로 정한 카이사르의 참뜻을 이해하지 못하고, 엘베 강까지 방어선을 확장할 수 있다고 생각한 게 아닐까. 카이사르는 『갈리아 전쟁기』에서 이렇게 말하고 있다.

　"그들 게르만족에게는 우리가 당연시하는 조직된 군대도 없고, 견고한 성채도 없다. 연구를 거듭하여 제작한 무기로 요새에 틀어박혀 항전한다는 개념도 없다. 게르만족은 우리의 침공을 받고 절망한 나머지 여러 곳에 우발적으로 모인 군중이다. 그들이 떼지어 모이는 곳은 우리가 생각하는 도시도 아니고 읍내도 아니다. 몸을 지킬 수 있을 만한 곳이라면 어디든 좋다. 나무들 사이에 숨겨진 골짜기라도 좋고, 낮에도 어두운 숲속의 빈터도 좋고, 추적하기 어려운 늪지대도 좋다. 그들은 그런 곳에 들어갔을 때 비로소 도망질을 멈춘다. 이런 곳은 토박이인 그들밖에 모른다.

이런 은밀한 장소에 모인 오합지졸이 아무리 공격해와도, 공포에 사로잡혀 무작정 밀어닥치는 그들의 전투 방식으로는 대규모 병력에 피해를 줄 수 없다. 하지만 소규모 부대로 행동할 경우에는 절대적인 주의가 필요하다. 그리고 병사 개개인의 안전을 중시하는 것은 군대 전체의 안전을 중시하는 것으로 이어진다.

병사들은 전리품에 대한 기대에 사로잡히거나 그밖의 이런저런 이유로 본대와 헤어지는 경우가 종종 있다. 그런 동기에 사로잡히지 않은 경우에도 깊은 숲속을 지나는 좁고 구불구불한 길에서는 대열을 흐트러뜨리지 않고 전진하는 것조차도 어렵다.

이런 곳에 사는 야만족을 완전히 제압하고 싶으면, 군대 전체를 수많은 소규모 부대로 나누어 산비탈이나 골짜기를 빈틈없이 메우고, 적을 소탕하면서 전진할 수밖에 없다. 로마군의 전통적인 방식 — 군단기를 앞세우고 당당하게 행군하는 방식 — 을 고집하면, 게르마니아의 지형은 여전히 그들 야만족을 편들 것이다. 지형을 자기편으로 삼은 그들은 소규모 집단이라 해도 매복하여 아군을 기습할 용기는 부족하지 않고, 본대와 헤어진 소규모 부대를 발견하면 포위하여 죽이는 것은 식은죽 먹기다.

이처럼 온갖 어려움에 직면할 가능성이 크다고 생각한 아군은 필요하다고 여겨지는 모든 경계를 게을리하지 않았다. 그래도 카이사르(카이사르는 자신을 3인칭 단수로 표현했다)는 병사들을 죽음으로 몰고 갈지도 모르는 위험에 노출시키는 것에 비하면 병사들의 마음속에 복수심을 남기는 편이 훨씬 상책이라고 판단했다."

요컨대 카이사르는 현대식으로 말하면 철저한 '융단폭격'을 하지 않고는 완전히 제패할 가망이 없는 게르마니아 땅에 깊이 들어가기를 단념했다. 이것은 현지를 잘 알고 병사들 사이에서 살아온 사람만이 망설이지 않고 내릴 수 있는 결단이었다. 반면에 아우구스투스의 게르마니아 제패는 문관이 책상 위에서 지도만 들여다보며 짜낸 전략이었다.

그렇긴 하지만 인간은 정말 불가사의한 생물이다. 싸움에 지면 서로 책임을 떠넘기느라 분열하고, 싸움에 이기면 이번에는 논공행상에 따른 질시 때문에 분열한다. 따라서 싸움에 이기느냐 지느냐보다, 분열로 말미암아 힘을 쓸데없이 소모했느냐 아니냐가 최종적인 승패를 결정하는 게 아닐까.

이런 관점에서 보면, 서기 9년에 바루스의 비극이 일어난 이후, 최종적으로 이긴 것은 로마 쪽이고 진 것은 게르만 쪽이었다고 말할 수밖에 없다.

아우구스투스는 패장 바루스의 목을 영묘에 매장했다. 황제에게 거리낌없는 비난을 퍼붓는 원로원에서도 이때만은 아우구스투스를 비난하는 말이 한마디도 나오지 않았다. 로마인은 모두 1년 동안 상을 입었다.

반면에 게르만족은 승자인 아르미니우스의 조직력이 부족한 탓도 있어서, 로마를 공격할 절호의 기회를 놓쳐버렸다. 부족 사이의 갈등과 싸움이 재연된 것이다. 아르미니우스는 마르코마니 부족의 마로보두스에게 공동투쟁을 제의했다가 거부당했고, 아르미니우스의 친동생마저도 로마 쪽으로 달려가버렸다.

로마군이 철수했는데도 불구하고 부족끼리 싸우면서 서로 죽고 죽이는 게르만족을 로마인이 라인강 방어선에서 조용히 지켜보는 시대가 시작되었다.

　서기 17년, 아르미니우스에게 패한 마로보두스는 황제가 된 티베리우스에게 도움을 청했다. 그 무렵에는 이미 티베리우스가 게르마니아에서 로마군을 완전 철수시킨 뒤였다. 그래서 군사 원조는 하지 않았지만, 황제 티베리우스는 자신과의 협약을 끝까지 지킨 게르만 부족장의 신의에 보답했다. 마로보두스와 그의 가족이 여생을 보낼 곳으로 라벤나의 저택을 제공하고, 생활비를 보장한 것이다. 북이탈리아에 있는 라벤나는 결코 변경이 아니다. 공화정 시대에는 북이탈리아 속주 총독의 관저가 있었던 곳이고, 제정 초기인 이 무렵에도 남부 이탈리아의 미세노와 나란히 로마의 해군기지였다. 마로보두스가 라벤나에서 세상을 떠난 것은 서기 35년, 망명생활을 시작한 지 18년이 지난 뒤였다.
　아르미니우스는 게르마니쿠스가 이끄는 로마군이나 같은 게르만족의 다른 부족을 상대로 싸우면서 파란만장한 8년을 보낸 뒤, 어느 부족과 싸우다 입은 상처가 악화하여 서기 21년에 죽었다. 그의 나이 겨우 37세였다. 아내와 어린 아들이 로마군에 붙잡혀 마로보두스와 마찬가지로 라벤나에서 살고 있다는 것은 그도 알고 있었다. 하지만 학령기에 이른 아들이 수도 로마에서 교육을 받기 위해 어머니 슬하를 떠나 황제의 친척집에 맡겨진 것은 죽을 때까지 모르고 있었다. 민족주의가 두드러지게 고양된 19세기 이후, 독일인들은 아르미니우스가 게르만족의 자유와 독립을 지킨 사람이라 하여 영웅시하고 있다.
　고대 로마인은 그들을 이긴 상대나 계속 적대적인 사람도 무시하거나 왜소화하지 않은 민족이다. 후세의 우리가 그런 민족이나 나라에 대해 꽤 많이 알 수 있는 것도 로마인 자신이 그것을 기록해두었기 때문이다. 사람의 모습을 새긴 조각품에 나타나 있는 철저한 사실주의—이것만은 틀림없는 로마인의 독창이다—를 역사 기술에도 적용한 듯한 느낌이다. 한니발이나 폰투스 왕 미트라다테스만큼은 아니지만, 아르미니우스도 로마의 기록에 남는 영광을 누렸다. 역사가들 중에서도 특히, 지식인에게 흔히 있는 타입으로 제 나라의 잘못을 책망하는 데 열심이었던 타키투스는 아르미니우스를 찬양의 대상으로 삼고 있는 느낌이다. 참고로 말하면 아르미니우스는 라틴어식 이름이고, 게르만어로는 헤르만(Herman)이 된다. 헤르만은 전사(戰士)라는 뜻이라고 한다.

로마인은 군사력의 상징인 은독수리 깃발이 적의 수중에 들어가 있는 것을 참지 못하는 민족이기도 했다. 바루스의 비극이 일어났을 당시 아르미니우스에게 군단기 3개를 빼앗겼지만, 그로부터 6년 뒤인 서기 15년에 게르마니쿠스가 이끄는 로마군이 그중 2개를 탈환하는 데 성공했다. 나머지 한 개가 로마로 돌아온 것은 다시 27년이 지난 서기 42년이었다. 아우구스투스는 크라수스의 패배로 파르티아에 빼앗긴 군단기를 외교 교섭으로 되찾아왔지만, 또 다른 군단기 3개를 게르만족에게 빼앗긴 채 죽어야 했으니 고대 로마인의 심정으로는 치욕을 씻지 못하고 죽은 셈이다.

서기 14년, 아우구스투스와 공동 통치자인 티베리우스의 이름으로 제국 전역을 망라한 국세조사가 실시되었다. 아우구스투스 치세에는 세 번째 국세조사였다. 그해의 조사에서는 로마 시민권 소유자(성년 남자)의 수가 493만 7천 명으로 집계되었다. 42년 전보다 87만 4천 명이 늘어난 숫자이고, 두 번째로 실시된 22년 전보다는 70만 4천 명이 늘어난 숫자다. 독일의 숲에서 2만 명을 잃었어도, '팍스 로마나'를 목표로 내건 아우구스투스에 의해 로마는 공화정에서 제정으로 옮아가고 있었다. 고도성장기에서 안정성장기로의 이행은 확실한 현실이 되어가고 있었다고 바꿔 말할 수도 있다.

죽음

그해 여름, 아우구스투스는 수도 로마를 떠나 가마에 흔들리면서 아피아 가도를 천천히 남하하고 있었다. 나폴리에서 열리는 체전에 참석하는 것이 목적이었지만, 그 전후를 바닷가에서 보낼 예정이었다. 77세를 눈앞에 둔 늙은 황제의 여름 휴가에는 71세의 아내 리비아도 동행했다. 이때 아우구스투스는 나폴리까지 계속 육로를 택하지 않고, 전체의 3분의 2 정도는 아피아 가도를 따라 남하했지만, 항구도시 아스투라부터는 바닷길을 택했다. 나폴리만에 들어간 뒤에도 카프리 섬을 비롯한 연안 각지에 기항하면서 며칠 동안 선박 여행을 즐겼다.

그래도 쇠약해진 몸은 회복되지 않았다. 하지만 소년들이 기량을 겨루는 체전은 날마다 처음부터 끝까지 관전했고, 도중에 자리를 떠나 휴식을 취하지도 않았다.

그는 건강했을 무렵에도, 연극이나 운동경기는 관심이 있든 없든 진지하게 관람하는 사람이었다. 카이사르는 참석하긴 하지만 자리에서 편지를 쓰거나 보고를 받는 등 진지하게 관람하지 않는다는 말을 들었는데, 아우구스투스는 철저한 관중이 되기를 원했고 그대로 실행했다.

나폴리에서 열린 체전에서도 여느 때처럼 자신의 책무를 성실하게 수행했다. 체전이 끝나자 그는 육로로 나폴리에서 베네벤토로 갔다.

베네벤토는 아피아 가도 연변에 늘어서 있는 도시 가운데 하나다. 판노니아와 달마티아를 재편성하기 위해 아피아 가도를 지나 브린디시로 배를 타러 가는 티베리우스를 중간쯤에 있는 베네벤토에서 배웅할 작정이었다.

베네벤토에서 티베리우스를 배웅한 뒤, 아우구스투스는 다시 나폴리로 향했다. 계절은 아직 8월, 잠시 중단된 여름 휴가를 다시 시작할 이

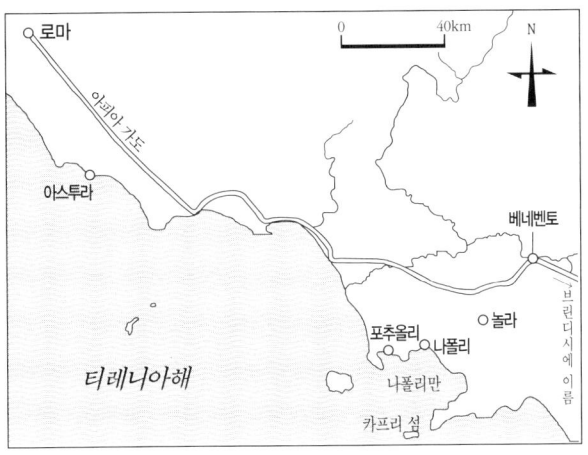

아우구스투스의 마지막 여행

유는 있었다.

하지만 놀라까지 왔을 때 건강이 갑자기 나빠졌다. 아피아 가도를 따라 남하하던 티베리우스가 급히 불려왔다.

아우구스투스는 티베리우스만 병실로 불러들여, 단둘이 오랫동안 이야기를 나누었다. 무슨 이야기가 오갔는지는 아무도 모른다.

아우구스투스 자신은 1년 전부터 이미 죽음을 예감하고 있었다.

서기 14년에 들어서자마자, 동시대 사람이나 후세에 알리고 싶은 것만 적은 『업적록』을 마무리했다. 티베리우스에게도 자기가 가진 모든 특권을 부여하여, 후계자에게 자리를 물려줄 준비도 끝냈다. 장례식을 어떻게 치를 것인가에 대한 지시도 문서로 만들어놓았다. 후계자 지명을 포함한 유언장도 완성되어 있었다. 죽을 준비는 모두 끝나 있었던 셈이다.

티베리우스와 이야기한 지 얼마 후, 아우구스투스는 아내 리비아의 품 안에서 죽음을 맞이했다. 그가 평생 동안 그토록 간절히 원했던 평온하고 조용한 죽음이었다. 서기 14년 8월 19일, 77세 생일을 한 달 앞

둔 날이었다.

티베리우스는 아우구스투스의 유해를 모시고 아피아 가도를 따라 로마로 향했다. 하지만 한여름이다. 유해는 밤에만 호송했고, 기온이 올라가는 낮에는 가도 연변에 있는 도시의 회당에서 햇빛을 피했다.

수도 로마에 들어간 유해는 팔라티노 언덕에 있는 아우구스투스의 집에서 하룻밤을 보냈다.

이튿날 아침, 팔라티노 언덕을 내려간 유해는 우선 포로 로마노에 있는 카이사르 신전 계단 위에 안치되고, 티베리우스가 고인의 업적을 찬양하는 연설을 했다. 그 후 유해는 포로 로마노를 서쪽으로 이동하여, 민회장 연단 위에 안치되었다. 거기서 고인의 죽음을 애도하는 연설을 한 사람은 당시 26세인 티베리우스의 아들 드루수스였다. 게르마니쿠스가 있었다면 그가 했겠지만, 28세의 게르마니쿠스는 아직 게르마니아 땅에서 싸우고 있었다.

추도 연설이 끝난 뒤, 이번에는 원로원 의원들이 유해를 어깨에 메고 마르스 광장을 지나 '영묘' 앞에 도착했다. 화장은 '영묘' 앞 광장에서 이루어졌다. 유골은 그 직후에 '영묘' 중앙에 매장되었다. 무장으로 위엄을 갖춘 병사들의 대열도 없고, 동맹국이나 속주에서 보내온 선물도 없었다. 아우구스투스의 유언대로 소박하면서도 엄숙한 분위기에서 치러진 장례식이었다.

며칠 뒤, 여제사장에게 맡겨져 있던 아우구스투스의 유언장이 원로원에서 개봉되었다. 아우구스투스는 유언장에서 『업적록』 전체를 동판에 새겨 '영묘' 정면 벽에 걸어달라고 요구했다.

제국 전체의 현재 상황도 자세히 기록되어 있었다. 현재 보유하고 있는 군사력, 군단 주둔지, '원로원 속주'에서 들어오는 세금 총액, '황제 속주'에서 들어오는 세금 총액, 각종 간접세 중에서 아직 납부되지 않은 액수 등등. 그리고 이런 내용을 자세히 알고 싶으면 그의 해방노예와 노예인 누구누구에게 물어보면 된다고, 그들의 이름까지 기재되어 있었다. 아우구스투스는 참으로 치밀하고 꼼꼼한 사람이었다.

상속인 가운데 맨 위에 적혀 있는 사람은 티베리우스였다. 그에게는 유산의 3분의 2를 주고, 아내 리비아에게는 나머지 3분의 1을 주었다.
상속서열 제2위는 티베리우스의 아들 드루수스와 게르마니쿠스, 그리고 게르마니쿠스의 아들이었다. 구태여 설명할 필요도 없겠지만, 카이사르의 경우와 마찬가지로 아우구스투스의 경우에도 상속은 유산 상속보다 지위와 권력 상속을 의미했다. 후계자 지명과 마찬가지다.
수도의 모든 시민들에게 유산을 남긴 카이사르와 마찬가지로, '국가의 아버지'라는 칭호를 부여받은 아우구스투스도 '아버지'로서 의무를 잊지 않았다.
수도의 모든 시민에게는 총액 4천만 세스테르티우스를 유산으로 남겼고, 그와는 별도로 자기 선거구에는 350만 세스테르티우스를 남겼다. 그는 친아버지 옥타비우스와 양아버지 카이사르의 선거구를 물려받았기 때문에, 선거구를 두 개 갖고 있었다.
그밖에 근위대 병사 한 사람당 1천 세스테르티우스, 수도 경찰의 경찰관에게는 1인당 500세스테르티우스, 그리고 15만 명에 이르는 군단병에게는 1인당 300세스테르티우스를 유증했다.
그는 이런 유증을 당장 현금으로 지불하라고 상속서열 제1위인 티베리우스에게 지시했다. 그러기 위해 미리부터 현금을 준비해두었다는 거였다.
군단장들에게도 액수 차이는 있었지만 유증하는 것을 잊지 않았다. 다만, 군단장에게 남긴 유산은 최고액이 2만 세스테르티우스나 되기 때문에 장례식이 끝난 직후에 지불하는 것은 불가능하니까, 1년 뒤에 지불하라고 되어 있었다. 아우구스투스는 자기 재산이 '평범'하다는 것을 그 이유로 들고, 연체를 사과했다.

또한 유언장에는, 지난 20년 동안 친구나 친지한테서 유증받은 액수는 통틀어 14억 세스테르티우스나 되지만, 그 돈은 친아버지와 양아버지한테 상속받은 유산까지 포함하여 전부 다 국가와 국민을 위해 써버렸고, 그의 상속인들이 상속할 수 있는 금액은 전부 합해도 1억 5천만 세스테르티우스를 넘지 않는다고 적혀 있다.

황제의 유언이라기보다 회계사의 보고서를 읽는 것 같다. 이런 사람을 남편으로 둔 아내는 남편의 요구에 따라 자세한 가계부를 적어야 했을 것이다.

대제국의 운영을 주먹구구식으로 해나가면, 제국이 영속하기를 바랄 수는 없을 것이다. 제국을 창립할 때까지는 주먹구구로 해나갈 수도 있겠지만, 그런 식으로는 제국을 유지할 수 없다. 고지식할 만큼 꼼꼼하고 자질구레한 데까지 신경을 쓰는 사람이었던 로마 제국 초대 황제는 남의 윗자리에 서는 사람이 누구보다도 철저히 법을 지켜야만 아랫사람에게도 법을 지키라고 강요할 수 있다는 것을 알고 있었다.

유언장 마지막에는, 유배된 딸과 손녀는 '영묘'에 묻히는 것을 허락하지 않는다고 적혀 있었다.

원로원과 민회는 반세기 전에 카이사르를 신격화했듯이 아우구스투스도 신격화하기로 결의했다. 로마 제국이 존속하는 한, 로마인이 그를 부를 때의 명칭은 '신격(神格) 아우구스투스'가 되었다.

대작 『로마 제국 쇠망사』를 쓴 에드워드 기번 이후, 고대 로마에 대한 서구 역사가들의 평가를 한마디로 요약하면, 공화정 시대는 존경할 만하지만 제정 시대에 접어들자마자 타락하기 시작했다는 것이다. 현대 연구자들은 그렇지도 않지만, 교양이나 즐거움으로 역사를 읽는 사람들을 대상으로 한 역사 저술에서는 위와 같은 평가가 여전히 지배적이다.

토인비조차도 아우구스투스의 업적은 로마의 쇠망을 늦추었을 뿐이라고 말했다.

성자필쇠(盛者必衰)는 역사의 법칙이라고 생각하는 나로서는, 설령 토인비의 말이 옳다 해도 그것으로 충분하지 않은가 하는 생각이 든다. 게다가 '늦춘' 세월이 수백 년에 이르렀다면 만족할 만하지 않은가. 서구 역사가들은 자기들만은 영고성쇠와 무관하다고 생각하는지도 모른다.

그리고 이들이 제정 로마를 멸시하는 이유는 제정 시대의 로마에서는 자유가 사라졌다는 것이다. 그들이 말하는 자유란 국정을 결정하는 자유다.

그렇다면 공화정 시대의 로마에서는 누구나 이런 자유를 누리고 있었을까.

공화정 로마의 정치체제는 아테네와 같은 직접민주정이 아니었다. 민회는 있었지만, 실제로는 원로원이 국정을 결정하는 소수지도체제였다. 역사상으로는 과두정이라고 부른다.

술라의 개혁 이전에는 300명, 이후에는 600명의 원로원 의원만이 국정을 결정할 자유를 누리고 있었던 셈이다. 제정 시대에 이 자유를 잃은 것은 이 600명뿐이다. 로마 제국의 전체 인구는 6천만 명이었다.

카이사르가 생각한 제정, 그리고 그의 뒤를 이은 아우구스투스가 속임수까지 쓰면서 교묘하게 확립한 제정은 효율적으로 기능하는 세계 국가의 실현이었다고 나는 생각한다. 그 증거로, 심정적으로는 공화주의자였던 역사가 타키투스조차 속주에서는 제정에 대한 평판이 더 좋았다고 쓸 수밖에 없었다. 요컨대 원로원 의원 600명한테는 평판이 좋지 않았지만, 6천만 명한테는 호평을 받았다는 것이다. 바로 그렇기 때문에 '팍스 로마나'는 오랫동안 계속되었다.

『영웅전』의 저자인 플루타르코스에 따르면, 로마가 융성한 요인은 패배자까지도 동화시켜버리는 로마인의 정신이었다. 그 정신은 공화정에서 제정으로 바뀐 뒤에도 사라지지 않았다. 제정 시대에는 각 황제의 성격이나 시대의 흐름에 영향을 받긴 했지만, 더욱 광범위하게 현실화하여 존속했다. 로마인은 시대의 요구에 응하기 위해 정치 형태를 바꾸었다. 하지만 그들의 혼(魂)이라고 말해야 할 생활방식의 근본은 계속 유지되었다.

효율적인 국가 운영과 평화 확립이라는 시대적 요청 앞에, 국정을 결정하는 600명의 자유가 과연 사수할 만한 가치를 갖고 있었을까. 우리 인간은 항상 선택을 강요당한다. 절대적인 선도 절대적인 악도 존재하지 않고, 인간이 할 수 있는 일은 다만 그 중간에서 균형을 유지하는 것에 불과하기 때문이다.

카이사르도 선택했지만, 아우구스투스도 선택했다. 그 결과가 공화정을 폐지하고 제정을 수립하는 것이었다.

로마사 연구에서는 세계적 권위자인 애드콕(F. E. Adcock) 교수는 『케임브리지판(版) 고대사』에서 이렇게 말하고 있다.

"한 사람이 통치하는 국가 형태는 그 시기의 로마에는 정치적 필요가 되어 있었다."

그리고 그런 국가 형태를 확립한 주인공에 대해서는 다음과 같은 평가를 내리고 있다.

"아우구스투스는 알렉산드로스 대왕이나 카이사르 같은 압도적 두뇌를 갖고 있지는 않았다. 하지만 당시의 세계는 바로 그와 같은 인물을 필요로 하고 있었다."

죽기 조금 전에 아우구스투스가 나폴리만을 유람할 때 잠시 들른 포추올리에서 이런 사건이 있었다.

이집트의 알렉산드리아에서 방금 도착한 상선의 승객과 선원들이 가까이에 닻을 내리고 있는 배 위에서 쉬고 있는 늙은 황제를 알아보았다. 선상에서 사람들은 마치 합창이라도 하듯 입을 모아 황제에게 외쳤다.

당신 덕택입니다. 우리의 생활이 이루어지는 것도.
당신 덕택입니다. 우리가 안전하게 여행할 수 있는 것도.
당신 덕택입니다. 우리가 자유롭고 평화롭게 살아갈 수 있는 것도.

이 예기치 않았던 찬사는 늙은 아우구스투스를 진심으로 행복하게 해주었다. 그는 그 사람들에게 1인당 금화 40닢을 주라고 지시했다. 다만 그 금화의 사용처에 조건을 달았다. 그 돈으로 이집트 물산을 구입하여 다른 곳에 팔라는 거였다. 늙어서도 아우구스투스는 여전히 현실적인 남자였다. 물산이 자유롭게 유통되어야만 제국 전체의 경제력도 향상되고 생활수준도 높아진다. 그리고 그것을 가능케 하는 것이 바로 '팍스'(평화)였다.

연대	로마 세계	중국
기원전 44년	3월 15일, 카이사르 암살되다. 이튿날 옥타비아누스(당시 18세, 카이사르의 누이의 손자)를 제1상속인·양자·이름 계승자로 지명한 유언장 공개되다. 4월 중순, 옥타비아누스, 그리스 서해안에서 귀국하다. 10월, 군대의 대부분은 옥타비아누스 지지로 돌아서고, 안토니우스는 데키우스 브루투스를 공격하러 가다.	전한 시대
43년	3월, 옥타비아누스, 집정관 히르티우스 및 판사와 함께 데키우스 브루투스와 싸우고 있는 안토니우스를 공격하다. 안토니우스, 퇴각하다. 두 집정관은 전사하고, 데키우스 브루투스도 살해되다. 8월, 옥타비아누스, 집정관에 선출되고, 카이사르의 양자 입적을 공인받아 '가이우스 율리우스 카이사르 옥타비아누스'가 되다. 11월, 안토니우스·레피두스·옥타비아누스의 '제2차 삼두정치' 성립되다.	
42년	여름부터 가을까지, 옥타비아누스·안토니우스 연합군이 그리스로 원정하여 필리피에서 브루투스·카시우스 연합군을 격파하다. 필리피 회전 후, 옥타비아누스는 서부, 안토니우스는 동부를 분할통치하기로 합의하다.	
41년	가을, 페루자에서 안토니우스의 동생 루키우스와 아내 풀비아가 군사를 일으키다. 옥타비아누스와 그의 오른팔인 아그리파가 진압하러 갔지만 고전을 거듭하다. 이듬해 2월, 패배한 풀비아와 루키우스는 그리스로 도망치다. 직후에 풀비아 사망하다. 가을, 안토니우스가 클레오파트라의 초대를 받고 알렉산드리아를 방문하다.	
40년	옥타비아누스, 외교 담당으로 마이케나스를 기용하다. 옥타비아누스·안토니우스·레피두스, '브린디시 협정'을 맺다. 안토니우스는 옥타비아누스의 누나 옥타비아와 재혼하다. 가을, 폼페이우스의 둘째 아들 섹스투스를 나폴리만의 미세노곶으로 초대하여, 옥타비아누스·안토니우스·섹스투스의 '미세노 삼자협정'을 맺다. 옥타비아누스, 섹스투스의 처고모인 스크리보니아와 결혼하여 유일한 친자(딸) 율리아를 낳았지만, 곧 이혼하다.	
38년	1월, 옥타비아누스, 클라우디우스 네로의 아내 리비아와 재혼하고, 리비아와 네로 사이에 태어난 티베리우스(나중에 로마 제국 제2대 황제)와 드루수스도 맡아서 양육하다.	
37년	가을, 안토니우스, 클레오파트라와 결혼하다.	
36년	옥타비아누스, 아그리파와 함께 일리리쿰 제압에 전념하다.	
34년	봄, 안토니우스, 아르메니아 원정 끝내고 알렉산드리아에서 개선식 거행하다.	

	원로원, '제2차 삼두정치' 종결과 안토니우스의 '알렉산드리아 선언' 무효 결의.	성제 즉위 (~서기 7년 재위)
33년	가을, 옥타비아누스, 일리리쿰 전쟁 개선 기념으로 율리아 수도와 옥타비아 회랑을 건설하다.	
32년	가을, 옥타비아누스, 이집트 원정군 '최고사령관'으로 선출되다.	
31년	9월 2일, '악티움 해전'이 벌어지다. 패배한 안토니우스와 클레오파트라, 알렉산드리아로 도망치다.	
30년	7월 31일, 안토니우스, 칼로 자해하다(이튿날 사망). 8월 1일, 옥타비아누스, 알렉산드리아에 입성하다. 클레오파트라, 자결하다. 프톨레마이오스 왕조 멸망.	
29년	8월, 옥타비아누스의 웅장하고 화려한 개선식에 로마 시민 열광하다. 9월, 옥타비아누스, 신격 카이사르에게 바치는 신전을 포로 로마노에 짓겠다고 공표하다. 군사력의 대폭 삭감을 단행하다.	
28년	42년 만의 국세조사를 실시하다. 옥타비아누스, '황제묘' 건설에 착수하다. 카이사르가 제정하여 30년 동안 시행한 정보공개법인 '악타 디우르나'와 '악타 세나투스' 제도를 고치다. 원로원을 재편성하여 1천 명이 넘었던 의원수를 다시 600명으로 줄이다.	
27년	1월 13일, 옥타비아누스, 공화정 체제 복귀를 선언하다. 1월 16일, 원로원, 옥타비아누스에게 '아우구스투스'라는 존칭을 부여하기로 결의하다. 아우구스투스(옥타비아누스), 내각(제일인자 보좌위원회)을 설치하다. 가을, 아우구스투스, 아그리파와 함께 남프랑스의 나르본에 들어가 갈리아 문제 처리에 착수하다.	
26년	아우구스투스, 봄부터 에스파냐의 타라고나로 이동하여, 이베리아 반도의 완전 제패에 착수하다.	
24년	아우구스투스, 연말에 로마 세계의 서부 재편성을 끝내고 3년 반 만에 로마로 귀환하다.	
23년	아우구스투스, 아그리파와 함께 집정관을 사임하고 앞으로는 해마다 민회에서 자유롭게 집정관을 선출하겠다고 선언하다. 그런 다음 '호민관 특권'을 요구하여 원로원의 승인을 받다. 아우구스투스, 화폐제도 개혁에 착수하다. 연말에 아우구스투스의 조카이자 딸 율리아의 남편인 마르켈루스가 병사하다. 그후 율리아는 아그리파와 재혼하다.	

22년	아우구스투스, 밀 확보량이 부족하여 위기에 빠진 수도 로마에 사재를 털어 밀을 공급하다. 아우구스투스, 동방 재편성에 착수하여 우선 시칠리아에 체재하다.
21년	아우구스투스, 그리스에 체재하다. 겨울은 소아시아의 사모스섬에서 보내다. 5월 12일, 로마와 파르티아 사이에 강화조인식이 거행되다.
19년	9월 21일, 로마의 국민시인 베르길리우스가 사망하다. 10월 21일, 아우구스투스, 수도 로마로 귀환하다.
18년	아우구스투스, '간통 및 혼외정사에 관한 율리우스법' 및 '정식 혼인에 관한 율리우스법'을 제정하다.
17년	아우구스투스, '세기제'를 정례화하다.
16년	아그리파, 북방 부족의 습격을 받은 일리리쿰 주둔지를 구원하러 가다. 티베리우스와 드루수스 형제, 북방 원정을 떠나다.
13년	'평화의 제단' 건설에 착수하다. 레피두스, 사망하다. 아우구스투스, 레피두스의 후임으로 최고제사장에 선출되다.
12년	아그리파, 사망하다. 로마군, 게르마니아 진격을 개시하다. 드루수스 군대, 베저강에 도달하다.
11년	드루수스 군대, 라인강을 건너다.
10년	드루수스 군대, 엘베강으로 진격하다. 아우구스투스, 이탈리아 본국을 11개 주로, 수도 로마를 14개 구로 분할하고, 각 지역에 자치권을 부여하다.
9년	'평화의 제단' 완공되다. 엘베강과 도나우강을 잇는 방어선이 성립되다. 드루수스, 낙마 사고의 후유증으로 사망하다.
8년	마이케나스, 사망하다.
6년	티베리우스, 로도스섬으로 은퇴하다.
5년	아우구스투스, '예정 집정관'을 신설하여 15세의 외손자 가이우스 카이사르를 그 자리에 앉히다(가이우스의 동생 루키우스도 '예정 집정관'이 되다). '소년단'(유벤투스) 조직을 상설화하여 두 외손자를 총재와 부총재에 앉히다.
4년	친로마파인 유대 왕 헤롯이 사망하다.

2년	아우구스투스, 딸 율리아를 '간통죄'로 종신 유배형에 처하다.	
1년	원로원, 아우구스투스에게 '국가의 아버지'라는 칭호를 수여하다. 이 무렵, 유대 왕국은 내분 상태에 빠졌고, 아르메니아 왕국도 불온한 움직임을 보이다. 동방 문제를 해결하기 위해, 가이우스 카이사르가 황제 대리로서 오리엔트로 가다.	
서기 2년	에스파냐에 파견된 루키우스 카이사르, 도중에 마르세유에서 병사하다. 가이우스 카이사르, 파르티아와 '상호불간섭협정'을 맺다.	불교 전래
3년	가이우스 카이사르, 아르메니아와의 외교교섭에 실패하고 아르메니아에서 도망치다.	
4년	가이우스 카이사르, 소아시아 남서부의 리치아에서 병사하다. 아우구스투스, 티베리우스를 후계자로 결정하다. 또한 티베리우스의 후계자로 게르마니쿠스(드루수스의 아들)를 지명하는 동시에 외손자인 아그리파 포스투무스를 양자로 삼다. 티베리우스, 게르마니아 전선에 복귀하여, 엘베강을 제외한 주요 강을 모두 제압하다.	
5년	로마군, 14년 만에 엘베강에 도달하다.	
6년	로마군, 마르코마니족에 대한 공략을 개시하다. 판노니아와 달마티아에서 반란이 일어나다. 티베리우스, 급히 마르코마니족과 우호조약을 맺다.	
7년	아우구스투스, 양자인 아그리파 포스투무스를 유배형에 처하다.	
8년	아우구스투스, 외손녀인 율리아를 유배형에 처하고, 시인 오비디우스도 유배하다.	왕망(王莽), 한을 멸하고 신(新)을 건국하다(~서기 23년 사망)
9년	여름에 판노니아가 항복하고, 겨울에 달마티아가 로마에 강화를 요구하다. 게르마니아 중부의 토이토부르크숲에서 바루스가 이끄는 로마군 3만 5천 명이 아르미니우스가 이끄는 게르만 반란군에게 몰살당하다.	
13년	아우구스투스, 3년 동안 게르만 전선에 눌러앉아 있던 티베리우스에게 '최고사령권'을 수여하다. 그후 게르마니아 전선은 게르마니쿠스가 담당하다.	
14년	아우구스투스와 공동통치자 티베리우스의 이름으로 국세조사를 실시하다. 아우구스투스, 『업적록』을 마무리하다. 나폴리에 머물고 있던 8월 19일에 세상을 떠나다.	

참고문헌

1차 사료 및 원사료 ─ 고대인이 쓴 역사서, 문학서 등

제6권에 관계된 사료로는 다음과 같은 이들의 저작을 들 수 있다.

카시우스 디오, 아피아누스, 스트라보, 수에토니우스, 파테르쿨루스, 세네카, 타키투스, 플라비우스.

그러나 앞의 두 사람은 제1권에서 이미 소개했고, 스트라보와 수에토니우스와 파테르쿨루스는 제5권에서 소개했고, 세네카와 타키투스와 플라비우스는 제7권에서 다루는 시대와 더 관계가 깊기 때문에 그들에 대해서는 다음 권에서 소개하는 것이 적절할 듯싶다.

또한 수도공사 전문가였던 프론티누스, 건축서적을 쓴 비투르비우스에 관해서는 이런 문제에 집중할 예정인 다른 권에서 다루는 편이 어울릴 것이다.

그래서 남은 것은 문인뿐이다. 아우구스투스 시대를 대표하는 문인은 제1권에서 소개한 역사가 리비우스를 제외하면 모두 시인으로, 베르길리우스와 호라티우스 및 오비디우스다. 문학적 가치는 별문제로 하고, 문인의 작품만큼 그 시대의 분위기를 반영하는 것도 없다.

- 베르길리우스(Publius Vergilius Maro)

  『아이네이스』

  『부콜리카』(전원시·목가)

  『게오르기카』(농경시)

- 호라티우스(Quintus Horatius Flaccus)

  『호라티우스 시론』

  『서간집』

  『카르미나』

- 오비디우스(Publius Ovidius Naso)

  『사랑의 기술』

  『변신 이야기』

  『상사병 치료법』

  『파스티』(연대기)

2차 사료 — 후세에 쓰인 역사서 및 연구논문

후세인들이 쓴 역사서나 연구서를 소개하는 데에는 두 가지 방법이 있을 것이다.

첫째, 저자가 참고하고 동의한 문헌만 열거하는 방식인데, 이는 연구자를 대상으로 하는 학술논문에서 흔히 볼 수 있는 방식이다.

둘째, 일반 독자를 대상으로 한 저술에서 참고문헌을 기재하는 방식으로, 연구성과를 참고하긴 하되 거기서 끌어낸 결론에는 찬성할 수 없었던 문헌까지 기재하는 방식이다. 일반 독자는 학계의 연구성과에 무관심해도 별지장이 없지만, 개중에는 다른 역사관도 알고 싶어 하는 사람이 있을지 모르고, 그들의 요구에 응하는 것은 저자의 예의라고 생각하기 때문이다.

내 경우에는 늘 두번째 방법을 채택해왔다. 따라서 내 참고문헌 목록에는 나와 역사관이 다른 사람들의 저술도 포함되어 있다.

역사는 수학과는 다르다. 저자가 상대하는 것은 숫자가 아니라 인간이다. 아무리 먼 과거라도 이 지상에서 살았던 인간을 다루려면, 쓰는 사람도 살아 있는 인간이어야 한다. 쓰는 사람의 모든 존재를 투입해야만 비로소 다루어지는 대상의 모든 존재에 다가갈 수 있지 않을까. 수학과는 달리, 대답이 항상 같지 않은 것도 당연할 것이다.

[연구기관지 약칭]

AAT=Atti della Accademia delle scienze di Torino.

Acme=Facolta di lettere dell'Universita statale de Milano.

ANRW=Aufstieg und Niedergang der Römischen Welt.

JRS=Journal of Roman Studies.

NC=Numismatic Chronicle.

PBA=Proceedings of the British Academy.

PBSR=Papers of the British School at Rome.

RhM=Rheinsches Museum für Philologie.

RSA=Rivista Storica dell'Antichita.

RSI=Rivista Storica Italiana.

Alföldy G., *Storia sociale dell'antica Roma*, Bologna, 1987.

Ashby Th., *The aqueducts of Ancient Rome*, Oxford, 1935.

Assa J., *Les grandes Dames Romaines*, Paris, 1960.

Baillie-Reynolds P.K., *The Vigiles of Imperial Rome*, Oxford, 1926.

Baltrusch E., *Regimen morum. Die Reglementierung des Privatlebens der Senatoren und Ritter in der römischen Republik und frühen Kaiserzeit*, München, 1989.

Binder G., *Saeculum Augustum I*, Darmstadt, 1987.

Birley E., *Senators in the Emperor's Service*, in PBA, XXXIX(1954).

Braccesi L., *Epigrafia e storiografia*, Napoli, 1981.

Braccesi L., *Germanico e l' 『imitatio Alexandri』 in Occidente*, in Atti del Convegno 『Germanico. La Persona, la personalità, il personaggio』 (Macerata-Perugia, 9-II maggio 1986), Roma, 1987.

Brunt P., *The Romanization of the Local Ruling Classes in the Roman Empire*, Madrid, 1976.

Brunt P., *The Fall of the Roman Republic*, Oxford, 1988.

Burnett A., *The Authority to Coin in the Late Republic and Early Empire*, in NC, CXXXVII(1977).

Cafiero M.L., *Ara Pacis Augustae*, Roma, 1996.

Campbell J.B., *The Emperor and the Roman Army 31 B.C.~A.D.235*,

Oxford, 1984.

Carandini A., *Schiavi in Italia*, Roma, 1988.

Carcopino J., *La vita quotidiana a Roma*, Bari, 1983.

Castagnoli F., *Roma antica. Profilo urbanistico*, Roma, 1987.

Cavallaro M.A., *Spese e spettacoli Aspetti economici-strutturali degli spettacoli nella Roma giulioclaudia*, Bonn, 1984.

Christ K. -Gabba E., *Caesar Augustus*(『*Biblioteca di Athenaeum*』, 12), Como, 1989.

Cimma M.R., *Reges socii et amici populi Romani*, Milano, 1976.

Coarelli F., *Il Foro romano*, II. *Periodo repubblicano e augusteo*, Roma, 1985.

Colini A.M., *Il porto fluviale del Foro Boario a Roma*(1980).

Corbier M., *L'aerarium Saturni et l'aerarium militare*, Roma, 1974.

Corbier M., *L'aerarium Saturni et l'aerarium militare. Administration et prosopographie sénatoriale*, Roma, 1974.

Corbier M., *L'aerarium militare*, in *Armées et fiscalité dans le monde antique*, Paris, 1977.

Cracco Ruggini L., *La città romana dell'età imperiale, Modelli di città. Strutture e funzioni politiche*, Torino, 1987.

Crawford M., *Economia imperiale e commercio estero*, in *Tecnologia, economia e società nel mondo romano*, Como, 1980.

Crawford M., *Coinage and Money under the Roman Repulic*, London, 1985.

Crawford M., *Money and Exchange in the Roman World*, in JRS, LX(1970).

Crawford M., *Roman Republican Coinage*, Cambridge, 1974.

Cressedi G., *Riflessioni su un progetto per il Foro romano nell'età di Cesare*, in 『*Palladio*』, n.s., II(1989).

Crook J., *Consilium Principis. Imperial Councils and Counsellors from*

Augustus to Diocletian, Cambridge, 1955.

D'Arms J., *The Romans on the Bay of Naples. A social and cultural study of the villas and their owners from 150 B.C. to 400 A.D.*, Cambridge Mass, 1970.

De Cecco M., *Monetary Theory and Roman History*, in 『The Journal of Economic History』, XLV(1985).

De Martino F., *Storia della costituzione romana*, IV, Napoli, 1974².

Di Porto A., *Impresa collettiva e schiavo manager in Roma antica*, Milano, 1984.

Dosi A. -Schnell F., *I soldi nella Roma Antica*, Milano, 1993.

Duncan-Jones R., *Structure and Scale in the Roman Economy*, Cambridge, 1990.

Fabbrini F., *L'impero di Augusto come ordinamento sovrannazionale*, Milano, 1974.

Fabre J., *Libertus*, Roma, 1981.

Finley M.I., *Problemi e metodi di storia antica*, Roma-Bari, 1987.

Forni G., *Il reclutamento delle legioni da Augusto a Diocleziano*, Milano-Roma, 1953.

Fraschetti A., *Roma e il principe*, Bari, 1990.

Freis H., *Die cohortes urbanae*(『Epigr. Studien』, 2), Köln-Graz, 1967.

Gabba E., *Appiani Bellorum civilium liber quintus*, Firenze, 1970.

Gabba E., *Le città italiche del I sec.a.C.e la politica*, in RSI, XCVIII(1986).

Gabba E., *Geografia e politica nell'impero di Augusto*, in RSI, CI(1989).

Gagè J., *Res Gestae Divi Augusti*, Paris, 1950².

Gallotta B., *Germanico oltre il Reno*, in 『Acme』, XXXIV(1981).

Garnsey P.-Saller R., *The Early Principate, Augustus to Trajan*(『Greece & Rome, New Surveys in the Classics』, 15), Oxford, 1982.

Garnsey P.-Saller R., *The Roman Empire, Economy, Society and Culture*,

London, 1987.

Giardina A., *L'uomo romano*, Roma-Bari, 1989.

Girardet K.M., *Die Lex Iulia de provinciis*, in RhM, CXXX(1987).

Grant M., *Storia di Roma Antica*, Roma, 1981.

Grant M., *Gli Imperatori romani*, Roma, 1987.

Grelle F., *Stipendium vel tributum*, Napoli, 1963.

Gros P., *Aurea Templa. Recherches sur l'architecture religieuse de Rome à l'époque d'Auguste*, Rome, 1976.

Gros P. -Torelli M., *Storia dell'urbanistica. Il mondo romano*, Bari, 1988.

Guizzi F., *Il principato tra ⌜res publica⌟ e potere assoluto*, Napoli, 1974.

Hopkins K., *Taxes and Trade in the Roman Empire(200 B.C.~A.D. 400)*, in JRS, LXX(1980).

Il trionfo dell'acqua. Acque e acquedotti a Roma, IV sec.a. CXX sec., catalogo della mostra organizzata al Museo della civiltà romana, Roma, 1986.

Jankuhn H., *Siedlung, Wirtschaft und Gesellshaft der germanischen Stämme in der Zeit der römischen angriffskriege*, in ANRW, serie 5, II/1(1976).

Jones A.H.M., *Documents illustrating the Reigns of Augustus and Tiberius*, Oxford, 1955^2.

Jones A.H.M., *Procurators and Prefects in the Early Principate*, in ID., *Studies in Roman Government and Law*, Oxford, 1968.

Jones A.H.M., *L'economia romana*, Torino 1984.

Jones A.H.M., *The Aerarium and the Fiscus*, in JRS, XL(1950).

Kehoe D.P., *The Economics of Agriculture on Roman Imperial Estates in North Africa*, Göttingen, 1988.

Keppie L., *The Making of the Roman Army. From Republic to Empire*, London, 1984.

Kiefer O., *La vita sessuale nell'Antica Roma*, Milano, 1988.

Kienast D., *Augustus. Prinzeps und Monarch*, Darmstadt, 1982.

LA MONETA ROMANA IMPERIALE da Augusto a Commodo., catalogo della mostra a cura di Rosati F.P. al MUSEO CIVICO ARCHEOLOGICO, Bologna, 1981.

Lana I., *Studi sull'idea della pace nel mondo antico*, in AAT, serie 5, XIII(1989).

Le Bohe Y., *L'armée romaine sous le Haut-Empire*, Paris, 1989.

Lehmann G.A., *Zum Zeitalter der römischen Okkupation Germaniens : neue Interpretationen und Quellenfunde*, in 『Boreas. Münstersche Beiträge zur Archäologie』, XII(1989).

Lepore E., *La società italica dalla 『pax Augusta』 alla fine dei Giulio Claudi. Principato e 『nobilitas』*, in *Storia della società italiana*, II. *La tarda repubblica e il principato*, Milano, 1983.

Liberati A.M., *ROMA ANTICA*.

Levi M.A., *Augusto e il suo tempo*, Milano, 1994.

Levi M.A., *La lotta politica nel mondo antico*, Milano, 1963.

Linderski J., *Rome, Aphrodisias and the Res Gestae : the Genera Militiae and the Status of Octavian*, in JRS. LXXIV(1984).

Lo Cascio E., *L'organizzazione annonaria*, Civiltà dei Romani, I, Milano, 1990.

Lo Cascio E., *State and Coinage in the Late Republic and Early Empire*, in JRS, LXXI(1981).

Lo Cascio E., *La riforma monetaria di Nerone : l'evidenza dei ripostigli* (1980).

Luttwak E.N., *The Grand Strategy of the Roman Empire*, Baltimore-London, 1976.

Macdowall D.W., *The Western Coinages of Nero*, New York, 1979.

Mann J.C., *Legionary Recruitment and Veteran Settlement during the Principate*, London, 1983.

Mattingly H.-Sydenham E.A., *The Roman Imperial Coinage*, II, London, 1968².

Mazzarino, *L'impero romano*, Roma, 1956.

Mazzolani L.S., *Iscrizioni funerarie sortilegie e pronostici di Roma Antica*, Torino, 1973.

Me di Maggiore Cristina, *ROMA VRBS IMPERATORVM AETATE*, Roma, 1986.

Mench F.C., *The Cohortes Urbanae of Imperial Rome*, Diss. Yale (New Haven), 1968.

Milan A., *Le Forze Armate nella storia di Roma Antica*, Roma, 1993.

Millar F. -Segal E., *Caesar Augustus. Seven Aspects*, Oxford, 1984.

Millar F., *Triumvirate and Principate*, in JRS, LXIII (1973).

Millar F., *The Emperor, the Senate and the Provinces*, in JRS, LVI (1966).

Millar F., *The Emperor in the Roman World*, London, 1977.

Millar F., *Emperors, Frontiers and Foreign Relations, 31 B.C. to A.D. 378*, in 『Britannia』, XIII (1982).

Mommsen Th., *Römisches Staatsrecht*, II/2, Basel-Stuttgart, 1963.

Moretti G., *DIE ARA PACIS AVGVSTAE*, Roma.

Mpbell J.B., *The Emperor and the Roman Army 31 B.C.~A.D. 235*, Oxford, 1984.

Neumeister C., *Das Antike RoM-Ein Literarischer Stadtführer*, München, 1991.

Nicolet C., *Il mestiere di cittadino nell'antica Roma*, Roma, 1980.

Nippel W., *Aufruhr und 『Polizei』 in der römischen Republik*, Stuttgart, 1988.

Noè E., *Storiografia imperiale pretacitiana. Linee di svolgimento*,

Firenze, 1984.

Paoli U.E., *Vita romana-Usi, costumi, istituzioni, tradizioni*, Milano, 1995.

Paratore E., *La letteratura latina dell'etá Repubblicana e Augustea*, Milano, 1993.

Perelli L., *Il movimento popolare nell'ultimo secolo della repubblica*, Torino, 1982.

Perelli L., *La corruzione Politica nell'Antica Roma*, Milano, 1994.

Pflaum G., *Les carrières procuratoriennes équestres sous le Haut-Empire*, Paris, 1960.

PIANTA DEL PLASTICO DI ROMA, Museo della Civiltà Romana.

Prause G., *Herodes der Grosse*, Hamburg, 1981.

Purcell N., *The apparitores : a study in social mobility*, in PBSR, LI(1983).

Rickman G., *The Corn Supply of Ancient Rome*, Oxford, 1980.

Roddaz J.-M., *Marcus Agrippa*, Rome, 1984.

ROMA CONSTANTINI AETATE, Museo della Civiltà Romana.

Saddington D.B., *The Development of the Roman Auxiliary Forces from Caesar to Vespasian*(49 B.C.~A.D. 79), Harare, 1982.

Salles C., *Les bas-fonds de L'Antiquité*, Paris, 1982.

Schürer E., *Storia del popolo giudaico al tempo di Gesú Cristo*, I-II, Brescia, 1985~87.

Serrao F., *Impresa e responsabilità a Roma nell'età commerciale*, Pisa, 1989.

Serrao F., *La iurisdictio del pretore peregrino*, Milano, 1954.

Sherwin-White A.N., *The Roman Citizenship*, Oxford, 1973^2.

Sirago V.A., *Principato di Augusto*, Bari, 1978.

Sordi M., *Il confine nel mondo classico*, Milano, 1987.

Starr Ch.G., *The Roman Imperial Navy 31 B.C-A.D. 324*, Cambridge, 1960².

Sutherland C.H.V., *The Emperor and the Coinage. Julio-Claudian Studies*, London, 1976.

Syme R., *The Roman Revolution*, Oxford, 1939.

Syme R., *The élites coloniali. Roma, la Spagna e le Americhe*, Milano, 1989.

Syme R., *Roman Papers*, IV, Oxford, 1988.

Syme R., *I confini settentrionali durante il principato di Augusto* (1934).

Talbert R.J.A., *The Senate of Imperial Rome*, Princeton, 1984.

Tibiletti G., *Principe e magistrati repubblicani. Ricerche di Storia Augustea e Tiberiana*, Roma, 1953.

Tortorici E., *L'attività edilizia di Agrippa a Roma*, in *Il bimillenario di Agrippa*, Genova, 1989.

Valera G., *Erario e fisco durante il principato : stato della questione*, in *Storia della società italiana*, 2, Milano, 1983.

Veyne P., *Il pane e il circo*, Bologna, 1984.

Vitucci G., *Ricerche sulla ⌜praefectura urbi⌟ in età imperiale*, Roma, 1956.

Wallace-Hadrill A., *Image and Authority in the Coinage of Augustus*, in JRS. LXXVI (1986).

Watson G.R., *The Roman Soldier*, London, 1969.

Weaver P.R.C., *Familia Caesaris. A Social Study of the Emperor's Freedmen and Slaves*, Cambridge, 1972.

Webster G., *The Roman Imperial Army*, London, 1969.

Wells C.M., *The German Policy of Augustus. An Examination of the Archeological Evidence*, Oxford, 1972.

Whittaker C.R., *Les frontières de l'Empire romain*, Paris, 1989.

Wiseman T.P., *New Men in the Roman Senate 139 B.C~14 A.D.*, Oxford, 1971.

Zanker P., *Augusto e il potere delle immagini*, Torino, 1989.

공동 집필, *Storia di Roma*. vol.7, Torino, 1989~93(이것은 이미 제1권 참고문헌에 기재한 연구서이지만, 전권 간행이 끝났기 때문에 여기서 다시……).

율리우스-클라우디우스 왕조 세계도(世系圖) ①

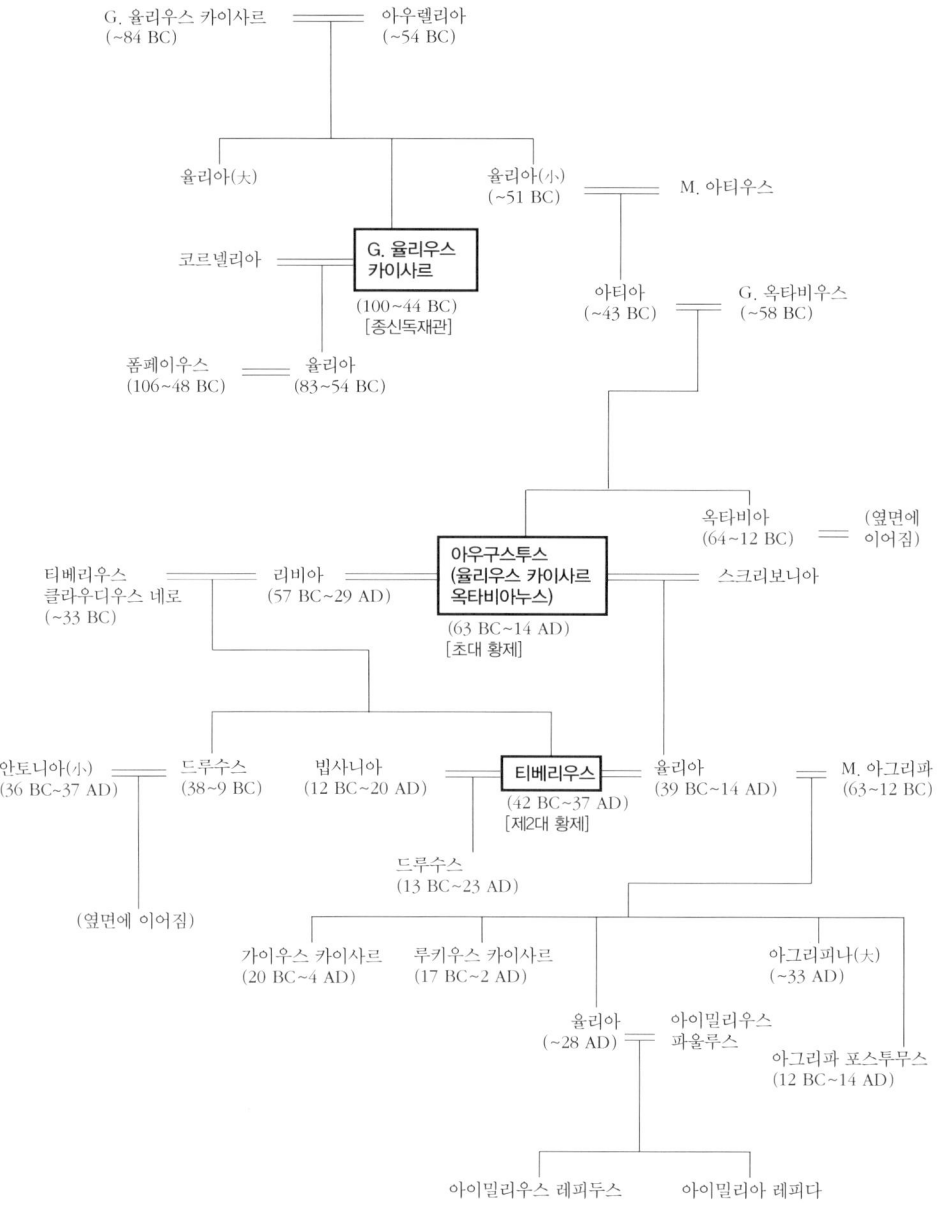

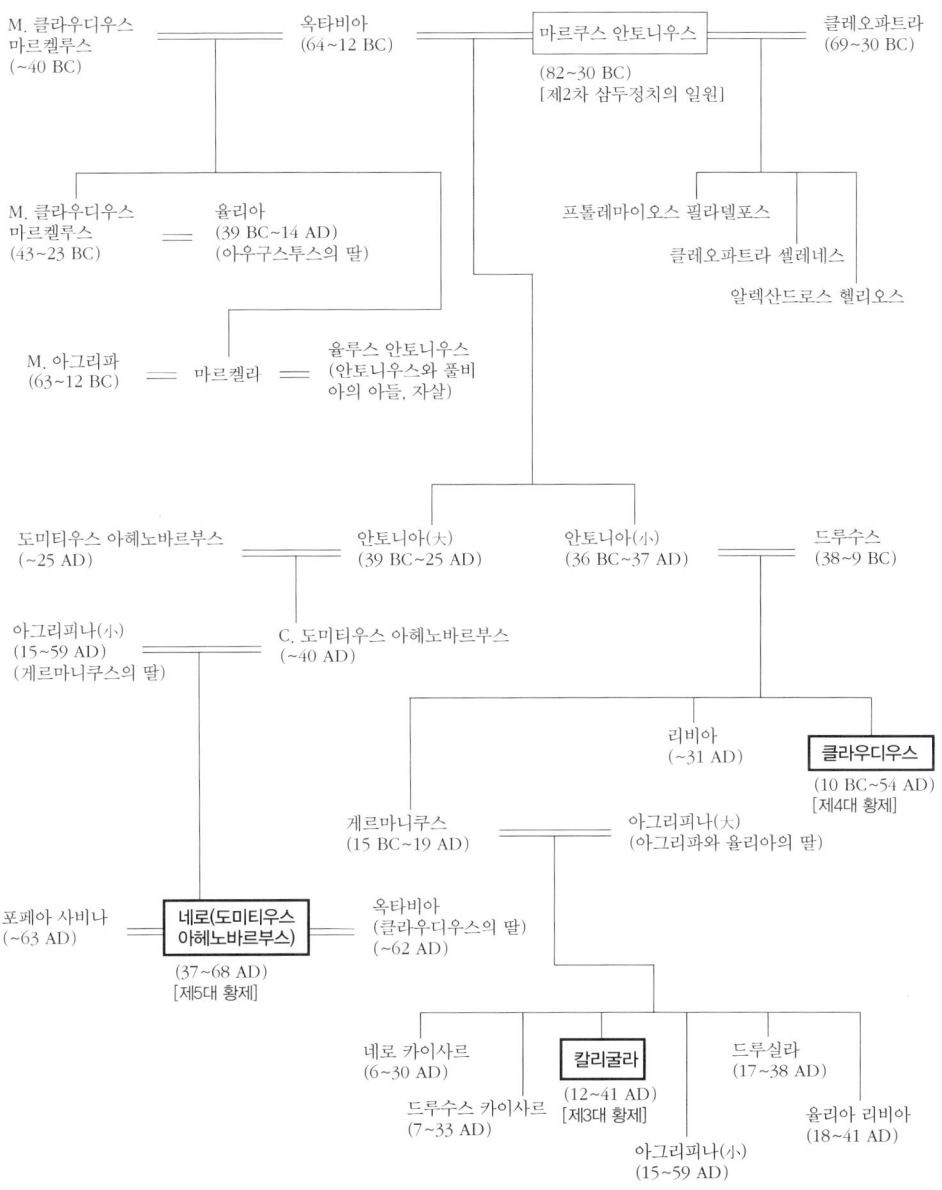

로마인 이야기 6
팍스 로마나

지은이 **시오노 나나미**
옮긴이 **김석희**
펴낸이 **김언호**
펴낸곳 **(주)도서출판 한길사**

등록 • 1976년 12월 24일 제74호
주소 • 10881 경기도 파주시 광인사길 37
　　　www.hangilsa.co.kr
　　　E-mail:hangilsa@hangilsa.co.kr
전화 • 031-955-2000~3
팩스 • 031-955-2005

ROMA-JIN NO MONOGATARI VI
PAKUSU · ROMANA
by Nanami Shiono

Copyright ⓒ 1997 by Nanami Shiono

Original Japanese edition published by Shincho-Sha Co., Ltd.
Korean translation rights arranged with Nanami Shiono
through Japan Foreign-Rights Centre

제1판 제1쇄 1997년 9월 5일
제1판 제80쇄 2025년 8월 8일

Published by Hangilsa Publishing Co., Ltd., Korea

값 17,500원
ISBN 978-89-356-1085-3 04900
• 잘못 만들어진 책은 구입하신 서점에서 바꿔드립니다.